평강의 주께서

친히

때마다 일마다

평강을 주시기를 기도하며

특별히

_____님께

드립니다.

-그리스도의 비유 강해 설교-

비유로 말씀하시더라

이 동 원 목사 지음

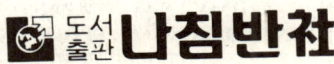 도서출판 나침반社

종합선교 – 나침반 출판사 / 그리스도인들의 성장을 돕습니다.

110 - 616 서울·광화문 우체국 사서함 1641호 ☎(02)2279-6321~3/주문처(02)2606-6012~4

• • •

COMPASS HOUSE PUBLISHERS

A DIVISION OF NACHIMVAN (=COMPASS) MINISTRIES
KWANGHWAMOON P. O. BOX 1641, SEOUL 110-616, KOREA

무오류의 진리를 향하여
눈길을 던지게 하는
안내자가 되고 싶어하는 심정으로

비유(parabole)란 "나란히 던진다"는 뜻이다. 하나의 신학적, 영적 진리를 설명하기 위하여 지상적인 상황(Sitz Im Leben)을 빌어서 예증한 교육 방편이라 할 수 있다. 예수께서는 "입을 열어 비유를 말하고 창세부터 감추인 것을 드러내리라 함을 이루려 하셨다"(마 13:35).

비유는 풍유(allegory)와는 달리 이야기의 상세한 모든 부분에 의미를 부여하기보다 한 가지 중심 진리를 전달하려는 의도를 지닌다. 그러므로 지나치게 천재적인 상상력을 동원하여 비유를 묵상함도 오히려 비유 연구에 거침돌이 될 수가 있다. 오히려 단순한 통찰력을 가지고 기도와 상식으로 접근함이 보다 밝은 성령님의 조명을 경험할 수가 있다고 믿는다.

지금 설교자들은 끊임없이 그들의 강조점을 설명하기 위하여 비유를 사용하고 있지 않은가! 가장 위대한 설교가요, 가장 심오한 교육가이신 예수님에게서 "진리를 설득하는 비유"를 듣는 감격을 그 무엇에다 비교할 수 있겠는가.

"천국은 마치 … 같으니" — 예수님의 비유를 경청하면서 나는 일 세기의 제자들처럼 "이 비유의 뜻을 설명하여 주소서"라고 기도하였다. 모든 인간의 해석은 무오류를 주장할 수 없으나, 무오류의 진리를 향하여 눈길을 던지게 하는 안내자가 되고 싶어하는 심정으로 이 말씀을 전달하였다.

… 또 비유로 말씀하시더라.

주후 1988년 봄날에

이동원

비유로 말씀하시더라 ●차례

제 1 부

하나님 나라의 비유

씨 뿌리는 비유

마태복음 13 : 1~23

"그 날에 예수께서 집에서 나가사 바닷가에 앉으시매 큰 무리가 그에게로 모여 들거늘 예수께서 배에 올라가 앉으시고 온 무리는 해변에 섰더니 예수께서 비유로 여러 가지를 저희에게 말씀하여 가라사대 씨를 뿌리는 자가 뿌리러 나가서 뿌릴새 더러는 길가에 떨어지매 새들이 와서 먹어버렸고 더러는 흙이 얇은 돌밭에 떨어지매 흙이 깊지 아니하므로 곧 싹이 나오나 해가 돋은 후에 타져서 뿌리가 없으므로 말랐고 더러는 가시떨기 위에 떨어지매 가시가 자라서 기운을 막았고 더러는 좋은 땅에 떨어지매 혹 백 배 혹 육십 배 혹 삼십 배의 결실을 하였느니라 귀 있는 자는 들으라 하시니라 제자들이 예수께 나아와 가로되 어찌하여 저희에게 비유로 말씀하시나이까 대답하여 가라사대 천국의 비밀을 아는 것이 너희에게는 허락되었으나 저희에게는 아니되었나니 무릇 있는 자는 받아 넉넉하게 되되 무릇 없는 자는 그 있는 것도 빼앗기리라 그러므로 내가 저희에게 비유로 말하기는 저희가 보아도 보지 못하며 들어도 듣지 못하며 깨닫지 못함이니라 이사야의 예언이 저희에게 이루었으니 일렀으되 너희가 듣기는 들어도 깨닫지 못할 것이요 보기는 보아도 알지 못하리라 이 백성들의 마음이 완악하여져서 그 귀는 듣기에 둔하고 눈은 감았으니 이는 눈으로 보고 귀로 듣고 마음으로 깨달아 돌이켜 내게 고침을 받을까 두려워함이라 하였느니라 그러나 너희 눈은 봄으로 너희 귀는 들음으로 복이 있도다 내가 진실로 너희에게 이르노니 많은 선지자와 의인이 너희 보는 것들을 보고자 하여도 보지 못하였고 너희 듣는 것들을 듣고자 듣고자 하여도 듣지 못하였느니라 그런즉 씨 뿌리는 비유를 들으라 아무나 천국 말씀을 듣고 깨닫지 못할 때는 악한 자가 와서 그 마음에 뿌리운 것을 빼앗나니 이는 곧 길가에 뿌리운 자요 돌밭에 뿌리웠다는 것은 말씀을 듣고 즉시 기쁨으로 받되 그 속에 뿌리가 없어 잠시 견디다가 말씀을 인하여 환난이나 핍박이 일어나는 때에는 곧 넘어지는 자요 가시떨기에 뿌리웠다는 것은 말씀을 들으나 세상의 염려와 재리의 유혹에 말씀이 막혀 결실치 못하는 자요 좋은 땅에 뿌리웠다는 것은 말씀을 듣고 깨닫는 자니 결실하여 혹 백 배 혹 육십 배 혹 삼십 배가 되느니라 하시더라"
— 마태복음 13 : 1∼23.

씨뿌리는 비유

한 신학자는 현대를 가리켜서 『설교의 위기를 맞이한 시대』라고 말하였습니다. 설교를 하는 설교자의 위기가 있고, 설교를 듣는 회중의 위기가 있을 수 있습니다.

저는 때때로 설교를 하다가 그 설교를 억눌러야 한다는 것을 느끼곤 합니다. 내가 과연 이 설교를 계속해야 옳은가 하는 문제로 인하여 설교를 그만두고 싶은 충동이 제 마음 속에 있음을 고백하지 않을 수가 없습니다. 왜냐하면 그 많은 설교에도 불구하고, 또 그 설교를 계속 들음에도 불구하고, 그들의 신앙이 가장 기본적인 말씀에 대한 확신조차 얻지 못하는 어떤 교인들을 보았을 때, 설교의 결과가 도대체 무엇인가 하는 생각을 하게 됩니다. 매 주일마다 전파되는 많은 하나님의 말씀의 소리에도 불구하고, 그들의 삶이 주님 앞에 전혀 헌신되지 못한 사람들을 보았을 때, 저는 제가 전하는 설교 자체를 회의하는 늪 속에 스스로 빠지는 경우가 종종 있읍니다.

□ 배경

본문에서 예수께서는 하나님의 말씀을 듣는 회중들의 자세와 태도의 중
요성을 통해서, 하나님의 나라를 바라보는 하나님의 백성들에게 올바른
자세를 가르치고자 하셨읍니다.
　본문 9절에서 예수께서는 이렇게 말씀하십니다.

　"귀 있는 자는 들을지어다."

내가 귀를 가진 것은 하나님의 선물이지만, 듣는 것은 나의 책임입니
다. **"어떻게 들을 것인가?"** 하는 것이 본문에서 다루는 교훈의 핵심
입니다.
　때는 아마도 봄철이었을 것입니다. 예수께서는 지금 배에 타고 계십
니다. 이 배가 예수님의 강단이었고, 바닷가에 모여든 큰 무리가 주의
말씀을 받고 있었던 그 날의 청중들이었읍니다. 아마도 예수께서는 바
닷가 저 건너편에서 씨를 뿌리는 농부들의 모습을 바라보시면서 그 유
명한 씨 뿌리는 비유의 멧세지를 시작하고 계셨을지 모릅니다.
　여기 하나님의 말씀에 대해서 각각 다른 반응을 보이고 있는, 네 종
류의 전형적인 사람들의 모습을 발견할 수 있읍니다. 이 본문의 중요성
은, 오늘날도 꼭같은 네 종류의 반응이 교회 속에서 하나님의 말씀을
접하고 있는 우리 청중들에게 그대로 존재하고 있다는 데 있읍니다.

□ 길가에 뿌려진 씨

우리가 잘 아는 대로 첫번째 밭은 "길가"라는 밭입니다. 씨가 길가에 떨
어졌는데, 새들이 와서 먹어 버렸다는 이야기입니다.
　18절 이하에 보면, 예수께서 그 뜻을 이렇게 말씀하셨읍니다.

"그런즉 씨 뿌리는 비유를 들으라 아무나 천국 말씀을 듣고 깨닫지 못
할 때는 악한 자가 와서 그 마음에 뿌리운 것을 빼앗나니 이는 곧 길
가에 뿌리운 자요."

"길가"란 팔레스틴에서는 밭과 밭 사이로 나 있는 작은 통행로인데, 사
람들이 늘상 지나다니는 장소입니다. 그러므로 이 길은 단단하고 굳어
져 있습니다. 불행히도 어떤 씨는 이 길가에 떨어져 새들이 와서 떨어
진 이 씨를 쪼아 먹음으로 도무지 열매를 맺을 수가 없었던 것입니다.
　같은 본문의 말씀이 마가복음에도 기록되어 있는데, 마가복음 4 장
15 절은 이렇게 묘사합니다.

"말씀을 들었을 때에 사단이 즉시 와서 저희에게 뿌리운 말씀을 빼앗
는 것이요."

여기서 예수께서는 새들을 "사단"이라고 말씀하고 계십니다.

　왜 사단이 와서 우리의 마음 속에 떨어진 이 말씀의 씨를 빼앗아 갑
니까? 동일한 사건을 취급하고 있는 누가복음 8 장 12 절에 보면, 그
이유는 "그들로 믿어 구원을 얻지 못하게 하려고"라고 설명합니다.
　이 "길가"의 이미지를 생각해 보십시오. 사람들이 다니고, 또 다니고
많은 사람들이 지나다니므로 굳어진 이 땅은 새로운 씨를 수용할 태
세를 갖추고 있지 않았습니다. 마음 속에 너무 많은 사람들의 철학이나
여러 가지 생각들이 지배함으로 말미암아 하나님의 말씀을 받아들일 태
세가 되어 있지 못한 어떤 사람들의 이미지를 생각하지 않을 수가 없읍
니다.
　본문에서 주님의 말씀의 초점은 무엇입니까? 이 씨가 떨어지자마자
새들이 쪼아 먹었다는 사실에 이 중요한 초점이 모아집니다. 주님께서
설명하시기를, 이것은 "하나님의 말씀을 듣고도 깨닫지 못할 때에는 악

한 자가 와서 그 마음에 뿌리운 것을 빼앗나니, 이는 곧 길가에 뿌리운 자다”라고 하셨읍니다.

이 말씀을 대하면서 충격을 받았던 한 사람이 있었읍니다. 존 번연이라는 『천로역정』의 저자가 교회에 출석하면서도 무신론자였던 시기가 있었읍니다. 예배를 드리고 교회에 출석하지만 하나님과 전혀 상관없이 살던 이 사람이, 어느 날 성경을 대하면서 이런 의문이 생겼읍니다. “나는 교회에 이렇게 오랫동안 출석했는데, 나는 이렇게 익숙하게 종교적 환경에 접했었는데, 나는 설교를 수없이 들어 왔는데, 어쩌면 내 마음 속에는 하나님에 대한 분명한 확신이 없으며 여전히 하나님을 알지 못하는 상태로 이 자리에 앉아 있을까?”

그러던 존 번연이 마태복음 13장의 말씀을 읽다가 어느 날 충격을 받읍니다. 자기의 마음 속에 떨어지는 “말씀의 씨”를 빼앗아가는 것이 사단이라는 사실 앞에 그는 놀라기 시작합니다. 만약 사단이 내 마음 속에 있는 하나님의 말씀을 빼앗아가는 것이라면, 그래서 이 말씀을 대할 수 있는 안목이 없어져서 영적으로 맹인의 상태 속에 머물러 있는 것이라면, 그래서 나의 삶이 변화되지 못하고 있는 것이라면, 분명 자신이 사단에게 속고 있다는 사실이 존 번연을 괴롭히기 시작했읍니다.

그 날부터 존 번연의 설교를 듣는 태도가 달라지기 시작했읍니다. 진지하게 말씀 앞에 귀를 기울이기 시작했고, 그래서 마침내 그는 참된 믿음에 도달할 수 있었읍니다. 그리고 그는 수 세기를 통하여 모든 그리스도인들에게 감동을 남기는 위대한 『천로역정』의 저자가 될 수 있었읍니다.

루이스(C.S. Lewis)는 길가에 떨어진 씨를 통해서 설명되고 있는 마음밭 비유를 가장 탁월하게 설명한 사람입니다. 루이스는 유명한 『악마의 편지』라는 책을 통해서 그것을 잘 설명해 줍니다.

어떤 영국의 노신사가 어느 날 대영제국의 도서실을 찾아갑니다. 그 노신사는 일 주일에 한 번씩 도서실에 들르는 그의 습관적인 태도로 그 날도 도서관에 들어갔습니다. 여러 가지 책 중에서 손에 쥐어진 책이 신앙에 관한 책이었고, 이 책을 읽어 보다가 노신사의 마음 속에는 갑 자기 하나님에 관한 생각이 싹트기 시작합니다.

"그분은 어떤 분일까? 나는 그분과 어떤 관계를 맺어야 하는가?"

이런 생각을 하고 있는 노신사에게 그 순간 악마가 찾아옵니다. 악마 는 그의 마음 속에 이렇게 말하기 시작합니다.

『점심 시간이야. 뭘 그렇게 생각해.』

그 순간 그는 잠시 전 마음 속에서 생각하려고 했던 하나님에 관한 의 식을 누르고 식탁으로 갑니다. 점심을 먹다가 갑자기 또 다시 하나님에 대한 생각이 마음 속에서 일어나기 시작합니다.

"하나님은 과연 어떤 분일까?"

"나는 그분과 어떤 관계를 맺어야만 하는가?"

이때에 악마는 그 마음 속에 다시 말하기 시작합니다. 이 악마에게 감동을 받은 노신사는 이렇게 말하기 시작합니다.

『밥 먹는데 뭘 골치 아프게 생각을 하나? 우선 식사를 끝내고 보자.』

식사를 끝냈습니다. 다시 하나님의 생각이 어렴풋이 나오려고 합니다. 그러나 노신사는 사단의 역사를 통해서 이렇게 말합니다.

『그거 뭐. 있을 수 있는 생각이지. 오늘은 너무 바빠. 집에 가서 할 일 이 많아.』

그는 밖으로 나와 버스를 탑니다. 버스 좌석에 앉자 신문을 읽으면서 아무 일도 없었던 것처럼, 아무런 자극도, 아무런 변화도 경험하지 않 았던 사람처럼 여느 때와 마찬가지로 버스를 타고 집으로 돌아갑니다.

이때, 루이스는 이런 인상 깊은 그림을 그립니다. 마치 자신에게 아 무 사건도 일어나지 않은 것처럼 생각하고 버스를 타고 가는 이 노신사 뒤에서 악마는 "회심의 미소"를 짓는다고 말입니다.

오늘날 이 그림이 우리의 교회 속에서 일어나지 않는다고 생각하십니까?

자, 우리는 적어도 일 주일에 한 번, 주일날 한 번쯤은 교회에 나와야 한다는 생각을 갖고 교회에 나옵니다. 물론 다 그런 것은 아니지만 그런 생각을 하고 있는 사람들이 있읍니다.

어떤 설교는 나를 피곤하게 만들고, 어떤 날의 설교는 나를 깨우기도 합니다.

어느 날 나는 갑자기 설교를 통해서 하나님에 대한 갈등이 시작됩니다.

"하나님! 그분은 어떤 분인가? 그 하나님이 계시다면, 그분과 나는 어떤 관계를 맺어야 할 것인가?"

생각만 하다가 어느새 축도와 함께 예배가 끝납니다.

"뭐, 이 다음에 생각하지."

예배가 끝난 뒤 여느 때와 마찬가지로, 아래 층으로 성도들과 교제를 나누러 내려갑니다. 식사를 하고, 커피도 마시고, 사람들을 만나고, 웃고 떠들고 즐겁게 시간을 보내다가 집으로 돌아갑니다. 아무 일도 없었던 사람처럼 돌아갑니다.

마치 아무 사건도 일어나지 않았던 것처럼…

내가 예배당에 참석했다는 사실이, 내가 설교를 들었다는 사실이, 내가 하나님의 말씀을 접했다는 사실이 아무것도 아닌 것처럼…

내게 아무런 변화도 가져다 주지 않는 단지 몇 가닥의 스쳐 지나가는 생각만 가지고, 빼앗긴 말씀에 대한 허무한 상태를 그대로 안고 돌아갑니다.

그러나 일상적인 생활을 향해 돌아가는 우리의 뒷 목전에서 회심의 미소를 짓고 있는 악마의 모습을 생각해 본 적이 있는지요?

바로 이것이 길가에 떨어진 『마음밭의 비극』인 것입니다.

□ 돌밭에 뿌려진 씨

둘째로, "돌밭"에 관해서 봅시다.

씨를 뿌렸읍니다. 돌밭이니까 그 밑에 바윗돌이 있으므로 자연적으로 흙이 얇게 깔릴 수밖에 없읍니다. 씨가 뿌려지기는 했지만, 바위 때문에 뿌리를 내릴 수가 없읍니다.

본문의 묘사를 보십시오.

"더러는 흙이 얇은 돌밭에 떨어지매 흙이 깊지 아니하므로 곧 싹이 나오나 해가 돋은 후에는 타버려 뿌리가 없어지므로 말랐고"(5-6절).

예수님의 설명을 들어 봅시다.

"돌밭에 뿌리웠다는 것은, 말씀을 듣고 즉시는 기쁨으로 받되."

네, 기쁨이 있읍니다. 이 사람은 말씀을 듣고 "맞았어, 아니, 아멘!"이라 할 수도 있읍니다.

이 말씀을 "즉시는 기쁨으로 받되", 계속해서 예수님의 설명을 보십시오.

"그 속에 뿌리가 없어 잠시 견디다가 말씀을 인하여 환난이나 핍박이 일어나는 때에는 곧 넘어지는 자요."

자, 말씀을 듣는 그 순간은 얼마나 좋은지요.

"맞았어! 진리야! 이 말씀은 얼마나 위대한 하나님의 진리인가!"

우리는 말씀에 전적으로 반응하며 기쁨으로 수용하지만, 이 말씀을 따라가는 것이 삶에서 무척 불리하다고 느끼는 순간 그 진리의 말씀에서 다시 등을 돌리기 시작합니다.

앞서 기술한 길가와 같은 마음밭의 적이 사단이었다면, 마귀였다면, 이 돌밭과 같은 마음밭의 적은 누구입니까? 육신입니다. 왜냐하면 우리의 육신은 언제나 편한 것을 도모하기 때문입니다. 우리의 육신은 나를 더 편하게, 나를 더 축복되게, 나를 더 형통하게 만드는 것만 계속적으로 찾습니다. 그러다가 내 육신을 고생하게 하는 것, 내 육신을 더 괴롭게 만드는 어떤 상황이 전개되면, 그 상황이 진리인지 아닌지 구별하는 것은 아무런 의미가 없어집니다. 왜냐하면 그것이 나를 더욱 불리하게 만들기 때문입니다. 이 진리를 이제 더 이상 듣고 싶지가 않은 것입니다.

당신은 기독교를 선택할 때 이것이 진리이기 때문에 선택하셨읍니까? 아니면 축복을 받기 위해서만 선택하셨읍니까? 오늘의 한국 그리스도인들의 의식 속에서 가장 문제가 되는 부분이 바로 이런 부분입니다.

이것이 살아 있는 하나님의 말씀이고 내 생명과 멸망을 좌우하는 거룩한 진리이기 때문에, 이 진리를 받아들였읍니까? 아니면, 우리의 전통적인 전도 방법을 따라서 "예수 믿으면 축복을 받습니다. 예수 믿으면 장사가 잘되고, 예수 믿으면 돈도 잘 벌린다"는 생각에서 기독교를 선택했읍니까?

그러나 믿어 보니까 장사도 별볼일 없고, 내가 믿었다고 해서 자식이 꼭 잘되는 것만도 아니고, 그래서 어느새 진리이기 때문에 받아들였던 그 말씀에 쉽게 등을 돌려 버리는 오늘의 그리스도인들, 이 뿌리 없는 그리스도인들을 우리는 얼마든지 볼 수 있읍니다.

현대의 한 기독교 철학자는 대단히 중요한 발언을 하였읍니다. "그리스도의 최대의 적은 공산주의가 아니라 실용주의이다."

실용주의란 무엇입니까? 실용주의의 관심은 무엇입니까? 실용주의는 진리의 여부에 대해서는 도무지 관심이 없읍니다. 다만 이것이 나와 어떤 관계가 있으며 어떤 유익을 줄 수 있는지, 다시 말해서 기독교를 믿음으로써 내게 어떤 유익이 돌아오는지에 대해서만 관심이 있을 뿐입니다.

이런 일들이 기독교의 진정한 모습을 가장 왜곡시킬 수가 있읍니다. 당신이 만약 실용주의적인 동기로만 기독교를 선택한 것이라면, 앞서 말씀드린 환난과 핍박이 다가올 때, 실용주의적인 신앙이 설 자리는 어디이겠읍니까? 환난의 폭풍우가 내게 찾아올 때, 고난의 찬 바람이 내게 불어오기 시작했을 때, 가정이 흔들리기 시작할 때, 나를 붙들고 있던 그 모든 어두운 상황들이 나를 축복하지 못한다는 사실을 알았을 때, 당신이 설 자리는 과연 어디입니까?

부자 청년이 예수를 등지고 떠나간 것도 바로 그런 이유 때문입니다. "네가 가진 것을 다 팔고, 가난한 사람들에게 주고 나를 좇으라." 예수를 믿으면 돈을 더 많이 버는 것으로 알았는데, 예수님이 나에게 요구하시는 것이 있읍니다. 신앙이 나에게 빼앗아 가는 것이 있고, 강압적으로 요구하는 것이 있다는 사실을 알았을 때 "이것은 나를 위한 기독교 신앙이 아니야"라는 결론을 맺고 떠나가는 오늘의 부자 청년들의 얼굴을 우리는 주변에서 얼마든지 볼 수 있지 않습니까? 그것이 바로 마가 요한이 선교의 대열을 부단히 이탈한 이유입니다.

오늘 당신은 왜 기독교를 선택하셨읍니까?

오늘 당신은 왜 이 성경을 받아들이고 있읍니까?

오늘 당신은 왜 예배를 드리고 있읍니까?

오늘 당신은 왜 설교를 듣습니까?

단순히 잘 살기 위해, 더 많은 축복을 받기 위해서만 이 자리에 나와 계신 것은 아닌지요? 축복이 전혀 없다는 말은 아닙니다. 좋으신 하나님은 축복도 물론 주십니다. 그러나 그것 때문에 예수를 믿으십니까? 그것이 예수를 믿는 근본 이유입니까? 아니, 그것 때문에 우리가 예수를 믿어야 한다고 성경이 가르치고 있읍니까?

우리는 축복의 기독교와 고난의 기독교를 등시에 바라볼 줄 아는 안목의 지혜가 있어야 합니다. 이것이 바로 진리이기 때문에 기독교를 선택할 줄 알아야 합니다. 그리고 이 진리를 따르기 위해서는 더 많은 핍박과, 더 많은 어려움과, 더 많은 고난이 있을 수 있지만, 이 진리는 계속 수호되어야 하고 내 삶 속에 적용되어야 합니다. 내가 이 진리를 따

라갈 만한 가치가 있다는 결단 때문에 이 진리를 수호하기 위해서 신
앙의 길을 걷고 있는 뿌리 있는 그리스도인, 성경은 바로 이런 그리스
도인의 모습을 요구하고 있습니다.

내 앞에 주어진 길이 아름다운 장미빛 화원일 때 이 길을 걸으면서
인생의 찬가를 부를 수 있지만, 고난의 찬 바람과 폭풍우와 회오리 바
람이 몰아부칠 때, 그러한 때라도 내가 신뢰한 그 하나님 앞에 찬양과
경배와 영광과 존귀를 돌릴 수 있겠습니까?

이 성경의 말씀을 기억하십니까?

"무릇 그리스도 예수 안에서 경건하게 살고자 하는 자는 핍박을 받으
리라"(딤후 3:12).

내가 하나님의 말씀대로 살아가기 원하기 때문에 도덕적인 타협을 거절
할 때 나는 외로워지고, 설 자리가 없어지고, 이웃들에게 따돌림을 당
하고, 커다란 아픔을 당할 수가 있습니다. 그것이 기독교입니다. 모든
사람들이 비진리와 부도덕을 향해서 박수를 칠 때 나는 홀로 우뚝 서서
하나님이 내게 계시하신 영광스러운 진리를 붙들고 설 수 있는 것이 그
리스도인입니다.

그러나 자갈밭 같은 마음 속에 이 진리를 받아들이려고 하는 오늘의
교인들은 쉽게 왔다가 쉽게 떠나갑니다. 믿어서 손해볼 것이 없겠지,
일 주일에 한 번쯤 교회나온다고 해서 잃어버리는 것은 없겠지 하며,
아주 쉽게 교회를 선택하고, 설교를 듣고, 하나님의 말씀을 취하지만,
기대한 모든 성공을 생활 속에서 성취하지 못했을 때 이것은 나를 위한
기독교 신앙이 아니야, 이것은 나를 위한 종교가 못돼, 이러한 단순한
실용적인 동기로 신앙을 팽개치고 떠나가는 자갈밭에 뿌려진 교인들이
우리 주변엔 없는지요? 이것이 오늘도 계속되고 있는 자갈밭의 비극입
니다.

□ 가시밭에 뿌려진 씨

세번째 밭은 무엇입니까?
세번째 밭은 가시떨기에 씨가 떨어진 "가시밭"입니다.

"더러는 가시떨기 위에 떨어지매 가시가 자라서 기운을 막았고"(7
절).

가시떨기 위에 떨어졌던 씨가 자라서 기운을 막기 때문에, 이 씨는 열
매를 맺을 수가 없습니다.
22절에 나타난 예수님의 설명을 들어 봅시다.

"가시떨기에 뿌리웠다는 것은 말씀을 들으나 세상의 염려와 재리의 유
혹에 말씀이 막혀 결실치 못하는 자요."

이 사람은 말씀을 잘 받아들이는 사람입니다. 그러나 말씀이 자라나
지 못하도록 이 사람의 관심을 막고 있는 장어물이 있었읍니다. 그것을
예수님은 무엇이라고 설명하십니까?
세상의 염려, 재리의 유혹, 길가와 같은 마음밭에 적이 있다면, 그것
은 사단입니다.
자갈밭 같은 마음밭에 적이 있다면, 이것은 육신입니다.
그러나 가시밭 같은 마음밭에 적이 있다면, 그것는 세상입니다.
우리가 알 수 있는 그리스도인의 삼대 적은 "마귀와 육신과 세상"입
니다. 세상에 대한 사랑, 재물의 이자를 탐하는 돈에 대한 욕심이 그것
입니다.
말씀을 받았읍니다. 기독교를 수용했읍니다. 주님을 사랑합니다. 그
러나 그것보다 더 큰 사랑이 오늘 내 마음 속에 말씀이 자라나지 못하
도록 막고 있읍니다. 이런 가시밭의 주인공들은 이중적인 성격을 지니

고 종교 생활을 하는 사람들로 설명될 수 있읍니다.

역사상 나타난 예를 들겠읍니다.
로마에 기독교에 대한 핍박이 시작되면서, 로마의 황제는 그리스도인들에게 이렇게 요구했읍니다.
"이제부터는 시이저를 『주님』이라고 부르라!"
예수 그리스도만이 나의 주님이라고 고백하던 많은 그리스도인들에게 로마의 황제는 "시이저가 주님"이라고 말했읍니다. 주님 한 분만을 주님이라고 고백하기를 원했던 많은 그리스도인들의 핍박을 받았고 순교를 당했읍니다.
그러나 어떤 그리스도인들은 이 길을 선택합니다.
"내가 예수님을 주님이라고 말하지만, 로마의 황제 앞에 가서는 시이저를 주님이라고 말하겠다."
이 두 가지를 동시에 선택하려고 했던 사람들, 주님과 세상을 동시에 선택하려는 유혹은 언제나 그리스도인의 마음 속에 있을 수 있다는 것을 아십니까?

돈을 벌지 말라는 이야기가 아닙니다. 동기가 중요합니다. 그리스도인으로서 당신과 내가 돈을 벌려고 하는 이유가 무엇입니까? 내가 이 물질을 통해서 하나님이 원하시는 합당한 삶을 살고, 내 자식을 하나님의 뜻대로 키우며, 하나님의 영광스러운 사업에 물질을 사용하고, 주님의 영광을 위해서 내 이 모든 것을 하기 위해, 영광스러운 도구가 될 수 있읍니다. 그러나 만약 그것이 하나님에 대한 나의 사랑을 막으며, 신앙을 억누르고 그 믿음을 자라나지 못하게 한다면, 그것이 내 신앙의 성장을 가로막고 있는 적인 것입니다. 그때 세상은 적으로서 우리에게 다가오기를 시작합니다.
사실 두 가지의 관심이 동시에 공존할 수는 없읍니다. 이 둘은 어느 것 하나에게 더 커다란 영역을 양보하지 않으면 안 됩니다.

그래서 예수께서는 이렇게 말씀하십니다.

"한 사람이 두 주인을 섬기지 못할 것이니 혹 이를 미워하며 저를 사랑
하거나 혹 이를 중히 여기며 저를 경히 여김이라 너희가 하나님과 재
물을 겸하여 섬기지 못하느니라"(마 6:24).

오늘 당신의 주인은 누구입니까? 물론 교회에 와서는 주님이라고 말
씀하시겠죠. 그러나 예수님보다도 다른 일에 더 관심이 많지는 않은지
요? 내 손에 재물이 많이 들어 올 때마다 더 커다란 관심이 주님이 아
니고, 하나님이 아니고, 진리가 아니고, 성경이 아니고, 사실은 세상에
있는 그 어떤 것에 있지는 않는지요?
그래서 주님께서는 말씀하십니다.

"이 세상이나 세상에 있는 것들을 사랑치 말라…이는 세상에 있는 모
든 것이 육신의 정욕과 안목의 정욕과 이생의 자랑이니 다 아버지께로
좇아온 것이 아니요 세상으로 좇아온 것이라 이 세상도 그 정욕도 지
나가되"(요일 2:15-17).

우리 똑똑해 집시다. 왜 붙들고 있을 수 없는 것을 붙들려고 발버둥
을 치시는지요?
에콰도르의 정글에서 예수 그리스도의 복음을 전하다가 목숨을 잃었
던 짐 엘리웃의 충고를 다시 한번 당신에게 상기시켜 드리고 싶습니다.
"어차피 붙들고 있을 수 없는 것을 붙들려고 몸부림치는 것보다 더 어
리석은 사람이 어디에 있는가? 그러나 정말 놓치지 말아야 할 것을 붙
들기 위해 삶을 버리는 것은 결코 낭비가 아니다."
붙들 수 없는 것을 붙들 수가 있읍니까? 재물을 붙들고 있을 수가
있읍니까? 이 세상에서 당신이 주님보다 자신을 더 사랑하도록 만드는

그 관심거리를 생각해 보십시오. 붙들고 있을 수가 있나요? 당신의 자녀를 얼마 동안이나 붙들 수가 있나요? 당신의 손에 들고 있는 재물을 얼마나 붙들고 있을 수가 있나요?

제가 좋아하는 알렉산더의 일화를 소개하겠읍니다. 알렉산더가 마지막 죽기 직전에 남긴 유언입니다.
"내가 죽으면 관 양쪽에다 구멍을 파라. 그리고 내 손을 바깥쪽으로 내밀으라!"
그래서 그렇게 했다고 합니다. 제가 사실인지 아닌지 역사적 고증은 해보지 않았읍니다만, 관 양쪽에 손을 내밀어서 자신은 아무것도 안 가지고 간다는 것을 나타냈다고 합니다. 정복할 곳이 없어서 울었다고 소개되는 이 알렉산더 대왕, 그러나 그도 아무것도 가져 가지 못했읍니다. 그런데 우리는 가지고 갈 수 없는 것을 붙들기 위해서 하나님의 말씀을 버리다니!
"천지는 없어지겠으나 내 말은 없어지지 아니하리라"고 약속된 그 거룩한 진리, 이 하나님의 멧세지를 내가 버리고 있다니!
순간적인 것을 위해서 영원을 양보하고 있다니!
내 주변의 인간적인 가치를 위해서 살아계신 창조주 하나님 앞에서 누릴 수 있는 영원함을 내가 포기하다니!
이보다 더 큰 어리석음이 어디 있겠읍니까?

이 자갈밭 같은 마음밭은 말씀을 듣는 사람입니다. 말씀을 사랑합니다. 그리고 주님을 사랑한다고 고백하기도 하지만 그보다 다른 관심사가 더 많이 있읍니다. 이것이 바로 데마가 주님을 떠났던 이유입니다.

"저는 세상을 사랑하여 데살로니가로 갔고."

오늘 당신의 관심은 어디에 있읍니까?

□ 좋은 땅에 뿌려진 씨

네째로, 예수님은 본문을 통해서 마지막 밭을 소개합니다. 그 밭은 무엇입니까? "좋은 땅"입니다. 좋은 땅에 떨어지는 씨는 어떻습니까? 백 배의 열매를 맺고, 육십 배의 열매를 맺고, 삼십 배의 열매를 맺습니다.

그는 어떤 사람이라고 주님은 설명하십니까?

"좋은 땅에 뿌리웠다는 것은 말씀을 듣고 깨닫는 자니 결실하여 혹 백 배 혹 육십 배 혹 삼십 배가 되느니라"(23 절).

같은 사건을 취급하고 있는 누가복음 8 장 15 절에서 성경은 "좋은 땅에 있다는 것은 착하고 좋은 마음으로 말씀을 듣고 지키어 인내로 결실하는 자니라"고 했습니다. 여기에서 강조점은 "지킨다"는 말에 있습니다. 착하고 좋은 마음으로 말씀을 듣고, 말씀을 깨달아 지키어 인내함으로 마침내 결실을 맺는 사람들의 마음은 좋은 땅과 같은 것입니다.

저는 예수님이 이 설교를 하신 취지를 어느 정도는 이해할 수 있을 것 같습니다. 이따금 저는 성도님들에게 이런 질문을 하고 싶습니다. "정말 설교를 듣고 계십니까? 하나님이 내게 주시는 말씀이라고 생각하고 이 말씀을 받고 계십니까?"
설교를 듣는 당신의 동기는 도대체 무엇입니까?
설교를 듣기 위해서만 듣고 계십니까?
아니! 잘 들어 주지 않으면 목사가 실망할 것 같아서, 목사의 체면을 세워 주기 위해서 설교를 듣고 계십니까?
아니면 의례적인 행사로서 주일 아침에 한 번쯤 듣고 가는 것이 교양인의 미덕이기 때문에 듣고 계십니까?
무엇 때문에 말씀을 듣고 계십니까?

여기 좋은 땅의 교훈을 통해서, 주께서는 우리에게 이 말씀을 받는 진정한 동기가 어디에 있어야 한다는 사실을 강조하고 계십니까? 그것은, **내가 들은 말씀을 지키기 위해서,** 다시 말하면 내 삶 속에 이 말씀을 적용하기 위해서인 것입니다. 그것은 행동의 변화를 의미합니다. 이 말씀대로 살고자 하는 거룩한 열망을 가지고, 들은 말씀은 오늘의 삶에 적용해 보아야지, 그래서 하나님의 뜻대로 살아야지, 아니 나를 창조하신 그 하나님을 영화롭게 해야지 하는 그 거룩한 열망과 이 마음 속으로부터 끓어오르는 동기를 가지고 오늘 당신은 이 하나님의 말씀을 듣고 계십니까?

어느 교회에 처음으로 취임한 신임 목사님이 있읍니다. 그는 첫 취임 예배에서 아주 멋지고 놀라운 설교를 했읍니다. 교인들이 얼마나 기뻐했을까요? 우리가 정말 목사님을 잘 모셔왔다고 생각했겠지요.

그 다음 주일이 되었읍니다. 이 목사님이 취임 예배에서 한 설교와 똑같은 설교를 또다시 했읍니다. 고개를 갸우뚱 하는 교인들이 늘어갑니다. "저분이 지난 주일에 설교하신 것을 잊었나"하고 중얼거립니다. 그래도 이제 두번째이니까 혹시 잊었거나, 아니면 취임 예배로 너무 정신이 없어서 설교 원고를 정리하는 과정에서 착각했을지도 모르다는 생각을 하고 이해할 수가 있었을 것입니다.

그런데, 세번째 주간에도 이 신임 목사님은 첫번째, 두번째 주간에 하신 설교를 똑같이 하셨읍니다. 당신은 상상할 수가 있읍니까? 똑같은 설교를 세 번 들었을 때의 교인들의 반응을 한번 생각해 보십시오. "우리가 모셔와도 단단히 잘못 모셔왔다"고 말할 것입니다.

한 용감한 교인이 목사님에게 이렇게 묻습니다.

"목사님, 목사님은 언제 새로운 설교를 시작하시겠읍니까?

그래서 그 목사님은 이렇게 대답했다고 합니다.

『당신이 이 말씀을 정말로 삶 속에 적용할 때 그때 저는 새로운 설교를 시작할 것입니다.』

묻습니다! 당신은 무슨 목적과 동기로 이 말씀을 받으십니까? 단순한 지적인 만족을 위해서 이 말씀을 받으십니까? 아니면, 행동의 변화를 위해서 하나님께서 주신 말씀으로 이 말씀을 받으십니까?

데살로니가 교인들이 짧은 기간에 교회를 세워 소문난 교회를 이룩했던 놀라운 비밀은, 하나님의 말씀을 청취하는 그들의 바람직한 자세에 있었읍니다. 그들이 이 말씀을 사람의 말로 받지 아니하고 **하나님의 말씀**으로 받았기 때문에 이 말씀이 진실로 믿는 자들 가운데서 역사할 수 있었던 것입니다.

출애굽기 20 장에 보면, 아주 재미있는 대목이 한 군데 있읍니다. 시내산에서 모세가 하나님을 만나고, 하나님의 율법과 말씀을 가지고 내려오는 장면입니다. 19 절에 보면, 백성들이 모세에게 이런 요청을 합니다.

"당신이 우리에게 말씀하소서. 하나님이 우리에게 말씀하시지 말게 하소서."

솔직히 말씀드려서, 인간인 제가 하는 말을 듣그서 당신에게 어떠한 유익이 있겠읍니까? 사람의 멧세지에 불과한 제 이야기는 당신이 묵살하실 수도 있읍니다. 그러나 우주를 창조하신 하나님께서 당신에게 개인적으로 말씀해 주시고 계십니다. 이 하나님의 말씀을 듣는 거룩하고 영광스런 체험의 장 앞에 서 보십시오.

사실, 하나님의 말씀을 듣는 것은 두려운 일입니다. 하나님은 내 생각을 꿰뚫어 보시고, 마음의 밑바탕을 아시고, 내 실수를 아시고, 오점과 죄악을 아시고, 내가 숨기고 있는 은밀한 죄를 아십니다. 하나님의 말씀을 참으로 듣는 사람은 변합니다. 그 말씀 앞에서 두려워할 수밖에 없읍니다. 엎드려질 수밖에 없읍니다. 그리고 사무엘처럼 말할 것입니다.

"말씀하옵소서. 주의 종이 듣겠나이다."

하나님의 말씀으로 받는 그 순간, 하나님이 내 삶 속에서 나를 통치하

시게 됩니다. 하나님이 나를 다스리십니다. 여기에 하나님의 나라가 임
합니다. 이것이 마태복음 13장의 핵심입니다. 하나님 나라의 진리를
말씀하면서, 예수께서는 먼저 말씀을 듣는 자세를 강조하십니다.

　오늘 하나님의 나라가 당신에게 임하십니까? 하나님이 나를 다스리
시고, 나를 통치하시고, 내 삶을 바꾸고 내 삶을 찢어서 다시 만드시는
이 하나님의 거룩한 손길, 오염되고 상처난 내 삶 속에 뛰어 들어오셔
서 내 삶을 다시 만드시는 하나님의 능력의 손길을 당신은 경험하기를
원하십니까? 그렇다면 지금 이 순간 하나님의 말씀을 듣고 계십니까?
아니면 어떤 사람의 이야기를 단순히 취미 정도로 듣고 계십니까?

　좋은 땅에 씨가 뿌리워졌다는 것은, 이 말씀을 받을 때 하나님의 말
씀으로 받아 듣고, 깨닫고, 지키어, 이 말씀을 내 삶 속에 적용시키기
위해서 하나님의 도움을 의지하고 몸부림을 칠 때 비로소 열매가 맺히
는 것을 말합니다. 그래서 사람이 변합니다. 하나님을 만난 증거가 나
타나기 시작합니다. 하나님이 그 사람의 삶을 뒤집기 시작합니다. 여기
하나님의 영광스러운 통치와 하나님의 영광스러운 새벽의 광명이 내 삶
의 어두움에 임하는 것을 느낄 수가 있읍니다. 오늘 이 영광스런 씨가,
이 거룩한 말씀의 씨가 좋은 땅과 같은 당신의 마음 속에 떨어져, 당신
의 삶을 붙잡고, 하나님께서 당신을 지배하시고 통치하시며 다스리시는
역사가 지금 이 순간 일어나고 있는지요?

겨자씨 한 알의 교훈

마태복음 13 : 31~32

"또 비유를 베풀어 가라사대 천국은 마치 사람이 자기 밭에 갖다 심은 겨자 씨 한 알 같으니 이는 모든 씨보다 작은 것이로되 자란 후에는 나물보다 커서 나무가 되매 공중의 새들이 와서 그 가지에 깃들이느니라"
—마태복음 13 : 31~32.

겨자씨 한 알의 교훈

본문은 "천국은 마치"라는 말로 시작됩니다. 우리는 마태복음 13 장을 가리켜서 『천국장』이라고 부릅니다. 다시 말하면 하나님 나라는 어떤 것인가를 설명하고 있는 장입니다.

여기서 『천국』을 흔히 우리가 죽으면 하나님 나라에 간다고 말할 때 사용하는 천국으로 생각하면 본문을 이해하기가 참으로 난처합니다. 성경은 우리에게 미래의 천국, 즉 주님께서 예비하신 집을 가르치는 동시에 현재적인 천국도 가르칩니다. 다른 말로 하면 그것은 지상에서의 하나님의 나라입니다. 이 지상에서의 하나님 나라란 눈에 보이는 것이 아닙니다. 성경은 지상에서의 하나님 나라는 점점 확장되어 가고 있는 것으로 가르칩니다.

우리가 천국을 말할 때 제일 중요한 것은 천국이 어디에 있느냐 하는 것이 아니라 "하나님의 통치"라는 개념입니다. 하나님이 다스리시는 곳이 하나님 나라입니다. 사람들이 마음 속에 예수 그리스도를 영접하고 하나님의 통치를 받기 시작할 때에 그 사람들을 통해서 하나님이 통치하시는 통치권이 이 지상에서 확장되어 갑니다. 그러니까 예수믿는 사람들이 많아지고 하나님께 순종하는 사람들이 많아질수록 하나님께서

통치하시는 하나님의 왕국이, 지상에서 보이지 않지만 빠른 속도로 확
장되어 가고 있는 것입니다. 본문에 나타난 하나님의 나라는 그런 측면
의 하나님 나라, 즉 지상에서의 하나님 나라입니다.

□ 천국 비유들 검토

본문의 핵심되는 내용을 잘 이해하기 위해서는 본문의 이야기보다 선행
하는 두 비유를 살펴보아야만 합니다. 천국에 대한 또 다른 비유를 주
님은 같은 장에서 먼저 이야기하셨습니다.

　첫째 비유는 13 장 1 절 이하 23 절까지의 내용입니다. 이 부분은
우리가 잘 아는 네 가지 밭의 비유입니다. 어떤 사람이 똑같은 씨를 네
종류의 서로 다른 밭에 뿌렸습니다. 한 씨는 길가에, 또 한 씨는 가시
밭에, 또 하나는 돌밭에, 마지막 씨는 좋은 땅에 떨어졌습니다. 길가에
떨어지는 씨는 떨어지자마자 새가 와서 쪼아 먹어 버렸습니다. 또 가시
떨기에 떨어진 씨는 가시 기운 때문에 자라지 못하고 질식해서 죽어 버
렸습니다. 또 돌밭에 떨어진 씨는 강렬한 태양의 기운 때문에 자라지
못하고 죽었다고 말씀합니다. 그런데 좋은 땅에 떨어진 씨만 열매를 맺
어 30 배, 60 배, 100 배의 열매를 맺게 되었다고 말씀합니다. 이것이
마태복음 13 장에서 처음 등장하는 비유의 내용입니다.
　비유가 전하는 멧세지는 무엇입니까? 그것은 하나님 나라입니다.
"하나님 나라는 무엇인가? 그 씨는 하나님의 말씀인데, 이 말씀이 전
파되어야 하나님을 깨닫고 하나님께 순종하는 사람들이 나타나며, 그
사람들을 통해서 하나님께서 다스리는 하나님의 통치가 지상에서 이루
어진다."
이것이 첫 비유의 멧세지입니다.

　그런데 복음이 전해질 때 사람들은 어떤 반응을 보입니까? 다 다릅

니다.

길가 같은 반응을 보이는 사람이 있읍니다. 이 사람들은 들으나마나입니다. 길가에 씨가 떨어지자마자 새들이 쪼아 먹어 버립니다. 길가 같은 부산한 마음 속에서 복음은 역사할 수가 없읍니다. 또 돌밭에 떨어진 씨는 떨어져 봐야 태양의 강렬한 기운 때문에 죽어 버립니다. 처음에는 말씀을 잘 받아들이는 것 같았지만, 어려운 일이 생기고 환란이 생기면 신앙과 상관 없이 등을 돌리고 마는 사람이 많습니다.

또 가시떨기에 씨가 떨어집니다. 가시 기운 때문에 씨가 자라지 못합니다. 예수께서 말씀하시기를 염려가 많은 사람, 걱정이 많은 사람, 생각이 많은 사람, 주님보다도 진리보다도 다른 것에 관심이 많은 사람은 말씀이 그 속에서 정착하지 못하고 결국 질식하고 만다고 하셨읍니다. 예배당에 와서 앉아 있긴 하지만 생각이 다 밖에 가 있읍니다. 골프 생각, 또 집에 두고 온 아이들 생각, 다른 생각으로 부산하게 움직이기 때문에 말씀이 자라가지 못합니다. 세상의 염려와 재리에 대한 미혹 때문에 자라가지 못합니다.

하나님의 말씀이 전파되지만 이 말씀을 받는 사람들의 반응이 얼마나 다 다릅니까?

말씀이 사람들 속에 정착하지 못할 때 말씀을 전하는 설교자들은 얼마나 실망합니까? 그러나 예수님은 이 말씀을 통해서 이렇게 이야기를 시작하십니다.

"실망하지 말라. 더러는 말씀을 받는 것 같다가 사라지기도 하고, 또 열매를 맺지 못하는 사람들이 많이 있지만 우리 중에 좋은 땅을 가진 사람도 많이 있다. 이들을 통해서 하나님의 말씀은 역사하고 하나님의 나라는 이런 사람들을 통해서 확장되는 것이다."

그렇습니다. 하나님 나라의 역사는 열매 맺는 사람들을 통해서 시작됩니다. 우리 교회는 10년의 교회 역사를 통해서 얼마나 많은 사람들이 오고갔읍니까? 신앙이 생기는 것 같았다가 없어지는 사람들이 얼마나

많이 다녀갔읍니까? 그러나 우리 중에 좋은 땅과 같은 마음을 가지고
이 말씀을 받아들인 사람들이 있었읍니다. 그들을 통해서 하나님의 통
치와 거룩한 영광이 나타났고 복음의 사업이 지상에서 지금까지 진행될
수가 있읍니다. 예수님은 그런 이야기를 하시는 것입니다.

그러면서 24절 이하에서 두번째 비유를 말씀하십니다.

밭에는 곡식만 있는 것이 아닙니다. 사람들이 잠들어 있는 동안 원수
가 와서 가라지를 뿌리고 갔다고 말씀합니다. 그래서 이 밭에는 알곡과
가라지가 같이 자란다고 말씀합니다.

우리가 다 예수를 철저하게 믿고, 순결하게 믿고, 또 아름답게 믿는
사람들이라면 예수믿는 사람들이 모인 공동체에 무슨 문제가 있겠읍니
까? 그러나 성경은 그리스도인들의 공동체가 항상 아름답다고 낙관하
지 않습니다. 원수가 있읍니다. 원수가 있어서 우리가 잠들어 있을 때
에 와서 가라지를 심고 갑니다. 우리는 이 가라지를 보고 싶습니다. 그
래서 성경에 보면 그런 이야기를 합니다.
"뽑아 버리면 어떻습니까?"
그러나 주님은 이렇게 말씀하십니다.
『아니야. 추수 때에 추수하는 주인이 와서 정확하게 뽑을 터이니 그만
두어라. 지금 뽑으려다 잘못해서 알곡까지 다칠까 염려스럽다.』

왜 이런 이야기를 하셨겠읍니까? 말씀을 받아들이고, 이 말씀을 통
해서 사람들이 공동체를 형성하고, 이 공동체인 교회를 통해서 하나님
나라가 확장되어 가는 과정이 항상 쉬운 것만은 아니기 때문입니다. 어
려움이 있읍니다. 박해가 있읍니다. 위기가 찾아올 수가 있읍니다. 괴
로움이 찾아올 수가 있읍니다. 우리는 바로 그런 어려움과 역경을 짊어
지고 복음을 역사 속에 확장시켜 나가야 한다는 것이 이 비유에서 예수
님이 말씀하시려는 이야기입니다.

이제 세번째 비유에서, 천국은 겨자씨 같아서 큰 나무가 되어 새들이

와서 거기에 둥지를 틀고 안식을 얻고 자라게 된다고 말씀합니다.

이 세 가지가 연속적인 사건이라는 것을 기억하십시오. 처음에 하나님의 말씀이 전파되었습니다. 그러나 사람들의 반응이 다 다릅니다. 그런데 좋은 땅의 마음밭을 지닌 사람들이 있어서 말씀이 그 속에 정착됩니다. 이런 사람들을 통해서 예수믿는 사람들의 공동체가 건설되고 복음이 전파됩니다. 그런데 거기에도 어려움이 있습니다. 원수들의 역사가 있습니다. 사단의 역사가 있습니다. 그래서 많은 어려움이 생깁니다. 그러나 이야기는 세번째로 진행됩니다.

이 사실을 기억해 두십시오. 겨자씨 한 알 같은 하나님 나라의 운동은 **자라날 것입니다.** 얼마 만큼 자라납니까? 큰 나무가 될 것입니다. 그래서 거기에 새들이 와서 둥지를 틀고 안식을 갖고 휴양을 하게 될 것이며, 그래서 멋지고 아름다운 나무가 될 것입니다.

□ 겨자씨의 교훈

예수님께서는 이렇게 말씀하십니다.

"천국은 마치 사람이 자기 밭에 갔다 심은 겨자씨 한 알 같으니"(31 절).

유대인들 속담 가운데는 이런 것이 있습니다. 가장 작은 것을 묘사할 때는 언제나 겨자씨 같이 작다고 표현합니다. 그래서 누가 돈이 얼마나 있느냐고 물으면 갖고 있는 것이 별로 없다고 말할 때, 겨자씨 같이 적게 가지고 있다고 말합니다. 그렇게 유대인들은 가장 작은 것을 묘사할 때 겨자씨 한 알 같다고 했습니다.

하나님 나라는 얼마나 작게 시작됩니까? 기독교 역사를 생각해 보십시오. 얼마나 작게 시작되었습니까? 베들레헴에서 구유에 놓인 아기가 탄생했을 때 신문 기자들이 온 것도 아니고 TV 에 방영된 것도 아닙니다. 아무도 관심을 갖지 않았습니다. 이 사건은 중요하지 않은 얼마나 작은 것이었읍니까? 그러나 그 아기 예수를 통해서 역사는 얼마나 달라졌읍니까? 역사는 그리스도 탄생 이전과 이후로 갈라지고 그분은 역사의 주인이 되셨읍니다.

예수님께서 열 두 명의 제자를 불러 모으셨읍니다. 예수님과 열 두 제자들은 얼마나 명성이 없는 사람들입니까? 이 열 두 명 가운데 어느 한 사람 박사 학위 받은 일이 있었읍니까? 겨우 고기잡이 어부들, 세리들입니다. 이들은 얼마나 보잘것 없는 사람들입니까? 그러나 이 사람들을 데리고 예수님께서 놀라운 일을 시작하십니다. 예수님께서 지상을 떠나시기 직전에 제자들에게 최후로 어떤 말씀을 하셨읍니까?

"너희는 가라 모든 족속으로 제자를 삼으라 천하 만민에게 복음을 전파하라."

저는 상상을 해봅니다. 예수님이 마지막으로 제자들 앞에서 분부하고 계시는 장면에, 내가 제자들 옆에 서서 그 말씀을 듣고 있다면 어떤 소감을 느꼈을까 하고 말입니다.

제자들은 팔레스틴 밖으로 여행 한 번 못 해본 사람들입니다. 이런 사람들을 앞에 놓고 예수님께서는 "너희들은 온 천하에 나가라, 만민에게 복음을 전파하라, 가서 모든 족속으로 내 제자를 삼아라, 아버지와 아들과 성령의 이름으로 그들에게 세례(침례)를 주라"고 말씀하셨읍니다.

만일 당신이 그 현장에서 그 이야기를 듣는다면 어떤 생각을 하겠읍니까?

"아아, 웃기시네요 예수님. 팔레스틴 경계도 못 가본 저들이 어떻게…"

그러나 역사는 우리에게 무엇을 말해 줍니까?

가장 작은 겨자씨 하나, 작은 것을 말할 때 작다는 말은 희랍어로

『미크로』라고 하며, 영어의 "마이크로"(micro) 라는 달이 거기에서 파
생한 것입니다.

우리 교회가 시작될 때, 제가 그 날 없어서 참 유감입니다만, 교회
편력을 보면 그때 인원이 어느 정도 모인 것 같습니다. 목사님하고 몇
사람이 마음 속에 참으로 하나님 마음에 드는 교회를 만들어야겠다는
생각을 하셨을 것입니다. 물론 그것은 소수의 생각이었습니다. 그러나
그것이 오늘의 우리 교회를 만들어 놓았습니다.

그러나 저는 거기에서 끝나고 싶지 않습니다. 생각해 보시기 바랍니
다. 지금 우리 교회가 부흥하고 성장하고 있지만 미국 사람들의 눈에,
많은 사람들이 볼 때에 우리 한국인 교회가 얼마나 그리 대단해 보이겠
읍니까? 이민온 사람들이 모인 이 작은 단체, 그러나 기억하십시오.
이 작은 것에서부터 위대한 것이 시작된다는 사실을 !

저는 겨자씨가 무엇인지 몰라서 사전을 찾아 보았습니다. 그랬더니
겨자씨의 특징은 아주 단단하고 매섭고 생명력이 응집되어 있는 것이라
고 설명되어 있읍니다.

이런 재미있는 역사적 이야기가 있읍니다.
페르시아의 유명한 대왕이요 장군이던 다리오스 황제가 구라파 침략을
하면서 첫번째 치렀던 전쟁이 알렉산더 대제가 거느리는 군대와의 대전
이었읍니다. 그때 다리오스는 알렉산더 대제에게 병사 하나를 시켜서
선물 하나를 보냈읍니다. 그것은 선전 포고를 하면서 보낸 것입니다.
그것은 참깨가 잔뜩 들어 있는 부대였읍니다. 이 자루에 깨들이 얼마나
엄청나게 들어 있었겠읍니까? 그것은 다리오스가 "우리의 군대는 이렇
게 많다. 그러나 손들고 항복하라. 너희들은 승산이 없다"는 것을 알리
기 위해서였읍니다.

깨가 가득 들어 있는 부대를 받은 다음에 알렉산더 대제는 답장으로
작은 봉투에다 씨 하나를 넣어서 다리오스에게 보냈읍니다. 그것이 바
로 겨자씨였읍니다. 그것은 이런 뜻이 담겨져 있었읍니다.

"우리가 작다고 무시하지 말라. 우리는 무섭다. 우리는 놀라운 생명력을 가지고 있다. 우리는 거칠다. 우리는 너희들을 맞이할 준비가 되어 있다."

그리고 알렉산더는 승리했읍니다.

예수님께서는 겨자씨를 들어 여러 번 말씀하셨읍니다.

"천국은 작은 겨자씨 같은 것이다."

"만일 작은 겨자씨만한 믿음만 있어도…"

거기에서부터 역사는 시작됩니다. 말씀은 이 작은 겨자씨가 자라서 큰 나무가 되었다고 증언합니다. 큰 나무가 되어서 거기에 새들이 와서 둥지를 틀었읍니다.

다니엘서 4 장에 이런 이야기가 나옵니다. 바벨로니아의 왕 느부갓네살이 꿈을 꾸었읍니다. 자기 나라가 자꾸만 커집니다. 그런데 그 나라가 나무처럼 자라납니다. 큰 나무가 되었읍니다. 그 나무에 새들이 날아와서 앉습니다. 노래를 부르고 거기에서 쉬고 열매를 따먹습니다. 나무는 하늘까지 닿았읍니다.

그리고 다니엘이 바벨로니아의 왕 느부갓네살이 꾼 이 꿈을 해석하는 장면이 기록되어 있읍니다. 그 나무는 물론 바벨로니아의 왕국을 이야기하고 있는 것입니다. 그 다음에 거기에 모여든 수많은 새들은 이 강력한 바벨로니아 제국을 통해서 세계의 많은 민족들이 혜택과 은혜를 입는 광경을 묘사해 주고 있는 것입니다.

예수님은 바로 구약에 있었던 역사적인 사건을 발췌하셔서 그것을 가지고 놀라운 진리를 이야기하시는 것입니다.

"예수 믿으십시오"라는 한 마디로 사람의 마음 속에 예수가 들어오고, 교회가 세워지고, 복음이 전해집니다. 그래서 하나님의 나라가 지구상에 가득하여 마침내 하늘을 찌르는 큰 나무처럼 무성하게 되고, 그래서 세계의 모든 민족들이 예수 그리스도의 나무에 찾아와서 거기서 쉼을 얻고, 안식을 얻고, 구원을 얻고, 치료를 얻고, 삶의 새로운 희망을 얻습니다.

우리 교회가 10년 동안 걸어 온 것이 얼마나 감사합니까? 그러나 중요한 것은 이것은 시작이라는 사실입니다. 우리가 어떤 꿈을 꾸고 있는가에 따라서 앞으로의 교회상이 결정지어 질 것입니다.

만일 우리가 작은 겨자씨 한 알 속에서 커다란 나무의 비젼(vision)을 볼 수가 있다면…

여기에 수많은 새들이 날아와서 안식과 평안과 쉼을 얻고 노래부르는 것을 볼 수 있다면…

나무가 없는 세상을 생각해 보십시오. 얼마나 삭막하겠읍니까? 그 아름다움, 그 안식, 그 푸르름, 그 생명…

예수 그리스도의 교회가 자라고 자라서 마침내 하나님의 놀라운 생명력을 꽃피우는 것을 바라보십시오.

잠언 기자는 말합니다. "환상이 없는 곳에 백성은 망한다"고요. 우리는 어떤 꿈을 가지고 있읍니까?

저희 교회 10주년을 앞두고 저는 잠을 못 이루었읍니다. 그래서 밤중에 일어나 무릎을 꿇고 기도했읍니다. 제가 무슨 기도를 했겠읍니까? 우리 교회의 지난 10년을 생각해 보면서 앞으로 미래가 어떻게 펼쳐질 것인가를 생각하며 이런 기도를 했읍니다.

"주님, 꿈을 주십시오. 저에게 꿈을 주십시오. 우리 성도들에게도 꿈을 주십시오."

우리가 이민와서 열심히 벌어 자식들을 공부시켰다는 것이 우리의 꿈의 전부는 아닙니다. 그것은 좋은 일입니다. 그러나 그보다 더 높은 꿈은 없겠읍니까? 저는 이런 꿈을 가지고 있읍니다. 우리 교회에 수많은 사람들이 와서 선교 훈련을 받아 세계에 복음을 전하기 위하여 나가고, 세계 모든 교회들에게 참된 교회의 모습을 보여 주는 꿈입니다.

백 년 전에 미국인들이, 영국인들이, 캐나다인들이 한국에 와서 전도

할 때에 그 사람들이 얼마나 더듬거리는 한국말로 복음을 전했겠읍니
까? 우리는 그 복음을 받아들이고 그리스도인이 되지 않았읍니까? 한
국 기독교 역사는 그렇게 해서 시작되었읍니다. 지금 우리 주변을 보십
시오. 얼마나 교회가 많습니까? 기독교 백년사에 이렇게 복음이 폭발
적으로 전파되었던 나라는 일찌기 없었읍니다.

하나님이 우리에게 무슨 계획이 있으시다고 믿어지지 않습니까? 이
복음의 빚을 갚기 위해서 세계를 향해서 뛰쳐나가는 선교의 이상이 오
늘 당신의 마음 속에 꿈틀거리지 않습니까? 오늘은 새로운 의미에서
위대한 역사의 시작을 기록하는 놀라운 날입니다. 꿈을 가집시다. 우리
의 2세를 훈련시켜 전 세계의 선교지로 내보내고, 삶의 의미를 잃어버
린 많은 사람들에게 꿈과 희망과 안식과 평안과 구원과 생명과 천국을
말해 주는 교회를 만들어 갑시다. 이렇게 해서 하나님의 나라가 전 세계
의 무성한 나무가 되어 확장될 때까지 할 일을 다하는 교회를 만들어
갑시다.

스코틀랜드의 어느 교회에서 부흥회가 있었읍니다. 한 주간 동안의
집회에 사람들은 별로 모이지 않았읍니다. 강사는 예수믿을 사람, 헌신
할 사람은 앞으로 나오라고 소리를 쳤지만 아무도 나오는 사람이 없었
읍니다. 마지막 날 한 소년이 나왔읍니다. 목사님은 얼마나 실망했는지
모릅니다. 결신자가 한 명밖에는 없읍니다. 이 소년은 주님 앞에 헌신
하기 위해서 앞으로 나와 있읍니다. 이 소년의 눈에는 불꽃이 일어나고
있었읍니다.

"오! 하나님, 저의 생명을 주님께 드립니다. 저에게 아프리카를 주십
시오."

이 소년은 리빙스턴입니다. 작은 소년의 눈에 일어났던 불꽃이 흑암
의 아프리카 대륙에 새벽을 가져오기 시작했읍니다.

꿈이 있는 백성은 흥합니다. 먹고 사는 것, 그것이 우리의 전부는 아
닙니다. 우리는 할 일이 있어서 태어난 사람들입니다.

베드로가 별 사람이 아니고, 야고보와 안드레도 별 사람이 아니었읍니다. 나와 똑같은 사람, 아니 나보다 훨씬 더 악조건 속에서 살았던 저들입니다. 저들이 사명을 발견했을 때 전세계를 복음으로 뒤덮고, 많은 사람들에게 구원과 생명을 가져다 주었읍니다.

"주여, 저희들에게 꿈을 주시옵소서. 그래서 아버지여 사명을 다하는 우리가 될 수 있도록 도와 주시옵소서."

알곡과 가라지의 비유

마태복음 13 : 24~30 / 36~43

"예수께서 그들 앞에 또 비유를 베풀어 가라사대 천국은 좋은 씨를 제 밭에 뿌린 사람과 같으니 사람들이 잘 때에 그 원수가 와서 곡식 가운데 가라지를 덧뿌리고 갔더니 싹이 나고 결실할 때에 가라지도 보이거늘 집 주인의 종들이 와서 말하되 주여 밭에 좋은 씨를 심지 아니하였나이까 그러면 가라지가 어디서 생겼나이까 주인이 가로되 원수가 이렇게 하였구나 종들이 말하되 그러면 우리가 가서 이것을 뽑기를 원하시나이까 주인이 가로되 가만 두어라 가라지를 뽑다가 곡식까지 뽑을까 염려하노라 둘 다 추수 때까지 함께 자라게 두어라 추수 때에 내가 추수꾼들에게 말하기를 가라지는 먼저 거두어 불사르게 단으로 묶고 곡식은 모아 내 곳간에 넣으라 하리라 … 이에 예수께서 무리를 떠나 집에 들어가시니 제자들이 나아와 가로되 밭의 가라지의 비유를 우리에게 설명하여 주소서 대답하여 가라사대 좋은 씨를 뿌리는 이는 인자요 밭은 세상이요 좋은 씨는 천국의 아들들이요 가라지는 악한 자의 아들들이요 가라지를 심은 원수는 마귀요 추수 때는 세상 끝이요 추수꾼은 천사들이니 그런즉 가라지를 거두어 불에 사르는 것같이 세상 끝에도 그러하리라 인자가 그 천사들을 보내리니 저희가 그 나라에서 모든 넘어지게 하는 것과 또 불법을 행하는 자들을 거두어내어 풀무 불에 던져 넣으리니 거기서 울며 이를 갊이 있으리라 그 때에 의인들은 자기 아버지의 나라에서 해와 같이 빛나리라 귀 있는 자는 들으라"
— 마태복음 13 : 24～30, 36～43.

알곡과 가라지의 비유

본문의 비유는 흔히 알곡과 가라지의 비유라고 일컬어져 왔읍니다. 천국 비유 중의 한 편입니다. "천국"의 성경적 개념을 이해하는 일에 있어서 가장 큰 방해는, 우리가 천국을 "저세상"으로만 이해하도록 우리의 생각이 방향지워져 왔다는 사실입니다. 그러나 성경에는 천국 개념이 더 많은 경우 미래적 의미보다는 현재적 의미로 쓰여졌음을 기억해야 합니다. 천국 개념 이해의 핵심은 장소적(하늘) 차원보다 인격적(통치자) 차원에서 접근해야 합니다.

사실 「하늘나라」보다는 「하나님 나라」라고 하는 것이 더 본의미에 충실한 것입니다. 다만 유대인들은 하나님의 거룩하신 이름을 부르는 것을 황송하게 생각하여 "하나님"이란 단어 대신 "하늘"로 대치하여 사용해 왔읍니다. 유대인들을 향한 복음인 마태복음에서는 「하나님의 나라」보다는 「하늘나라」(천국)가 더 많이 쓰여진 이유가 여기에 있읍니다. 다만 「하늘나라」라는 장소적 개념을 읽을 때에도 우리는 이 단어의 보다 더 중요한 뜻은 "하나님의 통치" 곧 "하나님이 다스리시는 영역"이라는 의미로 읽어 주시기를 바랍니다.

물론 이렇게 말함이 미래의 하나님의 나라의 소망을 약화시킨다는 의미는 결코 아닙니다. 그러나 이 하나님의 나라는 **지금 여기에서**(Here and Now) 시작되는 것이며 이 지상적 하나님의 나라는 어둠과 죄악의 방해를 직면하면서 **자라나고**(확장되고) 있는 것입니다.

□ 비유의 목적

어둠의 나라에 있던 사람들이 복음이신 주 예수 그리스도를 영접할 때마다 그들의 생 한가운데 왕이신 주님의 통치의 보좌가 세워집니다. 이 하나님의 백성들의 왕께 대한 순복의 삶을 통하여 주님의 나라는 이 땅에서 그 권능과 영광을 드러내는 것입니다. 하지만 이 나라는 **아직 완성되지 않은 자라나는 왕국**이므로 아직도 많은 혼란과 고통을 경험하고 있습니다. 이 하나님 나라의 긴장을 현실 그대로 조명하며 우리가 어떻게 낙심하지 않고 종말론적 소망(eschatological hope)을 향하여 걸어갈 수 있을 것인가를 가르치기 위하여 주님은 이 비유를 우리에게 베푸신 것입니다.

□ 비유의 내용

이 비유에서 씨뿌리는 이는 누구이십니까? 말할 것도 없이 인자(人子)이신 주 예수 그리스도이십니다. 밭은 무엇입니까? 세상입니다. 좋은 씨는 무엇입니까? 천국의 아들들입니다. 마태복음 13장의 첫째 비유인「씨 뿌리는 비유」에서의 씨는 천국의 말씀이었다는 것과 혼동되지 말아야 합니다(씨가 성경의 한 곳에서 말씀을 의미하였기에 다른 모든 부분에서도 "씨는 언제나 말씀을 의미한다"는 식으로 성경을 해석해서는 안된다는 좋은 본보기가 될 수 있습니다).

가라지는 누구입니까? 악한 자의 아들들입니다. 이 가라지를 심은 원수는 물론 마귀이며, 추수때는 세상 끝이요 추수꾼은 천사들입니다. 이 해석도 주님 자신이 37-40절에서 친히 설명하신 것입니다.

□ 핵심 내용

이 비유의 핵심은 무엇입니까? 우리 주 예수님의 사역은 이 세상에서 하나님의 말씀으로 하나님의 자녀를 만드시는 일이란 사실입니다. 그러나 이 사역에는 이 사역을 방해하는 원수 마귀의 저항이 따르기 마련입니다. 마귀도 씨를 뿌립니다. 그러나 그 씨는 실상 가라지에 불과합니다. 씨를 가장한 가라지였던 것입니다. 마귀는 모방할 뿐 창조하지 못합니다. 처음부터 마귀는 하나님이 하시는 일을 시기하였읍니다.

이단(異端)이란 "끝이 다르다"는 뜻인데, 마귀가 하는 일은 처음에는 하나님의 일과 비슷해 보이나 끝이 달라집니다. 바울은 마귀도 자신을 "광명의 천사로 가장"한다고 했고, 예수님은 "양의 옷을 입고 나아오는 이리"라고 했읍니다. 마귀는 예수님의 일을 시기하여 예수님이 씨를 뿌리듯 자기도 씨를 뿌리나, 사실은 가라지를 뿌리는 것입니다. 그리하여 한 밭에 알곡과 가라지가 같이 자라는 긴장이 시작된 것입니다. 이것이 바로 지상에 존재하는 하나님 나라의 긴장이요 교회의 긴장인 것입니다.

교회는 구속함을 입은 하나님의 백성들의 공동체임에도 불구하고 이 공동체 안에는 마귀의 백성들이 공존하고 있다는 역설(paradox)을 우리는 인정해야 합니다. 이것이 교회의 현실, 곧 아프지만 직면해야 할 우리의 실상(reality)인 것입니다.

□ 알곡과 가라지가 공존하는 이유

물론 우리는 이 알곡과 가라지를 속히 구별해 버리고 뽑아 던지고 버리고 싶은 열망이 있읍니다. 그러나 주님은 이 가라지를 뽑으려고 해서는 안 된다고 말씀하십니다. 이것은 좋은 열망임에도 불구하고 바람 직한 열망은 아니라고 말씀하십니다. 왜 그렇습니까? 네 가지의 이유에서입니다.

첫째, 곡식(알곡)을 다칠 수 있기 때문입니다.

우리가 알곡을 분별하는 과정에서 알곡과 가라지를 잘못 식별할 우리의 분별에 있어서의 제한성과 불완전성을 그분이 아시기 때문입니다.

둘째, 심판은 주인이 주인의 때에 하실 것이기 때문입니다.

우리는 추수꾼이 아닙니다. 하인에 불과합니다. 우리는 완전을 지향하는 우리의 노력이 때로 불완전한 우리를 완전한 심판자이신 그분과 동일시할 수도 있는 오류를 스스로 삼가야 합니다. 아직은 그 때가 아닙니다. 그리고 우리는 어떤 의미에서 심판자일 필요도 없고 심판자일 수도 없습니다.

세째, 알곡과 가라지는 마침내 그들의 존재됨을 스스로 자명하게 드러낼 것이기 때문입니다.

처음 시작은 유사합니다. 과정도 어느 정도 유사할 수가 있습니다. 그러나 결국은 달라집니다. 악한 자는 결국 "마각"을 드러내고야 말 것입니다. "사필귀정"입니다. 링컨이 말한 대로 "거짓은 사람들을 일시적으로는 속일수 있으나, 영원히는 속일 수 없습니다". 우리는 열매로 그들을 알게 됩니다.

네째, 지금은 심판의 때가 아니요 은혜의 때이기 때문입니다.

지금은 가라지도 알곡이 될 수가 있는 가능성의 기회 안에 살고 있습니다. 죄인도 회개하면 의인이 됩니다. 아직은 빛의 나라를 향하여 문이 열려 있는 시간입니다. 가라지의 중생(重生)이 가능합니다. 그러므로 심판을 서둘지 말아야 합니다.

□ 교훈

결국 이 비유의 교훈은 무엇입니까? 몇 가지로 정리하여 보겠읍니다.

첫째로, 하나님의 공동체에 대한 지나치게 이상적인 기대를 버려야 한다는 교훈입니다.

이 말은 하나님의 공동체에 대한 꿈을 포기하라는 말은 아닙니다. 그러나 꿈을 현실의 창을 통해서 바라볼 수 있는 안목이 우리에게 있어야 한다는 사실입니다. 그렇지 않을 때 꿈은 꿈으로 끝날 수밖에 없습니다. 꿈이 비전(vision)이 되기 위해서는 반드시 현실 감각이 있어야 합니다.

초신자들이 교회에 대한 환상적 기대를 갖고 교회 생활을 시작했다가 오래지 않아 큰 실망을 안고 떠나가는 현실을 우리는 어떻게 설명해야 할까요? 이것은 어쩌면 교회에 대한 필요 이상의 환상적 이상만으로 교회상을 제시하려고 한, 먼저 믿은 우리들의 정직하지 못했던 책임성도 배제할 수는 없을 것입니다. 우리는 우리의 자화상 앞에 보다 정직할 필요가 있습니다. 아니, 우리가 설명하기 전에 이미 세상은 우리의 불완전성을 우리가 아는 것 이상으로 더 정확하게 냄새를 맡고 있는 것입니다. 그들도 어쩌면 우리의 "정직한 고백"을 기다리고 있는지도 모릅니다. 우리의 못남, 우리의 실수, 우리의 고통 ― 이 아픔에도 불구하고 우리를 변화시켜가고 계시는 그분의 이야기를 세상은 듣고 싶어하는 것입니다.

그리고 그들이 우리를 좀더 알아가기 시작할 때 우리는 그들에게 우리의 혼란의 중요한 이유 중의 하나는 원수 마귀와 우리 중에 섞여 있는 가라지의 책임이 있음을 납득시켜야 합니다. 물론 이들에게 교회의 방향을 흐리게 한 우리의 책임과 그들에게 영향을 끼치기보다도 영향을 더 많이 받았던 우리의 세속성을 동시에 고백하면서 말입니다.

둘째로, 우리의 가장 중요한 책임은 가라지를 뽑는 것이 아니고 곡식을 심어야 하는 일임을 인식해야 한다는 교훈입니다.

가라지를 뽑는다는 말이 무슨 뜻입니까? "나의 알곡됨"을 고백하기보다도 "저 사람은 알곡이 아니라"라고 핏대를 올리는 것입니다. 형제를 정죄할 때, 고발할 때, 우리는 어느새 더 이상 형제의 자리가 아닌 심판자의 자리에 서려고 하는 것입니다. 이것이 우리 안에 있는 "부패"를 눈감아야 한다는 뜻은 결코 아닙니다. 부패는 뽑아 던져야 합니다. 그러나 부패한 개인들을 거절해서는 안 됩니다. "죄는 미워해도 죄인은 사랑해야 한다"는 원리를 여기에도 적용할 수가 있습니다.

물론 악화가 양화를 구축할 때, 가라지가 곡식을 덮어버릴 위기가 닥쳐올 때 우리는 전체의 생명을 살리기 위하여 형제에 대한 징계(치리)라는 비상 수단을 동원해야 할 책임을 성경은 가르칩니다. 그러나 이때에도 징계는 치료적이고 구속적이어야지 배타적이어서는 안 됩니다. 아직은 가라지가 곡식이 될 희망이 있기 때문입니다.

이것이 바로 중생의 희망입니다. 우리의 일차적인 책임은 이 희망과 생명의 복음을 전하여 더 많은 사람들을 거듭나게 하고, 거듭난 더 많은 성숙한 사람들에 의하여 하나님의 공동체가 자라나도록 해야 한다는 사실입니다.

세째는, 우리 모두가 더욱 깨어 있어야 한다는 교훈입니다.

25절에 보면 원수 마귀가 밭에 가라지를 뿌린 시각이 사람들이 "잘 때"였음을 주목해서 보아야 합니다. 사람들이 잘 때에! 악마는 어둠의 때에 활동하는 것입니다. 우리의 영혼이 잠들어 있을 때에 우리는 사단의 유혹의 덫에 사로잡히게 됩니다. 뿐만 아니라 하나님의 사람들이 잠들어 있을 때 세계는 어두워집니다. 그리스도인들은 빛이 아닌가요? 빛이 빛을 발하지 못할 때 세상이 어두워지는 것은 당연하지요. 소금이 소금의 역할을 못할 때 부패를 막을 힘을 우리는 이미 상실한 것입니다. 이 때에 사단은 자기의 영역을 확장시켜 나가는 것입니다.

의인 열 명이 없었던 소돔과 고모라의 비극이 무엇을 교훈합니까? 우리는 깨어 있읍니까? 하나님과의 생동하는 교제가 "우리의 우리됨", "성도의 성도됨"의 영광을 드러내도록 우리의 삶을 경건하게 관리하고 있읍니까?

마지막으로, 우리는 저마다 자신의 상태를 분별하는 일에 민감해야 한다는 교훈입니다.

당신은 알곡입니까? 가라지이십니까? 물론 당신이 그리스도의 생명을 가진 자라면 가라지는 아닙니다. 그러나 당신은 알곡으로서 아무런 쓸모도 없이 성장을 멈춘 자는 아닌지요? 알곡이 알곡의 역할을 못할 때 가라지는 자기의 때를 맞게 되는 것입니다. 원수 마귀의 제 1 차 전략은 죄인으로 하여금 예수를 믿지 못하게 하는 것이지만 제 2 차 전략은 믿는 자를 타락시켜 그를 여전히 자기의 영향력 아래 두고자 하는 것입니다.

본문 41 절에는 사단의 역사는 "모든 넘어지게 하는 것"이라고 묘사하고 있습니다. 사단은 언제나 참소자 (accuser) 요, 파괴자 (destroyer) 입니다. 그는 이간자요 넘어지게 하는 자입니다. 당신은 어느 편에 서 있읍니까?

성도의 구원은 상실되지 않습니다. 우리의 신앙 고백 중의 하나는 "한 번 구원받은 자는 영원히 구원받는다"(Once saved, always saved) 는 믿음입니다. 그러나 그럼에도 불구하고 우리는 사단의 조종을 받는 자가 될 수 있다는 사실 앞에 떨어야 합니다. 예수님께서는 제자 베드로에게 "사단아 내 뒤로 물러가라"고 하지 않으셨나요? 그러므로 주님은 베드로를 통하여 우리에게 이렇게 말씀하셨읍니다.
"그러므로 형제들아 더욱 힘써 너희 부르심과 택하심을 굳게 하라"(벧후 1:10).
그렇습니다.
우리 모두 알곡이 되어야 합니다. 이 말이 결국 무슨 뜻입니까? 하나님 나라에서 쓸모 있는 일꾼이 되어야 한다는 얘기가 아닌지요.

겨자씨와 누룩의 비유

마태복음 13 : 31~33

"또 비유를 베풀어 가라사대 천국은 마치 사람이 자기 밭에 갖다 심은 겨자 씨 한 알 같으니 이는 모든 씨보다 작은 것이로되 자란 후에는 나물보다 커서 나무가 되매 공중의 새들이 와서 그 가지에 깃들이느니라 또 비유로 말씀하시되 천국은 마치 여자가 가루 서말 속에 갖다 넣어 전부 부풀게 한 누룩과 같으니라"

— 마태복음 13 : 31~33.

겨자씨와 누룩의 비유

본 문의 말씀은 이 지상에서 하나님께서 다스리시는 하나님의 나라는 어떻게 확장되어 가고 있는지, 즉 천국의 성장과 확장의 진리를 보여 줍니다. 쉽게 말해서 겨자씨와 누룩 비유로 일컬어지는 교훈이 본문에 기록되어 있습니다.

□ 두 비유의 대조점

이 겨자씨 비유와 누룩 비유는 여러 가지 면에서 뚜렷한 대조점을 보이고 있읍니다.

우리는 겨자씨가 나무로 성장하는 과정에서 "들"의 정경을 생각하게 됩니다. 그리고 누룩이 번져 가는 모습을 통해서 "집안"의 광경을 생각하게 됩니다.

또 우리는 겨자씨를 나무로 가꾸는 일을 통해서 남자들이 하는 일을 생각하게 됩니다. 그러나 누룩의 비유를 통해서 여인들의 일을 생각하게 됩니다.

또 겨자씨의 비유가 하나님 나라의 외부적인 발전을 강조하고 있는 것이라면, 누룩의 비유는 하나님 나라의 내면적 발전을 강조하고 있읍니다.

□ 두 비유의 공통점

그리고 이 두 비유는 공통적으로, 예수 그리스도를 구주와 주님으로 고백하고 주의 말씀 앞에 순종하는 사람들에게 하나님께서는 어떻게 당신의 통치를 행하시며, 그래서 하나님의 백성들을 통해서 어떻게 이 땅에 하나님의 왕국이 성장하고 있는지를 보여 주고 있읍니다.

하나님의 나라의 놀라운 가능성, 그리고 위대한 잠재력에 대한 교훈을 이 두 비유를 통해서 얻게 됩니다.

첫째, 작은 것의 가치를 강조하고 있읍니다.
성경은 이렇게 말합니다.

"천국은 마치 사람이 자기 밭에 갖다 심은 겨자씨 한 알 같으니 이는
모든 씨보다 작은 것이로되 자란 후에는…"

물론 겨자씨보다 더 작은 것도 있을 수 있읍니다. 그러나 유대인들은 가장 작은 것을 나타낼 때 언제나 겨자씨만큼 작다는 표현을 일상적으로 사용하고 있었읍니다. 그것은 예수님께서 하신 말씀 가운데도 있읍니다. 예수께서는 "만일 너희에게 겨자씨만한 믿음이 있으면 이 산을 명하여 저리로 옮기라 하여도 옮길 것이요"라고 말씀하셨읍니다.

예수님의 교훈을 살펴보십시오. 작은 것의 가치를 성경은 얼마나 자주 강조하고 있읍니까? 이 세상은 커다란 것의 가치를 강조합니다. 그러나 예수님은 작은 것을 소중하게 여기십니다. 생각나십니까? "지극히 작은 것에 충성된 자는 큰 것에도 충성되다"는 말씀을요.

과부의 엽전 두 푼! 아무것도 아닌 가장 작은 것, 그러나 이것을 통해서 한 여인의 주님을 향한 거룩한 헌신과 열정을 확인하셨던 주님의 모습을 기억합니다. 이름 모를 사람들에게 건네 준 냉수 한 잔의 친절! 한 모금의 냉수를 건네 준 이 작은 친절! 그러나 이것이 하나님의 심판대 앞에 서게 될 때 얼마나 중요한 하나님의 심판의 요소가 될 것인가를 성경은 가르쳤습니다.

고린도전서 1장에 보면 하나님이 쓰시는 하나님의 사람들은 어떤 사람인가를 설명합니다. 아주 굉장한 사람들이 아닙니다. 하나님께서는 화려한 문벌과 대단한 지식적 배경을 가진 사람들을 쓰신다고 말씀하지 않습니다. 이상하게도, 놀랍게도 하나님이 쓰시는 사역자들 가운데는 문벌 좋은 사람이 많지 않았으며, 학식 많은 사람도 많지 않았습니다. 과거의 기독교 역사가 그것을 증명해 주고 있습니다. 주님께서는 천하고 보잘것 없는 사람 가운데서 가장 놀라운 일을 시작하신다는 교훈을 우리는 말씀 앞에서 접합니다.

유대의 모든 고을들 가운데서 베들레헴은 아주 작은 마을이었습니다. 지금은 관광객이 많이 찾아와서 많이 커졌지만, 본래 그 마을은 아주 작은 그리고 사람들의 관심을 별로 끌지 못했던 고을이었습니다.

그런데 미가 선지자는 이렇게 말합니다.

"베들레헴 에브라다야 너는 유다 족속 중에 작을지라도 이스라엘을 다스릴 자가 네게서 내게로 나올 것이라 그의 근본은 상고에 태초에니라"(미 5:2).

하나님께서는 작은 것에서부터 일을 시작하십니다.

스코틀랜드에서 있었던 일입니다. 어느 날 목사님 두 분이 이런 이야기를 했습니다. 두 분 목사님 모두가 피곤한 목회 생활을 하면서 사람들 앞에 커다란 각광을 받지 못하는 분들이었읍니다.

한 목사님이 다른 한 분에게 이야기합니다.

"나는 지나간 3 년 동안 사역을 했지만 사실 진정한 의미에서 거듭난 성도는 한 사람밖에 아직 얻지 못했읍니다."

그러면서 로버트 마펫이라는 청년이 어떻게 이 3 년간의 사역을 통해서 예수님 앞으로 돌아오게 되었는가를 이야기했읍니다.

또 다른 목사님이 말합니다.

『나는 최근에 우리 교회에서 한 주간 동안 부흥회를 가졌는데, 커다란 기대를 걸고 이 집회를 인도했지만 한 사람밖에는 얻지 못했읍니다.』

그러면서 두 분은 목회 생활의 쓰라린 경험을 나누었읍니다. 그런데 수 년 후 놀라운 사건이 일어났읍니다. 이 한 목사님을 통해서 3 년만에 얻었던 한 명의 결신자 로버트 마펫은 아프리카 선교의 기초적인 틀을 마련하는 선교사가 되었고, 일 주일간의 부흥 집회를 통해서 얻었던 유일한 결신자인 리빙스턴은 아프리카 대륙에 예수 그리스도의 복음의 불을 지른 위대한 하나님의 사람이 되었읍니다.

한 사람의 가치는 얼마나 소중합니까? 이 하나를 통해서 엄청난 사역이 시작되는 것을 종종 볼 수 있읍니다. 한 사람 아담으로 말미암아 죄가 세상에 들어오고, 한 사람 예수 그리스도로 말미암아 의와 성령이 우리에게 찾아오게 되었읍니다. 성경은 결코 하나의 가치, 그리고 작은 것을 작다고 간주하지 않습니다.

영국의 어떤 교회에서 5 살된 한 소년이 지정 헌금을 했읍니다. 헌금 시간에 헌금을 하는데 1 페니를 했읍니다. 그러면서 이것으로 꼭 신약 성경을 사서 인도에 보내 달라고 지정했읍니다. 이것은 그냥 우습게 지나칠 수 있는 작은 것이었읍니다. 그러나 이 5 살된 소년의 뜻을 소중하게 여겨 그 교회 목사님이 조금 보태어 아주 작은 신약성경 한 권을 사서 소년이 싸인을 해 그 책을 인도로 보냈읍니다. 그리고 그 일을 이 소년도 잊었고 목사님도 잊었읍니다.

　20년 후 이 목사님이 인도에 들러 어떤 마을을 방문하게 되었을 때, 그 마을의 많은 사람들이 예수님을 믿고 참 진지하게 신앙 생활을 하고 있는 모습을 보면서 여러 가지 질문을 합니다.
"어떻게 이 마을에 복음이 전파되기 시작했읍니까?"
그때 뜻밖에도 한 선교사가 이 마을을 찾아와서 작은 신약성경 한 권을 건넨 것이 그 마을의 복음화의 기초가 되었다는 놀라운 소식을 접했읍니다. 그러면서 그 성경을 가져옵니다. 다 떨어지고 남루한 자그마한 신약성경의 마지막 표지에는 20년 전 자기 교회의 5살된 어떤 소년의 싸인이 그대로 남아 있는 것을 발견할 수가 있었읍니다.

　하나님 나라의 위대한 역사는, 복음의 위대한 역사는 트럼펫을 울리는 거창한 선전으로 시작되지 않습니다. 가장 작은 어떤 사람에게서 가장 작은 어떤 사도를 통해서 가장 놀라운 일이 시작됩니다. 이 두 비유는 모두가 다 작은 겨자씨 하나, 그리고 작은 누룩을 통해서 시작되는 역사를 보여 줍니다.

둘째, 놀라운 성장의 능력을 가르치고 있읍니다.
이 겨자씨는 자라서 나물이 되고 이 나물은 자라서 이제 커다란 나무가 되었다고 본문은 가르칩니다. 이스라엘의 게넷사렛 호수를 방문해 보면, 겨자씨가 자라 큰 나무가 될 때 약 4미터까지 자랄 수 있음을 봅니다. 그런 큰 나무가 그곳에 있읍니다. 누룩이 발효하는 광경을 생각해 보시기 바랍니다. 보이지 않게 발효되는 거대한 성장의 모습을 생각해 보십시오.
　이 겨자씨와 누룩의 교훈 속에 담겨 있는 이야기는 바로 예수님의 이야기입니다. 예수님은 어떻게 시작하셨읍니까? 예수님이 탄생하신 그날 예수님의 탄생을 알린 신문 기사의 보도가 있었읍니까? 만왕의 왕 하나님의 아들 예수 그리스도께서 이 세상에 오셨지만 그분의 탄생을 알리는 TV의 보도가 있었읍니까? 물론 그 당시에 TV도 없었을 것입니다. 그분은 어디에서 탄생하셨읍니까? 마굿간의 구유, 보잘것 없는 구유에서 시작된 그분의 생애를 한번 생각해 보시기를 바랍니다.

위대한 설교가이며 문필가인 죠지 맥도날드(George MacDonald)는 예수 그리스도가 처음 이 땅의 역사 속에 들어오신 생애의 시작을 말하면서 이렇게 시를 지었읍니다.

> "적을 무찌르고 그의 백성들을 높이 세우고저
> 천사들은 그리고 사람들은 왕을 구했으나
> 당신은 한 여인의 울음 소리를 통해서
> 한 작은 아기를 보내셨나이다."

이 구유에 담긴 작은 아기를 한번 생각해 보시기 바랍니다. 그분은 목수의 아들로 태어났읍니다. 그 당시의 사람들이 다 외면하고 돌아보지 않는 나사렛이라는 천대받은 마을에서 그분은 자랐읍니다. 이것은 얼마나 겸허한 시작이었읍니까? 그것은 얼마나 보잘것 없는 그리고 모든 사람들의 각광과 관심을 받지 못했던 시작이었읍니까? 이사야 선지자는 예언하기를, "그는 자라나기를 연한 순 같고 마른 땅에서 나온 줄기 같아서 고운 모양도 없고 풍채도 없은즉 우리의 보기에 흠모할 만한 아름다운 것이 없다"고 말했읍니다. 이것이 예수님의 시작이었읍니다.

하지만 지금 예수님은 이 세계에서 어떤 위치를 차지하고 있읍니까? 전 세계에서 씌어진 책의 절반은 예수 그리스도와 직접 간접으로 관련을 맺고 있읍니다. 전 세계 음악사의 절반 정도는 예수 그리스도의 영향을 받고 있읍니다. 모든 사람들의 문화가, 모든 사람들의 언어가, 모든 사람들의 철학이 오늘날 예수를 배제할 수가 없읍니다.

이것은 예수님의 이야기만은 아닙니다. 이것은 제자들의 이야기이기도 합니다.

열 한 제자를 앞에 놓고 예수께서 이렇게 말씀하신 광경을 당신이 옆에서 지켜보면서 그 멧세지를 듣고 있었다고 가정을 해보십시오. 11 명의 별것 아닌 촌사람들에게 예수께서 말씀하십니다.

"너희들은 전 세계를 향해서 가야 한다. 이 지구는 굉장히 넓은 지구인데 땅 끝까지 가서 복음을 전해야 한다."

교통이 발달되지 못해서 내 나라 밖을 알지 못하던 그때 그분의 비죤 (vision) 은 전 세계였읍니다. 그분의 꿈은 온 세상이었읍니다. 그리고 그 나라 바깥을 나가 보지 못한 이 촌사람들에게 예수께서는 전 세계를 안겨다 주었읍니다.

복음을 전해야 한다는 말씀을 들으면서 어떤 생각을 할 수가 있읍니까?

"정신 없는 소리를 하시다니요!"

그러나 그 날 예수님의 이 선언은 오늘날 어떤 영향력을 가져왔는지 생각해 보시기 바랍니다. 사실 예수님의 이런 도전을 받으면서 그 당시의 제자들은 그들을 둘러싸고 있는 거대한 로마의 세력을 생각해 보지 않을 수가 없었읍니다. 전 세계를 지배하고 있는 로마의 당당한 정치 권력 앞에, 로마의 거대한 군사력 앞에서 보잘것 없는 11 명의 청년들이 가지는 의미는 도대체 무엇입니까? 우리가 무엇을 할 수가 있다는 말입니까? 우리는 성경의 위대한 약속을 이 갈씀 앞에서 발견합니다.

"네 처음 시작은 심히 미약하였으나 네 나중은 창대하리라."

하나님의 역사는 거대한 것으로 시작하는 것이 아니라 가장 작은 것으로 시작합니다. 그러나 이 작은 것 속에는 위대한 가능성이 들어 있읍니다. 이제 이 가능성을 향해서 성장하고 있는 거대한 성장의 고동 소리를 들어 보시기 바랍니다.

그것이 사도행전의 역사였읍니다.

그것이 제자들이 걸었던 복음 전도의 역사였읍니다.

그것이 기독교가 걸어 왔던 역사였읍니다.

그것이 이 지구상에서 확장되고 있는 하나님의 통치, 하나님의 왕국의 역사였읍니다.

12명의 제자들, 머지않아 그들은 70명의 제자의 군단을 이루었읍니다. 그들은 머지않아 500명이 되었읍니다. 500명은 어느 날 3,000명으로 늘어납니다. 그들은 곧 이어 5,000명이 됩니다. 그들은 곧 이어 고린도에 있는 1만 명의 동지들을 얻기 시작합니다. 곧 이어서 그들은 2만명, 3만 명으로 불어나기 시작합니다. 마침내 거대한 로마 제국이 예수 그리스도의 복음 앞에 무릎을 꿇고 넘어지는 역사의 고동 소리를 지켜보시기 바랍니다.

그런데 이것이 당신과 저의 이야기일 수 있다는 사실을 아십니까? 내가 무엇을 할 수 있다는 말입니까? 우리가 무엇을 할 수가 있다는 말입니까? 우리는 얼마나 연약한 사람들입니까? 우리는 얼마나 보잘 것 없는 사람들입니까? 그러나 당신은 아십니까? 나 같이 보잘것 없고 연약하고 미약하고 가장 작은 것 하나, 그러나 이 하나를 하나님은 기대하는 눈동자로 바라보고 계신다는 사실을 아십니까?

펜실베니아에 가면 필라델피아 근처에 시골답지 않게 아주 큰 교회 하나가 있읍니다. 이 교회는 스잔이라는 소녀에게 바쳐지고 있읍니다. 본래 교회가 없었던 이 마을에 교회당 하나가 세워지기를 간절히 원했던 어떤 소녀가 있었읍니다. 그 소녀는 늘 아주 먼 도시까지 나가야 하는 번거로움을 겪어야만 했었기에 이런 기도를 했읍니다.

"하나님, 우리 마을에 예배당을 주셔서 여기에서 내 친구들과 함께 하나님을 예배하고 그리고 우리 마을 사람들이 하나님을 자유롭게 찬양할 수 있도록 해주세요."

이것이 이 소녀의 꿈이었고 기도였고, 이 소녀의 열망이었읍니다. 그러나 이름모를 질병에 걸려 이 소녀는 죽어가기 시작했읍니다. 얼마 후에 이 소녀가 세상을 떠났읍니다. 세상을 떠난 이 소녀의 자리 밑에는 그녀의 간절한 기도와 열망이 담겨진 편지 한 장과 그 속에 마지막 헌금 5 달러가 들어 있었읍니다.

이 소녀의 이야기가 마을 주민과 미국 전역에 있는 그리스도인들에게 큰 감동을 주었읍니다. 많은 사람들이 앞을 다투어 헌금을 하기 시작했읍니다. 그 결과 이 소녀를 기념하고 복음을 전하기 위해서 이 마을에는 아름다운 예배당이 들어섰읍니다. 이 소녀의 작은 기도, 이 5 달러짜리 지폐 하나가 가져왔던 아주 감동적인 이야기입니다.

저는 얼마나 연약한 한 사람입니까? 이 지구의 거대함을 알수록 이 우주의 엄청남을 알수록 하나님이 창조하신 이 세계의 영광스러움을 바라볼수록 상대적으로 나의 작음과 연약성에 부딪칩니다. 이 작고 보잘 것 없는 나를 통해서 하나님이 가지고 계신 기대, 하나님의 거룩한 꿈, 하나님의 위대한 역사의 고동 소리를 당신은 들으십니까? 여기 작은 것에 담겨져 있는 놀라운 성장의 가능성을 발견합니다

셋째, 외적, 내적 성장 과정을 보여 줍니다.
이 두 비유는 한걸음 더 나아가서 이제 이것이 어떻게 외형적으로 그리고 내면적으로 발전되어 가는지를 보여 줍니다.

처음 겨자씨의 비유는 외형적인 하나님 나라의 발전에 초점이 있읍니다. 반면에 누룩은 내면적인 발전에 초점이 있읍니다.
우리는 겨자씨가 자라나서 나무가 되어가는 모습을 눈으로 확인해 볼 수가 있읍니다. 하지만 누룩이 발효하는 그 광경을 지켜볼 수는 없읍니다. 그러나 커다란 반죽가루 속에 있는 한 줌의 누룩은 놀라운 발효의 힘을 가지고 그 자체를 키워 나가기 시작합니다.

기독교 교회 역사가 걸어 온 발걸음이 그러합니다. 교회는 양적으로 성장해 왔읍니다. 그리고 질적으로도 성장해 왔읍니다. 이것은 한 교회

의 역사이며 그리고 이 지구상에 있었던 하나님의 나라의 역사이기도
합니다.

그러나 더 중요한 것은, 오늘 저와 당신이 복음을 받아들이고 예수님
을 소유한 이후에 어떻게 자라 왔느냐는 것입니다. 우리는 외적으로도
자라나야 합니다. 우리가 예수를 믿고, 하나님의 생명을 소유하고, 영
생을 얻은 다음에 우리가 자라는 모습을 보일 수가 있어야 합니다. 성
경을 사랑하는 정도, 교회에 참석하는 신실성, 사람들의 영혼을 붙들고
그들에게 복음을 전하는 모습 내 주변의 하나님의 가족들에게 그러한
신실성과 신앙적으로 자라나는 분명한 외적인 표적과 모습을 당신은 보
여 주고 있읍니까? 당신 속에서는 어떤 일들이 벌어지고 있읍니까?
저는 우리 교회가 양적으로도 성장하기를 기대합니다. 그러나 더 중
요한 것은 우리 교회가 어떻게 건물을 늘려갈 것인가, 어떻게 프로그램
을 증진시킬 것인가 하는 것보다 교회 성도들의 마음 속에서 어떤 일들
이 벌어지고 있느냐는 것입니다.
당신의 마음 속에서 어떤 사건들이 벌어지고 있읍니까?

바울은 이렇게 말합니다.

"너희 속에 착한 일을 시작하신 이가."

그분이 지금은 어떤 역사를 행하고 계십니까?
또 바울은 이렇게 말합니다.
"너희 안에서 행하시는 분은 하나님이시니."
하나님이 당신 안에서 행하고 계십니까? 어떤 일을 행하고 계십니까?
최근에 그분은 당신의 삶의 내부에서 어떤 모습으로 역사하고 계십니
까? 당신의 속사람은 어떻게 변화하고 있읍니까? 하나님의 나라는 소
리없이 번져가고 있읍니다. 하나님의 말씀을 복종하고 순종하는 사람들

의 생애를 통해서, 주의 말씀에 순종하는 교회를 통해서 하나님의 통치는, 하나님의 영광스러운 지배는 이 땅에서 계속 자라나고 있읍니다.

하나님은 하나님의 나라를 늘리는 그 일을 인간적인 방법으로는 하지 않으십니다. 무력으로 하지도 않으십니다. 정치를 가지고 하지도 않으십니다. 그분은 성령의 능력으로 행하십니다. 보이지 않는 성령님, 그러나 그분은 일하고 계십니다. 누룩이 발효하듯 성령께서는 하나님의 백성들의 마음 속을 통해서 그 놀라운 일을 지금도 행하고 계십니다.

이 성령님의 능력이 오늘 당신의 삶의 장에서 어떻게 역사하고 있읍니까? 이 성령님의 능력이, 이 성령님의 놀라우신 역사가 우리 교회를 통해서 어떻게 나타나고 있읍니까?

네째, 성장의 마지막 결과도 보여 주고 있읍니다.

"이는 모든 씨보다 작은 것이로되 자란 후에는 나물보다 커서 나무가 되매 공중의 새들이 와서 그 가지에 깃들이느니라"(32 절).

이 표현은 이스라엘 백성들에게 있어서는 결코 낯선 표현이 아닙니다. 이것을 우리는 다니엘서 4 장에서 찾아 볼 수가 있읍니다. 10 절 이하 12 절의 말씀을 보겠읍니다.

"내가 침상에서 나의 뇌 속으로 받은 이상이 이러하니라 내가 본 즉 땅의 중앙에 한 나무가 있는데 고가 높더니 그 나무가 자라서 견고하여지고 그 고는 하늘에 닿았으니 땅 끝에서도 보이겠고 그 잎사귀는 아름답고 그 열매는 많아서 만민의 식물이 될 만하고 들짐승이 그 그늘에 있으며 공중에 나는 새는 그 가지에 깃들이고 무릇 혈기 있는 자가 거기서 식물을 얻더라"(10-12 절).

여기 안식을 제공하고, 먹을 것을 제공하는 나무의 거대한 성장의 결과

를 보여 주고 있읍니다. 이것은 22 절 이하의 말씀을 통해서 해석되고
있읍니다. 하나님의 종을 통해서 해석되는 이 꿈에 대한 해석을 읽어
보십시오.

"왕이여 이 나무는 곧 왕이시라 이는 왕이 자라서 견고하여지고 창대
하사 하늘에 닿으시며 권세는 땅 끝까지 미치심이니이다"(4:22).

한 나라의 왕의 통치를 통해서 일어나게 될 놀라운 결과를 예시(豫示)
할 때 이런 표현들이 사용되었던 경우를 볼 수가 있읍니다.

예수님은 우리의 왕이십니다. 그분이 통치하는 나라를 천국이라고 부
릅니다. 예수님이 당신과 저의 마음 속에 찾아오셔서 우리의 의식을 붙
들고, 우리의 생각을 붙들고, 우리의 마음을 다스리시고 통치하실 때
우리의 삶은 자랍니다. 우리는 하나님이 다스리시는 놀라운 결과를 나
타내기 시작합니다.

겨자씨 하나가 자라서 커다란 나무가 된 광경을 상상해 보십시오. 푸
른 그늘, 푸른 나뭇가지를 형성하고 있는 아름다운 수목의 모습을 연상
해 보십시오. 거기에 새들이 찾아옵니다. 아름다운 노래를 부르기 시작
합니다. 거기에서 새들은 쉼을 얻습니다. 이 안식과 영양을 제공하고
있는 나무의 위대한 성장의 결과를 바라보십시오.

□ 결론

묻습니다. 오늘 이 시간 주님께서 당신을 다스리십니까? 대답하십시
오. 그분이 당신의 왕이십니까? 그렇다면 그분이 다스리시는 그 **결과**
가 어떻게 나타나고 있읍니까?
내 인생의 나무에 새들이 날아들고 있읍니까? 피곤한 새들이 날아오고
있읍니까? 그들이 쉼을 얻습니까? 예수께서 다스려 주시는 삶의 놀라

운 축복, 이 아름다움을 사모하여 사람들이 내 인생의 나무에 찾아와 쉼을 얻습니까? 안식의 주님을 모셨더니 내게 안식이 있읍니다. 저 사람을 만나면 마음이 평안해 집니다. 같이 쉴 수가 있읍니다. 아니, 저 사람에게 찾아가면 언제나 그는 신선한 생수와 먹을 것을 가지고 있읍니다. 피곤한 이웃들을 만날 때 그들에게 하나님의 말씀을 제공하고, 주의 사랑을 베풀며, 주의 거룩한 능력을 소개하며, 예수 안에서 우리가 누릴 수 있는 평안과 안식을 소개하는 삶이, 왕이신 주님께서 통치하시는 이 놀라운 나무의 열매가 당신의 삶 속에 맺어지고 있는지요?

주님께서는 우리를 축복하시기를 원하십니다. 그리고 우리도 축복받기를 열망합니다. 그러나 묻습니다. 왜 무엇 때문에 축복받기를 원하십니까? 다시 말하면 축복받고 나서 어쩌자는 것입니까? 우리가 축복을 받기를 소원할 오직 하나의 타당한 이유가 있읍니다. 그것은 내가 받은 축복을 이웃에게 나누어 주기 위해서입니다. 그 이유 때문에 주님께서 우리를 축복하십니다. 주님께서 내게 건강을 주신 이유도, 나에게 아직까지도 삶을 주신 이유도, 나에게 아직까지 생명을 주신 이유도, 내가 남에게 축복이 되게 하기 위해서입니다. 내게 주신 그 사랑을 나누라고, 내게 주신 기쁨을 나누라고, 피곤한 이웃들에게 내게 주신 그 안식을 나누라고 하나님께서는 당신을 축복하셨고 지금도 당신을 인도하고 계십니다.

우리는 우리 교회가 축복받기를 원합니다. 왜 원합니까? 그저 우리 교회만 잘 되기 위해서입니까? 이름나기 위해서입니까? 그것이 우리 교회가 잘 되기를 원하는 유일한 이유입니까? 아니면 우리 주변의 사람들에게, 이웃 교회들에게, 더 많은 우리의 공동체, 한걸음 더 나아가서 우리의 사회 속에 축복된 존재가 되기 위해서 축복을 소원하고 계신지요?

묻습니다. 내 인생의 나무에는 어떤 열매가 맺어지고 있읍니까? 내 인생의 나무는 얼마나 울창한 안식의 그늘을 만들어 가고 있읍니까?
예수께서 당신과 저의 마음 속에 찾아 오시고, 성령께서 내 마음 속에
계시고 통치하시는 이유는 도대체 무엇입니까? 그래서 지금 당신의 삶
이 어떻게 나타나고 있읍니까? 우리가 인생을 더 많이 살아갈수록 주
님 안에서 늙어간다는 것은 무엇을 말합니까? 주님 안에서 더 많은 세
월을 살았다는 것은 무엇을 말합니까? 주님이 내게 가르쳐 주신 더 많
은 교훈, 주님이 내게 허락하신 더 많은 사랑, 주님이 나를 인도하신
그 자비로우심, 이 모든 축복과 은혜와 교훈을 나는 받았기에 지금 나
는 얼마 만큼 더 내 이웃들에게 축복이 되는 존재가 되고 있는지요?

당신이 지금까지 인생을 얼마나 잘 살아 왔는가, 얼마나 복되게 살아
왔는가, 얼마나 성공적인가 하는 것은 당신이 이 땅에서 무슨 일을 했
는가 하는 과거의 명함이나 경력이 증명하지 않습니다. 지금 자랑할 수
있는 삶의 내용이 없는 사람이 밤낮 왕년만 이야기합니다. "내가 왕년
에…" 그것이 중요하지 않습니다.
지금 당신은 어떤 삶을 살고 있읍니까?
지금 당신의 이웃들에게 어떤 존재가 되고 있읍니까?
나는 내 남편에게 아내에게 축복된 존재입니까?
그들에게 안식의 그늘을 제공합니까?
내 주변의 사람들이 찾아와서 깃들이고 싶어하는 안식의 그늘이 당신의
삶 속에 있읍니까?
아니 당신의 이웃 사람들에게, 자손들에게, 젊은이들에게 나누어 주실
열매가 있읍니까?
그 결과로 내가 남에게 나누어 줄 수 있는 삶의 내용이 있읍니까?
은과 금이 내게 없어도 내가 체험한 예수님에 대한 아름다운 이야기를
나눌 수 있는 예수님에 대한 경험과 예수님에 대한 사랑과 예수님에 대
한 축복을 이웃들에게 나누어 줄 수가 있읍니까?

이제 눈을 감고 그림을 그리십시오.

보잘것 없는 겨자씨 하나 같은 열매를 통해서 태어난 나, 첫울음을 울며 이 땅에 태어났던 그 순간 엄마의 품에서 시작되었던 나의 작은 시작을 한번 생각해 보십시오.

나는 인생을 살았읍니다. 많은 시간이 흘렀읍니다. 나는 이제 어떤 인생의 나무가 되었읍니까? 내 나무는 어떤 열개를 맺었읍니까?

뿌리깊은 나무, 흔들리지 않는 나무, 푸르고 울창한 나무, 그늘이 있는 나무, 이 아름다운 열매를 내 이웃들에게 나누며 푸르고 아름다운 그늘을 선물하면서 내가 살아 온 인생의 풍성한 체험과 나를 다스려 주신 예수님에 대한 놀라운 사연을 이웃들에게 남길 수가 있읍니까?

오늘 당신의 주변 사람들이 당신을 어떻게 말합니까? 찾아오고 싶어합니까? 아니면 거북해서 피하고 있지는 않습니까?

그것이 당신이 인생을 어떻게 살아 왔는지 점검할 수 있는 가장 구체적인 방법입니다. 하나님이 내 마음 속에서 하나님 나라를 어떻게 이루셨는지 당신의 이웃들에게 말할 수 있는 삶을 사셔야 합니다.

보물과 진주의 비유

마태복음 13 : 44~45

"천국은 마치 밭에 감추인 보화와 같으니 사람이 이를 발견한 후 숨겨 두고 기뻐하여 돌아가서 자기의 소유를 다 팔아 그 밭을 샀느니라 또 천국은 마치 좋은 진주를 구하는 장사와 같으니"
— 마태복음 13 : 44~45.

보물과 진주의 비유

마태복음 13장을 이해하는 가장 중요한 열쇠는 "천국"이라는 말입니다. 본문은 "천국은 마치······" 이렇게 시작됩니다.

성경의 기자들은 예수님의 인격과 사역을 설명하기 위해서 인간이 사용할 수 있는 언어들을 동원해서 예수님을 표현합니다. 그 중 탁월한 표현이 "그분은 왕이시다"라는 표현입니다. 그분은 왕으로 오셨읍니다. 그분은 다스리러 오셨읍니다. 그분이 다스리는 나라를 가리켜서 "천국"이라고 부릅니다.

그분은 우리를 다스려 주시고 우리를 위해 다스리시는 한 놀라운 나라를 준비하셨읍니다. 이 천국은 미래에 있읍니다. 그러나 예수님을 이미 자기의 왕, 자기의 구세주로 받아들인 사람들은 그들의 마음 속에서 주님이 다스려 주시는 경험 속에 들어가기 시작합니다. "하나님의 나라는 여기 있다 저기 있다 못하나니 너희 가운데 있다"고 말씀하실 때의 그 천국은 바로 지금 여기서 우리 마음 속에서 통치하시는 주님을 경험하고 있다는 그때의 천국입니다. 그런 의미에서 천국은 현재에도 있읍니다. 물론 우리 자신의 연약함과 우리를 둘러싸고 있는 상황의 불안전성 때문에 지금 이 땅에서 천국을 온전히 경험하고 있는 것은 아니지만 천국의 경험이 우리에게 시작되었다는 사실은 아무도 부인할 수가 없읍니다. 그래서 천국은 미래를 위해서 우리에게 예비된 것이기도 하지만, 지금 이 땅에서 이미 하나님이 허락하신 사건으로서 경험되고 있는 것입니다.

이 천국의 "현재성과 미래성"이라는 양면성을 동시에 설명할 수 있는 말씀을 살펴보겠읍니다.

□ 서론

창세기 24 장에 보면, 아브라함이 그의 종을 자기의 고향인 메소보다미아에 보내서 며느리감을 구하는 이야기가 기록되어 있읍니다. 아브라함은 가나안 땅의 이방 사람 가운데서 며느리감을 구하지 않겠다는 생각에서 그의 종을 고향에 보냅니다. 이 종은 중대한 명령을 받고 메소보다미아에 와서 자기 상전의 며느리감을 물색하면서 어느 날 이런 기도를 합니다.

"하나님, 제가 한 여인을 만나서 제게 물을 주기를 부탁하면, 나에게 물을 줄 뿐 아니라 내가 끌고 온 약대에게도 물을 주는 그런 여인을 만나게 되면, 이 여인이 하나님이 정하신 사람으로 알겠읍니다."

이 장면에서 등장하는 여인이 "리브가"라는 여인입니다. 아브라함의 종이 리브가에게 물을 달라고 요청해 보았더니 물을 줄 뿐 아니라 그의 약대에게도 물을 마시게 합니다. 종은 "아! 그렇구나. 하나님이 예비하신 주인의 며느리가 바로 이 여인이구나"라고 생각하고 여인에게 다가가 여인의 손에 금고리와 손결이를 채워 주었읍니다. 그 다음 그는 자초지종을 설명한 후, 여인의 부모를 찾아가 아브라함이 이 여인을 며느리로 맞이하려 한다는 소식을 전하고, 어떻게 하나님의 인도를 받아 여기까지 왔는지를 설명했읍니다. 그 여인의 부모가 흔쾌히 허락을 합니다. 허락을 받은 후 아브라함의 종은 금 은 등 여러 패물을 또 전달합니다. 그리고 이 여인에게 아주 멋진 의복을 선물로 주는 장면이 성경에 기록되어 있읍니다. 그래서 이 여인 리브가는 아브라함의 종을 따라 신랑을 만나기 위해 가나안 땅으로 출발하는 신기한 여행이 시작됩니다.

리브가는 이 시점에서 아직 결혼한 것은 아닙니다. 아직 자기의 신랑과 함께 살고 있는 것은 아닙니다. 그러나 그는 얼마나 신랑을 사모하는지요. 자기의 삶의 길을 놀랍게 인도해 주고, 또 자기를 향해서 놀라운 계획을 가지고 좋은 선물을 보내 준 신랑을 마음에 그리면서 흥분과 감격과 환희 속에 신랑을 만나러 가는 위대한 여정을 출발합니다. 아직 결혼하지 않았지만 그녀는 결혼의 환희와 신랑과 함께 있는 기쁨을 벌써부터 두근거리는 마음으로 경험하기 시작합니다. 신랑을 생각합니다. 주야로 신랑을 묵상합니다. 그리고 신랑과 더불어 사는 삶이 얼마나 좋은 것인가를 생각하면서 신랑의 집을 향해서 떠나고 있는 이 여행의 모습을 보십시오.

우리가 예수님을 만났을 때, 우리가 참된 신앙을 갖기 시작했을 때, 우리는 예수 그리스도와 끊어질 수 없는 관계 속에 들어갑니다. 그러나 성경을 읽어 보면, 그리스도인들이 아직 예수님과 결혼한 것은 아니라고 가르칩니다. 결혼날이 다가온다고 성경은 가르치십니다. 주님께서 다시 오시는 날, 우리는 그분과 함께 영원한 결합 속에 들어가게 됩니다. 성경은 이 사건을 가리켜서 『어린양의 혼인잔치』라는 표현으로 설명하고 있읍니다.

나는 이미 예수님과 끊어질 수 없는 관계 속에 들어갔읍니다. 그러나 지금 내가 그분과 얼굴을 맞대고 함께 실감있게 그분의 모든 것을 경험하고 있는 것은 아닙니다. 부분적으로만 경험하고 있읍니다.

그분은 나에게 약혼 반지도 보내셨읍니다. 그분은 나에게 선물도 주셨읍니다. 그분을 생각만 해도 얼마나 우리의 가슴이 두근거리며 우리의 삶이 얼마나 큰 희열과 환희로 가득차는지 그분은 우리에게 가르쳐 주셨읍니다. 지금 여기서부터 이미 그 신랑과 함께 하는 삶의 놀라움은 경험되기 시작했읍니다. 그러나 더 좋은 경험은 아직도 미래에 기다리고 있읍니다.

우리는 이 두 사건을 예수 그리스도와 우리와의 관계에서의 두 시제로 설명할 수가 있읍니다. 주님과 내가 영광스러운 영원한 결합을 이루는 사건이 아직도 미래에 우리를 기다리고 있읍니다. 그러나 그 경험은 이미 시작되었읍니다. 마태복음 25 장을 읽어 보면, 우리를 위해서 준비된 미래의 하나님 나라를 설명하고 있읍니다. 그러나 마태복음 13 장은 주님이 우리의 왕이 되셔서 우리의 삶 가운데 오시고 영적으로 그분이 우리를 다스려 주실 때, 우리 안에서 시작되는 이 천국, 하나님의 통치가 얼마나 놀라운 것인가를 설명해 주고 있읍니다.

본문은 두 가지 비유를 들어서 이 천국을 구하는, 혹은 천국을 경험하는 사람들의 모습을 그리고 있읍니다.

"천국은 마치 밭에 감추인 보화와 같으니 사람이 이를 발견한 후 숨겨 두고 기뻐하여 돌아가서 자기의 소유를 다 팔아 그 밭을 샀느니라 또 천국은 마치 좋은 진주를 구하는 장사와 같으니 극히 값진 진주 하나를 만나매 가서 자기의 소유를 다 팔아 그 진주를 샀느니라" (13:44-46).

□ 두 비유의 공통점

이 두 비유는 어떻게 생각하면, 아주 흡사합니다. 이 두 비유는 공통점이 있읍니다. 그 공통점은 무엇입니까?

첫째, 가치에 대한 인식입니다.

밭에서 일하고 있던 농부가 어느 날 밭을 갈다 보니 쨍강 하고 쟁기에 뭐가 부딪칩니다. 그래서 그 밭을 파보았더니 그 밭 속에는 아주 놀라운 보물 상자가 있었읍니다. 은행이 없었던 고대 중동 지방에서는 은행 대신 자기의 귀중한 소중품들을 땅 속에 감추어 두는 것이 의례적인 습관이었읍니다. 전쟁과 난리를 경험하는 사회적인 혼란 속에서 더욱 그런 일들이 비일비재(非一非再)했읍니다. 재미있는 사실은, 그 당시의 유대법에 의하면 찾는 사람이 임자입니다. 그러나 이 농부는 보물 상자를 일단 감추어 두고 가서 자기의 소유를 다 팔아 그 보물이 묻혀 있는 밭 전체를 샀다는 것이 첫번째 비유입니다.

또 하나의 비유는 좋은 진주를 구하고 있던 장사가 "극히 값진 진주 하나를 발견하매" 마침내 그가 가진 모든 소유를 팔아서 그 진주를 샀읍니다.

보물과 진주가 얼마나 귀한가 하는 그 가치를 농부와 상인은 다 같이 인식했읍니다.

예수님께서 이 비유를 말씀하신 이유는 무엇입니까? 그 이유는 비유를 통해서 우리의 왕으로 오신 왕되신 예수님으로 말미암은 천국은 마치 보물이나 진주와 같은 것이라는 사실을 설명하시기 위해서입니다.

당신은 그 가치를 인식하고 있읍니까? 내가 믿는 예수님에 대한 가치, 주님께서 나를 다스려 주시는 삶의 가치를 얼마나 뼈저리게 인식하고 있는지요?

왕되신 예수께서 이 역사와 세상 속에 찾아오셨는데, 유대인들은 자기 나라에 찾아오신 왕되신 그 예수님을 깨닫지 못하고 있었읍니다. 얼마나 큰 비극입니까? 요한복음 1장 11절에 "자기 땅에 오매 자기 백성이 영접지 아니하였으나"라는 구절이 성경에서 가장 슬픈 구절입니다.

이 땅을 창조하신 그분, 역사를 섭리하시고 이 역사의 수레바퀴를 돌리시는 그분, 사람마다 그들의 삶 속에 의미와 보람과 여생을 허락하시고 부활의 소망을 허락하신 놀라우신 그분께서 보물과 진주보다 더 귀한 천국의 삶을 가지고 우리에게 찾아오셨지만, 사람들은 그 예수님을 모릅니다. 예수님과 함께 하는 삶의 가치를 깨닫지 못합니다. 놀라운 보화가 주어졌지만, 보물과 진주의 의미를 깨닫지 못합니다.

1947년 어느 봄철의 일입니다. 이스라엘에 가면 베두윈(Bedouin)이라는 무리가 있습니다. 이들은 장막을 치며 여기저기로 옮겨다니는 유목민인데, 이들 중 어떤 사람이 사해 북서쪽에 많은 동굴들이 있는 곳을 지나가다가 심심풀이로 돌을 하나 던졌습니다. 이 돌이 동굴 속으로 들어가 쨍그랑 하는 소리를 냈습니다. 이 소리를 들은 유목민이 신기하게 생각하며 그 속에 들어가 보니, 그 안에 항아리가 있었습니다. 이 항아리 속에 무엇이 들어 있을까 기이히 생각하며 그 항아리 속을 들여다 보니 그 안에는 아무것도 없었습니다. 옆을 둘러 보니 그곳에는 항아리 열 개가 있었는데 아홉 개의 항아리 속에는 아무것도 들어 있지 않았습니다. 마지막 열번째 항아리를 열었을 때 거기서 가죽으로 된 두루마리에 무슨 글을 써 놓은 것이 나타났습니다.

그는 실망한 채 이 두루마리를 가지고 와서 자기 집에 매달아 놓았습니다. 그는 가죽으로 신발 끈을 만들면 좋겠다고 생각했습니다. 그러나 어쩐지 신발 끈으로는 적당치 않은 것 같아 한 2년쯤 그냥 두었습니다. 이것이 『사해사본』이라 불리워지는 성경 사본이었습니다. 사해 사본의 위대한 발견이 이루어진 순간이었습니다. 그것은 보물보다도 진주보다도 더 귀한 역사를 바꿀 수 있는 성경의 위대한 가치와 하나님 말씀의 전승(傳承)을 보여 준 가장 오래되고 권위있는 성경 사본이었습니다. 그러나 이 사람은 이 사본을 신발 끈으로 사용하려고 생각했었습니다.

예수님께서 하나님의 나라를 가지고, 영원한 생명을 가지고, 위대한 약속을 가지고, 위대한 천국의 비밀을 가지고 우리에게 다가오셨지만 우리는 그 가치를 얼마나 인식하고 있읍니까? 우리는 예수님께서 진주를 개에게 던지지 말라고 말씀하신 이유를 이해할 것 같읍니다. 만일 이해하지 못한다면 그 보물이 아무리 귀해도 무슨 소용이 있겠읍니까?

제가 지금도 잊지 못하는 오래 전의 일이 있읍니다. 경기도의 어느 작은 시골에 버스를 타고 가고 있었는데, 신기한 운전 기사를 보았읍니다. 우리가 버스 안에서 듣는 음악은 보통 버스 기사에 의해서 결정되기 마련입니다. 보통 시골 버스를 타면 흘러간 옛 노래를 많이 듣게 됩니다. 그러나 그 날의 버스 기사는 고전 음악을 듣고 있었읍니다. 저는 생각하기를 "야! 멋진 기사로구나"하고 생각하며 그 음악을 열심히 감상하는데, 제 앞자리에 앉은 어느 손님이 기사를 향해 "야, 그 시끄러운 소리 좀 꺼. 흘러간 노래나 틀어"라고 소리를 지릅니다. 그래서 그 고전 음악은 거기서 끝나고 말았읍니다.

앞 장에서 저는 천국의 말씀을 받은 네 가지 마음밭의 자세를 말씀드렸읍니다. 그 중에서 예수께서 가장 강조하신 말씀이 "귀 있는 자는 들으라", "눈이 있는 자는 보아라"는 말씀이었읍니다. 귀가 있어도 듣지 못하면 고전 음악이 무슨 가치가 있읍니까? 눈이 있어도 보지 못하면 무슨 소용이 있겠읍니까?

예수님께서 그토록 놀라운 분이심에 틀림없지만, 주일마다 교회에 와서 예배드리기를 원하고, 찬양과 기도의 대상이 되시는 예수에 대한 소리만 들어도 좋은 사람이 있는가 하면, 그 예수 소리에 아무런 감동이 되지 못하는 교인들도 있읍니다. 중요한 것은 가치의 인식입니다.

농부가 밭에서 캐어낸 그 보화가 아무리 귀한 보화라 할지라도 그 가치를 인식하지 못했더라면, 상인이 아무리 귀한 진주를 발견했더라도 그 가치를 인식하지 못했으면 이 보화나 진주가 무슨 의미가 있겠읍니까?

둘째, 소유하려는 결단이 있었읍니다.

위대한 가치를 지닌 이 보물들을 자기 것으로 만들기 위해서 어떤 대가를 지불하고서라도 그 보물을 소유하기로 결단했다는 사실입니다. 그래서 이 밭에서 보물을 발견한 농부는 자기의 모든 재산을 다 팔아서 보물이 묻혀 있는 그 밭을 샀읍니다. 또 진주를 발견한 상인도 자기의 모든 소유를 팔아서 진주를 샀읍니다.

그러나 생각해 보십시오. 만일 농부가 자기가 발견한 보물이 자기가 소유한 전 재산보다 가치가 없는 것이라고 생각했다면 왜 재산을 팔겠읍니까? 진주를 발견한 상인도 마찬가지입니다. 그러나 이들이 모든 소유를 팔 수 있었다는 사실은 그들이 발견한 보물이, 진주가 그들이 소유한 전 재산보다도 더 커다란 가치를 지닌 것이라는 사실을 인식했기 때문입니다.

예수님이 우리가 가진 모든 것보다 더 귀하다는 인식이 우리 마음 속에 있읍니다. 만일 우리가 주님을 더 사랑하지 못한다면, 교회에 출석하면서도 아직도 예수님을 소유하지 못하고 있다면, 아직은 내게 더 중요한 다른 관심이 있기 때문입니다. 출세하는 것, 돈을 버는 것, 그 밖에 모든 것이 내게 더 중요한 관심이라면, 그 관심이 예수님을 발견하고, 하나님의 나라를 경험하고, 하나님의 통치를 경험하는 이 놀라운 사실에 방해가 되고 있지는 않는지요?

그런데 이것이 보화라고 인식되었어도 자기의 손에 쥐고 있는 것을 버리지 못할 때 우리는 이 보화를 자기 것으로 삼는 결단을 내리지 못하는 경우들을 볼 수가 있읍니다.

제가 성경을 대할 때마다 늘 마음 속에 애석하게 생각되는 청년 한 사람이 있읍니다. 어떤 부자 청년 관원, 그는 예수님이 위대한 스승이라는 것을 알았읍니다. 그는 예수님이 아마도 영생을 주실 수 있는 분이라는 것을 알았을 것입니다. 그는 이 세상 철학이 제공하지 못하는 놀라운 진리와 가치가 그분에게 있다는 사실을 발견했읍니다. 그래서 그는 어느 날, 예수님께 찾아왔읍니다. 그리고 영생과 하나님 나라에 관한 질문을 던졌읍니다. 예수께서 이 청년을 보니, 그는 영생을 얻기 원하고 하나님 나라의 비밀을 깨닫기 원하지만 더 큰 관심이 다른 데 있는 것을 보셨읍니다. 그것은 물질에 대한 탐욕이었읍니다.

우리가 가지고 있는 물질이 하나님의 영광을 위해서 쓰여진다면 그 물질은 나쁜 것이 아닙니다. 하나님은 그런 경우의 물질을 정죄하지 않으십니다. 그러나 물질에 대한 탐욕이나 다른 관심이 하나님과 나 사이의 관계를 방해하는 더 중요한 관심이 되기 시작한다면, 나를 창조하신 그 하나님을 향한 우리의 시선이 그것으로 인해 멀어진다면 그것은 우상입니다.

예수님은 이렇게 말씀하십니다.

"네 있는 것을 다 팔아 가난한 자들을 주라 그리하면 하늘에서 보화가 네게 있으리라 그리고 와서 나를 좇으라 하시니"(막 10:21 하반절).

성경은 이 부자 청년 관원이 그 일을 할 수 없었기 때문에 슬픈 기색을 띠고 근심하며 예수님을 등지고 떠나갔다고 말합니다. 주님의 말씀에 응답하지 못하고 주님을 떠나가 버린 이 청년의 뒷모습은 그처럼 고독할 수가 없읍니다. 그는 가치를 인식하기는 했지만, 하나님 나라와 예수님에 대한 가치를 깨닫기도 했지만, 그가 발견한 이것을 자기의 모든 것을 버리고서라도 소유하겠다는 열정과 결단이 없었읍니다.

□ 두 비유의 차이점

본문에 나타나는 천국에 대한 두 비유, 이것은 쌍동이 비유(twin parable)라고도 불리워 지는데, 이 두 비유의 차이점이 있다는 사실을 발견하셨읍니까? 이것은 같은 내용을 설명하기 위한 반복이 아닙니다. 이 두 비유의 차이점은 무엇입니까?

　우선 이 농부는 자기가 처음 밭을 팔 때 보물이 있다는 것을 기대하고 판 것은 아닙니다. 이 밭에서 발견된 보화는 의외의 발견이었읍니다. 이것은 전혀 기대하지 않았던 놀라운 충격이었읍니다. 이 발견은 "수동적 발견"이었읍니다.

　두번째 비유는 어떻습니까? 이 상인은 처음부터 좋은 진주를 찾고 있었읍니다. 구하고 구하다가 드디어 자기가 찾고 있었던 놀라운 값진 진주를 찾은 것입니다.

　이 두 비유에는 차이가 있읍니다. 하나는 **기대하지 않았던** 발견이었고 또 하나는 **기대하면서 찾다가** 발견한 것입니다. 두 가지가 다 같이 아름다운 것입니다. 베두윈의 한 유목민이 기대하지 않고 동굴을 향해 돌을 던졌다가 위대한 사해 사본을 발견한 것처럼, 기대하지 않은 것에서 놀랍게 발견되는 경우들을 볼 수가 있읍니다.

　양치는 목동들을 생각해 보십시오. 베들레헴 지경 바깥에서 몇몇 목동들이 양을 치고 있었을 때 그들은 메시야가 오신다는 놀라운 소식을 접합니다. 어느 때나 그랬던 것처럼 그날 밤도 자기네가 치고 있던 양떼들에 대한 애정과 관심을 가지고 갑자기 양떼들을 지키고 있었을 때에 갑자기 천사가 등장하면서 신기한 소식을 전합니다.

　"오늘날 다윗의 동리에 너희를 위하여 구주가 나셨으니 곧 그리스도 주시니라"(눅 2:11).

이것은 얼마나 놀라운 발견입니까? 성경을 계속 보면 천사들은 이 목동들에게 구세주가 오신 소식을 전했읍니다.

　"지극히 높은 곳에서는 하나님께 영광이요 땅에서는 기뻐하심을 입은 사람들 중에 평화로다"(14 절).

기대하지 않았던 때에, 기대하지 않았던 장소에서 그들은 구세주의 탄생을 맞이하게 된 것입니다.

　나다나엘이라는 사람에게 빌립이 와서 예수님에 관한 소식을 전합니다. 나다나엘은 말하기를 "나사렛에서 무슨 선한 것이 날 수가 있느냐"라고 반응합니다.

　그 후 예수님은 나다나엘에게 나타나셔서 나다나엘에 대해 말씀하십니다. 마침내 나다나엘은 그분이 약속된 거룩한 하나님의 아들 예수 그리스도라는 놀라운 사실을 발견하자 이렇게 고백합니다.
"당신은 하나님의 아들이시요."
이 기대하지 않았던 장소에서 그는 예수님을 만났던 것입니다.

　당신은 사마리아 여인을 아십니까? 그 여인은 자기의 어두운 과거 때문에 보통 남들이 물을 길러 오는 시간을 피해서 정오 한낮에 우물가에 갔습니다. 그런데 낯선 나그네가 우물가에 앉아 있읍니다. 그리고 이야기를 시작합니다.
"나에게 물을 좀 달라."
여인이 대답합니다.
『당신은 유대인으로 어찌하여 사마리아 여자인 나에게 물을 달라 하나이까?』
이 낯선 사람과 대화가 계속되면서 이 여인의 마음 속에 갑자기 그 백성들이 기다리고 있는 메시아에 관한 약속이 지배하기 시작합니다. 그래서 그녀는 이렇게 말합니다.
『메시야가 오신다면 오늘 우리가 나누는 이 모든 대화에 대한 해답을 주시고 인생에 대한 진정한 해답을 주실텐데요.』
이 여인의 말을 듣고 예수께서 이런 놀라운 선언을 하십니다.
"내가 그로라."
　자기의 구세주, 자기 생명의 주인, 자기의 구원과 멸망을 좌우하는 그 놀라운 분이 자기 앞에서 자기를 바라보는 그 놀라운 충격을 생각해 보기를 바랍니다.

   사도 바울은 야훼 하나님이, 아닌 예수를 믿고 있는 사람들을 이 땅에서 없애기 위해서 다메섹으로 가는 길을 달려가고 있었읍니다. 갑자기 한 강렬한 빛이 바울을 사로잡기 시작합니다. 그는 그 빛 가운데 쓰러지면서 소리를 듣습니다.
"사울아 사울아 네가 어찌하여 나를 핍박하느냐."
『주여 뉘시오니까?』
"나는 네가 핍박하는 예수라."
그는 기대하지 않은 곳에서 예수님을 만나게 되었읍니다. 기대하지 않았던 곳에서 이 놀라운 보물을 캐기 시작합니다. 위대한 진주를 발견하기 시작했읍니다.

   당신들 가운데 이렇게 예수님을 만난 분이 계실 것입니다. 내가 전혀 기대하지 않았던 장소에서, 기대하지 않았던 시간에 나에게 충격적으로 다가오는 이 놀라우신 하나님의 아들!
내 인생의 뜻밖의 장에서, 밭을 갈고 있을 때에, 직장 생활을 하다가, 인생의 고난을 경험하다가 어느 날 갑자기 나타나기 시작하는 예수님!
깨달아지기 시작하는 그 예수님!
내 심장과 내 영혼의 깊은 곳을 향해서 다가오시는 그 예수님!
그분은 경이로써, 충격적으로 다가오기 시작합니다. 성경은 이 놀라운 경험을 이렇게 설명합니다.

   이사야 65 장 1 절에서 이사야 선지자는 "나는 나를 구하지 아니하던 자에게 물음을 받았으며 나를 찾지 아니하던 자에게 찾아냄이 되었으며 내 이름을 부르지 아니하던 나라에서 내가 여기 있노라 내가 여기 있노라 하였노라"고 말합니다.

그러나 이 말씀만 기억하면 안 됩니다.

"구하라 그러면 너희에게 주실 것이요 찾으라 그러면 찾을 것이요 문을 두드리라 그러면 너희에게 열릴 것이니"(마 7:7).

이 말씀처럼 주님은 구하는 자에게 얻게 하시고, 찾는 자에게 찾게 하시고, 문을 두드리는 자에게 열어 주십니다.

그러나 동시에 주님은 항상 그렇게만 역사하시지는 않습니다. 하나님의 사랑을 구하지도 않던 사람에게, 찾지도 않는 자에게, 준비하지 않았던 자에게도, 그들도 사랑하시기 때문에, 어느 날 갑자기 엄청난 보배이신 주님이 갑자기 등장하십니다. 그리고 이렇게 말씀하십니다. "네가 구하지 않았지만, 찾지 않았지만, 두드리지 않았지만 내가 여기 있노라."

네 영혼의 문제에 대해서, 네 인생의 모든 문제에 대해서 그 문제의 해결자인 구세주, 너희 생명의 주인인 내가 여기 있노라고 말씀하시며 다가오시는 놀라우신 예수님, 이 보화를 발견하셨읍니까? 이 위대한 진주를 당신은 보셨읍니까? 그러나 어떤 사람에게 진주를 구하는 상인처럼 찾고 또 찾고 성실하게 찾을 때 나타나시고 만나 주시는 주님이십니다.

동방 박사를 기억하십니까? 메시야의 탄생을 알리는 계시의 별을 보고 예수님을 찾아 예루살렘을 찾아왔던 그 동방의 박사들! 산을 넘고 강을 건너던 그들에게 아기 예수님을 만날 수 있도록 놀랍게 인도되어진 사실을 볼 수 있읍니다.

자기의 마음 속에서 일어나고 있는 구도(求道)의 질문, 진리에 대한 질문을 견디지 못해서 한밤중에, 아니 내가 그분을 만났다는 사실이 알려지면 내 신분과 계급에 영향이 있을지 모르지만, 예수님을 찾아와서 물었던 니고데모에게 예수께서는 "네가 거듭나지 아니하면 하나님 나라에 들어갈 수 없느니라"고 말씀하십니다. 그는 구세주를 찾고 있었읍니다.

유명한 『천로역정』의 저자인 존 번연(John Bunyan)은 인생과 영혼에 대한 물음이 자기 마음 속에서 일어나기 시작했을 때 이렇게 결심했읍니다.

"내가 구원을 받기 전까지는, 내가 이 진리를 확실히 알기 전까지는, 내가 하나님의 아들 예수님을 분명히 깨닫기 전까지는 먹지도 않고 자지도 않겠다. 아니 이 문제를 해결할 수 있다면 나는 어디라도 가겠다. 무엇이라도 하겠다."

이 결심이 존 번연으로 하여금 예수 그리스도를 만나게 하였읍니다. 주님은 마침내 그에게 자신을 나타내셨읍니다. 그리고 깨닫게 해주셨읍니다. 진리를 알게 하셨읍니다. 그는 예수님을 찾은 그 놀라운 감격을 기록해서 위대한 저서를 남겼읍니다.

『천로역정』에 나타난 기독도의 모습은 바로 자기 자신의 모습입니다. 지금도 진리를 찾고 있는 순례자들의 모습인 것입니다. 그들은 참으로 많은 고난의 언덕, 고통의 경험을 통과하면서 하나님의 아들을 만나며, 하나님의 나라를 소유하며, 위대한 주의 진리를 체험하는 순례의 모습을 우리에게 보여 주고 있읍니다.

이 『천로역정』에서 "신실"과 "소망"이라는 이름을 가진 사람들과 기독도 친구가 등장합니다. 이들은 어느 날 길을 가다가 헛된 박람회에 들어가게 됩니다. 이 의미가 없는 헛된 박람회에서 많은 물건들을 팔고 있는데, 도무지 그들에게 유익하지 못한 물건들을 사라고 선전하는 사람들의 소리를 듣습니다. 그러나 이들은 귀를 막습니다. 사람들이 묻습니다.

"당신들은 무엇을 사기를 원합니까?"

이때 그리스도인인 기독도와 신실씨와 소망씨는 이렇게 대답합니다.

『우리는 진리를 사기 원합니다.』

이들의 대답은 진리를 원한다는 것이었읍니다.

　잠시 있다가 없어지는 것이 아니라, 오늘 있다가 내일 없어지는 것이 아니라, 물질이 아니고 내 인생에 대한 대답을 얻기 원한다고 했읍니다. 허무하고 불안한 가슴 속에 영광스러운 진리로 내 영혼의 문제를 해결할 수 있는 그 하나님을 만나기를 원한다고 말입니다.

　하나님이 살아계시다면 그 하나님은 어디에 계십니까? 아무도 하나님을 찾고 주님의 품 안에 돌아와 쉬기까지는 결코 영혼의 만족을 누릴 수가 없읍니다.

찾는 자에게 찾게 해주시는 하나님을 찬양하십시오.

구하는 자에게 얻게 하시는 주님 앞에서 감사하십시오.

문을 두드리는 사람들에게 마침내 열어 주시는 이 주님을 인해서 기뻐하십시오.

그러나 찾지 않는 자에게도 찾아오시는 주님을 더욱 찬양하십시오.

　구하지 않았던 나, 예수님을 믿을 생각도 못했던 나, 뜻밖의 사건, 환경의 변화를 통해서 어느 날 갑자기 등장하는 이 보화! 이 진주! 그러나 더 중요한 것은 이 보화를 보화로 인정할 수 있는 눈이 있어야 합니다. 이 진주를 진주로서 바라볼 수 있는 그 눈이 있어야만 합니다. 천국의 위대한 가치를 인정하십니까? 우리를 죄와 사망에서 건지시고, 삶의 의미를 주시고, 보람을 주시고, 영생을 주시고, 부활의 소망을 주신 주님이 당신에게 얼마만큼 소중한 분이신지요?

　이 놀라운 예수님을 만났던 바울, 그는 과거에 출세도 해보았읍니다. 지식도 가져 보았읍니다. 그는 당시 최고의 학자 밑에서 공부도 했읍니다. 가질 수 있는 모든 것, 소유할 수 있는 모든 것을 소유했읍니다. 그러나 예수를 만난 후의 바울의 고백을 들어 보십시오. 그는 예수님을 더 깊이 알기 위해서, 예수님을 소유하기 위해서 자기가 지금까지 자랑

스럽게 여기던 명예, 출세, 이름, 신분 등 그 모든 것을 배설물로 여긴
다고 했읍니다. 주님을 더 아는 데 방해가 된다면 그것들을 배설물처럼
버리겠다고 했읍니다. 왜냐하면 "그리스도 예수를 아는 지식이 가장 고
상함"을 깨달았기 때문입니다.

　주님이 가장 소중하기에 자신의 삶과 재능을 주님께 드린 주님의 사
람을 소개하겠읍니다.

　그는 어렸을 때부터 예수님을 믿었읍니다. 주일 학교에 열심히 나갔
읍니다. 그런데 출세하고, 돈벌고, 물질을 얻기 시작하면서부터 점점
이 사람의 마음 속에서 예수님이 떠나가기 시작합니다. 그는 시카고 방
송국의 연출가였고 또한 인기 절정의 가수였읍니다. 그러나 그는 돈을
벌면서도 마음은 허무하고, 출세를 하면서도 마음 속의 불안이 떠나지
않고 계속 따라다녔읍니다.

　그런데 어느 날 성경을 읽다가 갑자기 어렸을 때 믿던 예수님에 관한
추억과 향수가 다시 진하게 되살아나기 시작했읍니다.

"나는 어쩌면 인생을 낭비하고 있는지도 몰라."

그 후 어느 모임에 참석했다가 그는 예수님께 자기의 전 삶을 드렸읍니
다. 그리고 자기 집으로 돌아왔을 때 방송국에서 전화가 걸려왔읍니다.
다시 전속 계약을 체결하면 지금까지의 대우보다 몇 배 이상의 출연료
를 주겠다는 전화입니다. 그는 이 제의를 거절하면서 이런 유명한 대답
을 했읍니다.

"미안하지만 전화를 너무 늦게 걸으셨읍니다. 앞으로 나의 목소리와 재
능 모든 것은 나를 구원하신 예수님, 나의 주인이 되신 창조주 하나님
의 영광을 위해서만 쓰여질 것입니다."

　이 사람의 마음 속에서 멜로디가 솟아나기 시작합니다. 자기를 위해
서 늘 기도하시던 어머니가 친구 밀러 여사에게서 가져 왔던 성시(聖
詩)의 멜로디입니다. 그래서 그 성시에 맞춰 작곡을 시작합니다.

주 예수보다 더 귀한 것은 없네.
이 세상 부귀와 바꿀 수 없네.
영 죽을 내 대신 돌아가신
그 놀라운 사랑 잊지 못해.
세상 즐거움 다 버리고
세상 자랑 다 버렸네.
주 예수 보다 더 귀한 것은 없네.
예수 밖에는 없네.

이 분이 바로 빌리 그래함 목사님과 평생을 동역하신 유명한 죠지 베브리 쉐아(G.B. Shea) 할아버지입니다.

몇 년 전 암스테르담에서 전 세계의 모든 전도자들이 모여 『세계에 복음을 어떻게 전할 것인가』라는 주제하에 열렸던 대회의 절정에서 빌리 그래함 목사님이 설교를 하시고 이 쉐아 할아버지가 찬송을 불렀읍니다. "주 예수보다 더 귀한 것은 없네", 주님을 위해서 자기의 모든 것을 바쳤던 이 분의 마지막 찬송이 끝나자, 장내에 참석했던 수천 명의 기독교 지도자들이 다 일어나 박수 갈채를 보냈읍니다. 그때 쉐아 할아버지는 이렇게 말했읍니다.

"이 부족한 사람을 위해서 많은 갈채를 보내 주신 것을 감사합니다. 그러나 저는 이 박수 갈채와 예수님을 바꿀 수가 없읍니다."

오늘 당신에게 묻습니다.
당신의 천국은 어떤 의미를 지니고 있읍니까?

그물의 비유

마태복음 13 : 47~50

"또 천국은 마치 바다에 치고 각종 물고기를 모는 그물과 같으니 그물에 가득하매 물 가로 끌어 내고 앉아서 좋은 것은 그릇에 담고 못된 것은 내어 버리느니라 세상 끝에도 이러하리라 천사들이 와서 의인 중에서 악인을 갈라 내어 풀무 불에 던져 넣으리니 거기서 울며 이를 갈이 있으리라"
— 마태복음 13 : 47∼50.

그물의 비유

본문 47절 이하에서 예수님은 이렇게 말씀하십니다.

"또 천국은 마치 바다에 치고 각종 물고기를 모으는 그물과 같으니 가득하매 물가로 끌어 내고 앉아서 좋은 것을 그릇에 담고 못된 것은 내어 버리느니라 세상 끝에도 이러하리라 천사들이 와서 의인 중에서 악인을 갈라 내어 풀무 불에 던져 넣으리니 거기서 울며 이를 갊이 있으리라."

저는 마태복음 13장의 말씀을 나누는 동안에 천국을 『미래적인 측면』과 『현재적인 측면』이 있다는 사실을 계속 말씀드렸습니다. 특별히 마태복음 13장은 지상에서 이루어져 가고 있는 천국에 대한 말씀이라는 것도 말씀드렸습니다. 천국을 하나의 장소 개념으로 이해하기 앞서서, 성경에서의 천국의 가장 중요한 의미는 "하나님이 통치하신다"라는 사실이라는 것도 당신에게 상기시켜 드렸습니다. 그 하나님의 통치와 다스림이 이제 본문에서 시작됩니다. 예수님을 왕으로 모시고 하나님의 뜻 앞에 순종하는 사람들에게 하나님은 다스림을 베푸십니다.

하나님은 이 역사 속에서 어떻게 일하시고 계십니까? 오늘 우리의 역사, 우리의 현실 속에, 우리 개개인들 속에서 하나님은 어떻게 일하시고 계시는가 하는 것이 하나님 나라에 대한 본문의 구체적인 교훈입니다. 주님께서는 역사 속에서 일하십니다. 이 역사 속에서 하나님의 백성들을 불러 일으키시고 그들을 통해서 주님은 천국 확장 운동을 하십니다. 주님은 살아계셔서 역사 속에 지금도 일하고 계십니다.

이런 말씀을 드리면 즉각적으로 마음 속에서 이런 반문이 생기는 분들이 계실 것입니다.

"하나님이 일하신다면 왜 이 세상은 아직도 그렇게 많은 모순과 부조리 투성이입니까? 또 하나님이 역사 속에 일하신다면 아직도 그 많은 세상 사람들이 왜 그리스도인이 되지 못했나요? 아니 하나님이 정말 역사하고 있다면 심지어 하나님의 백성이라고 자부하고 있는 하나님의 백성들의 공동체인 교회 속에서도 그처럼 연약함을 경험하면서 갈등과 내부적인 아픔과 진통을 겪어야만 하는 이유는 도대체 무엇입니까?"

당신의 이런 반문에 대한 대답이 마태복음 13 장에 담겨 있습니다. 본문 13 장은 일련의 몇 가지 비유들의 연속적인 형성으로 짜여져 있습니다.

□ 연속적인 비유들

맨 처음 우리는 『4 가지 마음밭 비유』를 생각했습니다. 이것은 하나님과 관계를 맺고 하나님의 다스림을 받는 놀라운 역사 속에 어떻게 들어가는가 하는 것을 보여 주고 있습니다. 그리고 그 결론과 핵심은, 진리의 말씀이 떨어질 때 우리가 그 말씀을 어떤 마음으로 받아들이고 있느냐에 있습니다. 그것이 4 가지 마음밭의 교훈의 핵심입니다.

둘째는 『알곡과 가라지 비유』입니다. 이것은 천국의 고통스러운 성장을 보여 주고 있습니다. 천국은 고통하며 성장하고 있습니다. 하나님의 나라는 아파하면서 성장하고 있읍니다. 농부가 알곡을 뿌립니다. 그런데 농부는 알곡만 뿌렸지만, 이 밭에는 농부가 뿌리지 않은 가라지가 함께 자라고 있었읍니다. 그래서 이 밭은 아픔과 혼란과 어둠을 겪습니다. 여기 하나님의 백성들 사이에 하나님의 백성들이 아닌 사람들이 섞여 있으며, 하나님의 백성들이 역사하는 그곳에 사단이 함께 역사하고 있다는 이 역설과 고통 속에서 하나님의 나라는 여전히 승리를 향해서 확장되어 나가고 있다는 비밀을 우리는 목격했읍니다.

세번째는 『겨자씨와 누룩 비유』입니다. 이런 고통을 겪으면서도 하나님의 나라는 부풀어 오릅니다. 계속 자라납니다. 유대인들은 가장 작은 것을 말할 때 아주 대표적인 것으로 예를 드는 것이 겨자씨입니다. 그런데 이것은 작은 것만 강조하는 것이 아닙니다. 작으면서도 위대하게 큰 것으로 성장할 수 있는 가능성을 가진 것을 말합니다. 겨자씨 하나가 자라나 커다란 나무가 되어 새들이 깃들일 긴큼 자라난 거창한 수목을, 겨자씨 하나를 통해서 바라보시기를 바랍니다. 부푸는 누룩을 생각해 보십시오.

당신은 세상에서 가장 문제가 많은 단체가 어디라고 생각합니까? 문제 투성이의 단체, 그것은 교회입니다. 그러나 이 세상에서 문제 투성이임에도 불구하고 가장 위대한 단체가 있다면, 그것 역시 교회입니다. 이처럼 문제 투성이의 교회를 하나님이 버리지 아니하신다는 사실이 신비스럽기조차 합니다. 문제와 아픔을 지닌 교회를 통해서 하나님께서는 사람들을 구원하시며, 하나님의 나라를 확장하시며, 예수님의 영광스러운 복음을 나타낸다는 사실 자체가 우리를 깜짝 놀라게 하는 하나님의 비밀입니다.

이러한 교훈을 취급하고 있는 것이 바로 마태복음 13 장에서 계속되어 나타나는 비유들입니다

이 비유는 계속됩니다. 계속해서 주님은 "천국은 마치 보물과 진주를 산 어떤 상인과 같은 것이다"라고 하십니다. 그들은 보물과 진주를 발견하자마자 모든 것을 팔아서 그것을 자기의 것으로 샀습니다. 모든 것을 버리고서라도 소유해야 할 만한 가치가 있는 이 놀라운 보화, 이 진주, 여기에 천국의 가치가 있습니다. 하나님이 다스리시는 백성들의 주인이시고 왕이신 예수님, 그분은 얼마나 소중한 분인가요?

내 모든 것을 잃어버리고서라도, 내 눈을 찢고서라도, 아니 내 한 팔을 찍어 버리고서라도 소유해야 할 "이 영원한 생명, 이 위대한 하나님의 통치, 이 위대한 하나님의 사랑, 이 위대한 나라의 주인되신 예수님과 그 비밀"을 이 『보화와 진주의 비유』는 우리에게 가르쳤습니다.

□ 그물 비유의 의미

마태복음 13장의 비유 가운데 우리 속에 자라나고 있는 하나님의 통치, 이 천국에 대한 마지막 비유가 이제 본문에 나타나고 있는 『그물의 비유』입니다. 이 비유는 **천국이 어떻게 완성되는가**를 보여 줍니다.

잦은 모순과 악독이 배제된, 주님의 정의롭고 영광스런 평화가 통치하는 그 나라는 언제 어떻게 완성될 것인지에 대해 본문에서 예수님은 어떻게 설명하십니까?

그물을 당겨 고기를 잡은 어부가 해변가에 도착했을 때 그물에서 못된 것은 추려내 버리고 좋은 고기는 골라 그릇에 담습니다. 여기서 예수님은 "세상 끝에도 이러하리라 천사들이 와서 의인 중에서 악인을 갈라 내어 풀무 불에 던져 넣으리니 거기서 울며 이를 갊이 있으리라"고 경고하십니다.

□ 알곡과 가라지 비유와의 차이점

그런데 이 부분이 알곡과 가라지 비유와 아주 흡사합니다. 이 비유들은 하나의 단계적인 것들입니다. 중요한 사실들을 반복해서 강조합니다. 그러면서 새로운 교훈들을 하나씩 더 첨부해 나갑니다. 무엇이 같습니까? 무엇이 다릅니까?

다른 것을 먼저 말씀드리겠습니다.

자, 알곡과 가라지를 생각해 봅시다. 농부가 알곡만을 그 밭에 뿌렸읍니다. 그는 가라지를 기대한 일이 없읍니다. 그런데 농부도 모르는 사이에 이 밭에는 어느덧 가라지가 섞여 자라나고 있었읍니다. 그 밭에 알곡만 자라나면 얼마나 좋겠읍니까? 농부는 알곡만 의도하고 씨를 뿌렸읍니다. 그러나 현실은 이 밭에 알곡과 가라지가 함께 자라고 있읍니다.

설교자가 설교를 할 때에는 알곡을 의도하고 설교를 합니다. "아, 이 복음을 받아들였으면 좋겠다. 진리의 말씀을 참으로 받았으면 좋겠다. 하나님 앞에 무릎꿇어 순종했으면 좋겠다. 그래서 이 말씀을 듣는 한 사람 한 사람이 하나님의 알곡이 되었으면 좋겠다"라는 기대 속에 설교를 합니다. 주님께서도 그런 심정으로 설교를 하셨을 것입니다.

그럼에도 불구하고 교회라는 현실의 밭에도 가라지가 함께 자라나고 있다는 사실을 당신은 아십니까? 바로 이 점이 교회를 바라보는 현실적인 안목이어야 합니다. 그리고 그것이 성경적인 안목인 것입니다.

당신은 주위에서 이렇게 말하시는 분들을 본 일이 있는지요? "교회에 가봐야 다 그렇지, 별 수가 있나?"라는 이야기나, 혹은 "저 사람 교회에 나간대. 저런 사람이 다 있나?"라는 이야기를 하는 분들이 혹 가다가 있읍니다. 그래서 교회를 안 나간다고 하는 이웃들을 종종 볼 수가 있읍니다. 저는 이분들이 교회에 대해서 아주 놀라운 이상적인 안목을 가지고 있는 것을 감사하게 생각합니다. 그러나 이것은 이상적인 안목이기는 하지만 현실적인 안목도 아니고 성경적인 안목도 아니라는 사실을 예수님의 말씀을 통해서 발견할 수가 있읍니다. 주님은 알곡을 기대하시지만, 설교자도 알곡을 기대하지만, 현실은 이 밭에 가라지가 함께 자라나고 있다는 사실을 보여 주기 때문입니다.

왜 하나님은 이 밭에 알곡뿐 아니라, 가라지가 함께 자라나도록 허용하셨습니까? 본문을 통해서 예수님은 가라지는 **원수**가 뿌린 것이라고 말씀하십니다. 그렇습니다. 다시 말하자면 원수 마귀의 역사 때문에 가라지가 섞여 있다는 사실입니다.

이 마귀의 목표는 이 세상이 아니라는 사실을 아십니까? 이 세상은 이미 마귀의 수중에 들어 있습니다. 그래서 성경은 마귀를 가리킬 때마다 "그는 이 세상의 신이다"라고 말합니다. 마귀의 목표는 더 이상 이 세상이 아닙니다. 그 대상은 교회입니다. 왜냐하면 거기에 하나님이 역사하시기 때문입니다. 거기서 하나님의 백성들이 움직이고 있기 때문입니다. 사단의 목표는 그것에 있습니다. 그래서 교회의 혼란과 소요와 잡음과 아픔의 배후에 우리는 사단의 역사를 바라볼 수 있는 안목이 있어야만 합니다.

그런데 왜 하나님이 그것을 허용하시는지 확실히 알 수는 없습니다. 그러나 하나님은 하나님의 무궁하신 놀라운 지혜 때문에 그것을 허용하고 계심을 알 수 있습니다. 아마도 그것을 통해서 우리로 하여금 하나님을 더 바라보게 만드시는지도 모릅니다.

많은 경우에 있어서 교회 안에서 일어나고 있는 문제는 마귀이기 때문이기도 하지만, 다른 하나는 **가라지** 때문인 것입니다.

이스라엘 백성들이 광야를 여행할 때 문제가 일어나기 시작합니다. 성경의 한 구절은 이렇게 말씀합니다.

"이스라엘 백성들 가운데 섞여 사는 무리가 탐욕을 품으매 섞여 사는 무리가 원망을 시작하매 이스라엘 백성들도…".

이스라엘 백성들이 애굽을 나올 때 같이 섞여 나온 사람들이 있었읍니다. 하나님의 백성이 아니면서도 같이 섞여 나온 그들에게서부터 문제가 시작됐습니다. 불평이 시작되고 짜증이 시작되고 원망이 시작됩니다. 그러나 더 불행한 사실은, 이스라엘 백성들이 그들의 삶을 배워 이스라엘 백성들도 덩달아 불평과 원망을 계속했다는 사실입니다.

저와 당신은 삶을 어디에서 배웁니까? 어떻게 삶을 삽니까? 어떻게 하루를 살아야 합니까? 마땅히 하나님에게서 교훈을 받아 주의 말씀을 가지고 살아야 할 우리들이 주변의 세상 사람들에게서 삶의 방법을 배우고 있음은 어쩐 일인지요? 그들처럼 우리도 원망하고 불평하고 그래서 우리의 교회들은 어둠과 고통을 경험하는 경우들을 종종 볼 수가 있습니다.

이 사실을 기억해 주십시오. 당신과 저의 교회 생활은 순진한 농부처럼 시작합니다. 그래서 씨를 뿌려서 순전한 알곡만 거둘 부풀은 기대 속에서 우리의 교회 생활은 시작됩니다. 그러나 교회 생활을 시작한 지 1년, 2년, 3년이 지나자 우리는 더 이상 순진한 농부가 될 수 없습니다. 우리는 진상을 발견하기 시작합니다. "아, 여기에 가라지도 많구나!"라는 사실을 발견하기 시작합니다. 그래서 우리는 환멸을 맛보기 시작합니다. 낙심합니다.

그러나 여기서부터 예수님의 두번째 비유의 중요한 의미가 들어오기 시작합니다. 왜 알곡과 가라지 비유로 끝내지 않습니까? 왜 예수님은 그물 비유를 말씀하십니까? 여기에는 다른 점이 있습니다.

농부는 알곡을 얻기 위한 씨를 뿌릴 때 가라지를 기대한 것은 아닙니다. 그러나 가라지가 섞여 있었습니다.

어부의 경우는 어떻습니까? 그가 그물을 던져서 고기를 거둘 때에 그물에 좋은 고기만 있을 것을 기대하지 않습니다. 거기에는 못된 고기도 섞여 있는 것을 어부는 잘 압니다. 그러면서도 함께 이것을 거둡니다. 그러나 바닷가에 도착하는 순간 이것은 처리될 것입니다.

따라서 우리는 이 지혜로운 어부처럼 현실적인 안목을 가질 필요가 있습니다. 우리들의 그물 속에, 우리들의 공동체 속에 가라지도 있고, 다시 말하면 가짜 신자도 있고 가짜 목사도 있다는 사실 앞에 눈을 뜹시다. 그러나 이것 때문에 진짜를 버리지는 맙시다. 이것 때문에 하나님의 거룩한 영광을 바라보는 우리들의 시선을 포기하지는 맙시다. 현명한 안목을 가지고 똑바로 바라봅시다.

□ "심판의 주인"과 때

그런데 우리는 이런 사실들을 바라볼 때마다 충동이 일어나게 됩니다. 그 충동은 가라지를 뽑아 던져 버리고 싶은 충동입니다. 바닷가에 도착하기 전에 당장 못된 고기와 좋은 고기를 분류하고 싶은 충동입니다. 그러나 본문의 중요한 교훈은 그것을 하지 말라고 지적합니다. 그것은 저와 당신의 판단이 정확하지는 않기 때문입니다. 하나님만이 가장 정확하게 무엇이 알곡이고 무엇이 가라지인가를 판단하실 것입니다. 우리는 잘 모릅니다. 아니 어린 알곡과 병든 알곡이 있을 수가 있는데 우리는 그것을 가라지로 처리할 가능성이 많습니다. 그렇게 되면 알곡을 다치게 됩니다. 그래서 주님은 알곡을 다치게 할까 염려해서 그렇게 하지 말라고 부탁합니다.

그러면 언제까지 이 가짜를 허용합니까? 언제까지 이 악을 허용합니까? 언제까지 이 어두움을 허용합니까? 내버려 두십시오. 그 위대한 날이 다가오고 있습니다. 심판의 날, 거룩하신 주님께서 완전하시고 공의로운 판단으로 가라지를 가려낼 그 날이 다가오고 있습니다. 그 날 주님께서 하실 것입니다.

□ 알곡과 가라지 비유와의 공통점

알곡과 가라지 비유와 그물 비유의 같은 점이 이제 등장합니다. 어떻게

주님은 심판하십니까? 지금은 섞여 있지만 그 때에는 확실하게 구별될
것입니다.

성경은 두 가지 종류를 분명히 말하고 있습니다.
"양과 염소를, 착하고 충성된 종과 악하고 게으른 종을, 슬기로운 다섯
처녀와 미련한 다섯 처녀를."

본문의 말씀을 빌리면, 의인과 악인을 구별하십니다. 섞여 있지만 그
때에는 구별될 것입니다. 그런데 이 심판 때 가서야 순간에 결정되는
것이 아니라, 그 이전의 상태에 의해서 이미 결정된 것을 주님이 집행
하시는 것뿐입니다. 알곡은 언제나 알곡이었습니다. 가라지는 언제나
가라지였습니다. 마지막 그때에 가서 결정되는 것이 아니라 지금 이 순
간에 의해서 결정되는 것입니다.

이 심판은 그 날 주께서 마지막 선언을 내리시면 그것으로 영원합니
다. 바뀔 수가 없습니다. 풀무불에 던지우면 그것으로 끝나는 것입니
다. 제 2 의 기회는 없습니다.

죽은 다음에 우리가 또 한 번 구원받을 수 있는 기회가 주어진다면
얼마나 좋을까요? 그러나 성경은 그런 낯선 진리를 가르치지 않습니
다. 죽으면 다시는 기회가 없읍니다. 이 세상에 사는 동안에 구원과 멸
망은 다 결정됩니다. 만일 우리가 죽은 후에 다시 한번 기회가 주어진
다면, 다시 한번 노력하면 된다는 생각 때문에 우리는 지금보다 더욱
방종하게 될 것입니다. 그러나 아십니까? 이 광에서 우리의 삶은 반복
될 수 없다는 사실을. 다시는 반복될 수 없는 단 한 번의 삶의 기회는
지나가고 있습니다. 지금 이 순간 주님을 믿고 구원받으면 영원한 하나
님의 자녀이며, 지금 주님을 놓치면 영원한 멸망입니다. 다른 기회는
없읍니다. 그리고 기억하십시오. 이 심판은 구체적인 형벌이라는 것을.

본문에 보면 풀무불이 등장합니다. 이를 갈며 슬피 우는 장면이 기록
되고 있습니다. 우리가 심판을 받아 버림을 받았다는 것은 어떠한 현상

을 말합니까? 그것은 고통입니다. 어떤 사람은 말합니다. 여기서 불이
라는 것은 상징에 불과하지 않느냐구요? 그러나 주님께서 마지막 심판
의 고통을 상징을 통해서 우리에게 보여 주시고 있다면 그러면 진짜는
얼마나 더 고통스러울까요? 이것은 크나큰 아픔의 기억입니다. 잠못
이루는 밤의 괴로움을 당신은 기억하십니까? "이를 갈며"라는 이 아픔
의 기억, 이 기억이 영원히 계속되는 장면을 생각하십시오. 바로 이것
이 지옥의 절망입니다. 이것이 주님 앞에 버림을 받는 절망인 것입니
다. 그리고 이것은 영원한 후회를 동반합니다. 이를 갈며 슬피 웁니다.
왜 이렇습니까? 후회스럽기 때문입니다.

　음부에 떨어진 부자의 외침 소리를 기억하십니까? 지옥에 가서 깨달
은 이 부자의 호소를 들어 보십시오.
"하나님이시여, 사람을 보내사 내 형제들에게 전도를 해주십시오. 그들
만은 여기에 오지 않게 하소서."
이 부자의 호소가 회개라고 생각하십니까? 이것은 회개가 아니라 죄책
입니다. 자기로 인해 그들도 여기에 들어올 것이 두려운 죄책 때문인
것입니다. 그 죄책을 풀어 보려는 일종의 몸부림인 것입니다. 자기 자
신을 위해서 울고, 자기로 인해 영원한 생명을 발견하지 못하고 하나님
을 발견하지 못한 후손들이 당해야 할 영원한 고통을 기억하며 아파하
는 이 끝없는 후회, 이 영원한 후회를 기억하시기 바랍니다.

□ 결론

결론을 맺습니다. 그러면 가라지가 알곡이 될 수 있읍니까? 못된 고기
가 좋은 고기가 될 수 있읍니까? 될 수 없읍니다. 가라지는 알곡이 될
수 없고, 못된 고기는 좋은 고기가 될 수 없읍니다. 그러나 될 수가 있
읍니다.

　아니, 될 수 없다고 하면서 될 수가 있다는 말은 무엇인지요? 이것
은 인간적인 방법이나, 인간적인 노력이나, 개선이나 수양을 통해서는

불가능하다는 말입니다. 많은 사람들은 기독교를 이해하기를, 내가 점
차적으로 노력하면 지금보다 나은 인간이 될 거라고 합니다. 그들은 도
덕과 복음의 차이를 알지 못합니다. 될 수 없습니다. 당신의 의로, 당신
의 방법으로, 당신의 노력으로는 불가능합니다. 이것이 성경의 선언입
니다. 그래서 하나님은 예수님을 보내 주셨습니다. 그래서 그 예수님은
십자가에서 당신과 나의 죄를 담당하셨습니다.

　어떻게 될 수 있습니까? **다시 태어나야 합니다.** 다시 알곡으로 태
어나면 그 새로운 탄생이 우리를 알곡으로 만들 수가 있습니다. 나는
하나님 앞에 설 수 없는, 영원한 멸망을 피할 수 없는 죄인임을 깨달을
때, 십자가에 매달린 예수님이 나의 죄와 죽음과 절망을 담당하신 사실
을 깨닫고 갈보리 언덕에 엎드려 예수님을 향해서 진실로 그 영혼에서
터져나오는 고백으로 "나의 주, 나의 하나님"이라고 외칠 때, 그 순간
주의 성령께서는 그리스도 안에 있는 영원한 생명을, 새로운 생명을 그
마음 속에 심습니다. 그 순간 그는 거듭납니다. 그 순간 그는 알곡이
됩니다. 이런 알곡이 되어가는 광경을 보십시오.

　추수 때에 탐스러운 알곡을 바라보면서 기뻐하는 농부의 모습을 보십
시오. 그 농부의 기쁨이 아버지 하나님의 기쁨입니다. 자녀가 생명을
얻고, 더 풍성한 생명을 얻어 탐스러운 생명으로 주님 앞에 서 있는 것
을 바라보는 이 아버지의 기쁨！ 이 아버지의 기쁨을 위해서 사시겠읍
니까？

　시인 타고르는 이렇게 말했읍니다.

"내 주인이 내 인생의 문을 두드리는 그 날,
내 삶을 끝내게 하기 위해서 내 문을 두드리는 그 날,
나는 내 주인 앞에 생명이 가득찬 그릇을 갖다 놓겠읍니다."

묻습니다.

당신에게 이 생명이 있읍니까?

당신에게 이 풍성한 생명이 이루어지고 있읍니까?

그리고 하나님 앞에 서실 준비가 되어 있는지요?

그 날이 다가옵니다. 속히 올 그 날을 대비하시는 당신이 되기를 바랍니다.

무자비한 종의 비유

마태복음 18 : 21~35

"그 때에 베드로가 나아와 가로되 주여 형제가 내게 죄를 범하면 몇 번이나 용서하여 주리이까 일곱 번까지 하오리이까 예수께서 가라사대 네게 이르노니 일곱 번뿐 아니라 일흔 번씩 일곱 번이라도 할지니라 이러므로 천국은 그 종들과 회계하려 하던 어떤 임금과 같으니 회계할 때에 일만 달란트 빚진 자 하나를 데려오매 갚을 것이 없는지라 주인이 명하여 그 몸과 처와 자식들과 모든 소유를 다 팔아 갚게 하라 한대 그 종이 엎드리어 절하며 가로되 내게 참으소서 다 갚으리이다 하거늘 그 종의 주인이 불쌍히 여겨 놓아 보내며 그 빚을 탕감하여 주었더니 그 종이 나가서 제게 백 데나리온 빚진 동관 하나를 만나 붙들어 목을 잡고 가로되 빚을 갚으라 하매 그 동관이 엎드리어 간구하여 가로되 나를 참아 주소서 갚으리이다 하되 허락하지 아니하고 이에 가서 저가 빚을 갚도록 옥에 가두거늘 그 동관들이 그것을 보고 심히 민망하여 주인에게 가서 그 일을 다 고하니 이에 주인이 저를 불러다가 말하되 악한 종아 네가 빌기에 내가 네 빚을 전부 탕감하여 주었거늘 내가 너를 불쌍히 여김과 같이 너도 네 동관을 불쌍히 여김이 마땅치 아니하냐 하고 주인이 노하여 그 빚을 다 갚도록 저를 옥졸들에게 붙이니라 너희가 각각 중심으로 형제를 용서하지 아니하면 내 천부께서도 너희에게 이와 같이 하시리라"
— 마태복음 18 : 21~35.

무자비한 종의 비유

우리는 6.25 라는 민족사의 비극을 생각하는 시간이 올 때마다 공산당의 만행을 규탄하기 마련입니다. 물론 그들의 만행은 영원히 우리의 뇌리에서 지워질 수가 없는 것이며 규탄되어야 마땅할 것입니다. 특별히 6.25 를 처절하게 경험한 세대에게 있어서 이것은 망각될 수 없는 민족사의 비극이기 때문입니다. 그러나 오늘날 6.25 는 보다 새로운 의미와 가치를 지닌 사건으로 우리 앞에 다가오지 않으면 안 될 것이라는 생각이 듭니다. 그래서 금년만은 6.25 를 기억하는 시간이 용서와 화해의 전기(轉機)가 되었으면 좋겠다는 생각을 하게 되었읍니다.

지난 짧은 동안 한국을 방문하면서 제 마음 속에 가장 강렬하게 떠오른 질문은 이런 것이었읍니다. 오늘 우리 한국의 현실에서 가장 필요로 하는 것이 무엇인가? 저는 어떤 목사님과 대화를 나누면서 그 질문을 던졌읍니다.
"목사님, 요즘 우리 한국 사회에서 가장 필요로 하는 것이 무엇이라고 생각하십니까?"
이 목사님은 짤막하게 두 단어로 대답하셨읍니다.

『용서와 화해입니다.』

　데모를 하다가 학교에서 제적당한 한 대학생이 그리스도를 발견하고 새로운 삶을 시작하게 되었읍니다. 그 학생에게 제가 이렇게 물었읍니다.

"학생, 요즘 우리 한국 사회에서 가장 필요한 것이 무엇이라고 생각하나?"

이 젊은이가 대답합니다.

『용서이죠.』

　어떤 정치인 한 분하고 식사를 나누면서 저는 의도적으로 이 질문을 다시 던졌읍니다.

"요즘 한국 사회에 가장 요구되는 것이 무엇이라고 생각하십니까?"

뜻밖에도 그분이 대답하기를 『용서입니다』라고 말합니다.

　한국 사회가 정치적인, 사회적인, 경제적인, 도덕적인 심각한 위기를 경험하고 있읍니다. 그러나 가장 중요한 명제가 있다면 그것은 아마도 용서가 아니겠느냐는 생각이 깊게 제 마음을 붙들었읍니다. 미움과 불신이 대개 오염보다 더 무겁게 서울의 하늘을 짓누르고 있는 것만 같았읍니다. 이런 현실의 한복판에서 그리스도인의 책임은 무엇인가라는 질문이 쉴새없이 저를 괴롭혔읍니다. 그리고 무엇보다 용서의 실천자가 되지 않으면 안 되겠다는 생각이 들었읍니다. 왜냐하면 용서를 체험한 사람만이 용서를 실천할 수가 있기 때문입니다.

　본문의 교훈도 바로 그런 것입니다. 본문을 이해하는 가장 중요한 요절은 23절입니다. 23절은 "이러므로 천국은"이라는 말씀으로 시작됩니다. 예수님께서는 천국의 비유를 말씀하고 계십니다. 이 천국을 말할 때 우리가 죽어서 거하게 될 곳을 연상하지 마십시오. 본문에서의 천국은 그런 천국을 가르치고 있는 것이 아닙니다. 물론 성경은 우리가 죽은 후에 거하게 될 영광스러운 세계를 가르치고 있읍니다. 그러나 많은 경우, 특별히 복음서에서, 그 중에서도 마태복음에서 천국이라는 단어를 성경의 기자가 다룰 때 그 천국은 "하나님의 통치"라는 개념 안에 요약되고 있습니다.

어느 날 예수 그리스도를 구주와 주님으로 영접하고 예수님을 삶의 주인으로 모시기 시작했을 때 그때부터 우리는 천국을 맛보기 시작합니다. 본문은 그런 의미에서의 천국이라는 단어를 사용하고 있습니다.

□ 배경

예수님이 이 말씀을 하시게 된 사회적 배경을 망각해서는 안 됩니다. 예수님 당시에 가장 유력했던 사회 계급은 바리새인들이었습니다. 그 당시에 가장 영향력 있는 종교는 바리새 종교였습니다. 그 당시에 가장 유력한 신학 사상은 율법주의였습니다.

우리는 율법주의를 두 가지로 나누어서 정리할 수가 있습니다. "하라"와 "하지 말라"는 계명의 토대 위에서 율법주의는 세워집니다. 오늘날 교회에 출석하는 많은 교인들이 아직도 하나님이 하라는 것을 하고 하나님이 하지 말라는 것을 안 하려고 애쓰면서 스스로 잘한 것과 못한 것을 비교해 보고 우리의 선행이 악행보다 조금 더 많게 되면 천국에 가게 될 것이라는 생각에 사로잡혀 있는 것을 볼 수가 있습니다.

그러나 그것은 기독교가 아닙니다. 아무도 율법을 의지하고는 하나님 앞에 갈 수가 없습니다. 그것은 율법에 흠이 있기 때문이 아닙니다. 율법을 지킬 수 없는 인간의 연약함 때문입니다. 하라고 말씀하신 법을 우리는 이미 하지 않았으며 하지 말라고 명하신 법을 우리는 행함으로써 율법을 파괴한 범법자들입니다. 천국은 하나님의 법을 완전하게 이행한 사람들이 가는 나라가 아닙니다. 천국은 용서받은 사람들이 가는 나라입니다. 그러나 아직도 이 용서와 은혜의 중요한 의미를 알지 못한 사람들의 종교는 율법주의라는 형태 속에서 군림하고 있는 것을 볼 수가 있습니다.

　예수님 당시에 가장 지배적인 종교 사상인 이 율법주의가 강조되다
보니 그것을 지키는 사람은 지키지 않는 사람을 정죄하고 지키지 않는
사람은 지키는 사람을 정죄하는 정죄와 고발과 비판의 사치풍토가 조성
되기 시작했읍니다.
　이런 배경 속에서 예수님의 산상수훈이 이렇게 시작됩니다.

　"너희가 비판을 받지 아니하려거든 너희도 남을 비판하지 말라."

이것은 비판과 고발의 살벌한 사회 풍토를 지켜보시면서 주님께서 말씀
하신 것입니다. 다시 말하면 예수님 당시의 사회는 사랑과 용서를 망각
한 사회였읍니다.
　이때 예수님의 교훈이 시작됩니다. 예수님께서는 천국 백성들의 삶의
놀라운 교훈을 가르치기 시작하시면서, 천국은 정죄하고 고발하는 나라
가 아니라 사랑과 용서의 나라요, 이 천국에 속한 백성들의 삶은 용서
하는 삶이어야 한다는 사실을 말씀하십니다.

　그 당시 바리새인들은 이런 표어를 만들어 냈읍니다.
"두 번까지는 용서하라. 그러나 그 이상 용서한다는 것은 비겁한 것이
다."
그 당시의 인기있는 한 랍비의 문서에서 우리는 다음과 같은 선언을 찾
아 볼 수가 있읍니다.
"세 번까지는 용서하라. 네번째는 절대로 용서해서는 안 된다."
　이렇게 고발과 정죄와 비판이 난무하는 현실 속에서 예수님께 사랑을
배웠던 제자 베드로는 어느 날 주님 앞에 나와서 이런 질문을 던집니
다.

　"주여 형제가 내게 죄를 범하면 몇 번이나 용서하여 주리이까? 일곱
　번까지 하오리이까?"

"바리새인들은 두 번을 강조하지만, 랍비들은 세 번을 이야기하지만 그러나 우리 그리스도인은 일곱 번까지는 용서해야만 되지 않겠습니까?"라고 베드로는 선심을 쓴 것입니다. 그러나 베드로는 이 말을 하면서 아직까지도 용서의 본질을 이해하지 못하고 있는 것입니다.

세기 시작하면 용서는 이미 용서가 아닙니다. 자식들이 잘못할 때마다 그것을 세시는 부모님이 혹 계신지요? 수첩을 가지고 있다가 아들이나 딸이 잘못할 때마다 한 번, 또 한 번 그렇게 세고 있는 부모를 상상이나 할 수 있겠습니까? 왜 안 하십니까? 부모와 자식간의 관계는 용서하기로 작정한 관계이기 때문입니다. 이미 용서한 숫자를 세고 있다는 것은 용서할 의지나 의도가 없다는 이야기입니다. 다시 말하면 그것은 다만 복수를 나중으로 미루고 있을 따름입니다. 그리고 우리는 한 번, 두 번 하면서 우리의 분노가 폭발할 그 시간을 기다리고 있는 것에 불과한 것입니다.

베드로의 질문에 예수님의 대답은 무엇이었습니까? 22절을 보십시오.

"예수께서 가라사대 네게 이르노니 일곱 번뿐 아니라 일흔 번씩 일곱 번이라도 할지니라."

이 말씀이 490번까지 용서하라는 이야기입니까? 그리고 491번째는 결코 용서할 수 없다는 이야기입니까? 아닙니다. 이것은 무제한의 용서를 가르치고 있는 것입니다. 우리가 신뢰하고 있는 주님은 무한히 용서하는 분이십니다. 다시 말하면 주님의 삶은 용서하는 삶입니다. 이 주님이 당신의 삶의 주인이시라면 그 주님을 통해서 참으로 용서하는 삶을 살고 있는지 스스로 점검해 보시기 바랍니다.

그리스도인의 용서의 동기는 무엇이어야 합니까? 가정이 잘되기 위해서, 혹은 민족이 잘되기 위해서, 혹은 교회가 잘되기 위해서입니까?

물론 이런 동기가 다 중요합니다. 그러나 그보다는 더 깊은 동기가 있어야 합니다. 저와 당신의 이웃을 향한 용서의 진정한 동기는 무엇이어야만 합니까? 여기서 그 이야기를 주님께서 하시고자 하는 것입니다. 그래서 예수께서 이 유명한 천국의 비유를 말씀하십니다.

□ 탕감받는 종

어떤 임금에게 빚을 지고 있었던 신하 한 사람이 있었습니다. 그의 빚은 일만 달란트라고 본문에 기록되어 있습니다. 한 달란트는 그 당시에 일꾼 한 사람이 6000일을 계속해서 일해야 벌 수 있는 품삯입니다. 그런데 일만 달란트를 상상해 보십시오. 어떤 분은 계산하기를 육천 억원가량 된다고 합니다. 확실한지는 모르겠습니다. 그러나 그렇게 가정을 해보겠습니다. 이 사람은 임금에게 육천 억의 빚을 지고 있는 신하입니다. 갚을 가망이 없었습니다. 희망이 전혀 없었습니다. 갚을 희망이나 가망이 전혀 없이 빚을 지고 괴로워하고 있는 신하의 모습을 한번 상상해 보십시오.

"갚을 것이 없는지라 주인이 명하여 그 몸과 처와 자식들과 모든 소유를 다 팔아 갚게 하라 한대 그 종이 엎드리어 절하며 가로되 내게 참으소서 다 갚으리이다"(25,26절).

갚을 수 없으면서도 갚을 터이니 기한만 연장해 달라는 것입니다. 우리는 이 사람의 절망과 낙심을 이해할 수가 있습니다. 그런데 27절에서 임금이 종에게 내리는 파격적인 선언을 보십시오.

"그 종의 주인이 불쌍히 여겨 놓아 보내며 그 빚을 탕감하여 주었더니."

육천 억의 빚을 없는 것으로 완전히 탕감해 주었읍니다. 그리고 그 동기는 다만 한 가지, 불쌍히 여김 때문이었읍니다. 다른 이유는 없읍니다. 이 사람을 불쌍히 여겼던 임금의 사랑 때문에 이 사람이 진 육천 억원의 빚을 없는 것으로 하는 탕감의 선언이 떨어졌읍니다. 웬 은혜입니까? 이것은 웬 사랑입니까? 이것은 웬 파격적인 은총입니까?

□ 악한 종

그러나 이야기는 거기에서 끝나지 않습니다. 그가 그 다음에 한 일이 무엇입니까?
28 절을 보십시오.

"그 종이 나가서 제게 백 데나리온 빚진 동관 하나를 만나 붙들어 목을 잡고 가로되 빚을 갚으라 하매."

그러니까 이 종이 임금의 목전을 떠나자마자 자기에게 빚진 사람을 만난 것입니다. 자기도 어마어마한 빚을 지고 있으면서도 그래도 주제에 빚을 놓기도 한 모양입니다. 그 빚이 백 데나리온이었읍니다. 이 돈은 자기가 과거에 임금에게 지고 있었던 빚에 비하면 60 만분의 1 정도밖에는 안 되는 돈입니다. 그런데 적은 빚을 지고 있는 관리 한 사람을 찾아가 목을 잡고 빚을 갚으라고 말합니다. 본문에서 "목을 잡고"라는 표현은 아주 양호한 표현입니다. 본래 원문 그대로 실감있게 번역하면 "모가지를 비틀어"라는 뜻입니다.
계속되는 말씀을 보겠읍니다.

"그 동관이 엎드리어 간구하여 가로되 나를 참아 주소서 갚으리이다 하되 허락하지 아니하고 이에 가서 저가 빚을 갚도록 옥에 가두거늘" (29,30 절).

이 이야기를 보면서 흥분 안 할 사람이 어디에 있겠읍니까? 이 비유 속에 나오는 임금님이 드디어 격분하기 시작하십니다. 그래서 32 절 이 하에서 어떻게 말씀하십니까?

> "이에 주인이 저를 불러다가 말하되 악한 종아 네가 빌기에 내가 네 빚을 전부 탕감하여 주었거늘 내가 너를 불쌍히 여김과 같이 너도 네 동관을 불쌍히 여김이 마땅치 아니하냐"(32,33 절).

이 이야기를 읽고 있는 동안에 독자인 우리도 똑같이 격분할 수밖에 없을 것입니다. 그런데 저는 이 말씀을 묵상하다가 갑자기 이 이야기 속에 등장하는 임금님이 눈을 크게 뜨고 저를 지적하는 것을 느끼지 않을 수가 없었읍니다. 갑자기 이야기 속에 나오는 임금님이 저를 향해서 이렇게 말하는 것 같았읍니다.

"너는 어떠냐?"

그러면서 저는 갑자기 본문 속에 등장하는 무대가 한바퀴 돌면서 또 하나의 무대가 이 본문의 배후에서 전개되는 것을 바라봅니다. 그 무대는 십자가입니다. 갈보리 언덕입니다. 거기 하늘과 땅 사이에 매달려 계신 예수님을 볼 수가 있읍니다. 왜 매달리셨읍니까? 그분은 당신과 저의 모든 죄를 짊어지고 매달려 계십니다. 우리의 허물, 우리의 죄, 우리의 살인, 우리의 간음, 우리의 도적질, 우리의 거짓의 모든 죄를 짊어지고 신음하고 고통하시는 주님을 바라보십시오. 그분은 골고다의 언덕에서 보배로운 마지막 핏방울을 떨구시면서 갑자기 암흑이 덮히는 하늘을 향해서 이렇게 외치십니다.

"다 이루었다."

이 말의 본래 뜻은 "빚은 다 갚았다"입니다. 무슨 빚입니까? 당신과 제가 하나님께 빚지고 있는 도덕적인 부채입니다. 그리고 그 부채는 우

리의 방법이나 우리의 노력을 통해서 상환될 수가 없읍니다. "지금부터
는 열심히 교회에 나오겠읍니다", 이런 우리의 도덕적인 결단과 의지를
통해서도 이 빚은 갚아질 수가 없고, 내 평생을 걸어도 우리의 죄의 빚
은 갚아진 수가 없는 빚입니다. 그러므로 십자가 밑에 나아와 주님이
당신과 죄를 담당하신 놀라운 사실을 깨닫고 예수님을 당신과 저의 구
주로 고백하는 그 순간 주님께서 이렇게 말씀하십니다.
"네 빚을 내가 다 탕감했다."
    그러나 이야기는 거기에서 끝나지 않습니다.

□ 용서의 교훈

이 어마어마한 빚을 탕감받은 우리는 이제 어떻게 살아야 합니까? 다
른 방법과 다른 노력으로 해결할 수 없었던 죄 문제를 주님의 사랑으로
갚음받은 우리가 왜 형제의 눈 속에 있는 티를 용서하지 못하는 것일까
요? 왜 그렇습니까? 당신과 저의 죄가 별로 심각하지 않은 죄라고 생
각하십니까?
    성경에 의하면, 우리의 죄는 사함받지 못했을 때 우리를 지옥에 떨어
뜨릴 죄였읍니다. 인간끼리야 상대적인 차원에서 저 사람이 나보다 나
은 사람이고, 나는 저 사람보다 도덕적인 삶을 산 사람이고, 저 사람은
법이 없어도 살 수 있는 호인이라는 이야기를 할 수가 있읍니다. 그러
나 머리부터 발끝까지 우리의 모든 것을 아시는 전지하신 하나님의 눈
앞에서 우리의 죄는 지옥의 형벌을 피할 수가 없는 죄였읍니다.
    그 죄를 탕감해 주셨읍니다. 조건 없이 탕감해 주셨읍니다. 값 없이
은혜로 우리의 죄를 무조건 용서하신 하나님의 놀라운 은혜로 말미암아
우리는 죄사함받고, 하나님의 자녀가 되고, 우리의 이름은 하나님의 생
명책에 기록되고, 우리는 그리스도인이 되었읍니다.
    그러나 이야기를 거기서 끝내지는 맙시다. 왜 내 곁에 있는 이웃과
형제의 사소한 잘못을 용서하지 못하는 것일까요? 지금도 주님은 계속

적으로 우리를 용서하고 계시지 않습니까? 만일 우리를 향한 주님의 계속적인 사랑과 용서가 없었다면 우리는 주님 앞에서 설 자리를 찾지 못하는 사람들입니다. 내가 살고 있는 삶의 이유를 찾을 수가 없는 우리들이 아닙니까? 이 본문에 나타난 악한 종은 다른 사람이 아니라 나 자신이라는 사실 앞에 우리는 놀라지 않을 수가 없습니다. 이것이 바로 내 모습이었읍니다.

유명한 존 웨슬레는 어느 날 사람들에게 용서에 대한 설교를 하고 있었읍니다. 설교가 끝난 후에 그 자리에 있었던 아주 거칠고 난폭하기로 이름났던 한 장군이 웨슬레 앞에 나와서 말합니다.
"목사님, 그러나 나는 죽어도 나에게 총부리를 겨누는 사람들을 용서할 수가 없읍니다."
이때 웨슬레는 그 장군에게 이런 유명한 대답을 했읍니다.
『각하시여, 그렇다면 당신은 앞으로 죽어도 죄를 짓지 마셔야 합니다.』

우리가 용서받은 하나님의 사람임에도 불구하고 성경은 결코 우리가 세상을 살아가는 동안에 완전한 인간이 된다고는 가르치지 않습니다. 우리는 예수님의 형상을 닮아야 합니다. 그러나 이 세상에 살아 있는 동안에 완전한 인간이 될 수는 없읍니다. 그 이야기는 다시 말하면 우리는 그리스도인임에도 불구하고 아직도 실수하며 넘어지며 좌절하며 살아가고 있다는 말입니다. 다시 이 말은 우리도 이웃들에게 끊임없이 용서를 받아야 할 인간이라는 말입니다.

왜 우리는 이웃을 용서하지 못합니까? 그 원인이 무엇입니까? 우리는 두세 가지의 원인을 생각할 수가 있읍니다.

아마도 제일 중요한 **첫번째 원인**은 내가 하나님 앞에 받은 이 어마어마한 용서의 가치와 의미를 망각하면서 살고 있기 때문일 것입니다. 십자가 앞에 무릎을 꿇어 예수님을 나의 주 나의 하나님이라고 고백하는 순간 하나님이 "나는 너를 정죄하지 아니하노니"라고 말씀하시는 이 용서의 의미가 얼마나 어마어마한 것인가를 우리는 자주 망각하기 때문입니다.

또 하나의 이유가 있다면, 내가 누군가를 용서한다는 것이 언제나 내가 손해보는 것이라는 생각 때문에 그렇습니다. 그래서 사람들을 용서하는 것은 약자가 하는 것이라고 생각합니다. 그리고 용서를 안 하는 것이, 복수하는 것이 언제나 강자의 덕이라고 생각합니다. 하지만 내가 어떤 사람에게 억울한 일을 당했을 때 하기 쉬운 행동은 무엇입니까? 같이 욕해 버리고, 같이 주먹을 휘두르고, 같이 침을 뱉는 것이 사실은 쉽습니다. 그것이 본능적인 것입니다. 그러나 어려운 것은 용서입니다. 용서할 수 있다는 것은 내가 강자라는 사실을 이야기하고 있는 것입니다. 그리스도인은 강한 사람이 되지 않으면 안 됩니다.

존경받는 그리스도인 에브라함 링컨 대통령에게 정적 한 사람이 있었읍니다. 이 사람은 언제나 링컨을 붙들고 늘어지면서 그에게 말할 수 없는 수모와 욕을 안겨 주는 사람입니다. 이 사람이 링컨을 모욕한 이야기 가운데 유명한 이야기가 있읍니다.
"고릴라를 보기 위해서 아프리카까지 갈 필요가 없읍니다. 일리노이의 스프링필드에 가면 오리지날 고릴라를 볼 수가 있읍니다."
이 말은 링컨을 욕하는 소리입니다. 그런데 링컨이 대통령이 되고 내각을 조직하면서 가장 중요한 국방부장관 자리에 이 사람을 임명했을 때 문자 그대로 그것은 충격이었읍니다. 다·놀라지 않을 수가 없었읍니다. 참모들이 링컨에게 어떻게 자신의 적을 요직에 앉힐 수가 있느냐고 말합니다. 그때 링컨은 이런 유명한 대답을 했읍니다.
"이제 그 사람이 적이 아니지 않소. 적이 없어져서 좋고, 그가 나를 돕게 되었으니 내가 저 사람에게 도움을 받아서 좋고, 내가 무엇을 잃었단 말이오? 내가 이 사람을 용서하고 요직에 중임한 것으로 인해서 내가 도대체 무엇을 잃었단 말이요?"

복수는 복수하는 자와 복수를 당하는 자를 함께 파멸시킵니다. 그러나 용서는 용서하는 사람과 용서받은 사람을 함께 축복합니다. 복수해서 우리가 무엇을 얻을 수가 있읍니까? 링컨이 무엇을 잃어버렸다는 말입니까? 사실은 그는 승리자였읍니다.

로마서를 읽어 보면 인간과 하나님 사이의 관계를 이야기할 때마다 아직 예수님을 알지 못하는 사람들을 가리켜서 "하나님과 원수되었던 자"라고 합니다. 우리는 예수를 알기 전에 하나님과 원수된 자리에 놓여 있었읍니다. 거룩하신 하나님이 보시기에 하나님의 진노와 심판을 퍼부을 수밖에 없는 대상자였읍니다. 우리는 하나님과 원수된 자리에 있었읍니다. 그런데 오늘날 어떻습니까? 저와 당신은 지금 하나님 편에 서서 평생을 살겠다고 결심하고, 하나님을 찬양하고, 하나님을 영화롭게 하고, 하나님 앞에 자신을 바치겠다고 고백하는 이유는 무엇입니까? 도대체 어떤 사건이 일어났읍니까? 다시 말하면 하나님과 내가 원수되었을 때에 예수 그리스도의 죽으심으로 말미암아 하나님과 화목하게 된 것입니다. 우리는 하나님의 용서 앞에 감동을 받고 하나님의 자녀가 되었읍니다. 그래서 하나님을 위해서 평생을 드리겠다고 우리의 삶을 그분 앞에 바치는 결의를 하게 되었읍니다.

영국의 웰링턴 제독이라는 사람이 어느 날 자기의 병사 가운데서 아주 불량한 병사 하나를 총살하게 되었읍니다. 그러면서 이런 이야기를 했읍니다.
"나는 너를 교육하려고 했지만 너는 이 교육을 받지 않았다. 나는 너를 징계하려고 했지만 이 징계도 너의 삶을 돌이키지는 못했다. 내가 너를 감옥에 가두기도 했지만 너는 반성하지 않았다. 이제 할 수 있는 일은 하나밖에 없다. 너를 총살하는 길이다. 총살을 집행한다."
이때 병사의 친구 하나가 갑자기 뛰어나왔읍니다. 그리고 이런 유명한 이야기를 했읍니다.

『제독님, 그러나 각하가 저 사람에게 꼭 한 가지 안 한 것이 있습니다. 각하는 저 친구를 용서해 보지 않으셨습니다.』
이 이야기가 웰링턴 제독의 마음을 감동시켰습니다. 그래서 제독이 그를 용서했습니다.
"용서한다. 내가 조건 없이 너를 용서한다."
그 다음부터 이 사람은 달라졌습니다. 새 사람이 되었습니다.

용서가 인간을 변화시킵니다. 예수님의 십자가를 통해서 하나님이 내 모든 과거, 현재, 미래의 죄를 다 용서하시고 나를 다시 사서 당신의 자녀로 삼아 주신 그 사랑 때문에 당신과 제가 새로운 사람이 된 것이 사실이라면, 우리는 잘못한 이웃들을 얼마나 용서하면서 살고 있는지요? 형제를 용서하십니까?

□ 결론

본문의 마지막 구절에서 주님께서는 이렇게 말씀하십니다.

"너희는 각각 중심으로 형제를 용서하지 아니하면 내 천부께서도 너희에게 이와 같이 하시리라."

여기에서 형제는 물론 그리스도를 믿는 신자를 말합니다. 그러나 범위를 거기에만 국한시키지 맙시다. 한걸음 더 나아가서 당신은 당신의 남편을 용서하십니까? 당신의 아내를 용서하십니까? 당신의 가슴에 칼을 꽂고 있는 자녀를 용서하십니까? 아니 당신에게 막대한 손해를 입히고 가시 역할을 하고 있는 이웃들을 용서하십니까? 아니 국가를 올바른 방향으로 인도하지 못하고 있는 우리의 정치 지도자들을 용서하십니까?

한국을 떠나오기 전에 학생 운동을 하고 있는 형제 한 분을 만났읍니다. 그분은 한국 사회에 이 사랑과 용서의 운동이 일어나지 않으면 우리 민족에게 희망이 없다는 사실 때문에 가슴을 태우며 며칠 밤을 지새워 하나님 앞에 기도했다고 합니다. 그리고 그는 전남대학으로 뛰어갔읍니다. 데모가 한창일 때 교정 한복판에 뛰어들어가서 학생들을 모아 놓고 사랑과 용서의 복음을 강조하기 시작했읍니다. 사실 이 때에 이 장소에서 학생들을 설득하여 "용서"를 얘기하는 것은 위험천만한 반대를 초래할 수밖에 없는 위기의 상황이었읍니다.

그러나 왜 이 용서와 사랑이 필요한 것인지 간증하기 시작했을 때 이 대학 캠퍼스는 갑자기 통곡의 광장으로 변하기 시작했읍니다. 집회가 끝나고 교수들과 학생들 사이에서 회개와 사랑의 실천위원회가 조직되고, 자그마한 불꽃이지만 광주 시내의 미움과 한을 씻어 버리고 용서와 화해를 외치는 사람의 운동이 일어나기 시작했읍니다.

그 사실을 듣고 저는 그 형제와 같이 손을 잡고 울면서 기도했읍니다.

우리는 우리의 원수를 용서할 수가 있어야 합니다. 원수도 용서할 수가 있읍니다.

제가 오래 전에 보았던 『서부 전선엔 이상 없다』는 영화가 있었읍니다. 주인공이 적군과 총칼을 겨누고 있다가 참호에게 갑자기 뛰어나와서 적을 향해서 외치는 그 절규가 지금도 제 가슴에 생생하게 살아 있읍니다. 그는 이렇게 외칩니다.

"친구들이여, 나는 그대들을 죽이고 싶지 않다. 나는 지금까지 그대들을 적으로만 인식하여 왔다. 그러나 오늘 처음으로 그대들을 나와 똑같은 동료로 바라보고 있노라. 그대들은 더 이상 나의 소총이나 수류탄 투척의 대상이 아니다. 친구들이여, 그대들은 나와 똑같은 불행한 인간들이다. 그대들의 어머니는 내 어머니와 마찬가지로 자식들을 전쟁터에 내보내고 가슴을 태우면서 지금도 기도하고 있지 아니한가. 그리고 우리는 꼭같이 죽음을 두려워하고 있지 아니한가. 친구들이여, 그런데 우리가 어떻게 적일 수가 있단 말인가. 우리는 다만 모두 죄인일 따름이다. 용서를 필요로 하는 죄인일 따름이다."

우리는 한걸음 더 나아가서 새로운 민족사의 내일을 꿈꾸기 위해서는 우리에게 총칼을 겨누었던 북의 형제들을 향해서 이렇게 말할 수가 있어야 합니다.
"형제들이여, 나는 당신들을 용서하오."
이런 민족의 고백이 우리의 가슴 깊은 곳으로부터 꿈틀거릴 때, 아니 이 고백의 실천을 위해서 먼저 하나님의 사랑과 용서를 체험한 내가 내 곁에 있는 이웃을 붙들고 "형제여, 자매여, 아버지여, 어머니여, 내 사랑하는 아내여, 남편이여, 이제 당신을 용서하오"라는 고백이 일어날 때 우리는 비로소 민족의 내일을 이야기할 수가 있게 될 것입니다.

다시 한번 본문의 이 마지막 이야기를 기억해 주십시오. 임금의 얼굴을 통해서 나를 향해 다가오시는 하나님의 멧세지를 들어 보십시오.

"내가 너를 불쌍히 여김과 같이 너도 네 동관을 불쌍히 여김이 마땅치 아니하냐."

호세아의 멧세지가 무엇입니까? 음란한 아내를 계속해서 용서하고 또 용서하는 남편의 모습은 도대체 누구의 얼굴입니까? 이 음란한 아내와 마찬가지로 하나님을 배신하고, 이웃을 배신하고, 이웃에게 상처를 입히는 나를 계속 사랑하시며 계속 용서하시는 하나님의 얼굴이 아닙니까?

"너희가 각각 중심으로 형제를 용서하라."

만약 우리가 중심으로 용서할 수가 없다면 먼저 십자가를 바라보십시오. 그리고 거기에서 하나님이 어떠한 사랑으로 우리를 용서하셨는지 그 놀라운 사랑을 다시 한번 묵상해 보십시오. 그리고 내가 이웃에게 당한 상처를 생각하기보다 화해와 용서를 통해서 우리가 얻게 될 축복을 묵상해 보십시오. 그렇다면 우리는 비로소 오늘의 본문 앞에 서서 이렇게 말하게 될 것입니다.

"이웃들이여, 형제여, 저도 당신들을 용서합니다."

오늘 이 시점에서 우리에게 가장 필요한 멧세지는 바로 이 교훈이 아니겠읍니까? 그래서 신약성경의 구절구절마다 바울의 멧세지의 가장 많은 부분을 차지하고 있는 것이 바로 용서였읍니다.

"너희는 서로 인자하게 하며 너희는 서로 불쌍히 여기며 서로 용서하기를 하나님이 그리스도 안에서 너희를 용서하심과 같이 하라."

포도원 품군의 비유

마태복음 20 : 1~16

"천국은 마치 품군을 얻어 포도원에 들여 보내려고 이른 아침에 나간 집 주인과 같으니 저가 하루 한 데나리온씩 품군들과 약속하여 포도원에 들여 보내고 또 제 삼시에 나가 보니 장터에 놀고 섰는 사람들이 또 있는지라 저희에게 이르되 너희도 포도원에 들어가라 내가 너희에게 상당하게 주리라 하니 저희가 가고 제 육시와 제 구시에 또 나가 그와 같이 하고 제 십일시에도 나가 보니 섰는 사람들이 또 있는지라 가로되 너희는 어찌하여 종일토록 놀고 여기 섰느뇨 가로되 우리를 품군으로 쓰는 이가 없음이니이다 가로되 너희도 포도원에 들어가라 하니라 저물매 포도원 주인이 청지기에게 이르되 품군들을 불러 나중 온 자로부터 시작하여 먼저 온 자까지 삯을 주라 하니 제 십일시에 온 자들이 와서 한 데나리온씩을 받거늘 먼저 온 자들이 와서 더 받을 줄 알았더니 저희도 한 데나리온씩 받은지라 받은 후 집 주인을 원망하여 가로되 나중 온 이 사람들은 한 시간만 일하였거늘 저희를 종일 수고와 더위를 견딘 우리와 같게 하였나이다 주인이 그 중에 한 사람에게 대답하여 가로되 친구여 내가 네게 잘못한 것이 없노라 네가 나와 한 데나리온의 약속을 하지 아니하였느냐 네 것이나 가지고 가라 나중 온 이 사람에게 너와 같이 주는 것이 내 뜻이니라 내 것을 가지고 내 뜻대로 할 것이 아니냐 내가 선하므로 네가 악하게 보느냐 이와 같이 나중 된 자로서 먼저 되고 먼저 된 자로서 나중 되리라"

— 마태복음20：1~16.

포도원 품군의 비유

본문은 예수님께서 하나님 나라에 속한 하나님 백성들의 봉사 생활의 올바른 태도를 가르치기 위해서 말씀하신 비유 중의 하나입니다. 본문을 처음 읽으시면 쉽게 납득이 안 가는 이상한 비유입니다. 알 것 같기도 하고 모를 것 같기도 한 이야기입니다.

□ 배경

어느 커다란 포도원을 가진 농장 주인이 자기 포도원에서 일할 일꾼들을 구하려고 아침 일찍 장터에 나갔읍니다. 그 당시의 경제 사정은 아주 절박했읍니다. 그런 이유로 많은 사람들이 일자리를 얻지 못하고 있었으며 하루 종일 열심히 일해도 그 날 하루를 겨우 먹고 살 수 있는 품삯 정도만 받을 수 있도록 경제 사정이 곤란하고 심각한 때였읍니다. 장터에 나가면, 언제든지 자기를 부려 줄 주인들을 찾고 있는 일꾼들이 여기저기서 서성대는 모습을 얼마든지 볼 수 있었던 상황이 그 당시의 풍경입니다.

아마도 포도원 주인은 유대 시간으로 한 시쯤 장터에 나갔을 것입니다. 유대인 시간은 우리와는 다릅니다. 해가 뜨는 아침 6시쯤이 그들에게는 영 시에 해당됩니다. 이 농장 주인은 장터에 나가서 일꾼들에게 고용 계약을 맺고 데려왔읍니다.

그리고 유대 시간으로 3시쯤, 우리 시간으로는 9시에 해당되는 시간에 다시 장터에 나가 보니까 또 놀고 섰는 사람들이 있어서 얼마를 주면 일을 하겠는가 묻고, 한 데나리온(한 데나리온은 오늘의 화폐 가치로 노동자의 하루 품삯에 해당되는 액수임)씩 받기로 결정하고 포도원에 데려왔읍니다. 이 한 데나리온이면 당시의 사람들에게는 하루를 먹고 살 수 있는 정도였읍니다.

그 후 낮 12시쯤 다시 장터에 나가 보니까 아직도 장터에서 일을 못 찾고 섰는 사람들이 눈에 보입니다. 이들 또한 같은 조건으로 계약을 하고 데려왔읍니다.

그 후 3시쯤 또 나가 보니 아직도 자기들을 일꾼으로 써주기를 기다리며 서 있는 많은 사람들이 보이므로 이 농장 주인은 이들을 또 데려왔읍니다.

유대 시간으로 6시면 해가 지게 되므로 일을 그만 두어야 할 시간인데 6시가 되기 전 오후 5시쯤 주인이 장터에 또 나가 보니 아직까지도 고용되지 못하고 놀고 서 있는 사람들이 눈에 띄었읍니다. 그들은 아마도 오늘도 일이 없어 가족들이 굶게 된다는 생각에 아주 절망적인 표정으로 서 있던 차에 농장 주인의 눈에 띄었을 것입니다. 농장 주인은 묻기를 “당신들은 왜 종일토록 놀고 서 계십니까?”라고 하자 그들은 『써주는 이가 있어야 일을 하죠』라고 대답합니다. 그래서 이 주인은 “우리 집 농장문을 닫으려면 한 시간 정도밖에 안 남았지만 이제라도 내 농장에서 일을 하시겠오?”라고 제안합니다. 이들에게 있어 이 소식은 얼마나 좋은 소식이었겠읍니까? 그래서 오후 5시에 고용된 일꾼들은 아주 감사한 마음으로 농장에 들어가서 해가 지기까지 1시간 동안 일을 열심히 했읍니다.

　이 주인에게 있어서 낮 12시나 오후 3시 또는 5시에 일꾼들을 데려올 필요가 있었는지 저로서는 잘 납득이 안 갑니다. 계산 좀 해보십시오. 이 주인이 과연 똑똑한 주인이라면 누가 늦은 시각에 일꾼들을 데려 오겠읍니까? 본문에 보면 꼭 이 주인에게 있어서 일손이 모자란 것 같지는 않습니다. 그래서 우리는 이 주인에게 차라리 이 어려운 때에 더 많은 사람들을 구제하려는 좋은 마음이 있었다는 것을 본문을 통해서 전제하지 않으면 안 됩니다.

　어찌 되었든 이제 저녁 6시가 되고 농장 문을 닫을 시각이 되어서 일꾼들을 모으고 일당 한 데나리온을 주었읍니다. 이 사람은 얼마나 놀랐겠읍니까? 이 한 데나리온은 본래 아침 영시 또는 3시에 와서 일을 하기로 계약된 사람들에게 주겠다고 했는데 5시에 와서 일을 한 사람에게 일당 한 데나리온을 준 것입니다. 이 광경을 지켜보고 있던, 일찍 와서 일을 한 다른 일꾼들이 생각하기를, 우리는 얼마나 받을까 하고 아마도 큰 기대를 했을 것입니다. 그런데 막상 주인은 이 사람들에게도 똑같이 일당 한 데나리온씩을 주었읍니다. 더 받을 줄 알았던 기대감이 무너지자 먼저 와서 일을 한 이들은 불평과 원망을 합니다.
"우리는 아침 일찍 와서 온종일 땀을 흘리며 열심히 일을 했는데 오후 5시에 와서 일을 한 사람과 똑같이 대우를 할 수가 있읍니까?"
이것이 본문에 나타난 먼저 와서 일을 한 일꾼들의 불평의 내용입니다.

　이런 비유를 말씀하시면서, 예수께서는 본둔의 말씀 끝 부분에서 결론적으로 이런 교훈을 하십니다.

　"나중 된 자로서 먼저 되고 먼저 된 자로서 나중 되리라"(16절).

이것이 본문의 내용을 통해서 주님이 주시려고 했던 교훈의 핵심임을 언급하는 것으로 본문이 끝납니다.

그런데 본문을 잘 읽어 보면, 예수께서 "나중 된 자가 먼저 된다"는 것을 강조하시려는 것보다 "먼저 된 자가 나중 될 수 있다"는 것을 더 강조하시는 것을 알 수 있읍니다.

마태복음 20 장의 배경을 이루고 있는 마태복음 19 장 27 절 이하에 보게 되면, "이에 베드로가 대답하여 가로되 보소서 우리가 모든 것을 버리고 주를 좇았사오니 그런즉 우리가 무엇을 얻으리이까"라는 말씀이 기록되어 있읍니다. 베드로가 예수님을 위해서 희생하며 따라다니다 보니까 어느 날 아마도 본전 생각이 난 것입니다.

"이 화창한 날 우리 주위에 있는 관광지에 가면 얼마나 좋겠읍니까? 주일이면 쉬지도 못하고 주님을 따라다니기 위해서 얼마나 많은 희생을 했는데 나에게 돌아올 대가는 도대체 무엇입니까?"

베드로의 질문에 대답하기 위해서 예수께서 『포도원 비유』를 말씀하시게 된 것입니다. 그런데 예수님을 따르기 시작한 사람들의 마음 속에 중대한 의식의 모순, 즉 어떤 잘못된 동기를 갖고 있음을 주님께서 보셨읍니다. 그런 동기로 인해서 먼저 된 사람도 나중될 수밖에 없었다는 것이 본문을 통해서 주님께서 우리에게 말씀하시려고 하는 중대한 교훈의 골자임을 먼저 마음 속에 염두해 주시기 바랍니다.

□ 먼저 온 사람들의 자세

그러면 이 먼저 온 사람들의 일의 태도에 있어서 도대체 무엇이 잘못된 것일까요?

잘 관찰해 보면, 본문에서 세 가지 그들의 과오를 발견할 수가 있읍니다. 본문을 통해서 주님께서 오늘을 살고 있는 우리에게 지적하시고자 하는 우리들의 과오, 예컨대 일찍 예수를 믿고 주님을 위해 열심히 일했어도 비슷한 이유로 주님 앞에서 야단맞으며 나중 될 수밖에 없는 오늘의 성도들의 잘못된 세 가지 자세를 살펴봅시다.

첫째, 하나님을 향한 그릇된 자세입니다.

본문의 비유 속에 나타난 일꾼들의 주인을 향한 잘못된 자세는 어떤 것입니까? 대답부터 말씀드리자면, 이 품꾼들은 일하는 동기가 흥정하려는 의식으로 일을 하고 있었다는 사실입니다.

베드로가 예수님께 무엇이라고 물었읍니까? "내가 이렇게 주님을 위해서 희생을 했으니 내게 돌아오는 것이 무엇입니까?"라는 말 속에서 흥정 의식을 보게 됩니다. 당신은 이런 생각이 안 드시는지요? 이 맑은 휴일 인근 교회로 놀러 가지 않고 교회에 나와서 예배드리는 것은 도대체 내가 무엇을 바라고 이러는 것인가 하는 생각이 드신다면, 아마도 베드로의 심정을 공감하실 수가 있을 것입니다. 돌아오는 대가가 무엇입니까?

여기 비유 속에 나오는 품꾼들은 이렇게 말하고 있읍니다.

"내가 이만큼 일했으니 이런 보상을 받는 것이 마땅하지 않습니까?"

이것이 품꾼들의 마음 속에 숨어 있었던 동기입니다.

그런데 우리는 다음과 같은 사실로부터 이야기를 시작해야만 합니다.

이 품꾼들이 처음에는 어떤 신분이었읍니까? 3절에 보면, "삼시에 나가 보니 장터에 놀고 섰는 사람들", 즉 할 일 없이 장터에서 서성이면서 자기를 고용해 줄 주인이 나타나기만을 고대하고 있었던 사람들임을 알 수 있읍니다. 이들은 자신들의 최초의 신분을 망각해서는 안 되는 것입니다. 이들은 본래 할 일이 없었던 사람들입니다. 때는 절박합니다. 만일 누군가가 자기를 돕지 않으면 안 되는 아주 절박한 경제 상황에서 주인이 이 사람을 고용했다는 것은 은혜입니다. 바로 이 부분에서부터 이야기가 시작되어야만 합니다. 그래서 주인은 이 할 일이 없었던 사람들을 불러서 일거리를 주었고 또 처음에 약속한 대로 일당을 주었읍니다.

그러나 이들의 마음 속에서 근본적으로 결핍되어 있었던 것은 무엇입니까? 그것은 일감이 없었다면 굶을 수밖에 없는데 나를 선대하시어 일당을 주신 그분의 **은혜에 대한 감격이 없었다**는 사실입니다. 그리고 이 사람들의 마음 속에는 이러한 주인의 심정을 망각하고 "내가 이런 일을 했으니 내가 어떠한 보상을 받아야 하는가"하는 홍정 의식이 철저하게 지배하고 있었던 것을 볼 수가 있습니다. "내가 모든 것을 버리고 주님을 좇았읍니다. 그런즉 내게 돌아오는 것이 무엇입니까"라는 이 보상에 대한 홍정의 동기가 그들의 마음 속을 지배하고 있었던 것입니다.

주님께서 베드로에게 어떻게 대답하십니까? 보상을 안 주겠다는 것은 아닙니다. 마태복음 19 장 28 절 이하를 보면, "예수께서 가라사대 내가 진실로 너희에게 이르노니 세상이 새롭게 되어 인자가 자기 영광의 보좌에 앉을 때에 나를 좇는 너희도 열 두 보좌에 앉아 이스라엘 열 두 지파를 심판하리라 또 내 이름을 위하여 집이나 형제나 자매나 부모나 자식이나 전토를 버린 자마다 여러 배를 받고 또 영생을 상속하리라 그러나 먼저 된 자로서 나중되고 나중 된 자로서 먼저 될 자가 많으니라"(28–30 절)는 말씀을 통해서 우리의 수고를 보상하신다는 것을 알 수 있읍니다. 땀흘려 일한 대가를 주님께서는 반드시 보상하십니다. 이름 모를 소자 한 사람에게 냉수 한 잔의 친절을 건넨 것까지도 주님은 기억하시고 보상하시겠다고 약속하십니다. 그러나 만일 우리가 단순히 이 보상을 받을 동기로만 주님을 섬겼다면 잘못되었다는 것을 분문은 우리에게 말씀합니다. 왜냐하면 주인의 계산법과 품꾼의 계산법이 다르기 때문입니다.

이 비유에 나타난 오후 5 시에 부름받은 일꾼들을 생각해 보십시오. 이 사람들은 어떤 생각으로 일을 했을까요? 그것은 **감사의 마음**입니다. 만일 이 일거리가 없었다면 당장 굶어야 할 상황에서 5 시에라도 불러 주셔서 일감을 맡겨 주신 주인을 향한 고마움에 대한 감격이 이 사람의 마음 속에 있지 않았을까요? 이 사람은 비록 한 시간밖에 일을 안 했지만 일을 하면서도 그 마음 속에 주님을 향한 넘치는 은혜에 대해 감사한 심정이 있었을 것입니다.

주인의 얼굴만 바라보아도 감사하고, 써주신 그분의 은혜만 생각해도 가슴이 벅찹니다. 그래서 찬양을 하며, 감사하며 일을 합니다. 바로 이 것을 주님은 귀하게 보신 것입니다. 우리가 주님을 위해서 봉사하고 있는 그 행동을 보실 때 주님은 『양』(量)을 보시는 것이 아니라 『질』(質) 을 보십니다.

당신이 주님을 향해서 봉사하고 있는 일의 질은 어떻습니까? 내가 얼마나 많은 일을 했느냐, 내가 얼마나 많은 기록을 남겼느냐 하는 것 보다 훨씬 더 중요한 것은 어떤 심정으로 이순간 주님을 섬기고 있느냐 하는 것입니다. 이 본문을 통해서 20세기를 살고 있는 오늘의 그리스 도인들에게 주님이 말씀하시고 싶어하는 것은 바로 이것입니다. 먼저 온 자들, 이 사람들은 먼저 품삯을 흥정했읍니다. 이들은 품삯을 알고 일을 했읍니다. 그러나 맨 나중에 온 사람들에게는 얼마를 주겠다는 조 건조차도 주님은 제시한 일이 없읍니다. 이들은 얼마를 받을지도 모르 고 일을 시작한 것입니다.

참된 신앙 생활의 동기는 무엇일까요? 주 예수께서는 여성도들에게 물론 상을 주십니다. 그러나 상을 받기 위해서만 일을 하면 안 됩니다. 그보다는 다른 동기가 있어야 합니다. 이 하나님의 은혜에 대한 감격, 나의 죄를 용서하시고 나를 하나님의 자녀로 삼아 주신 것만도 감사한 데 거기에다 일자리까지 주셨읍니다. 이 놀라운 은총의 특권을 주신 주 님의 은혜가 얼마나 감사합니까? 이것이 하나님을 섬기는 하나님의 백 성들의 동기가 되어야 한다는 것을 주님이 우리에게 말씀하시고 있는 것입니다.

그런데 만일 우리가 이익과 보상의 동기로 일을 시작하게 되면, 그 계산대로 보상을 받지 못할 때에 자기의 동기나 욕망이 충족되지 않으 므로 그 봉사는 쉽게 좌절하거나 중단되어 버립니다. 그리고 나중에는 원망과 불평으로 끝나게 됩니다.

그런데 바울은 어떻습니까? 그가 예수님을 만나고 많은 시간이 흘러가 머리가 희어지고 자기 삶의 석양이 가까워지기까지 주님을 위해서 얼마나 고생이 많았습니까? 주님을 위해 매를 맞기도 하고 온갖 고생을 하면서도 주님께서 그를 사용하신 것만으로 그는 감격했습니다. 그를 통해서 복음이 전해지고 영혼들을 구원하고 하나님의 나라가 확장된다는 사실에 대한, 가슴이 미어지는 감격 때문에 바울은 자기의 지난날을 회고하면서 "나의 나된 것은 하나님의 은혜라"고 고백했습니다.

먼저 온 품꾼들에게 동기가 아주 없었던 것은 아닙니다. 일자리를 구하기 어려운 때에 불러서 일감을 주시고 후하게 일당을 약속한 주인에게 처음에는 고마움을 느꼈을 것입니다. 그러나 이 동기가 시간이 흘러가면서 변한 것입니다. 오랫동안 예수믿으신 분들은 동기의 변질을 조심하셔야만 합니다. 처음 주님의 첫사랑을 깨닫고서는 무엇을 해도 감사하고 무슨 일을 해도 주님의 은혜가 사무칩니다. 그러나 시간이 흘러갈수록 우리는 이 동기가 변하기 쉽습니다. 동기가 결핍되기 시작합니다. 그래서 먼저 된 자가 나중 된다는 사실을 기억합시다. 이것이 본문에서 포도원 품꾼들이 범한 첫번째 중대한 과오였습니다.

둘째, 이웃을 향한 과오입니다.
본문의 말씀을 통해서 주님께서 우리에게 교훈하신 말씀은 이웃을 향한 과오였습니다.

지금 이 사람들이 아주 낙담한 원인이 무엇입니까? 아침 영시에 한 번만 일꾼을 모집하여 하루가 끝나 일당 한 데나리온씩을 받고 끝났다면 아무런 문제가 없었을 것입니다. 그런데 문제는 11시에 와서 일을 한 자도 자기와 똑같이 일당을 받았다는 데 있습니다. 여기서 무서운 『비교 의식』이 싹트고 있었습니다.

이같은 주인의 밭에서 일꾼들이 서로를 향해서 가져야 할 의식으로 어떤 의식이 필요합니까? 그것은 같은 주인을 섬기고 같은 밭에서 일하는 동역자, 즉 『동업자 의식』입니다. 이러한 의식이 필요한데 이들은 서로를 경쟁자로 의식하기 시작합니다. 누가 더 많이 받는가 하는 경쟁 의식이 이 사람들이 그들의 봉사를 추하게 만든 이유임을 알 수 있읍니다. 이것이야말로 오늘의 한국교회 교인들의 가장 가슴 아픈 치부를 보여 주고 있는 단면이 아닌지요? 우리 한국 사람들에게 가장 부족한 것이 무엇일까요? 그것은 "함께 일하는 정신"이지요.

함께 잘 사는 일을 못합니다. 한 데나리온씩을 받아서 같이 잘 살면 얼마나 좋겠읍니까? 그런데 우리는 함께 잘 살고 같이 행복해지고 축복받는 것을 잘 못합니다. 내가 아무리 잘 살아도 나보다 비슷하게 살거나 나보다 조금만 더 잘 사는 사람이 있으면 나는 밤잠을 이루지 못합니다. 이것이 한국인의 치부입니다. 본질적으로 인간 모두의 치부일는지도 모르지요. 그래서 생겨난 속담이 "사촌이 땅을 사면 배가 아프다"는 것입니다.

성경에 나타난 탕자의 형님의 결정적인 실수도 그것입니다. 잃어버렸던 동생이 회개하고 돌아와서 아버지의 품 안에 안기었고, 그를 위해서 송아지를 잡고 잔치를 베푸는 장면을 보면서 바깥에서 질투를 하던 형님을 보십시오.

누가 이 질투를 가져다 줍니까? 이 질투나 투기의 근원에 대해서 성경은 가르치기를, 야고보서 3장 14절 이하에서 "시기와 다툼은…… 세상적이요 정욕적이요 마귀적이니"라고 말씀합니다.

본문의 먼저 온 사람의 마음 속에는 지금 **사단의 악한 영성**이 이 사람의 의식을 지배하기 시작한 것입니다. 결과적으로 우리는 대적 마귀에게 끌려다니면서 갈등 속에 살아가는 삶의 결과를 초래합니다. 서로 물고 서로 헐뜯다가 서로가 망하는 길을 선택하는 약점이 우리의 마음 속 깊은 곳에서 끈질기게 우리를 붙들고 있다는 사실을 이 말씀을 통해서 볼 수 있습니다.

이것이 『천로역정』의 저자 존 번연(John Bunyan)을 슬프게 만든 것입니다. 존 번연은 그 당시의 교회의 교인들이 서로 다툼과 갈등을 면치 못하고 있는 모습을 보면서 이렇게 말했읍니다.

"이상하다, 답답하다, 미치고 싶다. 마귀와 더불어 싸워야 할 성도들이 자기들끼리 싸우고 있다니…"

여기 성도들이 행할 수 있는 무서운 과오의 가능성은 무엇입니까? 그것은 적과 동지를 구별하지 못하는 비극입니다. 누가 적이고, 누가 동지인가를 구별하지 못하는 무분별의 비극입니다. 일은 사소한 것에서부터 시작됩니다.

오늘의 교회에서 문제는 어떻게 시작될까요?

예를 들어, "목사님께 내가 인사를 했는데 인사를 안 받았어"라고 합니다.

저는 눈이 나쁘기 때문에 옆에서 인사를 할 때 종종 보질 못해서 인사를 안 받고 싸늘하다는 이야기를 많이 듣습니다. 그런데 이러한 오해가 발전하기 시작하면 "목사님이 나를 무시해. 사실 나는 부유한 편이 아니니까"라고까지 됩니다. 여기까지 오해하셔도 괜찮습니다. 그러나 그 다음에 이분은 자기 오해의 늪 속에서 이렇게 생각합니다.

"사람을 무시하는 저런 목사는 몰아 내야 돼."

그 다음의 생각의 발전이 더욱 문제입니다.

이제 제가 생각합니다.

『우리 교회 성도님 중 어느 분이 왜 그런지 나를 못마땅히 여기는 것 같아.』

여기까지는 인간적으로 사실 있을 수 있는 이야기이기도 합니다. 그러나 『이제 내가 더 이상 저 사람을 놔둘 수가 없어』라고 문제를 일으키기 시작합니다. 그렇게 되면 이 교회라는 공동체가 어떻게 됩니까? 그 다음이 항상 문제입니다.

우리 한국 사람들의 마음 속 깊이 숨어 있는 무서운 사고 방식 중의 하나는 흑백 논리적 사고 방식입니다. 내 의견에 전적으로 동조해 주지 않으면 저 사람은 나의 원수라고 생각합니다. 제가 좀 과장된 말을 했는지 몰라도 우리에게 그런 의식이 있습니다.

지금까지 우리가 어떤 길을 걸어 와서 우리 공동체를 어디까지 세워 놓았습니까? 그러나 우리는 이 모든 공든 탑을 너무 쉽게 무너뜨립니다. 이것은 의식의 빈곤 때문입니다.

자, 이 포도원의 일꾼들은 누구를 바라보고 일을 해야 합니까? 주인! 자기들을 불러 주고 일감을 맡겨 주신 그 주인을 바라보고 일을 해야 합니다. 그리고 그 주인 앞에서 칭찬받을 생각으로 일을 해야 하는데, 그들은 주인을 바라보지 않고 옆에 있는 사람들, 나중에 온 자들만 바라보며 불평을 합니다.

나를 불러 준 하나님의 은혜에 대한 감격보다도 내 이웃을 바라보면서 이웃이 나와 같이 잘 사는 것을 용납하지 못하는 우리 마음의 왜소함! 이 옹졸함 때문에 우리들의 공동체는 그동안 얼마나 많은 갈등을 겪어 왔습니까? 이것이 한국 역사의 비극이기도 하고 또한 한국 교회의 비극으로 계속되고 있습니다.

이 말씀 앞에서 이웃과 함께 잘 살고 함께 축복받는 것을 너그럽게 포용하지 못했던 우리들의 과오를 통절하게 깨달으면서 우리는 이렇게 말해야 합니다.

"사랑하는 이웃이여, 나의 잘못을 용서하십시오!"

이들은 처음에는 주인인 하나님을 향한 잘못을 범했고, 다음으로는 이웃을 향해서 비교 의식을 가졌던 과오를 범했습니다. 같은 주인의 은혜를 받고 살면서 나보다 더 연약한 처지에 있는 사람들이 주인께 사랑받는 것을 마음을 다해서 기뻐하고 축하해 줄 수 있는 성도들이 성숙한 그리스도인입니다. 이러한 의식이 생겨날 때 우리는 성숙한 민족이 되기 시작할 것입니다.

우리 모두가 다 함께 하나님의 사랑과 은혜와 축복을 나누며 사는 우리들의 포도원, 우리 교회, 우리 나라, 우리 세계를 만들 수 있겠는가 하는 것이 본문을 통한 성경의 도전입니다. 이 비유를 통해서 주님은 심각하고 통렬하게 우리 영혼의 밑바닥을 흔들면서 도전하십니다.

세째, 자기 자신을 향한 과오입니다.

먼저 온 사람들의 자기 자신을 향한 과오는 『자만심』이라는 이름의 병 때문입니다. 본문 10절에 보면 "먼저 온 자들이 와서 더 받을 줄 알았더니"라는 말씀에서 보면 그들은 자신이 더 받을 자격이 있다고 생각했습니다. 저는 이런 의식을 『공로자 의식』이라고 부르겠습니다. "나는 당당히 더 받을 만한 자격이 있는 사람이다"라는 공로자 의식! 바로, 이 공로자 의식처럼 비기독교적인 사고 방식은 없습니다. 공로자 의식의 정반대 개념은 『빚진 자 의식』입니다.

제가 잘 아는 목사님이 시무하시는 교회에 가면 교회 앞에 "나는 빚진 자라"는 글이 크게 씌어 있습니다.

바울은 로마서 1장 14절에서 "헬라인이나 야만이나 지혜 있는 자나 어리석은 자에게 다 내가 빚진 자라"고 고백하고 있습니다.

하나님이 은혜로 구원받아 이웃의 염려 가운데 살고 있는 나는 빚진 자라는 이 『빚진 자 의식』, 그런데 지금 이 사람들을 지배하고 있는 의식은 바로 『공로자 의식』입니다. 그런데 이 공로자 의식이 많아지면 많아질수록 내 공로가 무시되고 있다는 생각이 나 자신을 괴롭히기 시작합니다. 그리고 자기 스스로를 더욱 비참하게 만들 뿐입니다.

교회 생활 중 낙심하는 커다란 원인이 바로 이 공로자 의식에서 비롯된 것입니다. 주님은 무엇이라고 말씀하셨읍니까? "네 오른손이 하는 것을 왼손이 모르게 하라"고 말씀하셨읍니다. 이 말씀의 뜻을 어느 탁월한 학자는 이렇게 주해했읍니다.

"내가 무엇을 했는지 그것을 잊어 버려라."

그러면 공로 의식을 안 갖게 됩니다. 내가 어떤 일을 했다는 자기의 업적을 마음 속에 기록해 놓고서 "이러한 업적을 세운 나를 감히 무시하다니"라고 생각합니다. 무시당하고 있다는 생각 때문에 괴롭고 자신이 비참해 집니다. 이 공로 의식을 갖지 않으려면 철저하게 자기 자신이 무엇을 했는가를 잊어야 합니다. 내가 무엇을 했다는 봉사의 기록을 남기지 말아야 합니다.

그래서 예수께서는 이런 말씀을 하셨습니다.

"너희도 명령받은 것을 다 행한 후에 이르기를 우리는 무익한 종이라 하라"(눅 17:10).

내가 얼마나 수고했는데, 내가 얼마나 땀을 흘렸는데 라는 의식이 많을수록 그러한 나를 알아 주지 않는다는 원망이 나 자신을 괴롭히기 시작하는 것입니다.

그래서 바울은 고린도전서 4 장 3-5 절에서 "너희에게나 다른 사람에게나 판단받는 것이 내게는 아무것도 깨닫지 못하나 그러나 이를 인하여 의롭다 함을 얻지 못하노라 다만 나를 판단하실 이는 주시니라 그러므로 때가 이르기 전 곧 주께서 오시기까지 아무것도 판단치 말라 그가 어두움에 감추인 것들을 드러내고 마음의 뜻을 나타내시리니 그 때에 각 사람에게 하나님께로부터 칭찬이 있으리라"고 놀라운 말을 했습니다.

"내가 어떤 사람인지 나도 나를 판단하는 것을 보류하겠다. 왜냐하면 내가 한 것이 잘 한 일인지 아니면 못한 일인지 나도 모르며 하나님의 저울대로 재 봐야만 알 수 있기 때문이다. 하나님만이 내 봉사의 질을, 내 봉사의 진정한 동기를 아시고, 그분만이 정당하게 나를 칭찬할 것이다. 그때까지 나는 나 자신을 향해서 판단을 유보하겠다"는 것이 바울의 선언입니다. 그러나 우리는 내가 얼마나 잘했는가를 기록해 놓기를 원합니다. 우리가 한 일이 잘 했는지 잘못했는지 우리는 알 수가 없읍니다. 그러나 하나님만이 판단하실 것입니다.

하나님의 컴퓨터만이 가장 정확하다는 사실을 아십시오. 내가 아무리 잘했다고 기록을 해놓아도 하나님께서 인정하시지 않으면 소용이 없는 것입니다.

내가 5시에 와서 일을 시작해도 주님을 섬기는 그 동기가 순수했으면 하나님께서 나를 인정하십니다. 나를 판단하실 그분 앞에 내가 부끄러움 없이 설 수 있는 그 날을 바라보십시오. 그러기 위해서는 이 공로 의식을 버려야 합니다. 이 공로 의식의 배후에 있는 매매 의식, 흥정 의식, 그리고 나는 무엇인가 여기서 내 의견을 주장할 만한 당당한 권리가 있다는 권리 의식이 청산될 때, 우리는 새로와질 수가 있읍니다.

신앙 생활이란 무엇입니까? 그것은 **철저한 은혜의 원리**에서 이루어집니다. 주님이 은혜로 나를 구원하셨읍니다. 나는 구원받을 만한 아무런 조건이 없는데 그분은 나를 불쌍히 여기시고 예수님을 보내시고 성령님을 통해서 마음의 문을 두드려 주시고 그래서 나는 주님의 은혜로 구원받았읍니다.

이 은혜 의식인 『빚진 자 의식』이 많아지면 많아질수록 나는 겸손해집니다. 그러나 이 『빚진 자 의식』이 아니라 『공로 의식』이 많아질수록 나는 불평과 원망으로 사람들을 보게 되고 그것이 봉사하는 나 자신의 모습으로 만들어 버립니다. 이런 이유 때문에 우리는 먼저 되고서도 나중 되는 것입니다. 한국 민족이 걸어 온 길 가운데 이러한 의식이 얼마나 많았읍니까?

"내가 누구인데, 내가 아니면 아무도 못한다."

그러나 하나님은 이 사람이 아니라도 얼마든지 하실 수가 있는 분입니다.

저는 하나님 앞에서 이런 의식을 가질 때가 많습니다. 설교를 하면서 어느 때는 설교가 잘 될 때가 있고 안 될 때도 있습니다. 설교가 잘 될 때는 기분이 참 좋습니다. 그리고 설교가 끝난 후 이런 생각이 듭니다. "야, 내가 오늘 명설교를 했기 때문에 이 설교를 듣고 감동을 받은 사람들이 다음 주일에는 대단히 많이 오겠구나."

그런데 다음 주에 보면 오히려 성도의 숫자가 줄었습니다. 그런데 또 어떤 때는 설교가 잘 안 되는 때가 있습니다. 그래서 설교가 끝나고 고민을 합니다.

"이젠 성도들이 많이 줄겠구나. 왜 이렇게 설교가 안 될까?"

그러나 다음 주에 보면 성도들이 훨씬 더 많이 나왔습니다. 이러한 경험들이 반복되면서 저는 하나님 앞에 이런 생각을 갖게 됩니다. "아, 내가 하는 것이 아니지. 하나님께서 하시는구나!"라고 깨닫게 됩니다. 그런데 만일 제 생각대로 맞는 경우 "내가 과연 어떤 사람인가?"라는 생각을 갖게 됩니다. 그러나 그렇지 못하기 때문에 이 모든 것이 하나님의 은혜라는 사실을 알고 주님께 감사하게 되지 않습니까?

□ 결론

우리의 시선을 하나님께만 모읍시다!

당신은, 잘 시작하셨습니다. 그러나 더 중요한 것은 바르게 끝내는 것입니다. 인생을 바르게 끝내야 합니다. 어떤 사람은 미비한 상태에서 믿음을 시작해서 갈수록 신앙이 아름다와지는 사람이 있습니다. 그 인격이 성화되고 그 봉사 생활이 아름답고 모든 사람 앞에서 사랑과 감동을 끼칩니다. 그런데 또 어떤 사람들은 4대째 기독교 가정에서 태어나 당당히 신앙 생활을 시작했다가 점점 갈수록 신앙 생활이 본이 되지 못하는 사람이 있습니다. 그렇기 때문에 신앙 생활에서 가장 중요한 것은 자기 자신과의 싸움입니다.

인간의 마음 속에는 부패성이 남아 있습니다. 우리는 예수님을 믿는 순간 새로운 피조물이 됩니다. 그런데 이것을 오해하지는 마십시오. 내가 새로운 피조물이라고 해서 새사람이 된 것이 아닙니다. 내 속의 부패한 성품이 없어진 것이 아닙니다. 이상한 사실은 하나님께서는 내 부패한 성품 그대로는 남겨 두시면서 내 속에 새성품을 주십니다. 그래서 나로 하여금 부패한 성품을 극복하고 새성품을 관리해서 새사람이 되게 하시고, 그것에 관심을 갖고 계십니다.

이 부패한 성품 때문에 예수를 믿는 우리들 마음 속에도 인간이 갖는 "자기 우상화의 본능"이 있다는 사실을 잊지 맙시다. 모든 사람들 앞에 나를 내세우고 싶고 공로를 과시하고 싶은 자기 우상화의 본능이 너나 할 것 없이 우리 모두의 마음 속에 남아 있다는 사실을 우리는 똑바로 직시해야 합니다. 그래서 우리는 자신과 싸워야 합니다. 그리고 하나님을 기쁘시게 하는 사람, 하나님만을 기쁘시게 하는 사람이 되어야 합니다.

내가 사랑하는 주님께서 내 이웃들도 사랑하시므로 나도 그들을 사랑하게 됩니다. 내가 사랑하는 애인이 좋아하는 모든 것들을 나도 같이 사랑하고 싶은 것처럼 그렇게 되는 것입니다. 내가 하나님을 사랑하므로 하나님이 사랑하는 사람들을 나도 사랑하게 됩니다. 그래서 우리는 사랑하는 모든 이들과 함께 축복을 받습니다. 나보다 연약한 처지에 있는 자들이 나처럼 하나님 앞에서 잘 살 수 있다면 얼마나 감사한 일입니까? 우리 모두 하나님의 은혜와 축복과 사랑과 함께 받으며 주님께 감사하는 삶을 같이 삽시다.

이렇게 되면 우리들의 포도원이 얼마나 달라지겠읍니까?

우리 한국이라는 민족의 포도원이 얼마나 달라지겠읍니까?

이 세계의 포도원이 얼마나 달라지겠읍니까?

그 때에 우리들의 포도원에는 찬양이 있고, 은혜가 넘치고, 기쁨이 있고, 낭만이 있고, 우리들의 교회가 얼마나 훌륭한 교회인가를 뼈저리게 실감하게 될 것입니다.

그런데 이 본문의 말씀을 통해서 그렇게 살지 못하는 아픔을 하나님이 우리의 마음 속에 남겨 주셨다면, 오늘날 그렇게 살지 못하는 것을 회개해야 합니다.

우리의 교회 생활, 봉사 생활, 우리의 헌신은 어떤 태도였읍니까? "하나님, 하나님을 향하여, 이웃을 향하여, 나 자신을 향하여 하나님의 안목으로 인생을 살아갈 수 있도록 내 삶을 바꾸어 주십시오." 하나님 앞에서 자신을 깊이 성찰해 보십시오. "할 일 없었던 나, 인생을 낭비하다가 지옥으로 갈 수밖에 없던 나, 은혜로 구원해 주시고 주님의 일을 하게 하신 그 크신 은혜 안에 살게 해 주신 것을 감사합니다. 감사와 은혜로 내 인생을 겸허하게 살고 싶습니다. 주님과 올바른 관계를 맺기를 원합니다. 도와 주십시오. 바꾸어 주십시오." 이러한 고백이 저와 당신의 결단이 되기를 바랍니다.

혼인잔치의 비유

마태복음 22 : 1~14

"예수께서 다시 비유로 대답하여 가라사대 천국은 마치 자기 아들을 위하여 혼인 잔치를 베푼 어떤 임금과 같으니 그 종들을 보내어 그 청한 사람들을 혼인 잔치에 오라 하였더니 오기를 싫어하거늘 다시 다른 종들을 보내며 가로되 청한 사람들에게 이르기를 내가 오찬을 준비하되 나의 소와 살진 짐승을 잡고 모든 것을 갖추었으니 혼인 잔치에 오소서 하라 하였더니 저희가 돌아보지도 않고 하나는 자기 밭으로 하나는 자기 상업차로 가고 그 남은 자들은 종들을 잡아 능욕하고 죽이니 임금이 노하여 군대를 보내어 그 살인한 자들을 진멸하고 그 동네를 불사르고 이에 종들에게 이르되 혼인 잔치는 예비되었으나 청한 사람들은 합당치 아니하니 사거리 길에 가서 사람을 만나는 대로 혼인 잔치에 청하여 오너라 한대 종들이 길에 나가 악한 자나 선한 자나 만나는 대로 모두 데려오니 혼인자리에 손이 그득한지라 임금이 손을 보러 들어올새 거기서 예복을 입지 않은 한 사람을 보고 가로되 친구여 어찌하여 예복을 입지 않고 여기 들어왔느냐 하니 저가 유구무언이어늘 임금이 사환들에게 말하되 그 수족을 결박하여 바깥 어두움에 내어 던지라 거기서 슬피 울며 이를 갊이 있으리라 하니라 청함을 받은 자는 많되 택함을 입은 자는 적으니라"

— 마태복음 22 : 1~14.

혼인잔치의 비유

본문은 예수께서 천국의 비유를 설명하시는 비유 가운데 하나입니다. 본문 2절에 보면 "천국은 마치…"라는 말로 시작하고 있습니다. 성경을 올바로 이해하는 데 장애가 되는 요소 가운데 하나는 성경이나 기독교 교리에 대해서 우리가 가지고 있는 선입관입니다. 흔히 우리가 천국이라는 개념을 이해할 때, 그저 죽어서 가는 좋은 곳으로만 이해하고 있습니다. 물론 성경은 죽음 이후에 우리를 위해서 주님께서 예비하신 아름다운 본향을 가르칩니다.

그러나 마태복음을 연구해 보면 놀라운 사실이 있습니다. 주님께서 이 천국을 지금 여기인 현재에서부터 시작되는 것이라고 가르치고 있다는 사실을 주목해 보십시오. 사실 어떤 의미에서 천국의 개념을 보다 잘 이해하기 위해서는 "천국(天國)"보다도 "왕국(王國)"이라는 말로 바꿔 이해하면 좋을 것입니다. 천국은 공간적이거나 장소적인 개념을 강조하는 것이라기보다는 오히려 천국의 주인이신 한 분에게 초점을 모으고 있습니다. "왕국"을 생각해 보십시오. 이 왕국에서 제일 중요한 것은 왕입니다. 왕이 없는 왕국을 상상할 수는 없습니다. 왕이 다스리는 나라가 왕국입니다. 조금도 실수할 수 없는 아주 완전한 공의와 평화로써 우리를 통치할 수 있는 어떤 왕 아래서 통치를 받으며 살고 있는 모습을 한번 상상해 보십시오. 그것이 바로 천국 경험인 것입니다.

□ 동기

왕이신 하나님께서 우리에게 찾아오셔서 자신을 보여 주시고 그래서 우리가 하나님 앞에 복종할 때 그때부터 살게 되는 천국의 삶이 얼마나 놀라운 것인가를 설명하시기 위해서 주님께서 이 천국 비유를 시작하셨읍니다. 다시 말하면 왕이신 하나님께서 우리가 왕국의 시민이 되어 살아가는 것이 얼마나 위대한 것인가를 보여 주기 위해서 왕자를 이 세상에 보내신 것입니다. 그래서 사람들이 왕자를 만나 이 왕자를 통해서 왕을 깨닫고 왕국 시민이 되어 살아가는 이 놀라운 삶이 바로 천국의 경험인 것입니다. 예수께서는 왕자로서 이 세상에 오셨읍니다. 우리가 이 왕자이신 예수님을 만난 것, 그것은 천국 경험의 시작입니다.

예수께서 이 세상에 오셔서 가장 최초로 외치는 멧세지는 무엇입니까? "회개하라 천국이 가까왔느니라"는 멧세지였읍니다. 예수님을 만나는 것이 천국을 만나는 것입니다. 예수님이 우리에게 오신 것이 천국이 우리에게 다가오는 것으로 성경은 가르칩니다. 예수님을 만나는 것은, 다시 말하면 천국 경험은 아름다운 것입니다. 그것은 마치 잔치집의 풍성하고 흥겨운 경험만큼이나 즐겁고 아름답습니다.

□ 잔치집의 분위기

사람들은 종교를 선택한 그때부터 고생문이 시작된다고 생각하는 경향이 있습니다. 그래서 예수를 믿으라고 말하면 안 믿는 이유 가운데 하나가 예수를 믿게 되면 어쩐지 내 삶이 불편해질 것 같은 상상을 하기 때문입니다. 예수믿는 오늘부터 시작해서 나는 이제 골프도 마음대로 못하고, 여행도 못하고, 친구를 만나서 즐거운 춤도 추지 못하고, 노래도 하지 못하는 등 이런 생활이 마치 종교 생활의 시작인 것처럼 이해합니다.

그러나 예수님께서 공생애를 어디에서 시작하셨읍니까? 갈릴리 가나의 혼인 잔치에서 시작하셨읍니다. 이것은 대단히 의미심장한 이야기입니다. 주님께서는 주님을 믿고 살아가는 우리의 삶이 마치 잔치집에 참석해서 경험하는 뿌듯하고 아름다운 경험 만큼이나 즐겁고 환희에 찬 것임을 우리에게 가르치시려고 이런 의미있는 장소를 공생애 사역의 첫 번째 장소로 선택하셨을지 모릅니다.

예수님 당시에 일반적인 종교 분위기는 『에세네파』의 영향을 받고 있었읍니다. 이 『에세네파』는 금욕주의자들이었읍니다. 우리는 흔히 기독교를 금욕주의적인 것으로 오해하기가 쉽습니다. 그래서 예수님을 믿는다, 교회를 선택한다, 종교를 갖는다고 할 때 오늘부터 나는 이것도 못하고 저것도 못하고 아무것도 못하는 것처럼 생각을 합니다. 이것이 얼마나 많은 사람들이 갖고 있는 종교에 대한 편견인지 모릅니다.

그러나 예수님은 아주 파격적으로 그당시 사람들의 생각을 깨뜨리는 놀라운 사건으로 공생애의 삶을 시작하십니다. 물론 주님에게도 기도하는 시간이 있었읍니다. 조용히 하나님과 교제하는 시간이 있었읍니다. 그러나 그분의 공생애의 시작은 잔치집에서 시작되고 있읍니다. 그분은 사람들을 피한 것이 아닙니다. 사람들 속에 들어가서 그들과 같이 먹고 마시고 즐거워하는 것으로 삶을 시작하셨읍니다. 이것이 어떤 종교인들의 마음을 불편하게 만들기 시작했읍니다. 그래서 예수님을 비난할 때 "저 사람은 먹고 마시고 즐기기를 좋아하는 사람"이라고 말합니다.

생각나십니까? 예수께서 어느 날 잔치집에 들어가셔서 이 세상에서 자기만이 가장 비참한 사람인 것처럼 표정을 짓고 있는 사람에게 하신 말씀을! 예수믿는 사람들 중에서 그런 표정을 짓고 다니는 사람들이 많습니다. 자기가 이 세상에서 가장 불행한 사람인 것 같은 표정을 짓고 교회 생활을 하는 사람들이 있읍니다. 아주 짜증스럽고 괴로운 울상을 지으면서 그것이 경건한 그리스도인의 모습인 것처럼 착각하는 분들이 있읍니다. 어떤 사람들이 그 날 그런 표정을 짓고 있었는지 모릅니다.

그런데 예수님은 금식도 안 하십니다. 즐거워하시기만 합니다. 사람들이 예수님에게 묻습니다.

"왜 당신은 그런 식으로 삶을 사느냐?"

예수께서 대답하십니다.

『신랑과 함께 있을 때에 어떻게 금식할 수가 있느냐?』

다시 말하면 신랑과 함께 있을 때 그 잔치집의 손님들과 함께 기뻐하며 즐거워하는 이 풍성한 잔치집의 분위기, 이것이 그리스도인의 삶의 핵심임을 주님께서는 보여 주고 싶어하셨던 것입니다.

전에 나와 함께 일하던 선교사 한 분이 계십니다. 그 분이 어느 날 제게 이런 질문을 합니다.

"예수믿는 사람들이 왜 표정이 늘 울상인가? 특별히 한국의 교인들은 말이야. 예배당 안에 들어오면 그렇게 짜증스럽고 울상인 분위기가 되는 것은 무엇 때문인가?"

그래서 제가 한참 생각하다가 별로 신통한 대답이 생각나지 않아서 이렇게 대답했읍니다.

『그것은 한국 교인들이 늘 주님의 십자가를 묵상하기 때문에 그렇습니다.』

그러나 선교사님이 다시 웃으시면서 이렇게 반문합니다.

"아니, 한국의 교인들은 그 예수님이 다시 사신 것을 잊어 버렸나?"

이런 기억이 새롭습니다.

다시 사신 주님! 우리 가운데 와 계신 주님! 그래서 그 주님과 함께 교제하면서 살아가는 이 즐거움! 이 환희의 삶! 우리는 이런 삶의 측면을 많이 놓치고 있습니다. 천국은 잔치집 같은 곳입니다. 예수를 믿는다는 것은 이 잔치집의 기쁨만큼이나 풍성하고 즐거운 것입니다. 예수믿는 것은 무엇도 못하고 무엇도 못하는 것이 아니라 참 즐거운 것입니다.

그런데 어느 분이 이런 질문을 합니다.
"그런데 목사님, 목사님은 왜 골프도 못하고 또 무엇도 못하십니까?"
그것이 아닙니다. 예수믿는 삶이 너무도 즐겁고 놀라와서 그 일을 하다 보니 골프칠 시간이 없을 따름입니다. 그만큼 예수믿는 삶은 놀라운 희열과 기쁨을 우리에게 제공합니다. 하나님께서 당신의 아들을 세상에 보내시고, 이 위대한 잔치를 베푸시고 잔치집과 같은 천국의 삶을 주십니다. 이 놀라운 삶 가운데로 우리를 초청하십니다.

□ 초대받은 사람들의 반응

그런데 본문이 제기하는 문제가 있습니다. 그 문제는 잔치집에 초대를 받은 사람들의 반응입니다. 이 비유는 역사적으로 정확한 것이며, 경험적으로 오늘날에도 똑같이 적용될 수 있습니다. 예수께서는 잔치집 같은 놀라운 삶을 준비하시고 우리를 초청하십니다. 그런데 예수님 당시에도 세 가지 종류의 반응을 보이는 사람들이 있었습니다. 오늘날도 그와 똑같은 반응을 보이는 사람들을 우리 주변에서 찾아볼 수 있습니다.

첫째로, 일상적인 삶에 집착하는 사람입니다.
이들은 일상적인 삶에 대한 집착 때문에 가장 중요한 것을 외면했던 사람들입니다. 이것이 첫번째 종류의 사람들입니다. 이들의 이야기를 본문 4절 이하에서 보겠습니다.

"다시 다른 종들을 보내며 가로되 청한 사람들에게 이르기를 내가 오

찬을 준비하되 나의 소와 살진 짐승을 잡고 모든 것을 갖추었으니 혼
인 잔치에 오소서 하라 하였더니 저희가 돌아보지도 않고 하나는 자기
밭으로 하나는 자기 상업차로 가고"(4,5 절).

이 아름다운 잔치가 열렸는데 어떤 사람들은 마침 밭을 샀읍니다. 그래
서 자기가 산 밭을 돌보기 위해서 부득불 잔치에 참석할 수가 없다고
이야기합니다. 또 어떤 사람은 자기의 상업 때문에 잔치에 갈 수 없다
고 사양을 했읍니다.

만일 이 초청이 예고 없이 갑자기 주어진 초청이라면, 선약 때문에
부득불 잔치에 참석할 수 없게 된 이 사람들을 우리가 너무 나무랄 필
요는 없을 것입니다. 그러나 주님께서는 이 초청이 갑작스러운 초청이
되지 않기 위해서 먼저 적절한 선처를 베푸셨읍니다. 가만히 본문을 읽
어 보면서 이 초청이 갑작스런 초청이 아님을 유의해서 보시기 바랍니
다.

2 절 이하의 말씀을 보십시오.

"천국은 마치 자기 아들을 위하여 혼인 잔치를 베푼 어느 임금과 같으
니 그 종들을 보내어 그 청한 사람들을 혼인 잔치에 오라 하였더니 오
기를 싫어하거늘"(2,3 절).

그리고 4 절은 "다시"라는 단어로 시작됩니다. 한 번의 초청이 아닙니
다.

"다시 다른 종들을 보내어 가로되 청한 사람들에게 이르기를 내가 오
찬을 준비하되 나의 소와 살진 짐승을 잡고 모든 것을 갖추었으니 혼
인 잔치에 오소서 하라"(4절).

옛날 예수님 당시의 중동 지방에서는 어떤 고관이나 왕이 손님들을 초

청할 때 항상 두 번을 초청했읍니다. 맨 처음에는 멧세지를 보냅니다. "잔치가 있을 것이니 이 잔치에 오십시오"하고 초청장을 보냅니다. 그 다음에 하루 전쯤 임박해서 잊어 버리기 쉬우므로 다시 종들을 보냅니다. 그래서 "내일이 잔치입니다. 꼭 오십시오"라고 다시 한번 전합니다.

하나님께서 똑같은 일을 하셨다는 사실을 아십니까? 하나님은 당신을 알게 하고 또 당신 안에 사는 삶이 얼마나 놀라운 것인가를 보여 주시기 위해서 당신의 아들이신 메시야를 우리에게 보내기로 선포하셨읍니다. 그리고 구약성경에서 이 메시야가 온다는 멧세지를 띄우셨읍니다. 또 메시야가 오실 때쯤 임박해서 하나님께서는 많은 사도들과 선지자들을 보내서 메시야가 오실 날이 가까와지고 있다는 사실을 사람들에게 알리셨읍니다. 사람들은 겉으로는 다 메시야를 기다린다고 말했읍니다. 구약성경에서 나타나는 중요한 주제는 메시야에 대한 기다림입니다. 그들은 메시야를 기다리고 있었읍니다.

이제 약속대로 때가 찬 어느 시각에 하나님의 아들이신 메시야가 이 땅에 찾아오셨읍니다. 그러나 예수 그리스도께서 찾아오셨을 무렵 막상 팔레스틴 사람은 그렇게 흥분하지 않았읍니다. 메시야가 왔다는 이 놀라운 사실 때문에 감격한 사람들이 그렇게 많지 않았읍니다. 오히려 사람들은 쓸쓸히 그분을 냉대했으며, 그들의 무관심 속에서 그분은 잊혀져 가고 있었읍니다.

성경은 이 비극을 설명하기를, 요한복음 1장 11절 이하에서 "자기 땅에 오매 백성이 영접지 아니하였으나"라고 증언합니다. 다만 소수의 사람들이 그분을 영접했을 뿐이었읍니다.

왜 당신은 찾아오신 메시야를 영접하지 못하시나요? 왜 당신은 메시야를 통해서 소개되고 있는 이 놀랍고 벅찬 삶 속에 들어가지 않으시나요? 변명이야 있으시겠죠.

자, 이제 변명이 시작됩니다. 저는 마침 밭을 하나 새로 구입했읍니다. 아니, 마침 저는 새 차를 구입했읍니다. 오늘은 이 차를 시운전해 보아야 합니다. 어떤 사람들은 이렇게 이야기합니다. 저는 요즘 새로 장사를 시작했는데, 너무 일이 바빠서 오늘은 차마 나올 수가 없다고 말입니다.

그러나 우리가 이 비유를 공부하면서, 비유 속에 나타난 사람들이 밭을 돌보았다든지 혹은 사업을 하기 위해서 나갔다는 그 사실을 우리가 비난할 필요는 없읍니다. 예수께서는 밭을 돌보고 또 장사를 한다는 사실 자체를 비난하신 것은 아닙니다. 그것이 핵심이 아닙니다. 중요한 것은 밭이나 사업 때문에 그보다 더 중요한 관심, 그보다 더 중요한 사건을 잊고 있다는 것입니다. 그렇습니다. 그들은 인생의 문제를 해결하실 수 있는 구세주로서 메시야가 오실 것을 얼마나 기다려 왔읍니까? 그런데 그들은 일상적인 삶을 구실로 이 초청을 거절하고 있음을 우리는 본문에서 보아야 합니다. 서양 속담에 "차선은 최고의 적이다"라는 말이 있읍니다. 장사하는 것, 일을 열심히 하는 것, 그것은 나쁜 것이 아닙니다. 다 좋은 일입니다. 그러나 이 좋은 일들을 하다가 가장 좋은 일을 망각할 수 있다는 사실을 우리는 이 말씀 앞에서 보아야 합니다.

성경은 일에 대해서 그리스도인들이 성실할 것을 가르칩니다. 그러나 일상적인 삶에 대한 성실 때문에 창조주 하나님을 **외면**한다면 그때부터 일에 대한 우리의 성실성이 **우상**이 될 수도 있읍니다. 내가 하고 있는 사업이 나로 하여금 하나님을 더 사랑하게 만든다면 우리는 이 사업을 비난할 필요는 없읍니다. 우리는 오히려 이 사업을 열심히 해야 합니다. 그러나 저는 종종 이런 현상을 봅니다. 오히려 가난하고 어려웠을 때 주님을 잘 섬기던 사람들이 사업이 잘되기 시작하면서 주님을 외면합니다.

바쁘게 사업에 매달려서 살아가는 당신에게 묻습니다. 당신의 삶의 주제는 도대체 무엇입니까? 우리는 하나님께서 허락하신 일을, 우리의 보석상을 또 우리에게 주어진 직장에서 저마다 성실할 필요가 있읍니다. 그러나 그것을 위해서만 사십니까? 그리스도인의 삶의 목적이 그 것밖에는 없습니까? 그렇다면 우리는 주제를 잃어버린 삶을 살고 있는 것입니다.

예수님 당시에도 많은 사람들이 이 첫번째 그룹에 속해 있었습니다. 그들은 메시야를 기다린다고 말은 해왔습니다. 인생의 목적과 의미를 가끔 지나가는 말처럼 말해 왔습니다. 그러나 사실상 그들은 이 중요한 주제 앞에 무관심했습니다. 그들은 일상 생활에 대한 지나친 집착 때문에 그보다 더 중요한 목적과 삶의 의미를 망각한 채 살아가고 있었던 것입니다.

장사를 열심히 하십시오. 그러나 그것 때문에 주님과 나 사이의 관계가 흔들리고 있다면 당신은 본문의 비유 속에 나타난 그 위기 앞에 서 있는 것입니다.

다시 한번 강조하겠습니다. 주님은 절대로 우리의 사업 그 자체를 정죄하지 않으십니다. 예수님 당시에도 그랬을 뿐만 아니라 오늘도 그러하십니다.

예수님이 다시 오실 때의 현상을 성경은 이렇게 묘사합니다.

> "홍수 전에 노아가 방주에 들어가던 날까지 사람들이 먹고 마시고 장가들고 시집가고 있으면서 홍수가 나서 저희를 다 멸하기까지 깨닫지 못하였으니 인자의 임함도 이와 같으리라"(마 24:38,39).

어떤 분들이 이 말씀을 대하면서 "아, 그렇다! 말세를 준비하기 위해서 이제부터는 먹지도 않고 마시지도 않고 장가드 안 들고 시집도 가지 말아야지" 하고 생각하면 그것은 핵심을 잘못 본 것입니다. 강조하는 것은 그런 것이 아닙니다. 잘 보십시오. "사람들이 먹고 마시고 장가들고 시집가고 있으면서 홍수가 나서 저희를 다 멸하기까지 깨닫지 못하였으니"라고 했습니다. 가장 중요한 부분은 마지막에 **깨닫지 못했다**는 말씀입니다. 일상적인 삶을 정죄한 것이 아닙니다. 그러나 삶에 대한 지나친 집착과 관심 때문에 그보다 중요한 사실을 깨닫지 못한 것, 이것이 문제입니다. 장가도 들어야죠, 시집도 가야죠, 먹어야죠, 마셔야 합니다. 그러나 그것 때문에 중요한 관심에 대한 깨달음이 없이 삶을 살고 있다면 오늘 내 인격은, 내 삶의 모습은 하나님 앞에서 어떤 모습일까요? 이 문제에 대한 깨달음이 없다면 저와 당신은 무엇인가 잘못되어 있는 것입니다. 이것이 본문을 통해서 주님께서 우리에게 가르치시는 교훈입니다.

둘째, 적극적으로 예수 그리스도를 핍박하고 거절하는 사람들입니다.
6 절 이하의 말씀을 보겠읍니다.

> "그 남은 자들은 종들을 잡아 능욕하고 죽이니 임금이 노하여 군대를
> 보내어 그 살인한 자들을 진멸하고 그 동네를 불사르고"(6,7 절).

이것이 역사적으로 정확하게 그대로 들어맞는 예언이라는 사실에 우리는 놀랄 필요가 있읍니다. 이들은 예수께서 누구를 염두에 두시고 말씀하신 것이겠읍니까? 본문이 시작되기 직전인 21 장 45 절 이하에 보면 대제사장들과 바리새인들이 등장합니다.

> "대제사장들과 바리새인들이 예수의 비유를 듣고 자기들을 가리켜 말
> 씀하심인 줄 알고 잡고자 하나."

그들도 예수님의 비유가 자신들을 가리키는 줄을 알고 있었읍니다. 그리고 예수님을 잡으려고 시도했읍니다. 그리고 나서 본문이 시작됩니다. 그리고 분문의 비유가 끝난 다음인 15 절을 보십시오.

"이에 바리새인들이 가서 어떻게 하여 예수로 말의 올무에 걸리게 할
까 상론하고."

예수께서 이 비유를 시작할 무렵은 예수님에 대한 격렬한 박해가 바야
흐로 시작될 무렵이었습니다. 다시 말하면 예루살렘의 거리에서는 나사
렛 예수를 죽이기 위한 음모가 구체적으로 진행되고 있었습니다.

예수님이 왜 그런 일을 당하셔야 합니까? 그분은 기쁜 소식을 가지
고 오셨습니다. 우리를 하나님의 나라로 초청하십니다. 나로 하여금 창
조주 하나님을 알게 하시며, 하나님과 올바른 관계를 맺고 살게 하시기
위해 나를 찾아오셨습니다. 그런데 대부분의 사람들이 이 예수님에게
무관심합니다. 무관심까지는 그대로 놔두기로 합시다. 그러나 그분을
죽일 필요는 어디 있었습니까? 아니 그분을 전하는 사람들까지 무차별
하게 죽이기 시작했습니다.

예수님께서는 그저 당신에 대해 무관심했던 사람들과 구체적으로 당
신을 핍박하고 있었던 이 무리들을 구별하고 계시다는 사실을 본문에서
보시기 바랍니다. 나중에 심판받을 때 이 두 부류의 사람들이 똑같이
대접을 받을 수는 없는 것입니다. 구체적으로 예수 그리스도를 박해하
고 핍박하던 이 사람들은 그 당시의 대제사장들과 바리새인들이었습니
다. 그들에게서 예수를 죽이려는 살인 음모와 계획이 계속되고 있었습
니다. 그래서 예루살렘의 거리는 음모의 도시, 살인의 도시로 변신해
가고 있었습니다.

여기 성경을 보면 임금이 어떻게 했습니까? 분노했습니다. 그리고
어떻게 했습니까? 군대를 보냈습니다. 군대를 보내서 어떻게 했습니
까? 동네를 모조리 불살랐습니다. 이 사건이 역사적으로 그대로 실현
되었다는 사실 앞에 놀라야 합니다. 바야흐로 예수님을 향해서 돌을 던
지고 피를 뿌리게 만들었던 예루살렘의 도시! 이 도시에 죄악이 깊어

가면서 예수께서는 어느 날 산마루에서 예루살렘 성이 멸망할 그 광경을 내다보시면서 눈물을 흘리시는 장면을 우리는 성경에서 볼 수가 있읍니다. 드디어 이 도시는 예수님을 십자가에 매달았읍니다. 그리고 예수를 전하고, 예수의 복음을 전하던 모든 종들로 하여금 피를 흘리게 만들었읍니다. 그로부터 약 40 년이 지난 주후 70 년 예루살렘의 거리에 어떤 사건이 일어났읍니까? 로마의 타이터스 황제가 파견한 군대들이 이 팔레스틴에 찾아와서 문자 그대로 예루살렘 성을 돌 하나 남기지 않고 무너뜨렸읍니다. 그리고 도시 전체를 불사르고 유대인들을 로마와 전 세계에 끌어가 노예로 삼는 피비린내나는 살육의 전쟁이 주후 70 년에 바로 예루살렘에서 일어났읍니다.

예수께서는 하나님의 아들이신 당신을 거절하고 불신앙으로 가득찼던 도시를 심판하실 수밖에 없으셨읍니다. 오늘날 현대의 거리에서 얼마나 많은 무신론자들이, 얼마나 많은 사신론자(死神論者)들이, 아니 교회에도 출입하지만 하나님의 말씀을 경멸하는 얼마나 많은 사람들이 똑같이 하나님을 향해서 그리고 하나님의 종들을 향해서 이러한 반역을 시도하고 있는지요?

이것은 전설일 수가 있읍니다. 이것은 사실이 아닐 수도 있읍니다. 그러나 예루살렘 성전이 멸망하던 그 순간에 있었던 이것을 기록하고 있는 문서가 있읍니다. 성전이 무너질 때 성전 안으로부터 굉장히 차가운 바람이 밖으로 거세게 밀려나가면서 이런 소리가 났다고 합니다. "영광이 떠났다. 나의 영광이 떠났다."

이 말은 구약성경에서 볼 수 있는 말입니다. 엘리라고 하는 제사장이 있었읍니다. 이 제사장이 자녀의 가정 교육에 실패했읍니다. 제대로 자식들을 다스리지 못하고 그래서 가정 안에 죄가 생기기 시작했읍니다. 며느리가 임신을 하고 후에 아기를 낳으며 죽어가면서 마지막으로 토한 비극적인 외마디 절규가 바로 이것입니다. "여호와 하나님의 영광이 떠났다."

죄가 찾아올 때, 흑암이 찾아올 때, 어두움이 찾아올 때 하나님이 영광이 떠납니다. 나 개인에게서, 우리의 교회 속에서, 우리의 공동체에서, 한 나라 속에서 하나님의 영광이 떠날 수가 있습니다. "하나님의 영광이 떠났다"는 말처럼 비극적인 선언은 없습니다.

그렇습니다. 이 흑암의 도시에 하나님의 영광이 떠났을 때 더 이상 예루살렘은 거룩한 도시일 수가 없습니다. 이 죄악의 도시, 이 사신(死神)의 도시를 심판하는 거룩한 하나님의 사역이 예루살렘 도성에 임하고 있는 모습을 우리는 성경을 통해서 볼 수가 있습니다. 그 당시에 많은 사람들이 메시야를 그렇게 대접하고 있었습니다.

세째, 이방인들입니다.

이제 우리는 가장 중요한 세번째 무리에게 관심을 기울일 필요가 있습니다. 그것이 본문의 절정입니다. 이들은 어떤 사람들입니까? 8절 이하의 말씀을 보십시오.

> "이에 종들에게 이르되 혼인 잔치는 예비되었으나 청한 사람들은 합당치 아니하니 사거리 길에 가서 사람을 만나는 대로 혼인 잔치에 청하여 오너라 한대 종들이 길에 나가 악한 자나 선한 자 만나는 대로 모두 데려오니 혼인 잔치에 손이 가득한지라"(8-10절).

이것은 예수께서 역사적으로 어떤 사건을 염두에 두고 말씀하신 것입니까? 소위 선민인 이스라엘 백성들이 그들을 찾아오신 메시야를 거절했습니다. 그리고 이 복음을 받아들이지 않았습니다. 그래서 어떻게 하셨습니까? 하나님은 마침내 이 복음을 이방인에게 주라고 선언하십니다. 그래서 복음의 초청은 유대인을 떠나서 이방인에게 전파되기 시작했습니다. 이 복음은 마침내 유럽과 아프리카와 그리고 남미와 전 세계를 돌아다니며 드디어 아시아까지 찾아오게 되었습니다. 이 복음을 듣고 초청을 받아 수많은 사람들이 교회와 하나님의 나라를 향해서 몰려들기 시작했읍니다. 이제 우리의 잔치석상은 빈 잔치석상이 아닙니다. 손님들이 가득히 모여들게 되었읍니다.

바로 이 새롭게 초청을 받은 무리 중에 한 사람이 당신과 저라는 사실을 잊지 마십시오. 성경은 그런 의미에서 역사적으로 정확합니다. 주님께서 이 역사적 예언을 염두에 두시고 이 비유를 말씀하셨다는 사실을 보아야 합니다. 그러나 이 이야기는 거기에서 끝나지 않습니다.

□ 예복을 입지 않은 사람

초청을 받아서 많은 사람들이 모였읍니다. 왕이 들어옵니다. 왕의 눈은 어떤 한 사람에게 머물었읍니다. 어떤 사람이었읍니까? 11 절 이하의 말씀을 보겠읍니다.

> "임금이 손을 보러 들어올새 거기서 예복을 입지 않은 한 사람을 보고 가로되 친구여 어찌하여 예복을 입지 않고 여기 들어왔느냐 하니 저가 유구무언이어늘 임금이 사환들에게 말하되 그 수족을 결박하여 바깥 어두움에 내어 던지라 거기서 슬피 울며 이를 갊이 있으리라 하니라" (11–13 절).

"예복을 입지 않고 잔치에 참석한 사람"입니다. 그 당시에 중동을 중심으로 한 나라들에서 열렸던 궁중 파티는 문 앞에서 예복을 나누어 줍니다. 특별히 페르시아 궁중에서는 예복을 빌려 주는 것이 아니라 아예 파티에 초청된 사람들에게 예복을 한 벌씩 선물로 주었던 것이 그 당시의 관습이었읍니다. 그런데 어떤 한 사람이 이 파티에 관심이 있었읍니다. 줄을 서서 사람들이 들어가는데 문 앞에서 나누어 주는 예복을 입고 들어갑니다. 그런데 한 사람이 불루진을 입고 들어갑니다. 문 앞에 도착해서는 예복을 나누어 주는 사람에게 필요 없다고 말하고 그냥 들어갔읍니다.

이 사람의 문제는 무엇입니까? 예수께서 단순히 입는 옷만을 이야기
하시려고 하는 것입니까? 이 사건을 통해서 예수님께서 오늘의 저와
당신에게, 아니 모든 시대의 사람들에게 말씀하고 싶어하시는 교훈은
무엇입니까? 이 예복은 무엇을 의미합니까? 이 예복은 상징적으로 예
수님의 보혈이고 의(義)라고 좁은 의미로만 해석하지 마십시오. 보다
포괄적으로 예수께서는 이 사건을 통해서 우리에게 무엇을 말씀하려고
하십니까? 무엇이 문제입니까? 정신적으로, 아니 심리적으로 이 사람
이 가지고 있는 가장 커다란 문제는 무엇입니까? 그것은 이 사람이 잔
치에 참석하는 진정한 목적을 망각하고 있었다는 사실입니다. 이 잔치
의 목적이 무엇입니까? 이 잔치의 목적을 잊지 마십시오.

다시 본문의 첫부분으로 돌아가 보기 바랍니다. 2절에 보면 이 잔치
의 목적이 명확하게 선포되어 있는 것을 볼 수가 있읍니다.

"천국은 마치 자기 아들을 위하여 혼인 잔치를 베푼 어떤 임금과 같으
니."

이 잔치는 누구를 위해 열렸읍니까? 아들인 왕자를 위한 잔치입니다.
그러나 지금 자기 멋대로 자기 옷을 입기를 고집하면서 방 안으로 들어
가고 있는 이 사람의 문제는 무엇입니까?

궁중 안에서 일하고 있는 사람들은 어떻게 하면 왕과 왕자를 기쁘게
해드릴지 세심하게 생각하고 있었읍니다. 왕자의 결혼식이니만큼 어떻
게 하는 것이 이 왕자를 기쁘게 해드리는 것인지 생각했을 것입니다.
그리고 왕자의 마음을 기쁘게 하기 위해서 마땅히 예복이 필요하다고
생각했을 것입니다. 그런데 이 사람은 무엇을 망각하고 있읍니까? 만
일 예복을 입는 것이 왕과 왕자를 기쁘게 하는 것이며 그것이 바로 그
잔치의 목적이라는 사실을 알았다면, 그가 굳이 자기의 옷을 고집할 필
요가 무엇입니까? 지금 이 사람의 문제는 철저하게 자기 중심적인 생
각을 가졌다는 사실입니다.

교회에 많은 사람들이 나오고 있읍니다. 저는 목사로서 교회에 보다 많은 사람들이 나오기를 마음 속으로 기대하고 기뻐하지 않을 수가 없읍니다.

오늘 우리 한국 교회는 이런 자랑을 하고 있읍니다. 불과 100 년 동안에 한국 교회는 선교에 커다란 성공을 했고, 인구의 20% 이상이 교회에 출석한다고 자랑합니다. 이 사실은 경이적인 기적으로 세계 선교사에 평가되고 있읍니다. 그러나 한국 교회는 지금 이것으로 만족해야 합니까?

어떻습니까? 오늘 우리의 잔치는! 이 잔치의 주인은 하나님과 하나님의 아들이신 예수 그리스도이십니다. 묻습니다. 당신은 예배에 참석하실 때 이 의도를 가지고 나오시는지요? 나를 구원하신 사랑의 주님, 예수 그리스도를 어떻게 기쁘시게 해드릴지 생각하고 계십니까?

콘스탄티누스 대제가 로마의 국교로 기독교를 공인할 때입니다. 기독교 교회사가들은 그때는 기독교의 승리의 때가 아니라 기독교가 타락하기 시작한 때라고 말합니다. 왜 그때가 타락의 시작입니까? 나라의 법에 의해서 모든 사람들이 자동적으로 자기는 교인이라는 의식을 갖기 시작했읍니다. 그러나 비극적이게도 겉으로는 그 나라에 기독교가 국교로 선포되기는 했지만 사람들의 마음 속에 그리스도인이 되기 위한 진정한 변화가 없었읍니다. 그래서 보다 많은 가짜들이, 그리고 기독교의 진리의 내용을 소화하지 못하는 많은 사람들이 지도력을 갖기 시작했을 때 기독교는 무서운 파국을 향해서 치닫기 시작했읍니다.

이 사건을 보다 좁은 테두리 안에 적용시켜 봅시다.

우리 교회에 많은 사람들이 나오는 것을 우리는 기뻐해야 합니다. 그러나 그것으로만 만족하지 말아야 합니다. 더 중요한 문제가 있읍니다. 그것은 우리 교회에 출석하는 사람들이 얼마나 하나님의 뜻에 맞도록 그들의 마음과 생활이 변화되어 가느냐 하는 사실입니다.

□ 새 옷을 입음

궁중 문에 도착한 사람들이 궁중의 법칙대로 예복을 받아 입을 때 그들이 먼저 해야 할 일이 무엇입니까? 그들은 자기의 옷을 벗어야 합니다. 그들은 헌 옷을 벗어야 합니다. 이것이 회개입니다. 왕자를 기쁘게할 목적과 그 의도를 가지고 참석했다면 이제 마땅히 새 옷을 입어야만합니다. 그것이 믿음입니다. 회개와 믿음이 바로 그것입니다.

당신이 교회에 올 때에 중요한 것은 당신의 철학과 선입관을 하나님의 뜻에 맞도록 수정하기를 원하는 마음을 가지고 나오셨는가 라는 점입니다. 교회 생활에서 내 연륜이 계속됩니다. 1 년이 지납니다. 2 년이 지납니다. 5 년이 지납니다. 그런데 아직까지도 이 사람의 생각과관념을 지배하고 있는 것은 무엇입니까? 교회에 나오고 있지만 신앙을이해하는 것도 자기 방식대로, 자기 생각대로, 자기 철학대로이지는 않은지요? 성경은 예수를 어떻게 믿어야 한다고 가르칩니까? 성경은 하나님의 아들이신 그리스도를 기쁘게 하기 위해서 내가 무엇을 해야 한다고 가르칩니까? 이런 성경의 말씀에 관심을 갖기보다 "그렇게 믿으라고 누가 그랬오? 나도 교회 생활을 10 년이나 했는데"라는 이런 연륜에 의지하여 신앙 생활을 하고 있지는 않은지요? 그렇다면 그것은당신의 철학일 뿐입니다. 그것은 당신의 생각입니다. 그것은 당신의 의입니다. 그것은 당신의 방법입니다.

내 생각, 내 철학, 내 방법이 하나님을 기쁘시게 하는 일에 있어서전혀 무익하다면 이제 당신의 철학을 포기하실 용의가 있으십니까? 내과거의 삶의 방법과 생각을 청산하고 하나님이 원하는 방법대로 옷을입기를 원하는지요? 예수 그리스도의 거룩한 의의 옷을 입기로 원하십니까? 아니면 다 떨어진 불루진에 아직도 집착하고 계십니까?

이것이 본문을 통한 주님의 도전입니다.

그런데 이 비유에서 예수님께서는 한 사람을 지적하시면서 이야기를 하셨읍니다.

> "임금이 손을 보러 들어올새 거기서 예복을 입지 않은 한 사람을 보고."

어떤 성경학자는 이 구절을 주석하면서 "아마도 이때 예수님은 이 한 사람을 지적하시면서 가룟 유다를 생각하고 계셨는지도 모른다"고 말했읍니다. 가룟 유다는 어떤 사람입니까? 그는 청함을 받은 사람입니다. 이 사람은 청함을 받았읍니다. 그는 예수님이 계신 곳에 같이 있었읍니다. 예수님의 제자들과 같이 참석하고 있었읍니다. 어디든지 예수님이 계시는 곳이면 가룟 유다도 있었읍니다. 그러나 우리는 이 사람에게 "가룟 유다, 당신은 정말 마음으로부터 예수님을 만나고 있었는가?"라고 질문해 볼 필요가 있읍니다. 그가 마음으로부터 정말 주님을 만나고 있었는가 말입니다. 그렇지 못했다는 것입니다.

□ 결론

본문의 마지막 결론은 무엇입니까?

> "청함을 받는 자는 많되 택함을 입은 자는 적으니라"(14절).

가룟 유다를 생각해 보십시오. 이 사람은 심지어 예수님에게 키스까지 했읍니다. 그때 예수님은 유다를 바라보고 계셨읍니다. 그리고 이렇게 말씀하십니다.
"네가 할 일을 속히 하라."
성경에 자세히 묘사되어 있지 않지만, 과연 그때 가룟 유다가 자기 눈을 똑바로 떠서 예수님을 바라볼 수가 있었을까 생각해 봅니다. 예수님의 손등에 키스까지 하는 이 사람을 누가 그리스도인이 아니라고 말할 수가 있읍니까? 누가 그리스도의 제자가 아니라고 말할 수가 있읍니까?

예수께서 어느 날 베다니에 있는 마리아의 집에 방문하셨읍니다. 이 집은 예수님의 은혜를 뼈저리게 경험한 집이었읍니다. 예수께서 그 죽은 오빠를 살려 주셨기 때문입니다. 그들은 예수님의 은혜와 사랑에 대한 감격을 가지고 있었읍니다. 그래서 이 집에 예수님이 오시자마자 순결한 마음을 가졌던 마리아는 예수님 앞에 나아와 자기가 가지고 있었던 가장 소중한 옥합을 깨뜨려 그 향유를 예수님의 발에 부으면서 자기의 머리채로 씻고 있었읍니다. 그때 그 옆에 가룟 유다가 있었읍니다. 유다는 이렇게 말합니다.

"무슨 의사로 이것을 허비하느뇨 이것을 많은 값에 팔아 가난한 자들에게 줄 수 있었겠도다"(마 26:8,9).

우리가 이 발언만 가지고 분석하면 가룟 유다의 말은 얼마나 의로운 발언입니까? 만일 우리 가운데서 이런 발언을 한다면 의로운 생각을 가진 이 사람을 존경하지 않을 수가 없을 것입니다. 그러나 예수님은 말 그 바탕에 깔려 있는 이 사람의 인격과 신앙과 삶의 모습을 뚜렷하게 바라보고 계셨읍니다.

그러나 마리아는 어떻습니까? 마리아는 자기가 가장 소중히 여기던 옥합까지 깨뜨립니다. 마리아의 마음 속에는 한 가지 관심밖에 없읍니다. 그것은 "저 분을 어떻게 기쁘시게 해드릴 것인가"에 대한 관심입니다.

하나님은 우리가 하는 말에 속지 않으신다는 사실을 이 말씀 앞에서 기억할 필요가 있읍니다. 불쌍한 사람을 구제해야 합니다. 우리는 의로운 투쟁에 가담해야 합니다. 그러나 이것보다 더 중요한 사실이 있읍니다. 이 말씀 앞에서 저마다 물어야 할 질문이 있습니다. 교회에서 하는 수많은 말보다도 마음 깊은 곳에 정말 하나님과 하나님의 아들 그리스도를 기쁘시게 해드리려는 동기가 당신의 마음을 지배하고 있는지요?

"친구여 어찌하여 예복을 입지 않고 여기 들어왔느냐 하니 저가 유구 무언이어늘"(12 절).

할 말이 없었습니다. 가룟 유다가 주님의 손등에 키스를 하는 그 순간까지도 가룟 유다 주변에 있던 제자들은 가룟 유다가 가짜라는 사실을 아무도 모르고 있었습니다. 아무도 그를 의심하는 사람이 없었습니다. 주님께서 가룟 유다를 쳐다보시면서 "네가 할 일을 속히 하라"고 말씀하실 때 가룟 유다는 아무 대답도 하지 않았습니다. 그분이 아시고 있는데 어떻게 대답할 수가 있었겠습니까? 유다는 머리를 숙이고 주님의 눈동자를 피하고 있었을 것입니다.

본문을 대하면서 제 마음 속에 놀라운 도전이 된 부분은 바로 이 부분입니다.

"임금이 손을 보러 들어올새…"

왕의 눈길이, 왕의 시선이 사람의 심장과 폐부를 살피시듯 한 사람 한 사람을 향해 있습니다. 그리고 그분은 내 동기를 보고 계십니다. 우리가 무엇 때문에 교회에 나오는지 그 동기를 그분만은 아십니다. 성경은 나와 당신이 하나님 앞에 나올 때마다 나의 중심을, 우리의 동기를 점검해야 할 필요가 있음을 경고하고 있습니다. 묻습니다. 당신은 그 헌 옷을 벗었는지요? 그리고 주님께서 원하시는 거룩한 예복을 입고 주님 앞에 설 준비를 하고 계신지요? 이 말씀 앞에서 대답해 보시기 바랍니다.

열 처녀의 비유

마태복음 25 : 1~13

"그때에 천국은 마치 등을 들고 신랑을 맞으러 나간 열 처녀와 같다 하리니 그 중에 다섯은 미련하고 다섯은 슬기있는지라 미련한 자들은 등을 가지되 기름을 가지지 아니하고 슬기있는 자들은 그릇에 기름을 담아 등과 함께 가져갔더니 신랑이 더디 오므로 다 졸며 잘새 밤중에 소리가 나되 보라 신랑이로다 맞으러 나오라 하매 이에 그 처녀들이 다 일어나 등을 준비할새 미련한 자들이 슬기있는 자들에게 이르되 우리 등불이 꺼져가니 너희 기름을 좀 나눠 달라 하거늘 슬기있는 자들이 대답하여 가로되 우리와 너희의 쓰기에 다 부족할까 하노니 차라리 파는 자들에게 가서 너희 쓸 것을 사라 하니 저희가 사러 간 동안에 신랑이 오므로 예비하였던 자들은 함께 혼인 잔치에 들어가고 문은 닫힌지라 그 후에 남은 처녀들이 와서 가로되 주여 주여 우리에게 열어 주소서 대답하여 가로되 진실로 너희에게 이르노니 내가 너희를 알지 못하노라 하였느니라 그런즉 깨어 있으라 너희는 그 날과 그 시를 알지 못하느니라"

— 마태복음 25 : 1~13.

열처녀의 비유

당신은 결혼식에 참석해 늦게 도착하는 신랑이나 신부를 기다려 보신 적이 있으셨는지요? 제 철학 가운데 하나는 모든 집회를 정시에 시작한다는 것입니다. 그런데 제 신조를 그대로 밀고 나갈 수 없는 사건이 하나 있읍니다. 결혼식에 신랑이나 신부 중 한 사람이 늦게 도착하는 경우만은 정시에 시작할 수가 없는 것입니다. 수 년 전 어느 해는 주례를 얼마나 많이 하게 되었는지 세어 볼 수가 없을 정도로 한 해가 있었읍니다. 그런데 종종 신랑이나 신부 중 어느 한 사람이 지각을 하는 사례들이 있읍니다. 그때마다 본인들보다도 사실 주례자인 제가 애를 더 태웠던 경험이 있읍니다.

옛날 고대 팔레스틴의 혼례는 비단 하루뿐 아니라 일 주일씩 그 축제가 계속되는 것이 일상적인 상례였읍니다. 그리고 결혼식은 대낮이 아니라 보통 저녁이나 한밤중에 거행되었읍니다. 신랑은 자기의 친구들과 함께 어울려서 오랜 시간을 즐기다가 한밤중쯤 되어 신부의 집으로 행진을 합니다. 한편 신부는 신부의 친구들과 언제 도착할지 모르는 신랑을 기다리게 됩니다. 마침내 신랑이 도착하게 되면, 신부는 자기의 친구들인 들러리들과 함께 나가 신랑을 영접하여 등불을 켜고 이제 신랑의 집으로 떠나는 연등 행렬이 벌어집니다.

그러나 본문의 경우처럼 신랑의 행차가 의외로 늦어지는 경우가 종종 있읍니다. 밤은 깊어가고 하늘에는 하나, 둘 별이 돋기 시작하면 악성 소문이 번지기 시작합니다. 입빠른 신부 들러리 중 한 사람이 혹시 바람맞은 게 아니냐, 중간에 샌 모양이라고 말합니다. 또 한 사람은 신부에게 오늘 밤은 신랑이 안 올 것 같으니 그냥 자자고 부추깁니다. 이렇게 해서 하나, 둘 잠에 떨어지기 시작합니다.

본문의 경우에는 열 명의 처녀가 졸음을 이기지 못하고 잠에 떨어졌읍니다. 그런데 한밤중에 밤의 정적을 깨고 시끄러운 소리가 울려 퍼집니다.
"보라 신랑이로다."
기름을 예비했던 슬기로운 다섯 처녀는 잔치집에 들어가고 기름을 예비하지 못했던 미련한 다섯 처녀는 뒤늦게 시장에 가서 기름을 사가지고 기름을 채워 잔치집에 도착하지만, 이미 잔치집의 문은 닫힌 후였읍니다. 슬피 문을 두드리는 이들에게 닫힌 문에서 들려온 신랑의 소리는 "내가 당신들을 도무지 알지 못하오"라는 소리뿐입니다.

□ 배경

예수께서 이 비유를 왜 말씀하시게 되었는지 그 배경을 마태복음 24 장에서 찾아볼 수 있읍니다. 마태복음 24 장은 "종말장"이라 불리는 유명한 장으로서 말세의 기록을 취급하는 장입니다. 24 장 3 절 이하를 보십시오.

"예수께서 감람 산 위에 앉으셨을 때에 제자들이 종용히 와서 가로되 우리에게 이르소서 어느 때에 이런 일이 있겠사오며 또 주의 임하심과 세상 끝에는 무슨 징조가 있사오리이까 예수께서 대답하여 가라사대

너희가 사람의 미혹을 받지 않도록 주의하라 많은 사람이 내 이름으로
와서 이르되 나는 그리스도라 하여 많은 사람을 미혹케 하리라 난리와
난리 소문을 듣겠으나 너희는 삼가 두려워 말라 이런 일이 있어야 하
되 끝은 아직 아니니라 민족이 민족을 나라가 나라를 대적하여 일어나
겠고 처처에 기근과 지진이 있으리니 이 모든 것이 재난의 시작이니
라.”

우리는 어느 시대보다도 이 말씀을 더 실감할 수 있는 시대 속에 살고
있다고 생각되지 않습니까? 계속해서 예수께서는 말세의 징조를 이야
기하시는 가운데 가장 중요한 결론적인 말씀을 44절에서 말씀하십니
다. 44절의 “이러므로 너희도 예비하고 있으라 생각지 않은 때에 인자
가 오리라”는 말씀을 통해서 신랑은 반드시 오신다는 결론을 주십니다.
바로 이 말씀이 열 처녀 비유의 배경입니다.

　사실 우리는 이 말씀을 처음 받은 이스라엘 백성의 입장에서 이야기
를 시작하는 것보다 예수님의 초림에서 시작하는 것이 마땅합니다. 우
리가 잘 아는 것처럼 구약 시대의 이스라엘 백성들은 얼마나 커다란 기
대를 가지고 메시야가 이 땅에 오실 것을 기다렸읍니까? 오랜 세월이
지났읍니다. 그러나 그들이 기다리던 메시야는 아직도 오지 않았읍니
다. 그것은 초대 교회 성도들의 소박한 바램에 불과했지 이제 우리들을
위한 약속은 아니라고 성급히 결론을 내리는 사람들도 있읍니다. 이래
서 교회가 점점 불신앙 속으로 빠져들어가고, 역사는 절망과 파국을 향
해서 계속 치닫게 되는 어느 날의 “때가 찬 시각”을 기억하십시오.
　신랑은 마침내 오신다는 사실을 기억하십시오. 그래서 이 말씀이 주
어진 것입니다. 이 그리스도의 재림을 앞둔 오늘 이 시점에서 당신은
어떻게 주님을 영접할 준비를 하고 이 땅에서 삶을 살고 계십니까?

　우리는 이 열 처녀 비유를 이해하고 해석하는 일에 있어서 보다 중요

하지 않는 부분에 관심을 더 많이 쏟는 경우들이 있습니다. 예컨대 이 말씀을 이해하려고 하는 사람들 가운데 "열 명"이라는 숫자는 무엇을 의미하는가, 처녀는 무엇을 뜻하는가, 기름은 무엇인가, 다섯 명, 다섯 명, 반반씩 나누어진 이유는 무엇인가 하는 것에 대해 깊이 묵상하는 분들이 있습니다. 그러나 성경을 이런 식으로 접근하면 본문의 중요한 정신을 놓치게 됩니다.

저는 열 명의 처녀를 등장시킨 이유가 소박한 이유라고 생각합니다. 유대인들은 본래 사람을 셀 때에 열 명 단위로 셉니다. 예수님 당시에는 열 명이 모인 곳은 어느 곳이든지 유대인 회당을 세우는 것이 상례였습니다. 그리고 다섯 명의 슬기로운 처녀와 다섯 명의 메시야를 기다리는 사람들 가운데는 서로 다른 태도를 갖고 있는 두 부류가 있을 수 있다는 사실을 대조적으로 보이기 위한 그 이상의 다른 이유는 없을 것입니다.

□ 미련한 다섯 처녀의 교훈

미련한 다섯 처녀의 교훈은 본문을 묵상하는 모든 그리스도인들이 기억해야 할 가장 중요한 본문의 핵심입니다. 신랑을 영접하는 혼인 잔치를 기다렸으면서도 기름을 준비하지 못하고 참석하지 못했던 미련한 다섯 처녀의 비극은 우리에게 무엇을 교훈하고 있습니까?

첫째, 형식이 내용을 대신할 수 없다는 사실입니다.
여기 미련한 다섯 처녀의 삶이 지혜로운 다섯 처녀의 삶과 전혀 달랐다는 것은 아닙니다. 이 점을 주목해서 보시기 바랍니다. 미련한 다섯 처녀도 지혜로운 다섯 처녀와 마찬가지로 결혼 잔치에 함께 초대를 받았읍니다. 그들은 똑같이 기쁘게 이 초대에 응했읍니다. 미련한 다섯 처녀와 지혜로운 다섯 처녀가 함께 신랑을 기다렸읍니다. 그들은 다 함께 신랑에 대한 기다림이 있었읍니다.

그리고 잘 기억하십시오. 미련한 다섯 처녀나 슬기로운 다섯 처녀나 할 것 없이 똑같이 자고 있었읍니다. 우리는 보통 설명할 때 많은 분들이 이 지혜로운 다섯 처녀는 깨어 있었기 때문이라고 말합니다. 그러나 그렇지 않습니다. 성경을 다시 보십시오. 본문 5절에 "신랑이 더디 오므로 다 졸며 잘새"라고 했읍니다. 미련한 다섯 처녀뿐만 아니라 지혜로운 다섯 처녀까지도 다 같이 졸았읍니다. 졸리면 다 같이 조는 겁니다. 그것으로 인해 문제를 삼지 맙시다. 그들은 피곤하니까 함께 졸았읍니다.

그리고 미련한 다섯 처녀도 지혜로운 처녀들과 마찬가지로 등을 가지고 있었읍니다.

미련한 다섯 처녀를 둘러싸고 있는 외적인 상황, 외적인 삶의 방법은 별다른 것이 하나도 없었읍니다. 그럼 다른 것은 무엇입니까? 그것은 기름의 준비였읍니다. 지혜로운 다섯 처녀는 기름을 준비하고 있었지만, 미련한 다섯 처녀는 기름을 준비하지 못하고 있었읍니다.

여기서 성경을 이해하는 사람들의 또 다른 씨름이 시작됩니다. 이 기름은 무엇을 의미하는지에 대해서입니다. 전통적인 해석에 따르면, 많은 경우 우리는 이 기름을 성령님으로 이해합니다. 그러나 그렇게 적용시킬 경우에 또 다른 문제가 발생합니다. 그것은 성령님은 우리 안에서 점점 없어질 수가 있느냐는 문제입니다. 이 기름이 있다가 시간이 지나가면서 없어진 것처럼 성령이 있다가 없어질 수가 있읍니까? 이것은 성령을 상품처럼 생각하는 사고 방식이 낳은 오해입니다. 인격이신 성령님은 한 번 우리 안에 오시면 우리와 더불어 영원히 같이 계십니다. 성경에서 많은 경우에 성령이 기름으로 상징된 것이 사실입니다. 그러나 그렇다고 해서 성경에서 기름만 나오면 그것을 다 성령으로 생각해서는 안 됩니다. 많은 경우에 성령이 불로 상징되기도 합니다. 어떤 사람은 불만 보면 다 성령이라고 생각합니다. 그래서 기도하다가 불만 번쩍이면 성령이 오셨다고 생각하는 노이로제에 걸린 그리스도인도 종종 있읍니다. 기름이 등장했다고 해서 그것을 다 성령으로 이해할 필요는 없읍니다. 우리는 보다 포괄적으로 이 말씀을 접근할 필요가 있읍니다.

더 넓은 견지에서 저는 우리가 마땅히 가지고 있어야 할 **신앙의 내용, 삶의 내용**을 주님께서 우리에게 가르치시는 것이라고 이해합니다. 당신은 마땅히 우리 안에 갖추고 있어야 할 삶의 내용, 다시 말하면 신앙의 내용이 결핍되어 있다는 사실을 인정하십니까?
그런데 교회에 출석하는 많은 성도들은 형식이 있기 때문에 내용도 있을 것이라고 흔히 착각합니다. 형식이 무엇입니까? 등이라든지, 결혼식의 초대라든지, 참석했다는 그 형식이 있기 때문에 내용도 있을 것이라고 착각하면서 우리는 내용에 대해서 고민하지 않고 신앙 생활을 계속해 나갑니다. 다시 말하면 당신이 교회에 출석했읍니다. 그것은 형식입니다. 예배에 참석하고 계십니다. 그것도 형식입니다. 찬송을 부르셨읍니다. 엄격히 말하면 그것도 형식입니다. 우리는 많은 경우 이런 형식에 참여하고 있기 때문에 저절로 나도 신앙이 있는 사람이겠거니 생각합니다. 그러나 형식이 있다는 것이 저절로 내용을 보증하지 못한다는 사실을 아십시오. 이것이 교훈입니다. 제가 형식을 부정하는 것은 아닙니다. 내용이 있을 때에 형식은 내용을 표현하는 아름다운 사건일 수가 있읍니다. 형식 그 자체가 잘못된 것은 아닙니다. 그러나 내용이 없는 형식이 언제나 문제입니다. 주님이 다시 오시는 날, 내용이 없는 형식은 설 자리가 없다는 사실을 기억하십시오.

참된 신앙은 언제나 위기 앞에서 그 진면목이 드러납니다. 신랑이 오니까 드디어 그때서야 내용이 있는 사람과 내용이 없는 사람의 차이가 드러나는 것입니다. 당신과 저의 신앙이 얼마 만큼 진지한 내용을 담고 있는지 객관적으로 시험할 수 있는 좋은 방법은, 우리의 삶 속에 위기가 찾아올 때 그 위기에 어떻게 반응하는지를 보는 것입니다. 어려움이 찾아오니까 금새 불평해 버리고, 짜증내고, 신앙이란 다 그런 거라고 말합니다. 그러나 만일 내가 가지고 있는 신앙의 내용이 확실하다면 많은 위기 앞에서도 내 삶을 주장하시고 인도하시는 거룩하신 하나님을 신뢰할 수 있읍니다. 이 사람은 인생의 가장 커다란 위기, 즉 하나님 앞에 서는 그 날 주님 앞에서 그가 가진 내용을 내보일 수가 있읍니다.

우리는 기름을 준비하지 못하고 외적으로만 참여하고 있던 어리석은 다섯 처녀처럼, 형식에만 집착하고 있지는 않은지요? 당신이 주일마다 예배에 참석한다는 사실 때문에 하나님께서 당신을 그리스도인이라고 단정하지는 않으신다는 사실을 기억하시기 바랍니다. 중요한 것은 당신의 신앙의 내용입니다. 정말 살아계신 하나님과의 관계 속에서 어떤 신앙의 내용을 형성해 가고 있는가 라는 것이 본문의 중요한 교훈입니다.

둘째, 신앙의 삶은 누구도 대신할 수 없다는 사실입니다.
신랑이 도착했읍니다. 신랑이 도착했다는 전갈을 받자마자 미련한 다섯 처녀는 등을 봅니다. 기름이 넉넉하지 않습니다. 그래서 그들은 지혜로운 다섯 처녀에게 말합니다. 기름을 빌려 달라고 합니다. 이 어리석은 다섯 처녀는 기름을 빌릴 수 있는 것으로 착각하고 있었읍니다. 이것이 이들의 또 하나의 착각입니다. 지혜로운 다섯 처녀는 이들의 부탁을 거절했읍니다. 우리는 생각하기를, 그 정도를 거절할 만큼 인색한가 하고 슬기로운 다섯 처녀에게 반발을 느낄지도 모릅니다. 그러나 주님이 이 교훈을 통해서 전달하기를 원하는 중요한 교훈은 무엇입니까? **신앙의 내용이란 빌릴 수가 없다**는 것입니다.

당신이 믿지 않는 사람들에게 예수믿으라고 전도해 보십시오. 우리 주변의 믿지 않는 사람들 가운데서 이런 대답을 하는 사람들이 있읍니다.
"네, 우리 아내가 열심히 교회에 나갑니다."
"우리집 아이들이 열심히 교회에 나갑니다."
무슨 이야기입니까? 자기 아내나 아이들의 신앙에 의지해서 자기도 신앙을 가지고 있다고 동일시하는 것입니다. 생각해 보시기 바랍니다. 당신은 어떻습니까?

무디 신학교 학장인 죠지 스위팅(George Sweeting) 박사는 다음과 같은 재미있는 이야기를 했습니다. 이 말씀은 한참 음미해야만 깨달아집니다.

"하나님에게는 자녀만 있지 손자가 없다."

깨달아지십니까? 다시 말하자면, 한 사람 한 사람이 개인적으로 예수 그리스도에 대한 신앙 고백을 통해서 하나님의 자녀가 되는 것이지 아버지가 믿었기 때문에 저절로 내가 하나님의 자녀가 되는 것은 아니다는 말입니다. "예수 믿으십니까?"라고 물으면 『나는 우리 어머니 뱃속에서부터 믿었읍니다』라는 말을 흔히 들어 볼 수 있읍니다.

언제 당신이 개인적으로 이 신앙의 내용 앞에 진지하게 부딪쳐 예수 그리스도가 나의 구주요 주님이라는 이 사실을 확신하셨읍니까? 신앙은 개인적으로 예수 그리스도를 나의 구주요, 주님으로 고백한 사실이 없이 우리 아버지 때문에, 우리 어머니 때문에, 아니 우리 식구들이 교회에 나가는고로, 나도 심심하면 한 달에 한 번쯤은 교회에 출석하기 때문에 나는 그리스도인이라고 말하는 사람이 있다면 그것은 오해입니다. 누가 언제 그리스도인의 정의를 그렇게 정의했읍니까?

신앙의 삶은 누구도 대신할 수 없읍니다. 당신은 하나님을 만나신 사실이 있읍니까? 당신은 거듭난 사실이 있읍니까? 당신은 예수 그리스도 앞에 무릎을 꿇고 그분을 나의 주 나의 하나님으로 고백한 적이 있었읍니까? 신앙의 삶은 누구도 대신할 수 없읍니다. 그것이 열 처녀 비유를 말씀하신 주님의 교훈입니다.

세째, 기회는 다시 얻을 수 없다는 사실입니다.

그렇습니다. 잃어버린 기회는 다시 오지 않습니다. 잔치집에 문이 닫혔읍니다. 한 번 닫힌 후 이 문은 다시 열릴 수가 없음을 본문은 말씀해 주고 있읍니다. 범사에는 기회가 있는 것입니다. 만사에는 때가 있는 것입니다. 물론 신랑이 오기 전에 어리석은 다섯 처녀들에게도 기름을 살 수 있는 기회는 얼마든지 있었읍니다. 그런데 그 기회를 그들은 놓쳤읍니다. 언제나 기름을 살 수가 있다는 사실이 미련한 다섯 처녀를 오히려 더 게으르도록 만들었는지도 모릅니다. 우리는 언제나 그렇게 생각합니다. 마음만 먹으면 언제든지 교회에 나갈 수가 있고, 마음만 먹으면 언제든지 성경 공부를 할 수 있고, 마음만 먹으면 언제든지 열심히 교회에 봉사할 수가 있다고 생각합니다. 그러나 삶의 기회가 언제나 그렇게 주어지는 것이 아닙니다. 이것이 본문의 도전입니다.

어느 한순간 내 인생의 기회의 문이 닫혀 버릴 수 있읍니다. 그렇게 되면 다시 몸부림쳐 봐도 신앙의 열망과 내용을 획득할 수 있는 기회를 영 상실할 수도 있다는 사실입니다. 그래서 성경은 이렇게 가르치고 있읍니다.

"보라 지금은 은혜받을 만한 때요 보라 지금은 구원의 날이로다"(고후 6:2).

"너희 목마른 자들아 물로 나아오라 돈 없는 자도 오라 너희는 와서 먹되 돈 없이 값 없이 와서 포도주와 젖을 사라"(사 55:1).

지금은 살 수가 있읍니다. 지금은 하나님의 영광스러운 구원에 동참할 수가 있읍니다. 지금은 하나님 앞에서 그분을 의지하고 내 신앙이 자랄 수 있는 기회가 주어지고 있읍니다. 그러나 내일은 우리의 시간이 아닐 수도 있다는 사실을 기억합시다. 기회의 문은 닫힐 수도 있다는 말입니다. 기회를 설명한 비유 가운데서 이 비유처럼 탁월한 비유는 없는 것 같습니다.

희랍의 시라큐스 거리에 기회가 무엇인가를 설명하는 동상 하나가 세워져 있었읍니다. 이 동상은 날개가 발에 달려 있고 앞 머리는 무성하고, 뒷 머리는 대머리인 동상입니다. 그 동상 아래에 이런 글귀가 새겨져 있읍니다.

"누가 그대를 만들었는가? 리스퍼스.
그대의 이름은 무엇인가? 기회.
왜 그대의 날개는 발에 달려 있는가?
걸어가기보다 더 잽싸게 빨리 날아다니기 위해서.
왜 그대의 앞 머리는 그렇게 무성한가?
내가 올 때 사람들이 쉽게 붙잡을 수 있도록.
왜 그대의 뒷 머리는 대머리인가?
한번 지나가면 다시는 붙들 수 없기 때문에."

기회란 그런 것입니다.
내가 용서받을 수 있는 기회, 하나님의 말씀을 공부할 수 있는 기회, 주님의 은혜를 사모할 수 있는 기회, 주님을 섬길 수 있는 기회, 그러한 기회는 언제나 있는 것이 아닙니다.

어떤 의미에서 신랑이 늦게 왔다는 사실을 우리는 감사해야 합니다. 왜 그렇습니까? 밤중에 어쩌다 깨어 보니 기름이 다 닳아지고 있읍니다. "안 되겠구나, 이제라도 기름을 다시 넣어야지"라고 생각하는 사람에게 있어서 신랑이 아직 오지 않았다는 사실이 얼마나 은혜롭고, 얼마나 다행스러운 사실인가요.
그런데 우리 중에 어떤 사람은 평생 졸다가 가는 사람이 있다는 사실을 아십니까? 밤중에 어쩌다 한번 깨나는 일도 없이, "내가 이렇게 살아서는 안 되는 거지. 이대로 계속 살 수는 없어"하는 어느 한 순간 내게 찾아온 그 깨달음도 없이 그냥 졸다가 가는 사람이 있읍니다.

반면, 어느 날 갑자기 "내가 이렇게 무의미하게 살 수는 없지. 이대로 잠만 잘 수는 없어!" 하며 깨어나는 사람이 있습니다. 이런 이들에게 있어서 주님이 아직 이 땅에 오시지 않았다는 사실이, 내가 아직 죽지 않고 살아 있다는 사실이 얼마나 다행스러운 일이겠습니까? 이 사람에게는 아직 기회가 있기 때문입니다.

한 번도 깨지 않고 일상적인 잠에 취해서 어제를 그렇게 살았으니까 오늘도 그냥 그렇게 살아가며, 주일이면 그냥 습관대로 교회에 나가는 그런 사람은 이 깨달음, 이 각성이 없습니다. 그 영혼이 깨어 일어나는 순간이 없습니다. 이런 사람에게 있어서 그 삶이 메마르고, 주님과 바른 관계를 맺지 못하는 것은 너무나도 당연한 사실이 아니겠습니까?

기억합시다. 잃어버린 기회는 다시는 돌아오지 않는다는 사실을! "너는 내일 일을 자랑하지 말라"는 성경의 말씀처럼 사람이 하룻동안 무슨 일이 일어날는지는 아무도 알 수가 없습니다.

네째, 주님과의 만남은 예고 없이 갑작스럽게 이루어진다는 사실입니다.

마태복음 24 장 43 절에서 주님께서는 인자가 다시 올 때 도적같이 오겠다고 말씀하십니다. 이스라엘 백성이 메시야를 만난 시간이 바로 그런 시간이었습니다. 예고 없이 도둑이 찾아오는 것처럼, 전혀 기대하지 않은 시간에 전혀 기대하지 않은 어느 한순간에 주님께서 다시 오실 것입니다.

이 시간에 대한 긴박감은 제자들뿐 아니라 주님께서 더 느끼셨던 것 같습니다. 마태복음 26 장 1 절 이하에서 "예수께서 이 말씀을 다 마치시고 제자들에게 이르시되 너희 아는 바와 같이 이틀이 지나면 유월절이라 인자가 십자가에 못박히기 위하여 팔리우리라"고 주님께서 말씀하십니다. 언제 이 유언을 말씀하셨읍니까? 돌아가시기 며칠 전 예수께서는 시간의 긴박감을 느끼면서 이 중요한 교훈을 열 처녀의 비유에 담아 말씀하셨읍니다.

예수님의 재림이 언제 이루어질지는 모릅니다. 이것을 우리는 "우주적 종말"이라고 말합니다. 이 우주적 종말이 실감이 나지 않는다면, 멕시코의 사건과 콜롬비아의 사건을 보고도, 주님께서 지구의 도처를 흔드시는 이 징표를 보고도 내 마음에 감동이 없고 깨우침이 없거든, 우주적 종말에서부터 개인적 종말로 옮겨 봅시다.

오늘 밤에 우리 개인의 종말이 올 수도 있는 것이 아닙니까? 그렇다면 하나님을 만날 준비가 되어 있는지요? 우리는 우리가 알고 있는 어떤이들의 죽음을 접할 때마다 그것은 다른 사람의 사건이라고 생각합니다. 그러나 죽음의 사자는 우리를 향해서 걸어오고 있다는 사실을 잊지 마셔야만 합니다. 누가 알았겠읍니까? 어느 한순간 갑작스럽게 죽음이 내 친구에게, 내 가족에게 찾아올 줄을 그들은 알았겠읍니까? 그러므로 준비해야만 합니다. 그렇다면 하루 하루가 그분과의 만남을 위한 진지한 준비의 시간이며, 준비하는 삶의 여정이 되고 있는지요?

주님을 사랑했고 주님을 전하는 일에 평생을 바쳤던 무디는 언제나 죽음을 준비하는 자세로 하루 하루를 살았던 하나님의 사람입니다. 드디어 어느 한순간 찾아온 죽음 앞에서 무디는 "땅은 물러가고 하늘은 열린다. 내 주께서 나를 위해 오신다"고 고백하였읍니다.

죽음의 순간 이러한 고백이 우리에게도 가능할 수가 있겠읍니까?

독일 고백교회의 신학자였던 본회퍼가 감옥에 있었던 어느 스산한 봄철 1945 년 4 월 8 일 주일 아침에 두 명의 간수가 자기의 감옥문을 두드리고 들어옵니다. 그리고 "마지막 시간이 되었읍니다"라고 말합니다. 그동안 같이 지냈던 동료들이 떠나가는 본회퍼를 보며 눈물을 흘립니다. 그러나 그는 한치의 동요함도 없이 자리에서 일어나 빙그레 웃을 수 있는 여유를 보이면서 그들에게 이렇게 이야기했읍니다.

『기뻐해 주십시오. 오늘은 내 새로운 삶의 시작입니다.』

이 고백이 가능할 수가 있겠읍니까?

얼마 전 세상을 떠나간 아이젠하워 대통령의 마지막 임종의 순간을 아시는 분이 많지 않을 것입니다. 월터리드 미육군 병원에서 세상을 떠나기 얼마 전에 빌리 그래함 목사께서 그분을 방문했읍니다. 30분의 면회 시간을 얻어서 들어갔읍니다. 그 30분의 면회 시간을 마치고 빌리 그래함 목사님이 나가려니까 아이젠하워 대통령이 조금만 더 있다가 가라고 합니다.

"아니, 하실 말씀이 있으십니까?"라고 빌리 그래함 목사님이 묻자 대통령은 이렇게 말했읍니다.

『하나님을 어떻게 만나야 할지 제게는 확신이 없읍니다. 도와 주십시오. 이 아이젠하워의 마지막 부탁입니다.』

빌리 그래함 목사님은 자기 주머니에 있던 신약성경을 꺼내 놓고 어떻게 죄사함을 받을 수가 있으며, 어떻게 하나님의 자녀가 될 수가 있는지에 대해 진지하게 설명해 주었읍니다.

"선행으로 구원받는 것이 아닙니다. 우리의 무슨 업적이 있다고 하나님 앞에 갈 수 있는 것이 아닙니다. 우리의 모든 노력이 죄 문제를 해결할 수 없기 때문에 하나님의 독생자 예수 그리스도를 보내셨읍니다. 내 모든 지나간 날의 죄를 회개하고 예수 그리스도를 나의 구주와 주님으로 영접하는 그 순간, 그분을 믿는 그 순간, 당신은 하나님의 자녀가 될 수 있읍니다."

빌리 그래함 목사님의 인도를 통해서 그분은 예수 그리스도를 구주와 주님으로 영접했읍니다. 함께 기도가 끝났을 때에 이 아이젠하워가 마지막 유언을 남깁니다.

『빌리, 감사하오. 나는 이제 준비되었소.』

주일학교에서 공부를 하고 돌아온 어린 소녀 하나가 자기 엄마를 붙들고서 "엄마, 주일학교 선생님이 그러는데, 이 세상의 삶은 천국의 삶을 준비하는 거래요. 맞아요?" 하고 묻습니다.

이 엄마는 딸이 귀여워서 『맞지』라고 대답합니다.

그때 이 깜찍한 꼬마 소녀는 엄마에게 이렇게 묻습니다.
"엄마! 엄마는 작년에 오스트렐리아에 갔다 오시고 금년에는 영국에
가시는데, 다른 나라에 가실 때마다 여행할 준비를 열심히 하는데, 왜
천국갈 준비는 안 해요?"

  당신은 왜 그 준비를 안 하십니까? 인생의 가장 진지한 여행, 육체
를 버리고 떠나가는 이 마지막 여행을 위해 왜 준비를 안 하십니까?
  묻습니다. 당신은 하나님을 만날 준비가 되어 있읍니까?

제 2 부

구원과 삶의 비유

선한 사마리아인의 비유

누가복음 10 : 25~37

"어떤 율법사가 일어나 예수를 시험하여 가로되 선생님 내가 무엇을 하여야 영생을 얻으리이까 예수께서 이르시되 율법에 무엇이라 기록되었으며 네가 어떻게 읽느냐 대답하여 가로되 네 마음을 다하며 목숨을 다하며 힘을 다하 며 뜻을 다하여 주 너희 하나님을 사랑하고 또한 네 이웃을 네 몸과 같이 사랑하라 하였나이다 예수께서 이르시되 네 대답이 옳도다 이를 행하라 그 러면 살리라 하시니 이 사람이 자기를 옳게 보이려고 예수께 여짜오되 그러 면 내 이웃이 누구오니이까 예수께서 대답하여 가라사대 어떤 사람이 예루 살렘에서 여리고로 내려가다가 강도를 만나매 강도들이 그 옷을 벗기고 때 려 거반 죽은 것을 버리고 갔더라 마침 한 제사장이 그 길로 내려가다가 그 를 보고 피하여 지나가고 또 이와 같이 한 레위인도 그곳에 이르러 그를 보 고 피하여 지나가되 어떤 사마리아인은 여행하는 중 거기 이르러 그를 보고 불쌍히 여겨 가까이 가서 기름과 포도주를 그 상처에 붓고 싸매고 자기 짐 승에 태워 주막으로 데리고 가서 돌보아 주고 이튿날에 데나리온 둘을 내어 주막 주인에게 주며 가로되 이 사람을 돌보아 주라 부비가 더 들면 내가 돌 아올 때에 갚으리라 하였으니 네 의견에는 이 세 사람 중에 누가 강도 만난 자의 이웃이 되겠느냐 가로되 자비를 베푼 자니이다 예수께서 이르시되 가 서 너도 이와 같이 하라 하시니라"

-- 누가복음 10 : 25~37.

선한 사마리아인의 비유

아마도 성경에 나타난 모든 비유 가운데 이 비유보다 더 많이 그리고 더 보편적으로 알려진 비유가 없을 것입니다. 아마도 예수 그리스도의 가르침 가운데서 이 이야기의 가르침보다 인류사와 교회사에 그토록 위대한 영향력을 남겼던 교훈이 다시는 없을 것입니다. 이 말씀에 충격을 받고 전 세계의 수많은 병원 사역이 시작되었고, 수많은 자선사업 기관들이 일어나게 되었고, 이 말씀 앞에서 도전을 받은 그리스도인들은 봉사와 선교와 헌신의 장으로 그들의 생을 던지기 시작했습니다.

그런데 지나간 세기의 그리스도인들에게, 그리고 교회에 커다란 영향력을 행사했던 이 비유가 오늘날 저와 당신의 삶 속에서 아무런 영향력을 행사하지 못하고 있는 것은 비극입니다. 우리가 이 교훈을 알지 못하는 것이 비극은 아닙니다. 문제는 이 비유에 대한 무지에 있는 것이 아니라 이 비유에 대한 무관심에 있습니다. 우리는 이 비유의 의미를 알기 위해서 본문에 접근하지는 맙시다. 교회를 오랫동안 출입한 사람일수록 본문의 이야기를 너무나 익숙하게 알고 있기 때문입니다. 그러나 하나님 앞에서 저와 당신의 삶에 대한 새로운 각성을 위해서 이 비유에 접근할 필요가 있습니다.

□ 배경

예수께서 이 유명한 비유, 소위 선한 사마리아인 비유를 말씀하시기 시작한 배경은 이렇습니다. 본문은 이렇게 시작합니다.

"어떤 율법사가 일어나 예수를 시험하여 가로되…"

질문을 한다는 것은 귀한 일입니다. 질문이 없이는 해답이 추구될 수가 없기 때문입니다. 그러나 때때로 우리가 던지는 질문 가운데는 아무런 의미가 없는 질문도 있읍니다. 예컨대 그것은 질문을 위한 질문입니다. 때때로 우리의 질문 속에는 순수하지 못한 다른 의도나 동기가 숨어 있는 경우가 있읍니다. 이 날 어떤 율법사가 예수 그리스도에게 던진 질문이 그런 유형에 속하는 질문입니다.

성경은 이렇게 말씀합니다.

"어떤 율법사가 일어나 예수를 시험하여 가로되…"

그는 예수를 시험하기 위한 동기를 가지고 이 질문을 던지고 있읍니다.

"선생님 내가 무엇을 하여야 영생을 얻으리이까."

영생이란 무엇을 하는 데 있는 것이 아닙니다. 영생이란 예수 그리스도를 신뢰하는 데에 있는 것입니다. 그러나 이 사람의 질문을 다시 한번 잘 생각해 보십시오. 이 사람이 이런 질문을 하게 된 그 배경과 마음의 밑바탕을 우리는 좀더 깊숙이 꿰뚫어 성찰할 필요가 있읍니다. 조금 더 이야기가 진행되면, 이 사람이 이런 질문을 던지게 된 그 배후를 우리는 짐작할 수가 있을 것입니다.

28 절 이하의 말씀을 보십시오.

"예수께서 이르시되 네 대답이 옳도다 이를 행하라 그러면 살리라 하
시니 이 사람이 자기를 옳게 보이려고"(28,29 절).

이 말씀을 놓치지 마십시오. 이 사람은 자기 의(義)에 상당히 도취해서
인생을 살고 있는 사람입니다. 나는 이런 좋은 일도 하고, 이런 선한
일도 하고, 내 행함은 하나님 나라에 가기에 합당한 것이라는 생각과
자부심을 가지고 그는 살아 왔던 사람이었을 것입니다. 만약 이 사람이
정직한 자기 성찰을 통해서 어느 날 예수님 앞에 나와 이렇게 질문을
했다면 본문의 이야기는 훨씬 달라졌을지도 모릅니다.
"선생님, 저는 율법을 아는 사람입니다. 그러나 하나님께서 행하라, 하
지 말라는 율법을 대할 때마다 나는 하나님이 하라고 명하신 것은 하지
못한 사람이며, 하지 말라고 하신 것은 행함으로 말미암아 율법을 파괴
하고 깨뜨린 죄인임을 저는 숨길 수가 없습니다. 제 죄 문제에 대한 해
답을 가르쳐 주십시오."
만약 이 사람이 이렇게 말했다면 예수께서는 이 사람에게 곧장 복음을
설명하셨을 것입니다. 그러나 이 사람의 의도가 달랐고, 따라서 예수님
도 다른 방법으로 이 사람을 깨우쳐 주시려고 하는 것을 주목해서 보시
기 바랍니다.

"선생님 내가 무엇을 하여야 영생을 얻으리까 예수께서 이르시되 율법
에 무엇이라 기록되었으며 네가 어떻게 읽느냐 대답하여 가로되 네 마
음을 다하며 목숨을 다하며 힘을 다하며 뜻을 다하여 주 너희 하나님
을 사랑하고 또한 네 이웃을 네 몸과 같이 사랑하라 하였나이다 예수
께서 이르시되 네 대답이 옳도다 이를 행하라 그러면 살리라 하시니
이 사람이 자기를 옳게 보이려고 예수께 여짜오되 그러면 내 이웃이
누구오니이까"(25-29 절).

자기를 꿰뚫어보시는 예수님의 눈동자를 피하면서 그는 추상적인 질문을 계속해서 던짐으로 자기의 정직한 실존으로부터 도피하고 있는지도 모릅니다. 인간은 그가 난처한 궁지에 빠지면 논쟁을 시작합니다. 때때로 우리의 논쟁은 그것이 철학적인 논쟁이든 신학적인 논쟁이든 자기를 숨기기 위한 변장일 수가 있읍니다. "내 이웃이 도대체 누구요?"라고 그는 질문을 던집니다.

이것은 사마리아 여인과 예수님의 대화를 연상시켜 줍니다.

"네 남편을 불러 오라."

자기의 가장 어둡고 추한 부분이 예수님께 노출되었을 때 여인은 예수님께 불필요없는 논쟁을 야기시킴으로 그 질문으로부터, 예수님의 정직한 고발로부터 자기를 피하기 위한 숨박꼭질을 시작합니다.

> "우리 조상들은 이 산에서 예배하였는데 당신들의 말은 예배할 곳이 예루살렘에 있다 하더이다"(요 4:20).

그녀는 신학적인 논쟁을 통해서 남편을 불러 오라는 예수님의 화살을 피하려고 시도했읍니다.

그러나 예수님은 잘못된 동기가 바탕에 깔린 질문이라도 그런 질문을 통해서 그 사람의 문제를 깨우쳐 주시기 위해서 중요한 말씀을 시작하십니다.

> "내 이웃이 누구오니이까 예수께서 대답하여 가라사대"(29-30 절).

그래서 이 유명한 선한 사마리아인 비유가 시작되는 것입니다.

□ 예수님의 의도

그러나 우리는 이 비유를 다루기 이전에 예수께서 이 비유를 말씀하시게 된 예수님의 심정을 먼저 이해하지 않으면 안 됩니다. 지금 이 사람은 자기의 의, 자신을 옳게 보이려는 생각으로 도취된 사람입니다. 하나님 앞에 나오는 사람마다 자신이 하나님 앞에서 얼마나 보잘것 없는 죄인인지를 정직하게 발견하고 성찰하는 노력 없이는 아무도 하나님의 은혜에 참여할 수가 없습니다. 그렇다면 예수께서 이 선한 사마리아인 비유를 말씀하신 동기가 어디에 있습니까? 자기를 옳게 보이려고 시도하는 이 사람, 옳지 못하면서 자신을 옳다고 착각하고 있는 이 사람, 자기는 언제나 옳은 일을 하고 있으며 그래서 하나님은 자기를 마땅히 인정하셔야 하며 그래서 자기는 하나님의 도움이 필요없다고까지 생각하고 있었을 이 사람, 이 사람에게 자신의 정체를 깨닫게 하시기 위해서 이 비유가 시작됩니다.

따라서 저와 당신은 이 비유를 통해서 우리의 죄인된 모습을 발견해야만 합니다. 이것이 바로 이 비유의 일차적인 목적입니다.

□ 본론

여기에 우리가 잘 아는 여리고 길의 희생자가 있습니다. 여리고 길을 가다가 강도 만나 쓰러져 거의 죽게 된 불쌍한 희생자의 모습이 이제 이 드라마 속에 등장하고 있습니다. 강도 만나 쓰러져 있는 이 사람의 곁을 세 유형의 사람들이 지나갑니다. 당신은 강도 만나 쓰러져 있는 사람 곁을 지나가는 무리 속에서 자신의 모습을 발견하지 않으면 안 됩니다.

첫째는 바로 이 사람을 이렇게 여리고 길에 쓰러뜨려 놓았던 강도들입니다. 우리는 이 사람들을 차라리 사회에서 없어야만 했었던 사람이라고 정의할 수가 있습니다. 그러나 또 한 종류의 사람들이 있습니다. 제사장들과 레위인들입니다. 그들은 그의 곁을 그대로 무심코 지나갑니다. 우리는 이들을 있으나마나한 존재로 이해할 수가 있습니다. 그러나 강도 만난 이 사람에게 꼭 있어야만 했었던 사람이 그 곁을 지나가고 있었읍니다. 그가 바로 선한 사마리아인입니다.

□ 강도 만난 사람

첫번째 종류의 사람에게서부터 이야기를 시작합시다. 성경은 예수님의
이야기를 이렇게 소개합니다.

"어떤 사람이 예루살렘에서 여리고로 내려가다가 강도를 만나매 강도
들이 그 옷을 벗기고 때려 거반 죽은 것을 버리고 갔더라"(30 절).

이들은 왜 강도짓을 했읍니까? 왜 이 사람을 여리고 길에서 때려 눕히
는 비극적인 일을 했어야만 했읍니까? 그러나 우리는 이 말씀을 통해
서 강도들을 규탄하기 전에 근본적인 질문을 던져야 합니다. 그것은 이
들은 왜 이런 일을 했을까 하는 것입니다. 무엇보다 이 강도들에게 있
어서 인간을 목적으로 다루는 안목이 없었던 것입니다. 그들에게 있어
서 인간은 하나의 도구나 수단에 불과했읍니다. 그들은 사람을 섬겨야
할 대상으로 이해한 것이 아니라 사람을 이용해야 할 대상으로만 생각
하고 있었던 것입니다. 하나님께서는 우리가 이용하도록 물질을 주셨읍
니다. 그리고 사랑하도록 사람을 주셨읍니다. 그러나 사람을 사랑하는
대신 물질을 사랑하기 위해서 사람을 이용하기 시작할 때 우리는 착취
하고 있는 것입니다.

오늘 우리는 이 비유 앞에서 놀라야 할 일이 있읍니다. 이 강도는 다
른 사람이 아닌 바로 저와 당신 자신의 자화상일 수도 있다는 사실 앞
에서 우리는 놀라야 합니다. 만일 우리가 내 인생의 길에서 지나치는
어떤 사람을, 그를 섬겨야 할 대상으로 바라보지 못하고 어떤 인간적인
목적을 위해서 이용하기 시작할 때 바로 내가 그 강도들의 얼굴일 수
있다는 사실 앞에서 우리는 놀라야만 합니다. 한걸음 더 나아가서 이

사람은 목적을 위해서는 아무런 수단을 사용해도 좋다는 생각을 하고
있었던 사람입니다. 성경이 첫 페이지부터 마지막 페이지까지 우리에게
요구하는 것이 있읍니다. 그것은 선한 목적은 반드시 선한 수단을 동반
해야 한다는 사실입니다.

어떤 올바른 목적과 올바른 동기를 가진 것도 그것이 잘못된 수단을
통해서 진행될 때 그 목적은 합리화될 수가 없읍니다. 당신이 강도를
만나서 직접 물어 보십시오. 그에게는 강도질을 해야만 했던 어쩔 수
없는 여러 가지 이유와 변명이 얼마든지 있을 것입니다. 그러나 그럼에
도 불구하고 그에게는 올바른 동기뿐 아니라 올바른 수단이 결핍되었다
는 것 때문에 우리는 그의 선한 목적과 궁극적인 동기조차도 의심해야
하는 것입니다. 이것이 바로 여리고 길의 비극입니다. 만일 이 강도에
게 그 앞을 지나가고 있었던 나그네를 하나님의 형상대로 지음받은 한
인간으로 볼 수 있는 안목이 있었더라면, 내가 거룩한 하나님의 형상대
로 지음을 받은 사람인 것처럼 그래서 천하를 주고도 바꿀 수 없는 인
간의 가치를 인정하는 안목을 가지고 있었더라면 그가 과연 칼을 들 수
가 있었겠읍니까? 그러나 이 강도의 이야기 속으로 우리의 삶의 현장
을 도피시키지는 마십시오. 만일 우리가 아무리 좋은 목적이라 해도 그
목적을 위해서 잘못된 방법을 사용하기 시작할 때 우리는 강도가 걸은
그 길을 자신이 똑같이 걷고 있다는 사실을 깨달아야 합니다.

계속되는 말씀을 보십시오. 이 강도들에게 있어서 정말 가장 중요했
던 것이, 가장 필요했던 것이 무엇입니까? 우리는 다시 율법사에게로
돌아가서 이 율법사에게 주셨던 주님의 말씀을 다시 한번 기억해야 합
니다.

"율법에 무엇이라 기록되었으며 네가 어떻게 읽느냐 대답하여 가로되
네 마음을 다하며 목숨을 다하며 힘을 다하며 뜻을 다하여 주 너희 하
나님을 사랑하고 또한 네 이웃을 네 몸과 같이 사랑하라 하였나이다…

이를 행하라."

이 사람은 하나님을 사랑하는 것이 율법의 가장 중요한 계명이라고 서슴치 않고 인용할 수가 있었읍니다. 하나님을 사랑한다는 것이 어떤 의미입니까? 참으로 하나님을 사랑하기에 저와 당신이 하나님을 예배하지 않습니까? 예배한다는 것은 또 무엇입니까? 예배 정신의 가장 중요한 핵심은 무엇입니까? 그것은 드림입니다. 내가 하나님을 예배한다는 것은 하나님께 나 자신을 드리는 것입니다. 하나님은 나에게 영광과 존경과 찬양과 그리고 내 모든 것을 받기에 합당하신 분임을 알기 때문에 우리는 그분 앞에 엎드려 그분을 경배합니다. 경배한다는 것은 드리는 것입니다. 내 마음을 , 내 애정을, 내 생각을, 내 가장 중요한 것을 드리는 것입니다. 이렇게 해서 나는 하나님을 섬깁니다.

예배 정신이 잘못 변질되었을 때 우리는 하나님 앞에 무엇을 드리려고 하는 것보다 하나님에게서 무엇을 얻을 것인가에 더 많은 생각을 하기 시작합니다. 그것은 하나님을 사랑하는 것이 아니라 하나님을 이용하는 것에 불과합니다.

주님께서는 하나님을 사랑하고 그리고 네 이웃을 네 몸과 같이 사랑하라고 말씀하셨읍니다. 사실 인간의 사랑과 하나님의 사랑은 두 개의 별개의 사건일 수는 없습니다. 왜냐하면 우리는 형제에게서 하나님의 형상을 발견하기 때문입니다. 그래서 성경이 네 형제를 사랑하라, 네 아내를 사랑하라, 네 남편을 사랑하라고 말씀하는 것입니다. 이 인간 관계의 도덕적인 윤리를 강조할 때마다 성경은 우리에게 어떻게 가르칩니까? 네 남편에게 주게 하듯, 네 아내에게 주게 하듯, 네 고용인에게 주게 하듯 행하라고 가르칩니다. 만일 우리가 주변에 있는 사람들을 하나님의 형상을 닮은 존재라는 인식을 가지고 바라볼 수 있다면, 그리고 하나님의 뜻이 있어서 내 삶의 장에 그들을 보내 주셨음을 믿는다면 우리는 그들을 어떤 관심과 어떤 태도를 가지고 대해야 할까요? 여기서 우리가 참으로 하나님을 사랑하는지 그 여부가 판가름나게 됩니다.

이웃에 대한 사랑이 변질될 때 우리는 이웃을 사랑하기보다, 이웃을 섬기기보다, 이웃을 어떻게 도울 수 있을지를 생각하기보다 저 사람에게 무엇을 어떻게 빼앗을 수 있을 것인가에 더 큰 관심을 갖기 시작합니다. 그때부터 우리는 인생이라는 여리고 길에서 강도의 모습으로 변신하기 시작합니다. 총을 들고 있는 사람만 강도라고 말하지 마십시오. 내 인생관이 잘못될 때, 성경에 대한 적용이 잘못될 때, 내 삶에 대한 분명하고 바른 적용이 없을 때에 저와 당신도 이 강도의 모습과 똑같은 모습으로 설 수가 있는 것입니다. 그러므로 우리가 율법사처럼 나는 올바른 사람이라고 외쳐도 내 심장을 꿰뚫어 보시는 하나님 앞에서 나는 강도일 수가 있다는 사실에 우리는 놀라야 합니다. 이것이 성경의 도전입니다. 그리고 이때 우리는 이 세상에서 차라리 없었으면 좋을 사람으로 존재하고 있다는 사실을 기억하십시오. 이것이 성경의 신랄한 도전이요 지적입니다.

□ 제사장과 레위인

여기 두번째 종류의 사람들이 있읍니다. 그들은 제사장이고 또 레위인들입니다. 성경은 이들이 강도 만나 쓰러진 사람을 보고도 그대로 피하여 지나갔다고 말씀합니다. 이들은 이 사회의 지도자들입니다. 종교적인 지도자들입니다. 이들은 여리고 길에 이런 강도가 출몰하지 못하도록 하는 일에 앞장섰어야만 했던 사람들입니다. 아니, 최소한 희생자가 발견되었을 때 그를 돕는 일에 앞장서야만 했던 사람들입니다. 그런데 왜 이들은 피하여 지나가고 있읍니까? 그 이유는 무엇입니까?

우리가 이 길에서 이들을 만나서 물어 본다고 가정해 봅시다.

"제사장이여, 레위인들이여, 왜 이 사람을 외면하셨읍니까?"

아마도 가장 커다란 구실로 그들은 이런 이유를 내세웠을지 모릅니다.

『저는 하나님께 제사를 드려야 하기 때문에 바쁜 길을 가고 있던 중이 었읍니다. 종교적인 의무를 집행하기 위해서 이 길을 가고 있읍니다. 제게는 시간 약속이 있었죠.』

오늘 우리는 그럴 듯한 이유로 내가 해야 할 의무에서 도피할 수가 있읍니다. 이것이 바로 레위인과 제사장의 문제였읍니다.

오늘날 그리스도인들에게 있어서 가장 많이 오해되고 있는 신앙 생활의 내용 가운데 하나가 바로 예배입니다. 예배의 목적이 무엇입니까? 묻겠읍니다. 당신은 지금 왜 예배를 드리십니까? 예배를 드리시기 위해서 예배를 드리시는 것은 아니신지요? 우리가 예배를 드렸다, 내가 1년 52주 동안 단 한 번도 빠지지 않고 주일 예배 시간을 꼭 출석했다는 말들을 합니다. 그러나 한국 교회가 주일 성수를 강조하지만 하나님 앞에 서서 우리가 예배에 빠지지 않고 참석했다는 그 사실만으로 자랑이 될 수 없음을 기억합시다. 더 중요한 것은 예배의 목적입니다.

예배드린다는 것은 대단히 두려운 일입니다. 왜냐하면 예배를 드린다는 것은 하나님의 말씀을 듣는 것을 의미하기 때문입니다. 하나님이 내게 말씀하시는 그 말씀을 나는 듣습니다. 그리고 그 말씀 앞에서 내 삶에 대한 변화를 하나님 앞에서 강요당하게 될 것입니다. 예배는 변화를 의미합니다.

오늘날 한국 교회에서 예배에 대해 잘못된 생각을 갖고 있는데, 그것은 소위 예배를 둘러싼 종교적인 감상주의(sentimentalism)입니다. 어떤 사람들은 "예배를 드리니 참 기분이 좋더라. 예배를 안 드리고 골프를 치니까 기분이 별로인데. 그리고 1부 예배를 드리고 나서 골프를 치니 공도 잘 맞고 기분이 괜찮더라"고 말합니다. 예배의 의미를 그런 것에서 찾으려고 합니다. 왜 예배를 드리십니까? 우리가 예배를 얼마나 잘 드렸는가 하는 사실은 예배를 드리고 교회 문을 나선 후의 우리의 삶의 변화에 따라 판정되는 것입니다. 나는 이제부터 어떤 자세로 사람들을 만나는가? 그들에게 하나님의 사랑을 어떻게 말하고 주님께서 내게 주신 이 진리를 내 삶을 통해서 어떻게 반영하고 있는가? 이 것이 당신과 제가 얼마나 예배를 잘 드렸는가를 결정하는 시금석이 될 것입니다.

아니, 우리가 예배를 드리기 이전부터, 예배를 드리러 나오는 그 순간부터 우리의 삶은 예배를 드린다는 그 사실만으로도 변화를 요구받게 됩니다. 예배를 드리러 오신다면 그 순간부터 우리의 삶은 달라져야 합니다.

우리는 오늘 제사장과 레위인에게 이렇게 물어야 합니다.
"왜 당신은 이 사람을 외면하셨읍니까?"
『나는 예배를 드리러 가기 위해서입니다.』
예배를 왜 드리십니까? 왜 드리려고 합니까? 당신은 왜 기도하셨읍니까? 당신은 왜 성경 공부를 하셨읍니까? 당신은 왜 이 말씀을 들으셨읍니까? 예배 시간을 참석한 것 그것 외에는 아무런 다른 의미가 없는 예배라면 그 예배는 단순한 종교적인 감상에 불과한 것입니다. 우리가 예배를 드리고 하나님의 말씀을 들었다는 사실 때문에 우리의 가정에서, 직장에서, 모든 인간 관계에서 우리의 삶은 변해야 됩니다. 우리는 종종 예배의 목적을 망각한 채 예배의 참석 그 자체에만 의미를 부여하는 경우가 너무 많습니다.

예수님은 어느 날 이렇게 말씀하십니다.

"내가 원하는 것은 제사가 아니라 긍휼이니라."

이사야 선지자는 이사야서 1 장에서 이 사실을 얼마나 신랄하게 지적했읍니까?

"너희의 무수한 제물이 내게 무엇이 유익하뇨 나는 수양의 번제와 살

진 짐승의 기름에 배불렀고 나는 수송아지나 어린 양이나 수염소의 피
를 기뻐하지 아니하노라 너희가 내 앞에 보이러 오니 그것을 누가 너
희에게 요구하였느뇨 내 마당만 밟을 뿐이니라"(사 1:11-12).

우리에게 들려온 하나님의 고발인 것을 볼 수 있읍니다.

우리가 해야 할 가장 긴급한 일이 가장 중요한 일이 아닐 수도 있다
는 사실을 기억하십시오. 긴급한 일이 반드시 중요한 일은 아닙니다.
내가 그것을 빨리 해야 한다고 해서 그것이 가장 중요한 일은 아닙니
다. 불행한 사실은 우리의 삶이 의미없이 바쁘기만 하다는 것입니다.
그렇게 바쁘기는 한데 그 바쁜 것이 하나도 생산성이 없고 의미가 없읍
니다. 그저 바쁘기만 합니다. 우리의 인생의 우선 순위는 이 하나님의
말씀에 근거하여 정해져야 한다는 사실에 동의하신다면 중요한 것이 먼
저 와야 합니다. 제사장과 레위인에게 있어서 하나님의 형상대로 지음
받은 이 사람에 대한 애정이 마땅히 앞섰다면 그는 다른 더 많은 일들
을 핑계로 삼지 않았을 것입니다. 하나님 앞에 섰을 때 당신은 무엇이
가장 중요한 것이었다고 말씀하시겠읍니까? 이러한 가치관에 따라 내
인생의 길을 재조정할 수 있다면, 그것이 말씀에 의한 삶의 변화인 것
입니다.

그러나 우리는 제사장과 레위인에게 더 솔직한 질문을 던질 수가 있
읍니다.
"더 솔직하게 이야기해 보십시오. 왜 그대로 지나치셨읍니까?"
『사실은 귀찮아서 그래요. 귀찮아서.』
사람을 돌본다는 것은 귀찮은 일입니다. 그래서 우리는 인간으로부터
도피하기 시작하고, 의무로부터 도피하기 시작합니다. 그래서 우리는
차라리 혼자 살았으면 좋겠다는 로빈슨 크루소우 의식에 사로잡히기 시
작합니다.

저에게는 잊혀지지 않는 심방의 기억이 있읍니다. 중년이 지난 여집

사님이신데 혼자 사시는 분이었읍니다. 같이 여러 가지 이야기를 하다
가 그분이 던진 쓸쓸한 이야기가 제 가슴에 지금도 남아 있읍니다.
"목사님, 저는 젊었을 때 많은 사람들 틈바구니에서 살았읍니다. 사람
이 귀찮았읍니다. 그래서 저는 언제나 혼자 사는 것이 제 소원이었읍니
다. 그래서 저는 혼자가 되었읍니다. 친구들도 다 떠나고 남편도 일찍
죽고…저는 젊었을 때 제가 말한 것을 얼마나 후회하는지 모릅니다. 혼
자 살았으면 좋겠다는 그 말을요!"
왜 하나님께서 우리 주변에서 이 많은 사람들을 있게 하십니까? 이것
은 사람들을 섬길 수 있는 기회, 복음을 전할 수 있는 기회, 하나님의
사랑을 전달할 수 있는 기회로 볼 수 있다면 내 주변의 사람들을 귀찮
게 생각할 이유가 없지 않을까요? 이것은 놀라운 기회입니다.

　오늘날 우리는 당연히 해야 할 그 의무로부터 도피하면서 점점 더 이
사회에서 고독과 소외를 경험하고 있읍니다. 사실 제사장과 레위인이야
말로 여리고 길에 쓰러진 사람에게 가장 가까왔어야 할 이웃입니다. 그
러나 잘못된 의식 때문에 그들은 가장 먼 이웃이 되고 만 것입니다. 그
리고 그 비극은 지금도 계속되고 있읍니다. 그러나 이제 우리는 우리가
가장 관심을 가져야 할 이웃이 누구인지 알고 그 사람에게로 관심을 쏟
읍시다.

□ 선한 사마리아인

선한 사마리아인, 그는 있으나마나한 사람이 아니었읍니다. 있어도 영
향력이 없고 없어도 좋은 사람이 아니라 이 사람은 꼭 있어야 할 사람
입니다. 없어서는 절대로 안 될 사람입니다. 이 사람이 지금 지나가고
있읍니다. 성경은 이렇게 말합니다.

　"어떤 사마리아인…"

이 이야기를 듣는 순간 제자들과 유대인들은 그 당시에 커다란 충격을 받았을 것입니다. 왜냐구요? 유대인들에게 있어서 사마리아인은 가장 경멸을 받은 대상이었기 때문입니다. 상대도 하지 않았습니다. 하나님의 축복이나 은총이 도무지 임할 수가 없는 사람들이라고 생각했읍니다. 그런데 예수께서 말씀하십니다.

"어떤 사마리아인은 여행하는 중 거기 이르러 그를 보고 불쌍히 여겨 가까이 가서"(33-34절).

사마리아인, 사실 이 사람에게 아무런 기대도 하지 않았읍니다. 이 사람은 이런 장면에 등장해야 할 사람이 아닙니다. 그런데 예수께서는 그 당시의 통속적인 사회 관념을 깨뜨리십니다. 이것은 하나의 혁명적인 선언입니다. 사실 길에 쓰러진 희생자를 도와야 할 사람은 제사장이고 레위인이지 사마리아인은 아닙니다. 그런데 왜 이 이야기를 하십니까?

하나님은 우리의 신분에 관심이 없으시다는 사실을 기억합시다. 내가 목사라는 사실 때문에 하나님이 나에게서 어떤 감동을 받지는 않으십니다. 내가 장로이고, 내가 권사이고, 내가 집사이고, 내가 교회를 20년간 출석했고, 과거에 이런 화려한 경력을 가졌다는 것 때문에 하나님께서 나를 높이 평가하시지는 않습니다. 하나님은 내가 지금 하는 일에 관심을 가지십니다. 하나님은 내 명함이나, 내 지위나, 내 경력에 관심이 없으십니다. 그분은 현재 내가 무엇을 하고 있으며, 어떤 동기로 일하고 있는지를 살펴보고 계십니다.

다시 이 사마리아인의 모습을 지켜보십시오. 성경은 말합니다.

"어떤 사마리아인은 여행하는 중 거기 이르러 그를 보고…"

이 불쌍한 사람을 볼 수 있는 눈이 그에게 있었읍니다.

"그를 보고 불쌍히 여겨."

그에게는 불쌍히 여길 수 있는 가슴이 있었읍니다.

"가까이 가서."

그는 행동할 수 있는 발이 있었읍니다.

"기름과 포도주를 그 상처에 붓고."

그는 섬길 수 있는 손을 가지고 있었읍니다.

"자기 짐승에 태워 주막으로 데리고 가서 돌보아 주고."

그는 자기 자신을 희생하려는 결의가 있었읍니다. 그는 자기 짐승을 사용했고 주막에서 자기가 가지고 있는 두 데나리온을 지불했읍니다. 사랑은 값비싼 것입니다. 돈이 들지 않고 사랑할 수가 없읍니다. 시간이 들지 않고는 사랑할 수가 없읍니다. 우리가 내 근처에 있는 구체적인 한 이웃과 한 사람을 사랑하기 위해서는 돈도 써야 하고, 자기 희생을 하여야 하고, 시간을 들여야 합니다. 그런데 우리는 이 희생이 아까와서 사랑을 거절합니다. 이것이 여리고 길의 비극이며 저와 당신의 비극입니다.

사랑은 값비싼 것입니다. 어떤 분은 이렇게 말할지도 모릅니다. "그렇지만 제게는 이웃에게 내놓을 수 있는 단돈 한 푼이 없읍니다." 지금 저는 물질을 이야기하고 있는 것이 아닙니다. 물질 이전에 물질을 쓸 수 있었던 것은 먼저 마음을 줄 수가 있었기 때문입니다. 나를 요구하는 이웃들에게 정말 자신을 내어 줄 수 있는지 자문해 보십시오. 먹

고 살기도 힘든 세상에 언제 남에게 관심을 가지며, 또 성경 그대로 살
수가 있읍니까? 성경은 내 삶을 등한히 하고 외면하면서 이웃을 돌보
는 일에 전념하라고 무리하게 요구하고 있는 것은 아닙니다. 하나님은
우리의 필요를 아시고 가정에 대한 우리의 헌신적인 노력과 열정이 필
요하다는 사실도 잘 아십니다. 그래서 성경은 이렇게 가르칩니다.

"누구든지 자기 친척 자기 가족을 돌아보지 아니하면 그는 믿음을 배
반한 자요 불신자보다 더 악한 자니라."

그러나 성경의 선언은 거기에서 끝나지 않습니다. 성경은 한걸음 더 나
아가 이렇게 말씀합니다.

"그러므로 너희는 기회있는 대로 모든 사람에게 착한 일을 하라."

주님께서 우리에게 도전하십니다. 두꺼운 이기심의 껍질을 깨뜨릴 수
있는가 하고 말입니다. 내 이익, 내 가정, 내 손에 들어온 물질, 내 삶
의 영역, 이 껍질을 깨고 이제 사랑이신 하나님의 형상대로 지음받은
이웃을 향해서 뛰쳐나갈 수 있겠읍니까? 내 이웃의 상한 발을 씻길 수
있는 물수건을 준비하고 계십니까?

공간적으로 내 곁에 있는 사람이 반드시 이웃은 아닙니다. 현대인의
고독은 주변에 사람들이 많이 있지만 선한 사마리아인은 없다는 것이
비극입니다. 이것은 가정에서도 있는 비극이고 교회 속에서도 있는 비
극입니다. 우리는 남으로 왔다가 뿔뿔이 남으로 헤어집니다. 내 곁에
앉아 있는 사람이 어떤 고민과 어떤 눈물을 흘리고 있는지 모릅니다.
이 말씀을 이렇게 적용하지는 마십시오. 내가 도와 줄 사람을 찾기
위해서 먼 나라를 여행할 필요는 없읍니다. 삶을 살다 보면 주님께서
내 삶의 공간 속에 강도 만난 사람들을 보내 주십니다. 상처받은 사람,

눈물을 흘리는 사람, 그 심정이 아파서 견딜 수 없는 이웃과 형제 자매가 내 주변에 얼마든지 있습니다. 그런데 우리는 마음과 마음으로 만나지 못하고 있습니다. 우리는 홀로 왔다가 홀로 갈 뿐입니다. 내 곁에 살기 때문에 이웃이 아닙니다. 한 교회에 출석하기 때문에 이웃이 아닙니다. 내 상처와 눈물과 고독과 아픔을 어루만지며 싸매 줄 수 있는 사람이 이웃입니다.

당신은 언제 마지막으로 당신 곁에서 몸부림치고 괴로와하는 사람들의 신음소리를 듣기 위해서 귀를 여셨읍니까? 비틀거리고 아파하고 쓰러지는 이웃들을 보기 위해서 눈을 열어 보신 적이 있으십니까? 이런 삶을 누가 살 수 있읍니까?

우리는 모두 이 말씀 앞에서 이렇게 자복해야 합니다.
"하나님, 이대로 살 수가 없읍니다. 나는 죄인입니다."
그러나 여기서 끝나지는 마십시오. 우리는 한걸음 더 나아가야 합니다. 예수님을 바라보십시오. 그분은 자신을 주셨읍니다. 자신의 피를 뿌리셨읍니다. 이 예수님의 엄청난 사랑 앞에 압도된 바울 사도는 이렇게 말합니다.

"내가 그리스도와 함께 십자가에 못박혔나니 그런즉 이제 내가 산 것이 아니요 오직 내 안에 그리스도께서 사신 것이라 이제 내가 육체 가운데 사는 것은 나를 사랑하사 나를 위하여 자기 몸을 버리신 하나님의 아들을 믿는 믿음 안에서 사는 것이라"(갈 2:20).

나와 아무런 관련이 없이 얼굴색도 다르고 언어도 다른 유대인의 한 사람으로 찾아오신 나사렛 예수 그리스도께서 내 삶의 눈물과 고통과 고독과 모든 질병을 짊어지시고 십자가에 피흘려 돌아가셨읍니다. 이제 그리스도의 사랑이 우리의 영혼을 압도해 오고 있다면 내가 이 사랑에 취하여 연약하지만, 내 물질이 아까운 것을 알지만, 자신을 찢어내는 노력을 통해서 이웃의 형제 자매를 붙들고 그의 고독과 눈물과 상처와 신음소리를 듣고 그를 끌어안고 내 삶의 주막으로 돌아가 하나님의 사랑을 이야기할 수 있는 준비가 되어 있읍니까?

만일 우리 중의 한 사람이 어떤 사람에게 참으로 이웃이 되기로 결심한다면 고독해서 삶을 자폭했다는 비극은 없을 것입니다. 만일 우리 중의 어떤 학생이 어떤 한 젊은이를 향해서 이웃이 되기로 결심한다면 나에게 관심을 가져 주는 사람이 없기 때문에 하나님의 사랑과 기독교에 대해서 더 이상 추구해야 할 가치를 느끼지 못하겠다는 비극은 없어질 것입니다.

얼마 전에 미국 LA의 어느 교회 대학부 학생 한 명이 자살한 일이 있었읍니다. 그가 남긴 편지 한 장에는 "교회에 나가도 아무도 나를 돌봐 주는 사람이 없다"라는 글이 씌어 있었읍니다. 많은 군중 속에 밀려서 왔다가 그냥 떠나가지 마십시오. 돌아보십시오. 아는 사람들끼리 그만 몰려다니시고 쳐다보십시오. 그리고 누가 왜 괴로워하고 있는지 그 신음소리와 그 상처를 향해서 당신의 시선을 돌리십시오. 그리고 주머니가 비었거든 따뜻한 손을 내놓으십시오. 그리고 이렇게 말하기 시작합시다.

"형제님, 자매님, 당신에 대해서 알고 싶습니다."

벗의 떡 강청의 비유

누가복음 11 : 1~13

"예수께서 한 곳에서 기도하시고 마치시매 제자 중 하나가 여짜오되 주여 요한이 자기 제자들에게 기도를 가르친 것과 같이 우리에게도 가르쳐 주옵소서 예수께서 이르시되 너희는 기도할 때에 이렇게 하라 아버지여 이름이 거룩히 여김을 받으시오며 나라이 임하옵시며 우리에게 날마다 일용할 양식을 주옵시고 우리가 우리에게 죄 지은 모든 사람을 용서하오니 우리 죄도 사하여 주옵시고 우리를 시험에 들게 하지 마옵소서 하라 또 이르시되 너희 중에 누가 벗이 있는데 밤중에 그에게 가서 말하기를 벗이여 떡 세 덩이를 내게 빌리라 내 벗이 여행 중에 내게 왔으나 내가 먹일 것이 없노라 하면 저가 안에서 대답하여 이르되 나를 괴롭게 하지 말라 문이 이미 닫혔고 아이들이 나와 함께 침소에 누웠으니 일어나 네게 줄 수가 없노라 하겠느냐 내가 너희에게 말하노니 비록 벗됨을 인하여서는 일어나 주지 아니할지라도 그 강청함을 인하여 일어나 그 소용대로 주리라 내가 또 너희에게 이르노니 구하라 그러면 너희에게 주실 것이요 찾으라 그러면 찾을 것이요 문을 두드리라 그러면 너희에게 열릴 것이니 구하는 이마다 받을 것이요 찾는 이가 찾을 것이요 두드리는 이에게 열릴 것이니라 너희 중에 아비된 자 누가 아들이 생선을 달라 하면 생선 대신에 뱀을 주며 알을 달라 하면 전갈을 주겠느냐 너희가 악할지라도 좋은 것을 자식에게 줄 줄 알거든 하물며 너희 천부께서 구하는 자에게 성령을 주시지 않겠느냐 하시니라"
― 누가복음 11 : 1～13.

벗의 떡 강청의 비유

당신이 주님을 직접 만나 주님 앞에서 한 가지만 가르침 받기를 원한다면 무엇을 배우기 원하십니까?

저 같으면 이렇게 말할 것입니다.

"주님, 제가 설교를 할 때 자주 죽을 쑤는데, 어떻게 하면 말씀을 잘 전할 수 있는지 저에게 가르쳐 주옵소서."

또 어떤 분은 이렇게 말할지도 모릅니다.

"주님, 어떻게 하면 제가 돈을 더 잘 모을 수가 있을지 가르쳐 주옵소서."

그러나 본문에 나타난 제자들은 어느 날 예수님 앞에 나와서 이런 중요한 요청을 했읍니다.

"주님, 우리에게 기도를 가르쳐 주옵소서."

□ 배경

본문의 배경은 이렇습니다.

"예수께서 한 곳에서 기도하시고 마치시매 제자 중 하나가 여짜오되

주여 요한이 자기 제자들에게 기도를 가르친 것과 같이 우리에게도(기
도를) 가르쳐 주옵소서"(1 절).

어느 날 갑자기 제자들의 마음 속에 기도에 대한 갈증, 기도에 대한 목
마름이 일어나기 시작했습니다. 그것은 아마도 주님께서 기도하시는 모
습을 바라보고부터일 것입니다. 아마 어느 산허리에서 주님께서 하늘에
계신 아버지와 더불어 깊이 기도하시던 모습을 제자들이 엿보게 되었을
것입니다. 그리고 기도를 마치신 후 그 풀섶에서 일어나시는 예수님의
얼굴에 비취는 그 거룩한 광채, 설명할 수 없는 희열, 그 신비한 감동,
주님을 붙들고 있는 거룩한 빛 등 이런 것을 바라보면서 제자들의 마음
속에 "나도 주님처럼 기도하고 싶다"는 열망이 일어나기 시작한 것입니
다. 그래서 주님 앞에 나와서 부탁합니다.
"주님, 우리에게도 기도를 가르쳐 주십시오."
   참으로 경건하고 진실하게 하나님 앞에 열중하며 기도하고 있는 어떤
분의 모습을 곁에서 지켜보신 적이 있으십니까? 그처럼 아름답고, 그
처럼 참으로 귀한 순간이 없습니다.
   솔직히 말해서, 제가 제 아내에게서 가장 보기를 좋아하는 순간은 기
도하는 아내의 얼굴을 볼 때입니다. 그렇게 아름다울 수가 없습니다.

   장차 화가가 되기를 원하는 두 소년이 있었습니다. 그러나 집이 가난
해서 공부할 수 있는 여건이 두 소년에게 주어지지 못했습니다. 그래서
두 친구가 의논을 하다가 한 친구가 이런 제안을 했습니다.
"우리가 그림 공부를 하고 싶은데 형편은 안 되고, 이렇게 하면 어떻겠
니? 내가 도시에 나가서 일을 해서 네 학비를 대줄께. 네가 먼저 공부
하고 네 공부가 끝나면 그 다음에 네가 벌어서 나를 도와 공부할 수 있
으면 좋겠다."
좋다고 생각이 되었습니다. 그래서 이 의견을 제안한 친구가 도시에 나
가서 식당에서 열심히 일하여 자기 친구에게 학비를 보냄으로써 그 친

구는 미술학교에 들어가서 그림 공부를 열심히 하게 되었읍니다. 수 년이 흐르고 학교를 졸업할 때쯤 되어서 이 학생의 그림 실력은 놀랍게 발전을 하고 어느새 그가 그린 그림이 한 점 두 점 팔리기 시작했읍니다.

드디어 졸업을 앞둔 어느 날, 이 친구는 자기를 위해서 식당에서 열심히 일하며 희생한 친구의 도움이 너무도 감격스러워서 그 친구가 일하고 있는 식당을 찾아갔읍니다. 마침 이 친구는 자기의 사랑하는 친구를 위해서 식당 한 모서리에서 기도하고 있었읍니다.

"하나님 아버지, 내 친구가 어느새 졸업을 하게 된 것을 감사합니다. 그런데 하나님, 제가 식당에서 여러 해 동안 일하는 가운데 제 손은 더 이상 그림을 그릴 수 없도록 망가지고 말았읍니다. 그러나 제 친구가 앞으로 위대한 화가가 되어 하나님 앞에 영광을 돌릴 수 있도록 도와주십시오."

이렇게 기도하고 있는 친구의 손을 바라본 그 순간 이 화가 친구의 마음 속에 견딜 수 없는 한 감동이 그를 사로잡기 시작했읍니다.

"기도하고 있는 친구의 모습!"

친구의 손을 바라보면서 그는 자기가 가지고 있던 화선지를 꺼내어 친구의 기도하고 있는 손을 그리기 시작했읍니다. 그것이 유명한 앨버트 뒤러의 『기도하는 손』이라는 그림입니다.

기도하고 있는 사람의 모습을 바라볼 때 문득 기도가 메마른 내 삶을 보면서 이런 갈증이 일어나지 않은지요?

"나도 기도를 배우고 싶다. 주님, 기도를 가르쳐 주옵소서."

그리스도인의 삶은 기도로 시작됩니다. 신앙을 고백하는 순간 기도 학교의 입학생이 됩니다. 그리고 그 날부터 평생을 통해서 배워야 할 그리스도인의 중요한 교훈은 이 기도의 교훈입니다.

본문에서 예수께서는 기도의 교훈을 가르치십니다. 본문은 두 단락으로 나누어집니다. 첫 단락은 2절 이하 4절까지이며, 둘째 단락은 5절 이하 13절까지입니다. 첫 단락에서 주님께서는 먼저 유명한 주의 기도문을 말씀해 주십니다. 그 다음 둘째 부분에서는 밤중에 떡을 빌리러 온 친구의 비유를 말씀하십니다. 이 두 가지는 어떤 관련이 있습니까? 처음에 주의 기도를 통해서 주님은 제자들에게 기도의 내용이 무엇이어야 하는지를 가르치십니다. 그 다음 비유를 통해서는 어떻게 기도할 것인지 기도의 방법을 가르치십니다.

□ 기도의 내용

먼저 주기도문을 통해서 우리가 배워야 할 기도의 내용에 대해서 생각해 보겠습니다. 『주의 기도』 또는 『주기도문』으로 불리우는 이 기도는 단지 우리가 이 기도를 암송하는 데에 그 의미가 있는 것이 아닙니다. 우리는 흔히 이 기도를 "내가 암송했다" 또는 "알고 있다"라고 말합니다. 그래서 다른 사람들이 기도할 때 나도 같이 주기도문을 암송할 수가 있다는 사실만으로 만족하는 수가 많습니다. 그러나 이 기도는 본래 우리로 하여금 암송이나 하라고 주신 말씀은 아닙니다.

주께서 말씀하십니다.

"너희는 기도할 때에 이렇게 하라"(2절).

주님께서는 기도의 모본을 제시하십니다. 이 기도를 통해서 우리는 기도의 진정한 정신과 내용이 어떤 것이어야 하는가를 배울 수가 있습니다. 이 기도 속에는 양식을 달라는 기도가 포함되어 있읍니다. 또 용서해 달라는 기도도 포함되어 있읍니다. 또 시험에서 우리를 보호해 달라는 승리와 보호에 대한 기도도 포함되어 있읍니다. 그러나 이것이 주기도문의 초점이 아닙니다.

주기도문의 가장 중요한 핵심은 어디에 있읍니까? 그것은 첫머리 부분입니다. 주기도문은 이렇게 시작합니다.

"아버지여 이름이 거룩히 여김을 받으시오며 나라가 임하옵시며 뜻이
하늘에서 이룬 것과 같이 땅에서 이루어지이다."

그런데 우리 말 번역 속에 중요한 것이 하나가 빠져 있습니다. "아버지
이름"이라고 할 때 그냥 이름이 아닙니다. "당신의 이름"입니다.

"(당신의) 이름이 거룩히 여김을 받으시오며 (당신의) 나라가 임하옵
시며 (당신의) 뜻이 이루어지이다."

내 뜻이 아닙니다. 내 소원도 아닙니다. 우리는 보통 기도를 생각할 때
자기의 소원 성취 정도로만 생각합니다. 그런데 기도는 당신의 뜻, 주
님의 뜻, 주님의 나라, 주님의 영광을 말합니다. 물론 우리는 우리의 소
원을 성취하기 위해서 기도할 수 있습니다. 기도에 그런 측면이 있는
것이 사실입니다. 그러나 기도의 더 중요한 핵심, 기도의 더 중요한 내
용, 기도의 가장 중요한 비밀은 **하나님의 뜻**입니다. 하나님의 나라입니
다. 하나님의 영광입니다. 하나님의 명예입니다. 우리의 기도가 참으로
성숙하기 위해서는 바로 그런 것들을 위해서 기도할 수 있어야 합니다.

　저는 제 아이들을 데리고 가게를 가는 것이 사실 겁이 납니다. 아이
들이 저에게 무엇을 사달라고 부탁할 것 같습니까? 장난감뿐이 아닙니
다. 닥치는 대로 사달라고 합니다. 그러나 최근에는 조금씩 달라지기
시작했습니다. 성숙하면서부터 현저히 달라지는 현상이 있습니다. 그것
은 제 아들들이 아버지인 제 눈치를 살피기 시작했다는 사실입니다. 그
래서 어느 것을 사달라고 하면 아버지가 그것을 사줄 것인가, 또 어느
것을 달라고 하면 아버지가 좋아할까를 생각합니다.
　얼마 전에 한번은 기독교 서점에 간 일이 있었습니다. 큰 아들 황이

가 성구가 들어 있는 카드를 보더니 "아빠, 이것 사줘"라고 말하면서 이미 그것을 사줄 것이라는 확신의 미소를 던집니다. 왜냐하면 그런 것을 사달라고 할 때 아버지가 좋아하리라는 것을 알았기 때문입니다. 그동안 아버지를 파악하는 일에 수 년간 능숙해진 까닭입니다.

무엇을 달라고 하면 아버지가 기뻐할 것인지 아는 것이 성숙에 따른 변화입니다.

우리가 그리스도인이 되면 처음에는 닥치는 대로 기도하기 시작합니다. 물론 거기에서부터 시작해야 합니다. 얼마든지 하십시오. 우리의 문제는 그것조차도 안 한다는 것입니다. 그러나 우리의 기도는 점점 성숙해지지 않으면 안 됩니다. 기도의 성숙은 우리는 무엇을 위해서 기도해야 할 것인지, 어떤 기도가 아버지의 마음을 기쁘게 할 것인지, 하나님은 무엇을 가장 좋아하시는지, 이런 문제를 파악할 때 이루어집니다. 신앙 생활에서 절대의 관심은 **하나님의 뜻을 아는 일**에 있어야 합니다.

"내가 하나님의 모든 자비하심으로 너희를 권하노니 너희 몸을 하나님이 기뻐하시는 거룩한 산제사로 드리라 이는 너희가 드릴 영적 예배니라 너희는 이 세대를 본받지 말고 오직 마음을 새롭게 함으로 변화를 받아 하나님의 선하시고 기뻐하시고 온전하신 뜻이 무엇인지 분별하도록 하라"(롬 12:1-2).

어떻게 우리는 아버지의 뜻을 분별할 수 있읍니까? 아버지께서 무엇을 원하시는지 어떻게 알 수가 있읍니까? 성경을 통해서입니다. 성경을 읽으면서 우리는 아버지의 뜻을 알게 됩니다. 또 성경을 읽는 사람마다 성경에 나타난 그 아버지의 뜻이 이루어 지도록 기도하지 않을 수 없게 됩니다. 진정한 성경 공부는 하나님 앞에 무릎을 꿇도록 우리를 인도합니다. 또 참으로 성경 공부를 한 사람마다 기도하게 됩니다. 또 기도하는 사람마다 이 하나님의 뜻을 더 잘 알기 위해서 말씀을 펼치지 않을 수 없게 되는 것입니다.

그렇습니다. 그래서 우리는 모든 것을 기도할 수가 있습니다. 주님께서는 기도의 영역이나 범주를 제한한 일이 없으십니다. 그래서 양식을 위해서 기도하고, 사업의 발전을 위해서 기도하고, 새로운 사업의 처소를 얻을 수 있도록 기도합니다. 그러나 그럼에도 불구하고 먼저 기도해야 할 것이 있습니다. 하나님의 나라, 하나님의 뜻, 하나님의 영광을 위해서 먼저 기도해야 합니다.

선교사들을 위해서 기도하십니까? 그들이 나와는 아무런 상관이 없다고 생각하십니까? "땅끝까지 이르는 내 증인이 되라"는 이 명령이 우리를 향한 주님의 도전이고 교훈이라면, 아프리카에서 전도하고 있는 그들이 내가 가야 할 그곳에서 나를 대신해서 복음을 전하고 있는 사람들이라면, 우리는 정말 하나님의 뜻이 그들을 통하여 이루어지도록 그들을 위해서 참으로 기도해야 하지 않을까요?

때때로 우리의 기도는 너무 좁은 이기적 태도를 벗어나지 못하고 있는 것은 아닌지요? 우리는 하나님의 영광과, 하나님의 나라와, 하나님의 거룩한 관심에 초점을 맞추어 아버지의 기뻐하시는 바가 우리의 삶, 우리의 사역 속에 이루어지도록 기도해야 합니다.

□ 기도의 방법

둘째로, 밤중에 떡을 빌리러 온 친구의 비유를 보겠습니다. 주께서 왜 이러한 비유를 말씀하십니까? 기도의 방법을 우리에게 알려 주시기 위해서입니다. 어떻게 기도할 것인지 본문 5절 이하의 말씀을 보겠습니다.

"또 이르시되 너희 중에 누가 벗이 있는데 밤중에 그에게 가서 말하기
를 벗이여 떡 세 덩이를 내게 빌리라 내 벗이 여행 중에 내게 왔으나
내가 먹일 것이 없노라 하면 저가 안에서 대답하여 이르되 나를 괴롭
게 하지 말라 문이 이미 닫혔고 아이들이 나와 함께 침소에 누웠으니
일어나 네게 줄 수가 없노라 하겠느냐 내가 너희에게 말하노니 비록
벗됨을 인하여서는 일어나 주지 아니할지라도 그 강청함을 인하여 그
소용대로 주리라"(5-8 절).

이 비유의 초점은 어디에 있읍니까? 우리는 어떻게 기도해야 합니까?
두 가지입니다. 하나는 **지속적으로** 기도해야 하며, 또 하나는 **믿고** 기
도해야 합니다. 이 두 가지 교훈을 전달하시려고 주님께서 이 비유를
말씀하신 것입니다.
"지속적으로 기도하라. 신뢰하고 믿음으로 기도하라."

밤중에 떡을 빌리러 왔읍니다. 그런데 그 친구가 밤중에 왔다고 해서
우리가 사절을 할 수가 있읍니까? 아니 사절을 했다고 가정합시다. 그
래도 이 친구는 계속해서 문을 두드리면서 이렇게 말합니다.
"친구여, 문을 여시오, 내가 오늘 떡 세 덩이가 없으면 나와 내 식구들
의 생명이 위험하오. 꼭 나를 도와 주시오."
마침내 집주인은 만일 그 요청을 들어 주지 않으면 친구가 그 자리를
떠나지 않으리라는 생각 때문에 일어나 내키지는 않지만 할 수 없이라
도 떡을 줍니다.
이 사건을 이렇게 적용하지는 마십시오. 하나님은 굉장히 주기를 원
하시지 않는 분인데, 우리가 막 졸라대면 할 수 없이 주시는 분이라고
요. 이런 방면으로 감동을 받으시면 안 됩니다. 이 말씀은, 예수께서 비
유를 말씀하시면서 이렇게 해서라도 사람들은 자기의 필요를 얻는데 하
물며 하나님이 어떤 분이신데 그것을 안 주시겠느냐는 교훈을 하시는
것입니다. 하나님은 어떤 분이십니까? 하나님이 억지로 주시는 그런

분인가요?

이 약속의 말씀을 기억하십니까?

"자기 아들을 아끼지 아니하시고 우리 모든 사람을 위하여 내어 주신
이가 모든 것을 우리에게 은사로 주지 아니하시겠느뇨"(롬 8:32).

그렇다면 그 하나님이 어떻게 우리의 기도를 안 들어 주실 수 있단 말
입니까?

묻습니다. 하나님은 주무시는 하나님이십니까? 그래서 밤중에 가서
우리가 흔들어 깨워야만 마지못해 일어나시는 그런 하나님이신가요?
아니 성경은 하나님을 어떻게 묘사하고 있읍니까? "졸지도 아니하시고
주무시지도 아니하시는 이스라엘의 하나님"이라고 했읍니다. 사람들은
어떻게 해서라도 필요를 얻으려 하는데, 그런데 하나님은 그보다 더 후
하시고, 그보다 더 관대하시고, 그보다 더 사랑이 많으시고, 아니 성경
에 나타난 그 하나님은 잠들 수 없는 하나님이십니다. 그러므로 나 개
인에 대한 애정과 관심 때문에 그분은 졸지도 아니하시고, 주무시지도
아니하시고, 내 머리카락까지 세시며, 내 삶의 모든 현장을 통찰하시
며, 나에게 관심을 가지시고, 나를 지켜보시는 그러한 하나님이신데 왜
기도하지 않습니까? 그것이 본문에서 도전하고자 하는 바입니다.

어느 분들은 이런 충고를 합니다.
"기도란 한 번만 하는 것이지 두 번, 세 번 하는 것이 아니다 "(한 제목
에 대해).
혹 주위에서 그런 소리를 들어 보셨는지요?
"하나님이 이미 기도를 들으셨는데 두 번 세 번 할 필요가 있겠는가?"
그러나 그렇지 않습니다. 기도는 계속해야 합니다.
바울 사도는 육체의 가시가 제거되도록 세 번씩 기도한 모습을 볼 수

있읍니다.

예수께서 십자가를 지시던 전날 밤 겟세마네 동산에서 이런 기도를 드렸읍니다.

"아버지여 만일 할 만하시거든 이 잔을 내게서 지나가게 하옵소서 그러나 나의 원대로 마옵시고 아버지의 원대로 하옵소서"(마 26:39).

이 기도를 주님께서 한 번만 하셨읍니까? 아닙니다. 두 번, 세 번 반복하십니다.

중언부언의 기도란 같은 말을 또 하는 것을 말하지 않습니다. 중언부언이란 마음이 없이 형식적으로만 되풀이하는 것을 뜻합니다. 어떤 기도는 주님이 들어 주실 때까지 계속해야 할 필요가 있읍니다.

왜 당장 안 주십니까? 그것은 이유가 있읍니다. 그러나 여기에서 강조하고 싶은 것은 우리는 지속적으로 기도하고 있는가 라는 사실입니다. 그래서 밤중에 문을 두드린 친구의 요청을 거절할 수 없다고 판단한 이 사람이 문을 열어 할 수 없이 그 요청을 들어 준 이야기를 말씀하시면서 그 다음에 계속되는 주님의 교훈은 무엇입니까?

"구하라 찾으라 문을 두드리라."

이 구절을 좀더 정확하게 번역하면 이것은 단순히 그냥 구하라는 이야기가 아닙니다. "계속해서 구하라, 계속해서 찾으라, 계속해서 문을 두드리라"는 것입니다. 그런데 우리는 한 번만 기도하고 중단하지는 않는지요? 그 기도가 정말 마음 속의 열망이라면 왜 계속하지 않으시나요? 왜 안 하십니까?

이 비유의 또 하나의 초점은 믿고 기도하라는 것입니다. 밤중에 떡 세 덩이를 빌리러 온 사람과 집주인과의 관계는 친구였읍니다. 자정이 넘어 밤중에 찾아가서 이렇게 부탁할 수 있는 용기가 어떻게 생겼읍니까? 친구이기 때문입니다. "내가 부탁하면 친구가 어떻게 안 들어 줄 수가 있겠는가"라는 친구에 대한 신뢰 때문입니다. 믿음 때문입니다.
이제 본문에서 예수님의 교훈은 좀더 계속됩니다.

"너희가 악할지라도 좋은 것을 자식에게 줄 줄 알거든 하물며 너희 천
부께서 구하는 자에게 성령을 주시지 않겠는가"(13절).

이제 친구의 관계에서 부자의 관계로 넘어갑니다.
"(아버지가) 자식에게 좋은 것을 줄 줄 알거든."
우리의 자녀들이 왜 이렇게 달라고 합니까? 저희들이 무슨 권리가
있다고 아버지에게 와서 그렇게 떳떳하게 달라고 말할 수가 있다는 말
입니까? 자격이 있기 때문입니다. 아들이라는 자격입니다. 친구라는
것, 이 친구라는 관계 때문에 나와서 부탁하는 것입니다. 아들이기 때
문에 아버지에게 담대하게 요청하는 것입니다.
우리의 자녀들은 얼마나 부모를 믿고 있습니까?
"아빠, 나 이것 해줘요. 믿어요."
이 믿음, 이 신뢰, 이 신뢰를 저버릴 수 없기 때문에 우리는 자녀들에
게 좋은 것을 베푸는 삶을 살고 있지 않지요? 그 바탕에 흐르고 있
는 가장 중요한 맥락은 무엇입니까? 믿음입니다. 친구를 믿습니다. 그
래서 밤중이라도 찾아가서 문을 두드릴 수 있는 용기가 있습니다.
이것은 위기가 생겼을 때만 기도하라는 것은 아닙니다. 평소에도 기
도해야 합니다. 어떤 사람들은 이렇게 말합니다.
"나는 평소엔 기도하지 않으면서 위기가 생겼다고 이럴 때만 기도하는
것이 얌체같아 아예 기도를 안 하겠다."
그렇다면 하지 마십시오. 그렇게 하면 점점 더 비참하게 될 것입니다.
그러나 그때라도 기도하시기 바랍니다. 중요한 것은 믿음입니다. 얼마
나 우리는 이 신뢰에 바탕을 두고 기도하고 있습니까? 믿고 기도하십
니까? 그리고 계속해서 기도하십니까? 하나님께서 영광스러운 그 응
답을 주실 때까지 기도하십니까?

죠지 뮬러를 가리켜서 우리는 『기도의 성자』라고 말합니다. 기도에 관해서 모든 교회사에 살고 있었던 사람들에게 커다란 감동을 끼쳤던 죠지 뮬러는 자기 평생을 통해서 구체적으로 기도 응답을 받았다고 생생하게 기억할 수 있는 사건만 무려 5 만 가지라고 합니다. 5 만 가지의 기도 응답!

그런데 죠지 뮬러가 가장 시간을 많이 들여 한 기도 제목이 있습니다. 그것은 자기가 어렸을 때부터 같이 삶을 나누었던 5 명의 친구들의 구원 문제를 위해서 기도한 일이었습니다. 뮬러는 다섯 명의 친구를 위해서 계속 기도했습니다. 한 사람, 두 사람 믿기 시작합니다. 그런데 끝까지 안 믿는 친구가 두 사람입니다. 뮬러는 이 두 친구를 위해서 얼마나 기도했는지 모릅니다. 무려 52 년간 두 친구의 구원을 위해서 기도했습니다. 그래도 안 믿습니다.

뮬러는 이제 노년이 되어서 병석에 눕게 되었습니다. 그리고 그는 서서히 자기 인생의 마지막 날이 가까와 오는 것을 느끼게 되었습니다. 어느 날 그는 있는 힘을 다해서 주변 사람들에게 부탁을 했습니다.
"내가 오늘 우리 사랑하는 교회에서 말씀을 전할 수 있는 특권을 주십시오."
그는 자기 인생의 마지막 남은 힘을 가지고 간절하게 최후의 설교를 했습니다. 마지막 설교를 하던 그 날 그의 한 친구가 거기에 참석했다가 뮬러 목사님의 설교를 듣고 회개하고 예수님을 믿게 되었습니다. 그래도 나머지 한 친구는 안 믿었습니다.

뮬러가 세상을 떠났습니다. 그 후에 그때까지 안 믿고 있었던 한 친구가 뮬러의 죽음의 소식을 듣게 되었습니다. 그런데 특별히 그는 뮬러가 자기를 위해서 52 년간이나 기도했다는 소식을 들었습니다. 뮬러가 죽은 바로 그 해 그 소식을 들은 이 친구는 결국 예수를 믿게 되었습니다. 믿고 나서 그 친구가 전 영국 땅을 순회하면서 이런 간증을 했습니다.
"뮬러 목사님의 기도는 다 응답되었습니다. 그리고 저는 그 최후의 응답입니다."

　본문의 말씀을 접하면서 저는 당신에게 이 말씀에 근거해서 겸손히 그러나 확신있게 이렇게 선포합니다.
"당신의 모든 기도는 다 응답됩니다."
그러면 당신들 가운데 어느 분은 이렇게 반문할 것입니다.
『그런데 내 기도는 왜 아직도 응답되지 않았습니까?』
많은 경우에 하나님은 기다리게 하십니다. 그 기다리게 하는 이유가 무엇일까요?

　지난 해부터 제 아들 황이가 제게 부탁하는 것 한 가지가 있습니다. 그것은 자전거를 사달라는 것입니다. 사실은 한 3년 전부터 부탁을 했는데, 제가 안 사줬읍니다. 그런데 지난 해에 어느 성도 한 분이 쓰시던 자전거를 선물하셨습니다. 굉장히 감사했읍니다. 그러나 처음에 저는 몰랐는데 그 자전거가 여자용이랍니다. 그러면서 황이가 남자 자전거를 사달라고 합니다. 1년 이상 조르는데 제가 계속 버티고 있었읍니다. 그러나 저에게는 계획이 있읍니다. 돌아오는 그 아이 생일날 틀림없이 자전거를 사줄 것입니다. 그래서 지금도 황이는 기다리고 있읍니다.
　그런데 제가 왜 기다리게 합니까? 두 가지 이유가 있읍니다. 무엇이든지 달라고 할 때 즉시 주어 버리면 너무 불로소득의 정신을 가르치는 것 같아서이고, 또 한 이유는 기도를 가르치겨는 것입니다. 그래서 황이가 계속 기도합니다. 계속 기도하면 하나님이 기도를 응답하신다는 교훈을 하나 더 가르치고 싶어서입니다. 이제 얼마 안 있으면 제 아들의 기도는 응답될 것입니다. 그리고 제 아들은 또 하나의 놀라운 교훈을 배우게 될 것입니다. 기도하면, 계속 기도하면 반드시 그 기도가 응답한다는 사실을 말입니다.

많은 경우에 주님께서는 우리에게 지속적인 기도의 삶의 중요성을 가르치시기 위해서 우리를 기다리게 만드십니다. 기다리라는 이 하나님의 선언을 기도의 응답이 아닌 것으로 생각하지 마십시오. 그것도 응답입니다.

한걸음 더 나아가서 이런 것도 응답입니다.

"안 돼."

왜냐하면 그 응답이 그에게 좋지 않은 것을 가져다 줄 수 있기 때문입니다.

저는 개인적으로 과거에 제가 기도했던 어떤 기도를 하나님께서 응답해 주시지 않은 것이 얼마나 감사한지 모르겠읍니다. 저는 결혼 전에 지금의 아내 아닌 다른 여인과 연애를 했읍니다. 저는 그녀와의 결혼을 관철시키기 위해서 금식기도까지 해보았읍니다. 그런데 그것이 이루어지지 않았읍니다. 만일 하나님께서 그때 그 기도를 응답하셨다면 나는 어떻게 되었을까 생각해 봅니다. 그런데 지금 생각하니 제게 꼭 어울리는 더 좋은 아내를 허락하신 하나님의 은혜가 얼마나 감사한지 모르겠읍니다.

하나님께서 우리에게 더 좋은 것을 주시려는 놀라운 계획이 있을 때 하나님께서는 때때로 우리 기도를 그런 방법으로 응답하시기도 합니다.

지금도 생생한 기억이 있읍니다. 수 년 전 제가 칼을 가지고 무엇을 자르고 있을 때 황이가 그 칼을 달라는 것입니다. 저는 칼을 줄 수가 없다고 생각했읍니다. 그대신 가위를 하나 사주었읍니다. 칼보다 가위가 공작하는 데 도움이 되고 안전할 것 같아서입니다.

그런 사건들이 얼마나 많습니까? 우리는 한치 앞을 내다보지 못하는 인생인 것을 기억합시다. 그리고 많은 경우에 내 소원대로 안 이루어 주신 하나님께 더 감사하게 되는 것을 바라보십시오. 저는 이런 생각을 해봅니다. 주님 앞에 서는 날 내 평생의 발자취를 돌이켜 보며, 그때 그렇게 응답하지 않으시고 이렇게 응답하신 것을 감격스러운 심정으로 회고하게 되지 않겠는가 하고 말입니다. 그런 것도 응답인 것을 기억하십시오.

□ 결론

본문의 마지막 구절을 조심스럽게 살펴보시기 바랍니다. 많은 경우에
우리는 이 부분은 그냥 지나칩니다.

"너희가 악할지라도 좋은 것을 자식에게 줄 줄 알거든 하물며 너희 천
부께서 구하는 자에게 성령을 주시지 않겠느냐 하시니라"(13 절).

본문에서 성령 이야기가 왜 등장합니까? 얼핏 읽으면 이것은 문맥을
탈피한 선언 같습니다. 기도하는 그 순간 하나님께서 응답을 주시지 않
을지도 모릅니다. 그러나 그 순간 하나님의 응답이 있습니다. 하나님께
서 주시는 것이 있습니다. 그것이 바로 성령입니다. 우리가 기도하는
그 순간 성령의 역사가 시작됩니다. 내가 어떤 문제를 위해서 기도했을
때, 선교사를 위해서 기도했을 때 그 순간 성령께서 역사하십니다. 아
프리카에서 남아메리카에서 실망과 좌절에 빠지려고 하는 어느 선교사
의 마음을 성령께서 감동시키시며 그를 일으켜 하나님의 복음을 전하게
하시는 위대한 역사를 그 순간 즉각적으로 시작하십니다. 성령은 모든
좋은 것의 근원이십니다. 그리고 성령 그 자체가 가장 좋은 것입니다.
성령은 하나님의 영이십니다. 다시 말하면 성령은 하나님 자신이십니다.

"도대체 기도한다는 것이 무엇입니까?"라는 질문을 받은 유명한 성
테레사는 이런 대답을 했습니다.
"기도란 하나님으로 내 마음을 가득히 채우는 것이며, 기도란 하나님을
알아 가는 것입니다."
이 정의가 얼마나 아름다운 정의인지 모릅니다. 당신이 어떤 사람에
게 가서 무엇을 부탁할 경우가 있습니다. 예를 들어 취직을 부탁할 수

가 있습니다. 그런데 그 부탁을 거절당할 가능성이 많습니다. 그러나 그 부탁을 하면서 많은 이야기를 주고받는 가운데 중요한 한 가지 수확을 얻게 될 것입니다. 그것은 그 사람이 어떤 사람인가를 알게 된다는 사실입니다.

우리가 어떤 기도 제목에 관해서 그 구체적인 응답을 바로 받지 못할지는 모릅니다. 그러나 우리가 기도를 통해서 얻게 되는 놀라운 수확이 있습니다. 기도를 통해서 우리는 하나님을 알게 됩니다. 그 하나님이 어떤 분이시며, 그 하나님이 얼마나 영광스러운 분인지를 알게 됩니다. 그러면서 우리는 그 하나님과 깊이 사귀기 시작합니다. 그것은 기도의 더 위대한 부수적 수확물입니다. 그것은 더 위대한 하나님의 축복입니다. 하나님을 깊이 알게 됩니다. 그러면서 기도하는 나에게 하나님은 당신의 심장을 떼어 주십니다. 하나님의 영을 주십니다. 그래서 하나님의 성령이 내 마음을 지배하고, 내 영혼을 지배하고, 내 삶을 지배해서 하나님과 함께 삶을 사는 이 행복, 이 희열, 이 환희, 이것이 기도의 체험입니다.

성령께서 얼마나 놀라운 분이시며, 얼마나 아름답고 위대한 분이신가를 우리는 앞으로 배우게 될 것입니다. 그러나 기억하십시오. 이 기도하는 그 순간 하나님은 성령을 통해서 응답하십니다. 성령의 역사를 시작하십니다. 기도는 가장 위대한 드라마입니다. 보이지 않지만 내가 기도하는 그 순간 역사의 배후에서, 보이지 않는 무대 저편에서, 아니 보이지 않는 영적인 세계에서 하나님은 성령님을 통해서 천사들을 동원하고 내 기도에 대한 위대한 응답을 위해서 역사를 설계하고 역사의 무대를 장악하시고 주관하십니다. 이것이 기도의 특권입니다.

묻습니다.

당신은 기도하시나요?

기도하시면서 하나님 앞에서 하나님을 알아가는 이 기도의 행복을 체험하고 계신지요?

빈 집의 비유

누가복음 11 : 23~28

"나와 함께 아니하는 자는 나를 반대하는 자요 나와 함께 모으지 아니하는 자는 헤치는 자니라 더러운 귀신이 사람에게서 나갔을 때에 물 없는 곳으로 다니며 쉬기를 구하되 얻지 못하고 이에 가로되 내가 나온 내 집으로 돌아 가리라 하고 와 보니 그 집이 소제되고 수리되었거늘 이에 가서 저보다 더 악한 귀신 일곱을 데리고 들어가서 거하니 그 사람의 나중 형편이 전보다 더 심하게 되느니라 이 말씀 하실 때에 무리 중에서 한 여자가 음성을 높여 가로되 당신을 밴 태와 당신을 먹인 젖이 복이 있도소이다 하니 예수께서 가라사대 오히려 하나님의 말씀을 듣고 지키는 자가 복이 있느니라 하시니라"

— 누가복음 11 : 23~28.

빈 집의 비유

수 년 전 미국 교회의 교인들의 영적인 상태를 진단하는 어떤 보고서에 다음과 같은 사실이 지적된 적이 있었읍니다.

"오늘날 미국 교회 교인들의 95 퍼센트는 수동적이고 소극적인 교인들이며, 그들의 영적인 상태와 교회 생활의 모습은 일종의 『벤치 와머』(bench warmer : 의자의 앉은 자리를 따뜻하게 하는 정도의 사람)에 불과하다."

예배당에 나와서 한 시간 동안 예배를 드리면서 의자를 따뜻하게 하고 사라지는 것, 그것 외에는 별로 의미를 지니지 못하는 교인들이 95% 나 된다는 지적입니다. 그러면서 이 보고서는 단지 5% 의 그리스도인들만 능동적이고 적극적인 신앙 생활을 하고 있다고 기록했읍니다.

아마도 이 통계는 오늘날 한국 교회 교인들에게도 크게 다를 바가 없을 것이라고 생각합니다. 95% 의 소위 명목상의 교인들은 의식적으로 하나님을 부인하지는 않습니다. 그들도 하나님을 인정합니다. 이들은 대부분 일 주일에 단 한 번 습관적으로 교회에 얼굴을 내밀지만 그 이상으로 신앙이 그들의 삶 속에 던져 줄 수 있는 영향력을 거부하거나 외면합니다.

동양권의 교인들에게 있어서는 그와 같이 신앙 생활을 하고 있는 자신의 모습을 정당화할 수 있는 철학적인 배경이 있읍니다. 그것이 소위 『중용의 덕』입니다. 지나치게 열중할 필요도 없고, 또 지나치게 냉담할 필요도 없다는 생각입니다. 그래서 모든 것을 적당하게 하는 것이 좋다는 사고 속에 빠져 있읍니다. 그런데 이런 의식이나 사고가 지닌 가장 중요한 문제점은, 이것이 능동적이며 적극적이어야 할 우리의 신앙 생활을 저해할 수 있는 중대한 요인이 된다는 것입니다. 왜냐하면 신앙에 관한 한 우리는 그런 중립적인 자리를 고수하면서 머물 수는 없기 때문입니다. 하나님께 대한 우리의 마음과 태도가 중용의 자리에 설 수는 없읍니다.

□ 빈 집의 허상

성경적 신앙은 철저한 선택을 요구합니다. 왜냐하면 성경적 신앙은 철저한 헌신을 통해서만 비로소 그 빛을 발할 수가 있기 때문입니다. 본문은 이런 사실들을 예리하게 지적하고 있읍니다.

주님의 말씀을 보십시오.

"나와 함께 아니하는 자는(적극적으로 그리고 능동적으로 나와 함께 아니하는 자는) 나를 반대하는 자요 나와 함께 모으지 아니하는 자는 (적극적으로 그리고 능동적으로 나와 함께 모으지 아니하는 자는) 헤치는 자니라"(23 절).

주님께서는 한걸음 더 나아가서 예수 그리스도와의 적극적이며 능동적인 관계를 맺기를 거절하는 사람들의 영혼의 상태를 "빈 집"에 비유하셨읍니다. 더러운 귀신이 어떤 사람에게서 나갔읍니다. 그는 물 없는 곳으로 다니며 쉬기를 구하다가 얻지 못하고 다시 자기 집에 돌아와 보니 집이 깨끗하게 소제되고 수리되었읍니다. 그래서 그는 자기의 친구들까지 집에 데려와서 거하면 얼마나 좋을까 하고 생각했읍니다. 그래서 자기보다 더 악한 귀신 일곱을 데리고 들어와서 이 집을 점령하니 나중 상태가 처음 상태보다 더욱 악하고 더 심각해졌읍니다. 이것이 본문의 예수님의 이야기입니다.

마땅히 내 속에 있어야 할 것으로, 내 영혼의 집에 있어야 할 것으로 채우지 못하고 있는 이 공허한 집! 이 집을 당신이 아무리 열심히 깨끗하게 소제하고 청소해도 이 집에서 깨끗하다는 것은 별 의미를 지니지 못합니다. 왜냐하면 빈 집은 빈 집 그대로의 상태대로 계속 유지될 수가 없기 때문입니다. 이 빈 집은 머지않아 거미들을 초청하여 거미줄 왕국을 만들 것이며, 쥐들을 초청하여 혼란과 파괴의 왕국을 만들게 될 것입니다. 유리창에는 검은 그늘이 깃들고, 마룻바닥은 삐거덕거리고, 대문은 저절로 열리고 닫히는 것을 상상해 보십시오. 이 유령의 집, 이 귀신의 집을 한번 상상해 보시기 바랍니다.

그런데 당신과 저의 영혼의 집에 예수 그리스도가 왕노릇하지 못하며 마음과 삶을 다스리지 못하며, 마땅히 내가 그리스도께서 부어 주시는 성령으로 충만하지 못하다면 우리의 영혼도 이 유령의 집같이 쇠잔하고 황폐한 집이 될 수가 있읍니다. 우리는 이 사실 앞에서 우리 영혼의 창백한 모습을 볼 수가 있어야 합니다.

□ 교훈

여기 적극적이며 능동적인 신앙의 필요를 신랄하게 지적하는 빈집의 비유를 통해서 우리는 세 가지 방면의 특별한 교훈을 같이 묵상해 볼 수가 있읍니다.

첫째, 회개하려고 하지만 예수 그리스도에 대한 참 믿음이 없는 마

음은 빈 집과 같습니다.

진정한 신앙 생활은 언제나 회개와 믿음에서부터 출발합니다. 성경이 참된 신앙의 길로 우리를 초청할 때 자주 사용하는 멧세지가 이것입니다.

"회개하고 복음을 믿으라."

회개가 우리의 과거의 잘못을 뉘우치고 죄로부터 돌이키게 만드는 사건이라면, 믿음은 죄에서 돌아선 다음에 내가 새롭게 믿어야 할, 내 영혼을 던지고 내 삶을 던져서 신뢰해야 할 분을 발견하고, 그분과 더불어 맺는 인격적인 관계를 통해서 추구되어야 할 새로운 삶의 모습을 말합니다. 물론 이 관계는 예수 그리스도와의 관계를 말합니다.

예수님 당시에 예수님보다 앞서 온 요한은 회개의 멧세지를 팔레스틴의 민중들에게 선포했읍니다. 이 말씀을 듣고 있었던 그 시대의 사람들은 죄악에서 떠나 회개하는 운동이 일어나기 시작했읍니다. 이것은 바람직한 일입니다. 그러나 요한에게서 받은 교훈을 통해서 그들의 잘못과 죄를 회개하기는 했지만 요한이 증거했던 뒤에 오시는 보다 큰 분이신 예수 그리스도를 믿고 신뢰하는 결단까지는 도달하지 못한 민중들이 많이 있었읍니다. 이것이 오늘 주님께서 말씀하신 빈 집의 상태에 불과했던 것입니다. 그들은 그들의 더러운 집을 청소하는 일을 했지만 새로운 주인으로 그들의 마음과 영혼의 집을 채우는 일을 하지 못함으로 그들의 영적인 상태는 이 빈 집의 상태에 머물고 있었읍니다.

이것은 우리 중의 어떤 사람의 모습과도 아주 유사합니다. 우리 중에 어떤 사람이 주일 아침에 교회에 나옵니다. 그 날따라 설교자의 멧세지는 특별한 감동을 불러일으킵니다. 나는 과거의 죄에 대해서 깨닫기 시작합니다. 그리고 그 잘못을 뉘우치는 마음이 솟아나기 시작합니다. "내가 이렇게 살지 말아야 해. 이 죄를 떠나야 해."

강렬한 성령의 감동이 내 마음을 붙잡기 시작할 때, 우리는 과거의 죄에 대해 아픔을 느끼면서 회개하기 시작합니다. 어떤 사람은 통렬한 아픔의 눈물을 흘리기도 합니다. 어느 특별한 집회에 참석했다가 특별한 감동을 받기도 합니다. 그래서 우리는 눈물을 흘리고 아파하면서, 내가 이런 삶을 계속 살 수는 없으며 새로워져야 한다고 결심을 합니다. 그러나 많은 경우에 이런 결심은 거기서 끝이 납니다. 눈물을 흘렸습니다. 아파했습니다. 뉘우쳤습니다. 이렇게 살지 말아야 한다는 결단이 솟아났습니다. 그런데 거기서 끝납니다. 예배가 끝났습니다. 집회가 끝났습니다. 그만입니다. 다시 말하면, 내가 잘못을 뉘우쳤던 그 뉘우침이 예수 그리스도를 신뢰하고 그분과의 관계를 통해서 그분을 따라가는 삶과 연결되지 못하는 것을 얼마든지 우리는 볼 수가 있습니다. 그리스도를 모셔야 하는데, 그분의 인도하심을 따라서 한 걸음 한 걸음 그분을 따르는 그 다음 삶을 살아야 하는데 그 다음 발걸음이 없습니다. 그러면 어떻게 됩니까? 그는 사흘이 못되어 다시 무력하게 옛날의 생활 상태로 돌아갑니다. 이것은 마치 사도 베드로가 묘사한 그대로입니다. 개가 토했던 것을 다시 먹고, 돼지가 씻고 나서 더러운 구덩이로 다시 돌아가 그 자리에 눕는 것입니다. 이런 상태를 본문은 지적하고 있습니다. 단순한 뉘우침, 단순히 죄에 대해 아파하는 마음은 있지만 인격적이며 확실한 관계를 통해서 그리스도를 따르지 못하고 있습니다.

계속되는 말씀을 29절에서 보십시오.
"무리가 모였을 때에 예수께서 말씀하시되 이 세대는 악한 세대라 표적을 구하되 요나의 표적밖에는 보일 표적이 없나니."
그러나 주님께서는 사실 요나의 표적을 통해서 더 놀라운 표적이신 주님 자신을 가리키고 계십니다. 사흘만에 죽음에서 부활하셔서 인류의 구세주가 되실 당신의 위대한 기적을 이 말씀을 통해서 선포하고 계십니다.

31 절 말씀을 보십시오.

"심판 때에 남방 여왕이 일어나 이 세대 사람을 정죄하리니 이는 그가
솔로몬의 지혜로운 말을 들으려고 땅 끝에서 왔음이어니와 솔로몬보다
더 큰 이가 여기 있으며."

솔로몬보다 더 큰 분이신 예수님이 찾아오셨지만, 그들은 예수 그리스
도를 나의 주, 나의 왕으로 모시고 예수님과 더불어 사는 새로운 삶으
로 들어가지 못했읍니다. 그들의 마음의 상태가 예수님 보시기에는 유 •
령 같은 빈 집에 불과했던 것입니다.

더러운 귀신이 이 사람에게서 나갔다가 안식처를 얻지 못해서 다시
돌아왔을 때 청소된 자기의 집을 바라보면서 뭐라고 했는지 잘 보십시
오.

"더러운 귀신이 사람에게서 나갔을 때에 물 없는 곳으로 다니며 쉬기
를 구하되 얻지 못하고 이에 가로되 내가 나온 내 집으로 돌아가리라"
(34 절).

이 귀신은 아직도 이 집을 자기의 집이라고 주장합니다. 당신이 과거의
잘못을 뉘우치지만 그러나 예수 그리스도가 마음 속에서 왕노릇하고 삶
을 다스리시지 못할 때에 악령들은 당신을 바라보면서 아직도 내 집이
라고 주장합니다. 주인이 오셔야만 그리고 이 집의 임자가 바뀌어야만
사단이 내 집이라고 주장할 수가 없는 것입니다. 그러나 예수 그리스도
가 왕이 되어 내 마음과 영혼과 삶을 다스리시는 이 적극적인 신앙의
삶이 없는 상태의 마음의 집들을 바라보면서 사단은 이렇게 주장합니
다.
"저건 내 집이야. 교회에는 나와 있지만, 내 집이야."

그래서 사단은 깨끗이 청소해 놓은 이 집에 악한 귀신 일곱을 데리고 들어옵니다.

우리는 참으로 어려웠던 한 여인이 예수님을 만나 새롭게 변화된 모습을 성경에서 봅니다. 일곱 귀신이 들렸던 막달라 마리아입니다. 예수 그리스도를 자기의 삶에 왕으로 모시지 못한 사람의 최악의 상태와 불행한 비극을 우리는 예수님의 이 교훈을 통해서 볼 수가 있습니다.

제가 얼마 전에 이사를 했습니다. 이사하고서 청소를 말끔하게 해놓았습니다. 완전하지는 못하지만 대충 깨끗하게 치워 놓았습니다. 그리고 이사한 지 사흘만에 여행을 갔습니다. 그리고 와보니 문을 열자마자 제일 먼저 저를 환영하는 것은 바퀴벌레들이었습니다.

빈 집은 반드시 자기들의 주인을 초청하기 마련입니다. 그리고 예수 그리스도가 주인이 되어 있지 못한 집은 별수없이 악령의 처소가 될 수밖에 없습니다. 나를 시기와 질투와 더러움과 오염과 파괴와 저주와 질시로 인도하는 악령! 이 보이지 않는 역사의 배후에, 내 인격의 배후에 내 삶을 약탈하고, 내 정신을 황폐하게 만들고, 내 영혼을 파괴하는 귀신들의 활동이 있습니다. 우리는 이 집을 자기들의 집이라고 주장하면서도 예수를 모시지 못하고 있는 사실 앞에서 인간 영혼의 위기를 직시할 수가 있어야 합니다.

둘째, 주님과 관계는 맺어졌지만 적극적으로 주님을 모시지 못한 마음은 빈 집과 같습니다.
이 집은 주인이 있기는 합니다. 그러나 주인이 활동을 하지 못하는 이 집은 빈 집과 별로 다를 것이 없습니다.

제가 새 집으로 이사온 뒤에 제 아내와 아이들이 한국에 있었기 때문에 얼마 동안은 그냥 저 혼자 집을 지켰습니다. 저는 혼자 집을 지키는 동안 사실 아내가 없으니까 집에 돌아와야 할 의미를 별로 느끼지 못했습니다. 그래서 아침에 일찍 나가서 점심도 먹고 심방을 빙자해서 저녁을 먹고 밤늦게 집으로 돌아옵니다. 그러니까 잠을 자기 위해서만 잠시 머물고 가는 것입니다. 사실 제 아내가 없는 동안 제가 집을 별로 청소해 본 기억이 없습니다. 그러다가 막상 제 아내가 돌아왔습니다. 와서 보니 여전히 바퀴벌레 천지입니다. 왜 그렇습니까? 제가 주인이지만 주인 노릇을 못하고 있었기 때문입니다. 제가 한 번도 이 집을 돌아본 일이 없고 다스린 일이 없습니다. 주인이 주인 노릇을 하지 못할 때 비록 주인이 있어도 이 집은 빈 집의 환경을 면할 수가 없습니다.

그런데 오늘, 우리 가운데 이런 상태를 면하지 못하는 그리스도인들이 있다는 사실 앞에서 놀라지 않습니까? 주님이 내 안에 계시기는 하지만, 예수 그리스도가 나의 구주이기는 하지만 주님이 내 안에서 주인 노릇을 못하는 심령들, 다시 말하면 주님으로 충만하지 못한 그리스도인들이 우리 주변에 많이 있습니다. 그래서 성경은 우리에게 어떻게 도전합니까? 성경은 모든 그리스도인들에게 이렇게 말합니다.

"술 취하지 말라 이는 방탕한 것이니 오직 성령의 충만을 받으라"(엡 5:18).

이 집은 비워 놓을 수가 없다는 사실입니다. 그리스도의 거룩한 영으로 충만함을 받지 못하면 별수없이 그리스도가 주인이면서도 이 집은 다시 사단과 악령들의 파괴의 대상이 될 수밖에 없다는 사실을 우리는 이 말씀을 통해서 지적하지 않을 수가 없습니다. 오늘 당신의 마음은 어떻습니까? 오늘 당신의 영혼의 상태는 어떤 자리에 있습니까?

본문이 시작되기 전의 구절인 21 절에서 예수님은 이렇게 말씀하십니다.

"강한 자가 무장을 하고 자기 집을 지킬 때에는 그 소유가 안전하되."

어떻습니까? 내 안에 계신 주님께서 정말 강력하게 왕노릇하시며, 나는 그분 앞에 순종하며, 그분은 거룩한 영으로 내 마음과 의식을 채우시며 나를 지배하시기 때문에 감히 사단이 넘볼 수 없는, 강력하게 무장이 되어 있는 영혼의 집으로 지켜지고 있는지요? 우리는 주님의 주권을 인정하지 않음으로 말미암아 주님이 우리 안에서 활동하지 못하고 계시는 그런 심령의 상태가 되어 있지는 않는지요?

　예수께서 본문의 말씀을 주시게 된 좀더 깊은 배경을 11 장을 통해서 살펴보기로 합시다. 1 절은 이렇게 시작됩니다.

　어느 날 제자들이 예수께서 엎드리어 기도하시는 모습을 보고 큰 감동을 받았읍니다. 그들은 그들의 생활에서 기도가 결핍되어 있다는 사실을 느끼기 시작했읍니다. 그래서 기도를 마치고 일어서시는 예수님 앞에 찾아와서 이렇게 말합니다.

"선생님, 우리에게도 기도를 가르쳐 주십시오."

그래서 예수께서 기도를 가르치십니다. 그 기도가 유명한 『주의 기도』입니다. 그리고 당신이 가르쳐 주신 정신으로 기도를 하되, 한 번만 기도하고 마치는 것이 아니라 구해야 할 바를 계속해서 구하는 일의 중요성을 가르치십니다. 그러면서 주님께서는 강청하는 그리고 계속적인 기도의 중요성을 가르치십니다.

　어떤 친구가 밤중에 친구에게 떡을 빌리러 찾아왔읍니다. 귀찮았지만, 문을 열어 주고 싶지 않았지만 계속 문을 두드리기에 할 수 없이 일어나 문을 열어 줍니다. 그리고 친구의 요청대로 떡을 줍니다. 예수께서 이 장면을 이야기하시면서 그 다음에 무어라고 말씀하십니까?

　"구하라 그리하면 너희에게 주실 것이요 찾으라 그러면 찾을 것이요 문을 두드리라 그러면 너희에게 열릴 것이니 구하는 이마다 받을 것이요 찾는 이가 찾을 것이요 두드리는 이에게 열릴 것이니라 너희 중에 아비된 자 누가 아들이 생선을 달라 하면 생선 대신에 뱀을 주며 알을

달라 하면 전갈을 주겠느냐 너희가 악할지라도 좋은 것을 자식에게 줄
줄 알거든 하물며 너희 천부께서 구하는 자에게 성령을 주시지 않겠느
냐 하시니라"(9-13 절).

우리가 성령에 의해서 거듭나는 그 순간, 성령님의 사역을 통해서 거
듭나는 그 순간 예수 그리스도께서 당신을 믿는 신자들에게 약속하신
가장 좋은 선물이 무엇인 줄 아십니까? 성령입니다. 즉 주님 자신의
영입니다. 주님께서는 예수 그리스도를 믿음으로 새로운 피조물이 된
자들 안에 하나님의 성령을, 주 예수 그리스도의 거룩한 영을 마음 속
에 충만하게 부어 주십니다. 그래서 그들이 성령의 능력 가운데서 걸어
가며, 성령의 깊은 강 속에서 헤엄치며, 예수 그리스도의 거룩한 은혜
속에 잠겨 주님을 의지하고 이 악한 세대를 믿음으로 승리하기를 주님
께서는 원하십니다. 오늘 당신의 영혼은 이 성령의 충만을 받기 위해서
목마르게 주님의 영을 사모하고 있는지요?

오순절의 위대한 부흥을 기록해 주고 있는 사도행전 2 장에 보면 사
도 베드로가 설교를 시작합니다. 오순절에 하나님의 위대한 부흥을 경
험하고 있던 이 사람들에게 사도 베드로의 위대한 멧세지가 선포됩니
다.

"하나님이 오른손으로 예수를 높이시매 그가 약속하신 성령을 아버지
께 받아서 너희 보고 듣는 이것을 부어 주셨느니라"(33 절).

그렇습니다. 예수께서 부활하시고 승천하신 후에 하나님 보좌 우편에
앉으셔서 우리에게 부어 주시는 가장 놀라운 선물은 바로 그리스도 자
신의 성령이십니다. 이 예수님의 거룩한 영을 우리들의 마음 속에 충만
하게 부어 주심으로 우리가 성령 안에서 삶을 살기를 주님께서는 기대
하십니다.

예수님의 능력있고 영광스러운 삶, 그 교훈의 근거는 도대체 어디에 있습니까? 사도행전 10 장 38 절을 읽어 보면 예수님의 능력있는 사역의 비밀과 원인이 어디에 있는지 확인할 수가 있습니다. 예수께서 그 많은 교훈을 가르치시고, 위대한 표적을 행하시고, 짧은 기간 동안 이 세상에 거하시면서도 시대와 역사를 바꾸었던 위대한 삶을 사실 수 있었던 비밀을 기록하면서 성경은 이렇게 말합니다.

"하나님이 나사렛 예수에게 **성령과 능력을 기름붓듯 하셨으매** 저가 두루 다니시며 착한 일을 행하시고 마귀에게 눌린 모든 자를 고치셨으니 이는 하나님이 함께 하셨음이라."

보십시오. 하나님께서 우리 구주 예수 그리스도에게 성령과 능력을 기름붓듯 하셨으므로 예수님께서 두루 다니시며 착한 일을 행하시고, 마귀에게 눌린 모든 자를 고치시며, 하나님이 함께 하시는 위대한 삶을 사실 수가 있었던 것입니다.

예수님에게도 성령의 부으심이 필요했다면, 오늘 저와 당신에게는 이것이 얼마 만큼 필요하겠읍니까? 이 성령의 거룩한 부으심을 통해서 우리는 주님을 의지하는 믿음을 가지고 능히 이 악한 세대를 이길 수 있는 믿음의 생활을 할 수가 있습니다. 당신은 마음 속에 이 성령의 충만함을 얼마 만큼 사모하면서 기다리고 계십니까? 모든 그리스도인들이 성령에 의해서 거듭나지만 모두 다 성령으로 충만한 것은 아닙니다. 그러나 거듭난 그리스도인들에게는 이 성령의 거룩한 약속을 믿고 구할 때 주님께서는 성령의 충만함을 부어 주신다는 위대한 약속을 성경을 통해서 보여 주셨읍니다.
성령이 충만할 때 우리는 살아나기 시작합니다.
성령이 충만할 때 주님께서 내 마음과 의식을 다스리시는 진정한 신앙 생활을 경험하기 시작합니다.

성령이 충만할 때 우리는 말할 수 없는 기쁨을 체험하기 시작합니다.
성령이 충만할 때 우리는 예수 그리스도의 복음을 듣고 담대하게 나아
가서 이 복음을 증거하는 삶을 살기 시작합니다.

그러므로 주님께서는 먼저 성령을 구하고 하나님의 거룩한 능력을 구
하며, 이 능력이 없이는 이 악한 세대를 승리할 수가 없다고 말씀하십
니다. 이 거룩한 능력의 부으심이 없이 우리의 마음의 상태는 유령 같
은 빈 집에 불과하다고 말씀하십니다.

여기에 컵이 있습니다. 이 컵에 있는 공기를 우리가 어떻게 없앨 수
있읍니까? 오직 한 가지 방법으로만 가능합니다. 물을 부으면 됩니다.

만약 성령이 내 속에 충만하게 임재하시면 주님께서 원하시지 않는
것, 주님께서 기뻐하시지 않는 모든 것들이 내 속에서 사라질 것이며
그러면 하나님의 능력으로 다스림을 받는 놀라운 경험을 하게 됩니다.
주님이 당신을 다스리십니까?
성령이 당신을 지배하십니까?
오늘 성령의 충만함이 내 마음과 삶 속에 참으로 임재하여 다스리고 있
읍니까?
만일 이 경험이 없다면 오늘 당신의 마음은 유령의 빈 집처럼 사단의
공격 앞에 무참히 쓰러지게 될 것입니다.

**세째, 죄에서 자신을 지키려고 노력하지만 선을 도모하지 않는 마
음은 빈 집과 같습니다.**
죄를 짓지 않는 것은 귀한 일입니다. 중요한 일입니다. 그리스도인은
마땅히 그래야 합니다. 그러나 더 중요한 일은 죄를 범하지 않는 것이
아니라 주님께서 원하시는 선을 행하는 일입니다. 죄를 범하지 않는
것, 이것은 소극적이며 수동적인 행동입니다. 그 당시의 바리새인들은
바로 이런 소극적 종교 생활로서 만족하려고 했읍니다. 보십시오. 바리
새인들의 증언을. 서기관들이 어떻게 말하고 있읍니까?

"우리는 저 세리들처럼 간음하지도 않았읍니다. 우리는 저 죄인들처럼 살인하지도 않았읍니다."
물론 당신도 살인한 일이 없고, 간음한 일도 없고, 그렇게 나쁜 사람은 아닙니다. 그렇다고 해서 당신의 종교 생활에 그대로 만족하십니까? 그것이 전부입니까? 아니면 내게 있어야 할 더 중요한 것이 내 속에 결핍되어 있다는 사실 때문에 목말라 하나님의 능력과 사랑을 기대하십니까? 무엇을 안 하려고만 하지 마십시오. 무엇을 하려고 하셔야 합니다.

　제가 대학생 시절에 보았던 한 영화의 장면을 기억합니다. 조국 불란서를 위해서 독립 운동을 하고 있었던 청년들 중에서 한 사람이 총살형을 받게 되었읍니다. 자기 앞에 총을 겨누고 있는 병사 앞에서 청년은 이렇게 항거하기 시작합니다.
"나를 왜 죽이려고 하십니까? 나는 나라를 배신한 일이 없읍니다. 나는 우리의 동지들을 죽인 일도 없읍니다. 나는 우리나라의 기밀을 팔아먹은 일도 없읍니다. 그런데 왜 저를 죽이려고 하십니까? 저는 아무것도 하지 않았읍니다."
이때 총을 겨누던 병사는 이렇게 말합니다.
『이 친구야! 자네가 아무것도 하지 않은 것, 바로 그것이 죄일세.』

　우리가 하나님의 심판대 앞에 서는 날, 당신은 주님 앞에서 어떻게 말하시겠읍니까?
"주님, 저는 도적질한 일이 없읍니다. 사람을 죽인 일도 없읍니다. 일주일에 한 번 주일 아침쯤은 교회에 나오기도 했읍니다. 주님, 그리고 저는 절대로 주님을 반대하거나 선교 사업을 비난한 일도 없읍니다. 이만 하면 되지 않았읍니까?"
그때 주님께서 이렇게 말씀하실 그 음성이 귀에 들리지 않으십니까?
『그럼 너는 무엇을 했느냐?』

　　우리 부모님들이 자녀들을 교육시키는 방법을 보아도 어떤 부모들은
늘 이 소극적인 차원을 벗어나지 못합니다.
"야! 그것 하지마. 너 그런 일 하면 안 돼!"
아마 자녀들은 부모님들에게 이렇게 물을지도 모릅니다.
『그럼 무엇을 하란 말이예요?』
그들에게 무엇을 할 수 있도록 적극적인 대안을 제시하고 계십니까?
그들이 무엇을 해야 한다고 가르치고 계십니까?
　　성경은 단순히 이것 저것을 하지 말라고 하는 금지의 책이 아닙니다.
성경은 물론 우리가 하지 말아야 할 많은 사항들을 보여 줍니다. 그러
나 그리스도인으로서 우리가 해야 할, 그리고 우리가 구해야 할, 또 추
구해야 할 엄청난 삶의 내용, 엄청난 신앙의 내용들도 제시하고 있읍니
다.
　　오늘 당신의 삶의 모습은 어떻습니까?

　　에베소서 4 장 25 절 이하에 보면 바울 사도가 그리스도인들의 도덕
적인 경건 생활에 대해 가르침을 주면서 이렇게 말합니다.

　　"거짓을 버리고."

그러나 거기에서 끝나지 않습니다. 바울의 교훈은 보다 적극적입니다.

　　"참된 것을 말하라."

언제 거짓말장이가 거짓말장이가 안 됩니까? 거짓말을 안 하고 있을
때가 거짓말장이가 아닌 것이 아닙니다. 그가 잠시 거짓말을 하지 않고
있는 그 순간은 일시적인 중단일 수가 있기 때문입니다. 그는 곧 다시
시작할 수가 있읍니다. 그것은 중단에 불과합니다. 거짓말장이가 거짓
말장이를 면하는 것은 그가 참말을 하기 시작할 때에 비로소 그렇습니

다.

계속되는 바울의 교훈을 보십시오.

"도적질하는 자는 다시 도적질하지 말고"(28 절).

그러나 한걸음 더 나아가서 도적질하는 사람들을 향한 이 주님의 교훈을 보십시오.

"빈궁한 자에게 구제할 것이 있기 위하여 제 손으로 수고하여 선한 일을 하라"(28 절).

보십시오. 도적질하는 사람에게 도적질을 중단하라고만 성경이 말하는 것이 아닙니다. 그들에게 구제하라고 말합니다. 도적질을 중단하는 것으로 그치는 것이 아니라, 자기의 손으로 수고하여 자기가 벌은 것으로 남에게 베푸는 이 구제하는 삶으로 변화되어야 합니다. 이 깊은 의미의 변화가 없이는 그의 삶의 변화는 진정한 변화일 수가 없다고 성경은 가르치고 있읍니다.

그렇습니다. 죄를 안 지으려고 하는 것만으로는 부족합니다. 당신은 주님을 위해서 어떤 일을 하고 계십니까? 오늘의 신앙 생활 속에서 마음 속을 무엇으로 채우고 계십니까? 하나님이 기뻐하시는 거룩한 선 (善)을 내 마음과 생활의 잔에 쌓는 노력을 계속하고 계신지요? 오늘 이 말씀 앞에서 자신의 모습을 한번 점검해 보시기를 바랍니다.

□ 결론

예수님의 설교를 듣던 어떤 여인의 반응이 본문 27 절에 기록되어 있읍니다.

"이 말씀을 하실 때에 무리 중에서 한 여자가 음성을 높여 가로되 당
신을 밴 태와 당신을 먹인 젖이 복이 있도소이다 하니."

이 여인은 예수님의 놀랍고 예리한 교훈 앞에서 커다란 감동을 받은 듯
합니다.
"주님, 주님의 말씀이 옳습니다. 어쩌면 구구절절이 주님의 말씀은 그
렇게 진리입니까?"
그 여인은 이 진리에 동의했읍니다.
　제가 설교를 하고 나서 성도님들이 이런 비슷한 반응을 보일 때 저는
설교자로서 마음과 기분이 퍽 좋다는 사실을 솔직히 시인합니다. 그러
나 그 다음 순간이 더 중요합니다. 거기에서 끝난다면 그 고백이 무슨
의미가 있읍니까?

　예수님의 말씀이 얼마나 진리이며, 그래서 이 놀라운 교훈을 베푼 예
수님과 예수님을 낳은 여인은 얼마나 복된가 라고 하는 여인의 말과 칭
찬에도 아랑곳 하지 않으시고 주님께서 하신 말씀을 보십시오.

"예수께서 가라사대 오히려 하나님의 말씀을 듣고 지키는 자가 복이
있느니라 하시니라"(28 절).

중요한 것은 이 말씀에 대한 단순한 아멘이 아닙니다. 어떻게 하시겠읍
니까? 오늘 이후로, 이 순간 이후로 당신은 어떻게 하시겠읍니까? 내
마음의 집을 빈 집으로 버려 두시겠읍니까? 아니면 회개하고 주님 앞
에 나아와 주님의 거룩한 성령으로 채움을 받으며, 그분에게 복종하고,
그분이 기뻐하시는 일을 행하기 위해서 적극적으로 내 몸과 내 시간과
내 물질과 내 삶을 투자하여 거룩한 신앙 생활 속에 내 마음과 생애를
바치겠읍니까? 아니면 나는 그저 나쁜 일 하지 않고 일 주일에 한 번
만 교회에 나오는 것으로 만족하시겠읍니까? 기억하십시오. 만일 당신

의 삶의 자리가, 영혼의 자리가 빈 집에 불과하다면 사단이 호시탐탐
당신을 노리고 있다는 이 사실을 말입니다.
당신의 삶은 어떻습니까?
오늘 당신의 마음의 상태는?
그리고 영혼의 상태는?
이 말씀 앞에서 자신을 점검해 보십시오.

어리석은 부자의 비유

누가복음 12 : 13~21

"무리 중에 한 사람이 이르되 선생님 내 형을 명하여 유업을 나와 나누게 하소서 하니 이르시되 이 사람아 누가 나를 너희의 재판장이나 물건 나누는 자로 세웠느냐 하시고 저희에게 이르시되 삼가 모든 탐심을 물리치라 사람의 생명이 그 소유의 넉넉한데 있지 아니하니라 하시고 또 비유로 저희에게 일러 가라사대 한 부자가 그 밭에 소출이 풍성하매 심중에 생각하여 가로되 내가 곡식 쌓아 둘 곳이 없으니 어찌할꼬 하고 또 가로되 내가 이렇게 하리라 내 곡간을 헐고 더 크게 짓고 내 모든 곡식과 물건을 거기 쌓아 두리라 또 내가 내 영혼에게 이르되 영혼아 여러 해 쓸 물건을 많이 쌓아 두었으니 평안히 쉬고 먹고 마시고 즐거워하자 하리라 하되 하나님은 이르시되 어리석은 자여 오늘 밤에 네 영혼을 도로 찾으리니 그러면 네 예비한 것이 뉘것이 되겠느냐 하셨으니 자기를 위하여 재물을 쌓아 두고 하나님께 대하여 부요치 못한 자가 이와 같으니라"

— 누가복음 12 : 13~21.

어리석은 부자의 비유

저는 경기도의 자그마한 어느 시골 교회에서 맨 처음 목회를 시작했읍니다. 설교자가 설교를 듣는 청중들의 반응에서 완전히 자유롭기는 어려울 것이라고 생각합니다. 그때나 지금이나 제가 주님을 대신해서 선포하는 하나님의 말씀에 대해서 성도들이 보이는 반응에 관해서 무관심할 수는 없읍니다. 그러나 그 당시에는 처음으로 설교를 하는 시기였기 때문에 제 설교가 청중들에게 어떤 반응을 일으킬 것인가에 유독히 더 민감하지 않을 수가 없었읍니다.

제가 처음 시골 교회에 내려간 지 서너 주간이 지난 어느 주일 "사람들이 어떻게 하나님의 영생을 체험할 수 있을 것인가"에 대해 설교했읍니다. 그리고 그 날 저는 설교를 "구하고, 찾고, 문을 두드리면 반드시 주께서 영원한 생명을 주시는 이 감격스러운 체험을 하게 될 것이라"고 결론을 맺었읍니다. 설교를 끝냈읍니다.

예배 후 문에 서서 나오는 성도들 한 사람 한 사람에게 인사를 나누는데, 한 청년이 "전도사님! 은혜 많이 받았읍니다"라고 말합니다. 이 소리처럼 설교자를 기분좋게 하는 일이 없지요. 계속해서 청년이 말합니다.

"전도사님의 설교 마지막 부분 중에 '구하고, 찾고, 문을 두드리고, 기도하면 된다'는 말씀이 저에게 큰 격려가 되었습니다. 이제 들은 말씀대로 전도사님께서 집회 후에 저희 집에 오셔서 아파서 죽게 된 돼지를 위하여 안수 기도를 해주시면 좋겠습니다."

저는 그때처럼 제 마음 속에 커다란 허탈감을 느껴 본 적이 없었습니다. 물론 이 돼지가 살고 죽는 것이 이 사람에게 있어서 생계가 걸려 있는 중요한 사건이라는 것을 모르는 바는 아닙니다. 그러나 그리스도인으로서 그리고 적어도 하나님과의 관계를 설명하는 중요한 영적인 멧세지를 들은 결과가 병들어 있는 돼지에 대한 관심이 전부라면, 이것은 뭔가 잘못되지 않았나 하는 생각을 하지 않을 수가 없었습니다.

그래서 저는 이 본문을 읽을 때마다 그 청년의 이야기가 떠오르곤 합니다.

□ 배경

본문은 흔히 『어리석은 부자 비유』라고 일컬어집니다. 그런데 당신은 예수님께서 이 말씀을 하신 배경을 아십니까? 왜 이 비유를 예수께서 말씀하시게 되었을까요? 그 배경, 그 동기를 잊어서는 본문의 진정한 의미를 붙잡을 수가 없습니다.

누가복음 12 장 1 절은 이렇게 시작합니다.

"그 동안에 무리 수만 명이 모여 서로 밟힐 만큼 되었더니 예수께서 먼저 제자들에게 말씀하여 가라사대."

그 날 수없이 많이 몰려든 군중과 그리고 군중 속에 있는 제자들을 향해서 예수께서 설교를 시작하셨습니다. 이것이 본문의 배경입니다. 그리고 이 날 대단히 중요한 인간의 본질적이고 근본적인 문제들을 내포한 어마어마한 멧세지가 예수님의 입을 통하여 선포되고 있었습니다.

"지옥, 천당, 하나님의 섭리, 인간의 영혼의 소중함, 성령, 전도," 이러한 주제가 그 날 예수님의 설교의 중요한 내용들이었읍니다.

세분해서 보면 본문 5 절은 "마땅히 두려워할 자를 내가 너희에게 보이리니 곧 죽인 후에 또한 지옥에 던져 넣는 권세 있는 그를 두려워하라"는 말씀을 통해서 "지옥의 두려움"을 보여 줍니다.

6 절에서 "참새 다섯이 앗사리온 둘에 팔리는 것이 아니냐 그러나 하나님 앞에는 그 하나라도 잊어 버리시는 바 되지 아니하는도다"라는 말씀에서 "하나님의 섭리와 하나님의 자상하신 관심"을 볼 수 있읍니다.

8,9 절의 "내가 또한 너희에게 말하노니 누구든지 사람 앞에서 나를 부인하는 자는 하나님의 사자들 앞에서 부인함을 받으리라"는 말씀에서 그 하나님을 시인하고 인정하는 "전도의 중요성"을 강조하십니다.

10 절은 성령을 모독하는 사람들에게 주님께서 "준엄한 징계와 질책"을 내리신다는 중대한 멧세지입니다.

□ 탐심자의 등장

이것을 배경으로 해서 말씀이 시작되는 13 절에서 무리 중에 한 사람이 등장합니다.

"한 사람이 이르되 선생님 내 형을 명하여 유업을 나와 나누게 하소서"(13 절).

이렇게 예수님께 부탁을 합니다. 이 사람은 부모가 세상을 떠난 후 재산을 상속받게 된 상황에서 그의 형이 재산을 다 가로챈 것에 불만을 갖고 예수께서 자기에게 돌아올 상속의 몫을 찾아 줄 수 있지 않겠는가라는 문제를 갖고 예수님을 찾아온 것입니다. 그러나 예수님은 이 사람의 문제보다 더 중요하고 좀더 근본적인 문제인 "하나님과 인간 사이의 관계, 영혼의 문제, 그리고 그 하나님을 시인하고 살아가는 신앙의 중요성, 성령님의 감화" 등 신앙 생활의 어마어마하고도 중요한 논제들을 이 사람을 비롯한 무리들에게 선포하고 계십니다. 하지만 이 사람의 반응은 방금 선포된 말씀과는 전혀 상반되는 반응를 보입니다.

"선생님, 저 억울한 일이 있습니다. 제 재산 좀 찾아 주십시오."

물론 예수께서 이 사람의 문제를 해결하실 수 없는 분은 아닙니다. 그러나 의도적으로 예수님은 이 문제에 대한 해결을 거절하십니다. 본문 14절에서 예수님은 "이 사람아 누가 나를 너희의 재판장이나 물건 나누는 자로 세웠느냐"고 말씀하십니다. 그래서 저는 이 본문의 말씀을 읽을 때마다 지나간 제 첫목회 시절 돼지를 위하여 기도해 달라고 하던 그 청년의 모습을 잊을 수가 없습니다.

사람들은 모두가 자기 문제를 해결하기 원합니다. 그래서 이런 개인의 문제의 해결을 위한 설교가 요즘 우리들의 시대에 상당히 인기를 끌고 있는 것을 부인할 수가 없습니다. 오늘날 돼지 한 마리의 삶의 현장은 사라졌지만, 다른 의미에서 입장을 달리 한 여러 가지 우리의 삶의 필요가 있습니다. 관심이 있습니다. 이런 문제를 우리는 해결해야 합니다. 이것이 우리의 당면 과제입니다. 이것이 우리가 삶에서 부딪치는 문제입니다. 저마다 너나 할 것 없이 이런 문제에 대해 어떤 도움을 받을 수 있을까에 비상한 관심을 가지고 있는 것이 사실입니다.

내 병을 고칠 수가 있는가?

내 사업이 좀더 잘될 수가 있는가?

우리가 이런 문제들에 대한 관심에서 떠날 수는 없습니다.

예수님께서 이런 문제에 무관심하지는 않으십니다. 그러나 그보다는 **영적인 면**에 더 깊은 관심을 갖고 계십니다. 그래서 재산을 누가 차지해야 할 것이냐 하는 이 두 사람의 문제에서 예수님은 재판장으로 군림하기를 원하지 않으셨습니다. 그 재산을 혼자 독차지하고 있는 형의 마음 속에 있는 보다 고질적이고 보다 본질적인 문제는 결국 "죄 문제, 탐욕의 문제"였읍니다. 억울하게 당한 동생의 경우도 근본적으로는 예수님께서 설교하시는 하나님과 인간 사이의 근본적인 관계, 천국과 지옥의 문제, 영원한 생명의 문제, 성령의 감화의 문제, 이런 어마어마한 영적인 문제들이 있는 것입니다. 이 사람은 오직 빼앗긴 자기의 재산에만 관심이 집중되고 있었읍니다.

예수님은 이 표면적인 일상 생활의 문제에서부터 보다 깊은 본질적인 문제로 파고 들어가십니다. 그리고 이 사람들의 삶에 근본적인 변화가 없이는 아무런 의미가 없다는 사실을 말씀하시기 위해서 "어리석은 부자의 비유"를 말씀하시는 것입니다. 이 배경을 잊지 마십시오.

□ 어리석은 부자

예수님은 말씀하십니다.

어떤 농사를 잘 짓는 부자는 그의 농사가 참 잘 되어가고 있었읍니다. 보아하니 이번 가을의 소출은 예년보다 더 많을 것으로 예상됩니다. 현재 갖고 있는 곡간으로는 이 소출을 다 채우기에 부족하리라고 생각했읍니다. 그래서 곡간을 넓히는 개조 작업을 착수했읍니다. 이 사람의 예상은 적중했읍니다. 그는 선견지명이 있었읍니다. 그는 미래를 내다보는 미래지향적인 안목을 가지고 있었던 사람입니다. 그래서 그 해 가을에 그는 풍성한 소출을 거둬들인 다음에 곡간마다 가득히 가득히 모든 곡식을 쌓아 두었읍니다. 그 모든 곡식을 다 쌓아 두고 기분이 좋아진 그는 그 날 밤 독백처럼 이렇게 속삭입니다.

"내 영혼아 여러 해 쓸 물건을 많이 쌓아 두었으니 평안히 쉬고 먹고 마시고 즐거워하자"(19절).

그런데 하나님께서 이 장면 속에 개입하십니다. 그 날 밤, 하나님이 이 부자에게 나타나셔서 "어리석은 자여"라고 말씀하십니다.

이 말씀을 대하고 바라본 우리들의 최초의 반응은 아마 이러했을 것입니다.

"왜 우리가 어리석습니까?"

이 사람이 우리와 동시대인으로서 삶을 살아가고 있었다면, 이 사람이 어리석은 사람이라고 손가락질을 받으며 살아야 할 이유가 무엇입니까? 그는 남들이 깊이 잠들어 있는 밤중에도 자기의 농사를 성공시키기 위한 연구에 몰두했을 것입니다. 남들이 휴일에 가족들과 함께 즐기기 위해서 놀러가는 시간에도 그는 손에 쟁기를 잡고 밭을 일구었을 것입니다. 이 사람에게 있어서 무엇이 잘못되었다는 말입니까? 이 사람이 만일 현시대에 살고 있다면 그는 성공한 사람이고, 출세한 사람이고, 자기의 꿈을 성취한 사람이며, 자기의 기업을 성공적이고 정상적인 궤도에 올려 놓은 사람으로서 모든 사람의 박수와 칭송과 찬양과 존귀를 받기에 합당한 사람이었을 것입니다. 그럼에도 불구하고 하나님은 말씀하십니다.

"어리석은 자여."

□ 어리석은 부자의 오해

본문을 묵상하다 보면 우리는 이 사람이 크게 오해했던 것을 몇 가지 발견할 수가 있습니다. 그 오해는 오늘날 교회에 다니면서 하나님에 대한 이야기를 자주 들으면서도 여전히 되풀이하고 있는 당신과 저의 오해일 수도 있습니다.

첫째, 수단과 목적을 혼돈했습니다.

이 사람의 이야기를 들어 보십시오. 본문 16-18절에 보면 "그 밭에 소출이 풍성하매 심중에 생각하여 가로되 내가 곡식 쌓아 둘 곳이 없으니 어찌할꼬 하고 또 가로되 내가 이렇게 하리라 내 곡간을 헐고 더 크게 짓고 내 모든 곡식과 물건을 거기 쌓아 두리라"고 말합니다.

인생을 살기 위해서는 곡간이 필요합니다. 곡식도 필요합니다. 물질이 필요합니다. 사업이 필요합니다. 사업장도 필요합니다. 이런 사실을 성경은 결코 부인하지 않습니다. 성경처럼 우리의 현실을 가장 현장감 있게 다루고 있는 책도 없을 것입니다. 기독교만큼 인간의 실제적인 요구에 대해서 관심을 가지고 있는 종교도 없을 것입니다.

그러나 이것이 우리의 삶의 목적입니까? 우리는 다시 한번 이 질문을 우리 자신에게 던져야 할 필요가 있습니다. 당신의 삶의 목적은 돈을 버는 것, 그것이 당신과 저의 삶의 목적의 전부입니까? 내가 땀을 흘리고, 애를 쓰고, 돈을 벌고, 투자를 하고, 지혜를 짜내고, 내 모든 힘과 삶의 열정을 다해서 이 목적을 성취하기 위해서 애쓰는 것, 단순히 돈을 우리 수중에 넣는 것이 우리의 삶의 목적이란 말입니까? 돈을 벌어서 어쩌자는 것입니까? 무엇을 하자는 것입니까?

이것은 수단이지 목적이 아니라는 사실을 혼동하지 마십시오. 적어도 당신과 제가 그리스도인이라면, 그리고 하나님의 말씀을 통해서 삶에 대한 목적을 그리스도 안에서 정립하기를 원하는 사람들이라면 우리는 이 말씀 앞에서 다시 물어야만 합니다.

진실로 내 삶에 있어서 가장 커다란 목적은 무엇인가?

내가 땀을 흘린 대가로, 노동을 한 대가로 모아들인 이 모든 것을 가지고 나는 어떤 유형의 삶을 추구할 것인가?

이 목적이 분명히 세워지지 않고는 우리는 으리 주변의 불신자들의 삶과 하나도 다를 것이 없으며, 어쩌면 우리가 교회에 나와서 보내는 시간은 시간 낭비에 불과할 수도 있습니다. 우리들의 목적은 도대체 무엇입니까?

희랍 신화 중에 『마이대스』(Midas) 라는 왕의 이야기를 기억하시는지요? 황금에 눈이 어두웠던 이 왕은 어느 날 낯선 신(神)의 방문을 받습니다. 그 신에게서 당신의 소원을 말하라는 요청을 받은 왕은 "내 손으로 만지는 모든 것이 다 금이 되게 해달라"는 소원을 이야기했읍니다. 그 왕이 황금을 만들던 그 날을 상상해 보십시오. 자기 손으로 만지는 것마다 다 황금으로 변합니다. 하루 종일 그는 황금을 만드는 일에 열중했읍니다. 그러나 해가 지는 황혼녘에 마이대스가 부르짖었던 그 절규를 잊지 마십시오. 그는 자기 손으로 만들어 놓은 이 황금의 세계를 바라보면서 해가 지는 그 황혼녘에 절망하기 시작합니다. 그가 사랑하는 딸도 그의 손이 닿는 순간 황금으로 변합니다. 이제 그의 소원대로, 그의 꿈대로, 그의 이상대로 모든 세계가 황금이 되었지만 그 황금의 한복판에서 그는 절망하기 시작합니다. 그리고 그는 이렇게 부르짖기 시작합니다.

"내가 원한 것은 황금이 아닙니다! 나의 딸 메리의 생명을 돌려 주십시오."

"내가 원한 것은 황금이 아닙니다. 한 모금의 물입니다!"

"내가 원한 것은 황금이 아닙니다. 지나간 시절 친구들과의 우정입니다."

이 낯선 왕 마이대스의 부르짖음을 통해서 어쩌면 오늘 당신과 저의 모습을 발견할 수가 있지 않습니까? 묻습니다. 당신과 제가 황금을 만드는 기계에 불과합니까? 하나님 앞에서 내 삶에 대한 정직한 통찰이 없이 시간이 흘러가다가 어느덧 이 황금을 만드는 기계로 전락해 버린 내 자신의 초라함 앞에서 우리는 삶의 의미를 상실해 버린 이 절망을 볼 수 있지 않은지요? 우리는 이제 이해할 수가 있읍니다. 예수께서 "어리석은 자여!"라고 말씀하신 이유를.

둘째, 이기적 인생관의 테두리를 벗어나지 못했읍니다.

들어 보십시오. 이 짤막한 부자의 독백 속에서 그의 관심, 그의 생각, 그의 의식을 지배하는 가장 중요한 단어가 무엇인가를.

"내가 곡식 쌓아 둘 곳이 없으니 어찌할꼬 내가 이렇게 하리라
내 곡간을 헐고 더 크게 짓고 내 모든 곡식과 물건을 거기 쌓아
두리라 내가 내 영혼에게…"

무슨 말이 제일 많이 등장합니까? 그것은 "나"라는 말입니다. "내 곡
간, 내 물건, 내 곡식"등. 거기까지는 그래도 괜찮습니다.

그 다음 어떻게 말하고 있읍니까? "내 영혼, 나의 영혼"이라고 하지
않습니까? 당신은 당신의 영혼을 자신의 것이라고 생각하십니까? 이
부자는 그것이 내 것이 아니라는 사실을 인생의 마지막 순간에 비로소
뼈아프게 깨닫기 시작합니다. 그 날 밤, 그의 삶의 주인, 그의 생명의
주인되신 하나님이 나타나셔서 이렇게 말씀하십니다.

"어리석은 자여 네 영혼을 도로 찾아가리니, 네 목숨을 도로 찾아가리
니, 내가 네 심장을 뛰게 했다. 네 몸의 고동 소리가 들리게 만들었다.
내가 네 몸의 피를 돌게 만들었다. 너에게 생명을 준 내가 명령한다.
그 목숨을 내게 돌려다오. 네 영혼을 도로 찾으리니!"

성경은 이 사람이 아무런 대답도 하지 못했음을 보여 줍니다. 그러나
그는 그 순간 비로소 뼈저리게 아픔을 경험하며 깨닫기 시작하는 것이
있읍니다. 자기가 가지고 있는 모든 것이 자기의 것이 아니라는 사실을
발견하기 시작합니다.

물질에 대한 태도를 보면 우리는 그 사람의 신앙적인 그리고 영적인
성숙도를 알 수 있읍니다.

한 유명한 설교가는 사람들의 물질관을 두 가지로, 즉 "창을 통해서
물질을 바라보는 사람이 있고, 거울을 통해서 물질을 바라보는 사람이
있다"고 말했읍니다.

거울을 보면 자신의 모습이 그대로 드러납니다. 당신은 물질을 볼 때
에 어떻게 느끼십니까? "내가 땀을 흘리는 것, 아침부터 저녁까지 내
가 노력한 것, 투자한 것, 밤일을 하고 시간외 일을 해서 내가 벌은 것,

나는 이제 이 돈을 가지고 내 마음대로 누리고, 내 마음대로 살아갈 수 있는 권리가 있다"고 느끼시는지요? 이런 사람은 인생의 거울 속에서 자기 자신밖에 보지 못합니다.

그러나 또 한 종류의 사람이 있습니다. 그는 창을 통해서 물질을 바라보는 사람입니다. 그는 그 물질이 어디에서부터 왔는가를 압니다. 주께서 나에게 건강을 주시지 않았더라면 주께서 나에게 지혜를 주시지 않았더라면, 주께서 나에게 이러한 환경과 삶을 주시지 않았더라면, 이 삶은 그리고 이 경제적인 취득은 불가능하다는 사실을 그는 겸허하게 깨닫습니다. 그리고 이 모든 것이 하나님으로부터 왔음을 인정합니다. 그의 언어 속에는, 그의 사고 속에는, 그의 의식 속에는 하나님이 자리하고 있읍니다.

그러나 본문의 이 부자의 독백을 들어 보십시오. "내 곡식, 내 물건"이라고 말합니다. 그는 이 모든 것의 출처가 철저하게 자기 자신이라고 의식하고 있읍니다. 오직 나! 나! 나! 이 사람의 입술에는 당신이 없읍니다. 이 사람의 입술에는 하나님이 없읍니다. 철저하게 자기 자신밖에는 없읍니다. 그는 하나님 때문에 존재하고 있음에도 불구하고, 이웃들의 따뜻한 도움 때문에 존재하고 있음에도 불구하고 하나님과 이웃을 의도적으로 제거해 버리고 자기라는 폐쇄적인 감옥에서 벗어나지 못합니다. 철저하게 이기주의적이며 자기 중심적인 삶에서 헤어나지 못하는 이 사람의 모습을 바라보면서 주님께서는 이렇게 선언하십니다. "어리석은 자여!"

세째, 영혼의 필요와 육체의 필요를 혼동했읍니다.
육체를 위해서는 무엇이 필요하며, 영혼을 위해서는 무엇이 필요한가를 그는 망각하고 있었읍니다. 본래 육체는 흙으로 지음받은 사실을 망각했읍니다. 우리의 영혼은 하나님의 생기로 말미암아 이루어진 이 사실을 그는 잊어 버리고 있었읍니다. 그 마지막 밤 그가 자기의 곡간마다 가득히 곡식을 쌓아 두고 독백하던 소리를 다시 한번 들어 보십시오.

"내 영혼아 여러 해 쓸 물건을 많이 쌓아 두었으니 평안히 쉬고 먹고
마시고 즐거워하자"(19 절).

영혼이 무엇을 먹을 수가 있습니까? 먹고 마실 수가 있는 것은 육체뿐
입니다. 인간의 육체를 위해서는 양식이 필요합니다. 그러나 인간이 육
체 이상의 존재라는 사실을 이 성경 말씀은 교훈해 주고 있습니다.

　그렇다면 당신에게도 영적인 필요가 있다는 사실을 아십니까? 어쩌
면 오늘 내가 가지고 있는 불만족, 불안, 설명할 수 없는, 아무도 규정
할 수 없는, 아무도 지적할 수 없는 이 결핍은 바로 영적 필요 때문일
것입니다. 이제 내가 모든 것을 가지고 있고, 모든 것을 추구하고 있음
에도 불구하고 내 마음 속에 채워지지 않는 어떤 열망을, 내 영혼 속의
공간을 우리는 이해할 수가 있습니다. 마태복음 4 장 4 절의 "사람이
떡으로만 살 것이 아니요 하나님의 입으로 나오는 말씀으로 살 것이라"
는 예수님의 말씀을 이해할 수가 있다는 말입니다.

　성 어거스틴의 다음과 같은 고백은 얼마나 진리입니까?
"오! 하나님, 우리의 영혼이 당신의 품 안에 돌아가 쉴 때까지는 참으
로 진정한 의미에서 우리에게 평안함이 없습니다."

　내가 육체적으로 추구하는 모든 것이 내 영혼의 필요를 채우고 내 영
혼의 참된 행복을 가져 올 것으로 알았던 이 어리석은 부자의 착각은
오늘날 우리의 삶의 주변에서 지금도 계속되고 있는 불행한 사실이며,
교회에서 교인에게도 일어나고 있는 사실인 것을 알 수가 있습니다. 이
제 우리는 이해할 수 있습니다. 예수님께서 말씀하신 이유를. "어리석
은 자여!"라고.

네째, 자기의 영혼을 하나님 앞에 돌려드릴 준비에 게을렀습니다.

예수님께서 "어리석은 자여"라고 말씀하신 가장 중요한 이유가 바로 이 것입니다. 이 선언을 들어 보십시오. 부자를 만나 주시던 그 밤의 하나 님의 선언을.

"네 영혼을 도로 찾아가리니 그러면 네가 예비한 것이 뉘 것이 되겠느냐."

저는 앞 장에서 이 사람이 얼마나 앞을 내다보는 안목이 있는 사람인 가를 말씀드렸읍니다. 농사가 잘 되는 것을 보고 현재 가지고 있는 곡 간으로는 이 곡식을 다 수용할 수 없을 것이라고 판단해서 곡간을 미리 넓히는 일을 착수할 수 있을 만큼 그는 내일을 준비하고 있었읍니다. 그럼에도 불구하고 그는 가장 중요한 준비를 게을리하고 있었읍니다. 그것은 자기의 영혼을 하나님 앞에 돌려 드릴 준비였읍니다. 네 영혼을 도로 찾아가리니. 네 생명을 도로 찾아가리니. 네 심장의 고동을 오늘 밤 멈추게 하겠다는 선언을 주님께서 당신과 저에게 하신다면, 당신과 저는 우리의 영혼을 하나님 앞에 돌려드릴 준비가 되어 있는지요? 본 문의 부자는 이 질문 앞에서 아무런 대답할 말이 준비되어 있지 않았읍니다.

□ 결론

본문의 결론은 이렇게 맺어집니다.

"자기를 위하여 재물을 쌓아 두고 하나님께 대하여 부요치 못한 자가
이와 같으니라"(21 절).

"자기를 위해서는 재물을 쌓아 두고"라는 말 속에서 그 재물은 자기로 부터 온 것이며, 따라서 자기를 위해서 써야 마땅하다고 생각했던 이 사람에게 예수님께서는 "진정한 부요"를 말씀하십니다. "하나님께 대하 여 부요치 못한 자"라는 말씀에서 의미하는 진정한 부요는 **하나님과의**

관계에 있어서의 부요입니다.

만일 어느 분이, 내가 만일 지금 죽는다면, 오늘 밤 떠난다면 하나님의 품에 안길 수가 있다는 확신이 있으시다면, 그는 진정한 의미에서 부요한 사람인 것입니다. 인생의 진정한 목적이 무엇인가를 그리스도 안에서 바르게 발견하고, 그 목적을 세우고, 그 목적을 향해서 걸어가는 사람은 진정한 의미에서 참으로 부요한 사람입니다. 하나님이 내게 주신 재능, 하나님이 내게 주신 그 모든 것을 하나님을 위해서 어떻게 써야 할 것인가를 발견하고, 그렇게 살고 있는 사람은 부요한 사람입니다.

이 말씀 앞에서 당신과 저의 대답은 무엇입니까?

1888년 한 유명한 사람이 있었읍니다. 이 사람은 인류 역사상 최초로 다이나마이트를 만든 사람이었읍니다. 그는 다이나마이트를 제조한 다음에 일약 당대에 명사가 되었고 수많은 돈을 벌고 사람들의 관심과 촉망을 받는 대상이 되었읍니다.

그가 어느 날 아침 잠에서 깨어나 언제나 하던 버릇처럼 신문을 펴서 기사를 읽기 시작하는데, 깜짝 놀랄 만한 기사를 발견했읍니다. 그 서두에 자기가 죽었다는 기사가 씌어 있었기 때문입니다. 당신과 제가 만일 당신과 저의 죽음을 알리는 신문 기사를 읽는다면 우리는 무엇을 느낄 수 있을까요? 그 신문 기사의 보도는 이렇게 되어 있읍니다. "세계 최초로 다이나마이트를 발명한 유명한 알프렛트 노벨이 죽다." 이 기사를 읽은 그는 큰 충격을 받았읍니다. 사실 자기 동생이 죽었는데, 기자들이 혼돈하여 자기가 죽은 것으로 보도를 냈던 것입니다.

그러나 자신의 사망 기사 앞에서 이 사람은 깊은 침묵과 말할 수 없는 도전을 받기 시작했읍니다. 내가 수많은 사람을 죽일 수 있는 폭탄을 만들어서 재물을 얻었고 명성을 얻었지만, 결국 내 인생의 마지막은 이렇게 끝나고 마는 것이 아닐까?

"많은 사람들을 죽음에 이르게 하는 폭탄을 만든 제조업자가 드디어 죽다"라고 보도한 신문을 찢어 버리면서 그는 새로운 삶을 살겠다고 결심을 합니다. 그는 하나님을 알게 되었읍니다. 그리고 훗날 그는 하나님과 사람들을 위해서 자신의 모든 재산을 쓰기로 결심했읍니다. 그것이 저 유명한 알프렛트 노벨의 노벨 평화상이 시작된 이유임을 우리는 기억합니다.

자신을 위해서는 돈을 벌지만 이것을 무엇을 위해서 써야 할지 알지 못하는, 철저하게 자기 감옥에서 벗어나지 못한 이 사람을 향한 주님의 마지막 도전은 얼마나 결정적입니까?

"네 영혼을 도로 찾으리니 그러면 네가 준비한 모든 것이 다 뉘 것이 되겠느냐 하셨으니 자기를 위해서 재물을 쌓아 두고 하나님께 대하여 부요치 못한 자가 이와 같으니라"(20–21 절).

당신은 하나님과의 관계에 있어서 부요하십니까? 주님과의 관계에 있어서는 어떤 삶을 살고 계신지요? 이것이 내가 얼마나 돈을 벌었는가, 내가 사업을 통해서 이익을 남겼는가 라는 문제보다 더 본질적이며, 그보다 더 중요한 것이며, 그보다 더 근본적인 물음임에도 불구하고, 우리는 일상 생활의 작은 이득 때문에 더 깊은 필요를 깨닫지 못하는 어두움의 삶을 살고 있는 것은 아닌지요?

내 삶의 마지막 순간에 내가 이제까지 추구한 모든 삶의 노력과 그리고 내 삶에 바친 그 모든 열정에도 불구하고 주님은 나를 향해서 이렇게 선언하시지는 않으실지요?

"어리석은 자여 ! "

묻습니다. 당신은 진정으로 지혜로운 삶을 추구하고 계신지요?

큰 잔치의 비유

누가복음 14 : 15~24

"함께 먹는 사람 중에 하나가 이 말을 듣고 이르되 무릇 하나님의 나라에서 떡을 먹는 자는 복되도다 하니 이르시되 어떤 사람이 큰 잔치를 배설하고 많은 사람을 청하였더니 잔치할 시간에 그 청하였던 자들에게 종을 보내어 가로되 오소서 모든 것이 준비되었나이다 하매 다 일치하게 사양하여 하나는 가로되 나는 밭을 샀으매 불가불 나가 보아야 하겠으니 청컨대 나를 용서하도록 하라 하고 또 하나는 가로되 나는 소 다섯 거리를 샀으매 시험하러 가니 청컨대 나를 용서하도록 하라 하고 또 하나는 가로되 나는 장가들었으니 그러므로 가지 못하겠노라 하는지라 종이 돌아와 주인에게 그대로 고하니 이에 집주인이 노하여 그 종에게 이르되 빨리 시내의 거리와 골목으로 나가서 가난한 자들과 병신들과 소경들과 저는 자들을 데려오라 하니라 종이 가로되 주인이여 명하신 대로 하였으되 오히려 자리가 있나이다 주인이 종에게 이르되 길과 산울 가로 나가서 사람을 강권하여 데려다가 내 집을 채우라 내가 너희에게 말하노니 전에 청하였던 그 사람은 하나도 내 잔치를 맛보지 못하리라 하였다 하시니라"
— 누가복음 14 : 15~24.

큰 잔치의 비유

어느 안식일이었읍니다. 바리새인의 집에서 열린 잔치석상에서 예수님과 함께 떡을 먹으며 예수님의 교훈을 듣던 사람 중에 하나가 그 말씀에 감동되어 문득 하나님의 나라에서 떡을 먹는 자는 얼마나 복된가 라고 말했읍니다. 예수님과 함께 앉아서 예수님의 말씀을 들으며 그 아름답고 영광스러운 교훈을 들어가며 식탁의 교제를 즐기고 있다가 그는 문득 이렇게 소리친 것입니다.

"하나님의 나라에서 떡을 먹는 사람은 얼마나 복된가!"

아마도 이 사람은 본문의 선행 구절인 12절 이하 14절의 말씀에 의하여 큰 감동을 받은 듯합니다. 예수님께서는 12절 이하에서 이런 가르침을 주셨읍니다.

"네가 점심이나 저녁이나 베풀거든 벗이나 형제나 친척이나 부한 이웃을 청하지 말라 두렵건대 그 사람들이 너를 도로 청하여 네게 갚음이될까 하라 잔치를 배설하거든 차라리 가난한 자들과 병신들과 저는 자들과 소경들을 청하라 그리하면 저희가 갚을 것이 없는고로 네게 복이되리니 이는 의인들의 부활시에 네가 갚음을 받겠음이니라."

주님이 이 교훈을 하실 때에 바로 이 가르침에 크게 감동되어, 의인들을 보상하는 영광스러운 하나님 나라에서 떡을 먹게 되는 사람은 얼마나 행복할 것인가 하고 생각한 듯합니다.

이 이야기를 들으시고 곧 이어서 예수님은 어떤 사람이 큰 잔치를 배설하고 많은 사람을 초청했던 사건을 말씀하십니다.

□ 하나님 나라

본문의 교훈을 통해서 주님께서는 하나님 나라란 준비된 커다란 잔치와 같은 것임을 말씀하시고자 하셨읍니다. 성경에서 이 "하나님 나라"란 현재적인 측면과 미래적인 측면이 다 함께 강조되고 있는 개념입니다. 하나님 나라는 하나님의 통치가 행사될 수 있는 장소입니다. 다시 말하면 하나님의 주권이 행사되어 하나님이 다스리시는 곳이라는 것입니다.

로마서 14 장 17 절에 보면 하나님 나라의 본질을 설명하면서 이렇게 말씀합니다.

"하나님의 나라란 먹는 것과 마시는 것이 아니요 오직 성령 안에서 의와 평강과 희락이라."

"하나님 나라", "천국"이라고 말할 때 우리는 무엇을 연상하게 됩니까? 저는 하나님 나라라고 할 때 언제나 연상되는 것이 잠을 실컷 잘 수 있는 나라라는 생각을 해봅니다. 아무런 방해도 받지 않고 잠을 푹 잘 수가 있을 것입니다. 이런 생각을 하는 저는 하나님 나라에 도착하면 최초의 일만 년은 잠만 자고 싶다는 생각을 이따금씩 합니다. 가난한 사람은 풍부하게 먹을 것이 있는 나라로 하나님 나라를 연상할 것입니다. 고민으로 가득찬 사람은 고민이 해결될 영원한 평화의 나라로 하나님 나라를 연상할 것입니다.

그러나 성경은 이 하나님 나라의 본질을 설명하면서 "하나님 나라는 단순히 먹는 것, 마시는 것이 아니라 성령 안에서…"라고 말합니다. 그러면서 "의, 평강, 희락", 이 세 가지를 강조합니다. 이것이 하나님 나라의 본질이라고 말씀합니다. 다시 말하면 하나님이 통치하시는 곳, 하나님이 역사하시는 곳에서 반드시 이 세 가지 질서가 성령님을 통해서 이루어진다고 강조합니다.

우리가 예수 그리스도를 나의 구주와 주님으로 영접하고 그 주님께 참으로 승복하는 삶을 살기 시작할 때 주님께서는 내 마음 속에 나의 왕으로 찾아오십니다. 그리스도를 받아들였다는 말은 어떤 의미에서 그리스도를 나의 왕으로 초청했다는 말입니다. 예수께서 내 삶의 왕이 되어 나를 다스리시고 내 삶을 통치하실 때 내 마음의 왕국 속에 하나님의 나라가 이루어집니다. 그때 내 마음은 하나님의 의, 하나님의 평화, 하나님의 기쁨으로 넘치기 시작합니다. 여기서부터 하나님의 나라는 시작됩니다. 하나님의 나라는 먼 천국에서 시작되는 것이 아니라 지금 여기에서 그리스도를 받아들인 그 순간 내 마음 속에서부터 이 하나님의 영광스러운 나라는 시작됩니다.

물론 주님 앞에 온전히 승복하지 못하기 때문에 때때로 내 마음 속에서 의와 평강과 희락이 다른 순간에 불의와 그리고 말할 수 없는 갈등과 슬픔으로 뒤바뀌기도 합니다. 그런 의미에서 우리는 아직도 이루어질 영광스러운 하나님 나라의 실현을 미래의 시간 속에서 기다리고 있읍니다. 그런 의미에서 하나님 나라는 아직도 미래에 있다고 말할 수 있읍니다. 이 나라는 우리 구주 예수 그리스도의 재림을 통해서 어느 날 완전하게 실현될 것입니다.

그러나 하나님 나라가 현재를 의미하든지 미래의 완전한 실현을 뜻하든지 간에 누가 이 하나님 나라에 들어갈 수 있는가에 우리의 관심이 모아집니다. 어느 날 예수님께서는 이 진리에 대한 질문을 끌어안고 한밤중에 찾아왔던 니고데모에게 이렇게 말씀하십니다.

"진실로 진실로 네게 이르노니 사람이 물과 성령으로 나지 아니하면
하나님 나라에 들어갈 수 없느니라"(요 3:5).

누가 하나님 나라에 들어갈 수 있다고 가르치십니까? 오직 거듭난 사
람입니다. 예수 그리스도를 구주와 주님으로 받아들이고 성령님을 통해
서 그 **영혼이 다시 태어난 사람**만이 하나님 나라에 갈 수가 있다고 가
르치셨읍니다.

본문에서 주님께서 하신 말씀 가운데 큰 잔치를 배설한 어떤 사람은
다름 아닌 주님이십니다. 이 사람처럼 주님께서도 많은 사람들을 오늘
이 하나님의 나라로 초청하고 계십니다. 주님의 초청은 이 땅에 살고
있는 모든 사람들에게 끊임없이 보내지고 있읍니다.

옛날 유대인들의 풍습에 의하면, 잔치에 사람들을 청할 때 두 번 초
청을 한다고 합니다. 먼저는 잔치 시간 훨씬 앞서서 초청을 하고, 그
다음에는 잔치 시간에 임박하여 다시 청합니다. 본문 16 절에 보면 "많
은 사람들을 청하고"라는 말씀에서 처음으로 청한 것을 볼 수 있읍니
다. 또 17 절에 보면 "다시 청했던 사람들에게 또 종을 보내어 오소서"
라고 두번째 권하고 있는 것을 볼 수 있읍니다.

17 절의 말씀을 묵상해 보십시오.

"오소서 모든 것이 준비되었나이다."

옳습니다. 하나님의 나라에는 당신들이 원하는 모든 것이 이미 풍성하
게 준비되어 있다는 사실을 아십니까? 이 나라에는 당신이 목말라 하
는 영생이 있읍니다. 이 나라에는 당신이 추구하고 있는 의(義)가 있읍
니다. 이 나라에는 당신이 그리워하고 있는 영원한 기쁨이 있읍니다.
이 나라에는 넘치는 사랑이 있읍니다. 이 나라의 주인은 그리스도이십

니다. 그분은 이 모든 것을 값 없이 선물로 주시려고 사람들을 초청하고 계십니다. 이 모든 것을 얻기 위해서 당신이 할 일은 아무것도 없읍니다. 이것은 얼마나 파격적인 하나님의 은총입니까? 우리가 해야 할 일은 주님의 초청을 거절하지 않고 와서 먹기단 하는 것입니다. 세상에서 이런 은혜로운 잔치를 우리가 어디에서 볼 수 있읍니까? 이 커다란 잔치는 주인에 의해서 이미 모든 준비를 완벽하게 갖추어 놓고 다만 사람들을 은혜로 초청하고 있는 잔치입니다.

□ 청함받은 사람들의 반응

청함받은 사람들의 반응은 18절 이하에 보면 일치된 사양으로 나타나 있읍니다. 성경은 말씀합니다.

　"다 일치하게 사양하여 가로되…"

여기에서 "일치하게"라는 말씀을 어느 번역본에서는 "곧장"이라고 옮기기도 했읍니다. 그들은 변명을 준비하고 있었던 것입니다. 생각할 필요도 없읍니다. 이 변명은 연구할 필요도 없읍니다. 그들은 잔치에 초청한 주님의 사랑을 거절할 결심이 이미 서 있었던 것입니다.

　첫번째 사람의 변명을 들어 보십시오. 그는 어떻게 말하고 있읍니까?

　"나는 밭을 샀으매 불가불 나가 보아야 하겠으니"(18절).

이 말은 절대로 안 나겠다는 강력한 의지가 들어 있는 말입니다. 그는 잔치에 안 가기로 이미 굳게 결심했읍니다. 밭은 그 핑계에 불과했던 것입니다. 아니 이 사람은 밭을 보지도 않고 밭을 샀다는 말입니까?

하필이면 초대가 이루어진 바로 그 시간에 밭에 나가 봐야 하겠다는 것
은 도대체 웬말입니까?

두번째 사람의 변명을 들어 보십시오. 그는 어떻게 말하고 있읍니
까?

"나는 소 다섯 겨리를 샀으매 시험하러 가니 청컨대 나를 용서하도록
하라"(19절).

이 말을 현대적인 표현으로 바꾼다면 이런 말이 됩니다.
"저는 방금 자동차를 새로 샀읍니다. 오늘은 마침 이 자동차의 시운전
을 해야 할 날입니다."
이런 이야기와 통할 수가 있을 것입니다. 그런데 하필이면 왜 이 시각
에 소를 시험해야 한다는 말입니까? 아니 이 사람은 소의 성능을 시험
하지도 않고 소를 샀다는 말입니까? 아니 잔치가 파한 후에 돌아와서
소를 시험할 수는 없읍니까? 모든 것은 구실에 지나지 않았읍니다.

세번째 사람은 또 어떻게 말합니까?

"나는 장가들었으니 그러므로 가지 못하겠노라"(20절).

저는 이 세 사람의 핑계 중에서 이 마지막 사람의 변명은 어느 정도 설
득력이 있다고 생각합니다. 이 사람의 핑계는 그래도 이해해 주고 싶습
니다. 방금 장가를 들었으니 이제 잔치에 초청했던 주인도 이해하시지
않겠느냐는 이야기입니다.
사실 신명기 24장 5절에 보면 하나님께서는 모세의 율법을 통해서
대단히 흥미있는 법을 제정하시기도 했읍니다. 거기 보면 이런 말씀이
기록되어 있읍니다.

"사람이 새로이 아내를 취하였거든 그를 군대로 내어 보내지 말 것이
며 무슨 직무든지 그에게 맡기지 말 것이며 그는 일 년 동안 집에 한
가히 거하여 그 취한 아내를 즐겁게 할지니라."

지금도 우리 사회에 이런 법이 시행된다면 얼마나 좋을까요? 하나님은
인생의 행복의 조건들을 결코 멸시하지 않으십니다. 그분은 풍요한 자
비와 삶의 멋을 아시는 하나님이십니다.

　그러나 본문에 나타난 장가든 사람의 문제는 가지 못가겠다는 고집입
니다. 만일 이 잔치가 단순한 잔치가 아니라 생사를 좌우할 수 있는 중
대한 잔치라면 그래도 신혼 여행만을 고집하겠읍니까? 전쟁이 일어나
도 신혼 여행을 가겠읍니까? 그는 실상 가지 못하는 것이 아니라 가지
않겠다고 말하는 것이 옳을 것입니다.

　오늘 당신의 변명은 무엇입니까? 아직까지 하나님의 나라에 초청되
어 영광스러운 잔치를 맛보며 주님과 함께 식탁에 앉아 주님을 즐거워
하는 이 신앙의 밀월, 이 신앙의 깊이, 이 신앙의 아름다움, 이 신앙의
쾌락을 맛보지 못하고 있다면 당신의 실수는 도대체 무엇입니까? 아직
도 교회에 출석하면서도 예수 그리스도를 나의 구주로 받아들이지 못했
다면 당신의 변명은 도대체 무엇입니까? 변명의 역사는 인류의 역사만
큼이나 오래되었읍니다. 아담이 자기 타락의 이유를 여인에게, 여인은
뱀에게 전가시킨 이래로 인간은 불신앙의 이유를 간단히 주장해 왔읍니
다. 현대인의 이유는 무엇입니까? 오늘 우리 주변의 이웃들이 아직도
이 잔치에의 초청을 거절하고 있는 그들의 타당하고도 합리적인 이유는
도대체 무엇입니까?

　완전히 다 알아야만 믿겠다고 말하는 사람들이 있습니다. 물론 하나
님은 한 사람이 구원받기에 충족하고도 필요한 그리고 넉넉한 지식을
성경을 통해서 계시하십니다. 그러나 누구도 하나님이나 성경에 대해서

완전히 다 알 수 있는 사람들은 없습니다.

저는 머리가 아플 때 아스피린을 먹습니다. 그러나 저는 실상 아스피린의 의학적인 성분이나 화학 작용에 대해서 전혀 아는 바가 없습니다. 그렇지만 제가 이 아스피린에 관해서 모든 것을 다 알아야만 이 약을 먹을 수가 있다는 논리가 통합니까?

벽에 붙어 있는 전기 스위치를 올리면 왜 전기불이 들어오는지 그 이유를 충분히 설명할 수 있는 공학적인 두뇌가 제게는 없습니다. 그러나 이 이치를 다 알아야만 스위치를 올릴 수 있는 것은 아니지 않습니까? 아스피린은 두통에 참 좋은 약이고, 저 스위치를 올리면 전기불이 들어온다는 앎, 그것으로 족합니다.

예수를 믿으면 구원을 얻는다는 그 사실로 족합니다. 내가 예수 그리스도와 이 구원에 관한 성경의 모든 지식을 다 알지 못한다 할지라도 예수 그리스도를 믿으면 구원을 얻을 수가 있다는 기초적인 지식에 "아멘"할 수가 있다면 그것으로 족합니다. 그리고 구원은 이루어집니다.

교인 중에 위선자가 너무 많아서 믿을 수 없다고 주장하는 사람들이 우리 주변에 있습니다.

모든 의사가 다 완전하지는 않습니다. 때때로 어떤 환자의 질병에 대해 여러 병원이 다르게 진단하는 것을 봅니다. 그 중에는 오진 정도가 아닌 돌팔이 의사도 끼어 있을 수가 있습니다. 그렇다고 당신은 모든 의사를 다 불신하겠습니까?

요즘처럼 교통 사고가 흔한 때가 일찌기 없었을 것입니다. 그러나 이 많은 교통 사고를 피하기 위해서 자동차 무용론(無用論)을 주장할 수는 없지 않습니까?

우리 주변에 많은 위선자들이 있다는 사실이 내가 그리스도를 믿지 못할 이유는 안 됩니다.

파스칼은 모든 시대의 구도자들이 기억해야 할 중요한 말을 했습니다.

"왜 이렇게도 이 세상에는 종교적인 가짜가 많은가? 그 이유는 진짜가 있기 때문이다."

진정한 것이 없을 때 아무도 모방하려고 하지 않습니다. 오늘 우리 주변에 횡행하는 수많은 가짜들, 가짜 종말론, 가짜 신자들, 이런 것에 대한 실망 때문에 예수 그리스도를 거절하고 하나님 나라의 영광스러운 초청을 거절한다는 것은 타당한 이유가 되지 못합니다.

오늘 당신의 변명은 무엇입니까?

나는 죄가 너무 많아서 믿지 못하겠다고 말하는 사람들이 우리 주변의 선량한 이웃들 가운데 있습니다. 그러나 병이 너무 많아서 의사에게 가지 못하겠다고 말하는 사람은 없습니다. 그렇게 말하는 사람을 보신 일이 있으신지요? 그러나 그것도 똑같은 이야기입니다. 그러나 예수께서는 어떻게 말씀하십니까?

"건강한 자에게는 의원이 쓸데없고 병든 자에게라야 쓸데있나니 내가 의인을 부르러 온 것이 아니요 죄인을 불러 회개시키러 왔노라"(눅 5:31-32).

예수께서는 병든 자의 구세주이십니다. 목이 너무 말라서 물을 마시지 못하겠다는 사람은 없습니다. 목이 타기 때문에 물의 필요는 더욱 절실한 것입니다. 당신이 용서받지 못할 만큼 큰 죄, 많은 죄란 없습니다. 만일 내가 유일하게 하나님 앞에서 용서받을 수 없는 죄가 있다면 그것은 무엇입니까? 그것은 내 죄를 다 용서하시고 나에게 새로운 삶과 하나님의 영광스러운 은혜를 주시겠다고 약속하신 하나님의 사랑의 초청을 **거절**하는 것입니다. 선택되었다면 나는 구원받을 것이고 선택되지 못했다면 구원을 받지 못할 것이라고 말하면서 이 신앙의 결단을 주저하는 이웃들이 우리 주변에 종종 있습니다.

　신학적인 난제 때문에 신앙의 초청을 아직도 유보하고 있는 이웃들을 종종 우리 주변에서 볼 수가 있읍니다. 선택은 숙명론이 아닙니다. 나는 지금 이 설교를 하도록 주님께서 나를 작정하시고 예정하셨다고 분명히 믿습니다. 그렇다고 제가 입술을 안 벌리고 가만히 있음으로 설교가 이루어질 수 있는 것은 아닙니다. 오히려 하나님의 작정을 믿기에, 오늘 이 설교를 통해서 구원받으며 새로워질 사람이 있다는 사실을 믿기에 저는 담대하게 부족한 입술을 열어 하나님의 영광스러운 말씀을 선포하고 있는 것입니다. 성경에 선택이나 예정이 단 한 번도 불신자에게 적용된 일은 없읍니다. 그것은 신자에게 보여 주시는 영광스러운 교리입니다. 내가 예수를 믿었을 때 그것은 단순히 나의 지적 결단이 아니라 하나님의 도우심과 성령의 감동하심과 하나님의 놀라우신 계획이 배후에 있었다는 사실이 우리의 신앙을 확신케 하는 것입니다. 당신이 오늘 주님 앞에 나아와 믿는다면 당신은 선택된 사람인 것입니다.

　우리 주변의 이웃들 가운데는, 나는 너무 바빠서 믿을 시간이 없다고 말하는 사람들이 있읍니다. 본문의 이야기에 나타난 사람들처럼 밭을 샀기에, 소 다섯 겨리를 샀기 때문에 그것들을 돌아보기에 바쁘다고 말합니다. 현대인들은 집안 일과 사업과 직장 때문에 바쁘다고 말합니다. 그러나 우리는 아무리 바빠도 밥먹을 시간은 있읍니다. 아무리 바빠도 잠잘 시간은 만들고 있읍니다. 아무리 바빠도 생존에 필요한 시간은 만들고 있읍니다. 그런데 왜 **영혼의 구원**을 위해서는 시간을 만들지 못하고 있다는 말입니까?

　어떤 농부가 빌리 그래함 목사님을 찾아와서 이런 질문을 던진 적이 있읍니다.

"목사님은 만일 소가 주일에 구덩이에 빠지면 소를 건지시겠읍니까? 아니면 교회로 가시겠읍니까?"

빌리 그래함 목사님은 이런 명답을 했읍니다.

『그거야 물론 건져야죠. 그러나 만일 소가 주일마다 구덩이에 빠진다면 그 소를 팔아치우겠읍니다.』

　오늘 당신의 변명은 도대체 무엇입니까?

□ 주인의 반응

21 절에 보면 "주인은 노하여…"라고 기록하고 있읍니다. 성경은 하나님의 진노에 대하여 증언하고 있읍니다. 사랑의 하나님이시므로 결국 모든 사람을 다 구원하실 것이라고 믿는 것은 당신의 주관적인 감상주의에 불과할 수가 있읍니다. 성경은 하나님의 사랑과 동시에 하나님의 공의와 심판을 가르치고 있읍니다. 이 하나님의 공의가 없다면 역사는 분명한 목표와 목적이 없는 방향을 향해서 계속 혼미하게 흘러갈 것입니다. 주님의 호의를 거절하는 사람들에게 주님의 진노가 있다고 성경은 가르칩니다.

　요한복음 3 장 18 절은 말씀합니다.

　"저를 믿는 자는 심판을 받지 아니하는 것이요 믿지 아니하는 자는…
　벌써 심판을 받은 것이니라."

그래서 주인은 어떻게 합니까? 본문에 보면 이 주인은 이렇게 말합니다.

　"빨리 시내의 거리와 골목으로 나가서 가난한 자들과 병신들과 소경들
　과 저는 자들을 데려 오라 하니라"(21 절).

이 가난한 사람들, 병신들, 소경들, 저는 자들은 모두 결점이 있는 사람들입니다. 그러나 이 결함은 그들의 불행이 아니라 그들의 행운이었읍니다. 약하기 때문에 그들에게 복음과 친절을 거절하지 않는 겸허함과 겸손함이 있었읍니다.

오늘 당신이 부요하기 때문에 주님을 필요로 하지 않는다면, 건강하기 때문에 하나님의 도움을 구하지 않는다면, 보고 걷기 때문에 주님의 도우심을 구하지 않는다면, 지식이 있기 때문에 주님의 거룩한 초청을 거절하고 있다면 당신의 부요, 건강, 지식, 그 모든 것은 오히려 불행의 요소일 수가 있읍니다.

그 후에 이 사건은 어떻게 전개됩니까? 22절에서 종은 이렇게 보고 합니다.

"명하신 대로 하였으되 오히려 자리가 있나이다."

그래서 주인은 어떻게 말합니까? 본문에 보면 주인은 "길과 산울 가로 나가서 사람을 **강권**하여 데려다가 내 집을 채우라"고 말합니다. 주인은 마련된 연회석이 채워지기를 원하십니다. 그래서 사람들을 강권하여 데려다가 내 집을 채우라고 말씀하신 것입니다. 여기에서 "강권"은 "강제"와는 다릅니다. 이것은 정성을 다하여 상대방의 인격에 호소하는 것입니다. 상대방의 지식에, 상대방의 감정에, 상대방의 의지를 향해서 전인격을 걸고 상대방에게 호소하는 것입니다.

하나님의 나라에는 아직도 많은 좌석들이 예비되어 있읍니다. 주님은 요한복음 14장 2절에서 이렇게 말씀하셨읍니다.
"내 아버지 집에는 거할 곳이 많도다."
영어 성경에는 이 "거할 곳"이 『맨숀』(mansion)이라는 단어로 번역되어 있읍니다. 하늘나라에는 많은 맨숀이 있읍니다. 그분은 이 풍성한 자리를 예비하고 기다리고 계십니다. 이것은 당신을 위해서 예비된 것입니다. 그리고 주님은 당신에 의해서 채워지기를 기다리고 계십니다. 그분은 풍성함과 충만함을 기뻐하십니다. 또한 그분은 오늘 당신의 사랑하시는 교회가 많은 사람으로 채워지기를 기다리고 계십니다.

□ 종들의 교훈

본문을 통해서 종들의 순종에서 우리는 깊이 배우고 싶습니다. 17절에 보면 큰 잔치를 배설하고 주인은 종들을 보냈읍니다. 그리고 "오소서"라고 청하고 있읍니다. 『사도』란 "보내심을 받은 자"라는 뜻입니다. 『선교사』라는 말의 뜻도 "보내심을 받은 사람"이라는 뜻입니다. 예수 그리스도는 최초의 선교사였읍니다. 그분은 성부 하나님으로부터 이 세상에 보내심을 받아 오셨읍니다. 그런데 예수님 또한 제자들에게 이렇게 말씀하십니다.

"아버지께서 나를 보내신 것 같이 나도 너희를 보내노라."

당신은 오늘 이 보내심에 순종하겠읍니까? 누군가가 말한 것처럼 예수 그리스도가 그 마음에 있는 사람은 모두 다 선교사입니다. 그리스도가 없는 모든 영혼들은 우리의 선교를 기다리는 피선교인입니다. 그러나 우리는 전도의 성패에 대해서 지나치게 민감할 필요가 없읍니다. 우리의 책임은 초청을 권하는 것뿐입니다. 이 초청을 수락하는 것은 초청받은 사람의 개인적인 문제입니다. 종은 단순히 책임을 이행하고 보고를 하는 것입니다. 우리가 주님을 만나는 그 날 이렇게 고백하는 사실로 족합니다.
"주님, 저는 이 하늘나라의 놀라운 소식을 전하는 심부름꾼으로서 충실하고 성실하게 이 전파의 책임을 다하였읍니다."
이 초청에 대한 응답 여부에 관한 궁극적인 책임은 하나님께서 초청을 받았던 그 사람들에게 개인적으로 물으실 것입니다. 그러므로 문제는 당신을 보내셔서 이 놀라운 하늘나라의 소식을 전하기 원하시는 하나님의 심부름꾼이 즐겨 되시기를 당신이 원하느냐 원하지 않느냐에 달려 있읍니다.

21절에 보면 주인은 다시 한번 종을 보냅니다.

"빨리 가서 데려오라."

종은 또 한 번 순종합니다. 다시 종이 돌아와서 아직도 자리가 있다고 보고합니다. 주인은 또 말합니다.

"길과 산울 가로 나가서 사람을 강권하여 데려다가 내 집을 채우라."

집이 채워질 때까지 주인은 종들을 보내고 또 보내시며, 종은 순종하여 나가고 또 나가서 사람들을 데려오는 이 모습을 본문을 통해서 보시기 바랍니다. 이것이 바로 우리가 할 일인 것입니다. 우리는 사람들이 교회에 오도록 기다리고 있을 수만은 없읍니다. 성경은 우리가 나가야 한다고 가르치고 있읍니다. 당신은 하나님 나라의 영광스러운 초청을 기다리는 사람들에게 우리를 초청하시는 하나님 나라의 기쁜 소식을 전하시겠읍니까? 당신들 가운데는 아직도 이 초청을 수락한 일이 없으신 분이 계실지도 모릅니다. 그렇다면 주님의 이름으로 당신을 다시 한번 강권하고자 합니다.
"오십시오, 주님께로 오십시오."
이 "오소서"라는 단어가 성경에 무려 1900번이나 기록되고 있읍니다. 하나님의 심정을 이해할 수가 있읍니까? 창조주 하나님은 당신의 피조물들이 당신과 바른 관계를 맺고 그 사랑의 관계 속에서 당신과 더불어 누리는 풍요한 삶을 얼마나 우리에게 주고 싶어하시는지 모릅니다. 그분은 오늘 다시 한번 우리를 초청하십니다.

"수고하고 무거운 짐진 자들아 다 내게로 오라 내가 너희를 쉬게 하리라"(마 11:28).

요한계시록 22 장에 보면 이렇게 말씀합니다.

"성령과 신부가 말씀하시기를 오라 하시는도다 듣는 자도 오라 할 것이요 목마른 자도 올 것이요 또 원하는 자는 값 없이 생명수를 받으라 하시더라"(17 절).

이사야 1 장 18 절 말씀을 보십시오.

"오라 우리가 서로 변론하자 너희 죄가 주홍같을지라도 눈과 같이 희어질 것이요 진홍 같이 붉을지라도 양털 같이 되리라."

교회에는 왔지만 십자가 앞에 나오지 못한 분들, 예배당에는 출석했지만, 십자가 앞에 무릎을 꿇고 예수 그리스도를 나의 주 나의 하나님으로 고백한 경험이 없는 분은 안 계십니까? 마지막 의심을 지워버리고 주님 앞에 엎드리어 "나의 주 나의 하나님"을 부르며 주님을 붙드는 감격스러운 체험을 하지 않으시겠읍니까? 아직도 이 초청을 거절하는 당신의 변명은 도대체 무엇입니까? 왜, 무엇 때문에 아직도 이 초청을 거절하십니까?

어느 주일 학교 학생이 죽어가고 있었읍니다. 주님을 사랑했던 이 아이는 예수 그리스도를 거절하는 무신론자인 아버지에게 죽어가면서 마지막으로 한 번 더 호소합니다.

"아버지, 저는 천국가요. 그렇지만 아버지는…아버지도 예수를 믿으세요."

호소하는 이 어린아이의 절규 앞에 그래도 냉담한 이 비정한 아버지, 계속 신앙의 결단 앞에서 최후까지 침묵을 지키고 있는 이 잔인한 아버지에게 아들은 마지막 질문을 던졌읍니다.

"아빠, 주님 앞에 가서 아빠가 왜 예수님을 안 믿는다고 말씀드릴까요?"

묻습니다.

주님 앞에 가서 내 남편이 왜 예수를 안 믿는다고 말씀드릴까요?

주님 앞에 가서 내 아내가 왜 예수를 안 믿는다고 말씀드릴까요?

주님 앞에 가서 내 사랑하는 아들이 왜 예수를 안 믿었다고 말씀드릴까
요?

주님 앞에 가서 내 아버지, 내 어머니가 아직도 예수를 믿지 않는 이유
가 무엇이라고 말씀을 드릴까요?

우리 중에 누군가가 먼저 주님 앞에 간다면 당신의 이야기를 하면서 당
신이 아직도 그리스도를 거절하고 있는 이유는 무엇이라고 말씀드릴까
요?

왜 아직도 당신은 그리스도를 받아들이지 못하고 있읍니까? 교회에
는 출석하지만 아직까지도 살아계신 하나님을 마음 속에 받아들이지 못
한 이유는 무엇입니까? 무엇이 더 중요하기에 아직도 그리스도의 영광
스러운 복음을 거절하십니까? 파스칼의 말대로, 신앙은 우리가 할 수
있는 도박 가운데 가장 위대한 도박입니다. 세상에서 할 수 있는 도박
가운데 가장 영광스러운 도박은 신앙의 도박입니다. 일순간적인 가치를
위해서 땀을 흘리며 열중할 수가 있다면 어째서 영원한 게임을 위해서
결단하지 못하고 계십니까? 왜 무엇 때문에 당신을 주님 앞에 드리지
못하십니까? 나를 위해서 십자가에서 피흘리시며 자신의 몸을 찢어 보
혈을 흘리신 이 사랑 앞에 왜 아직도 응답하지 못하고 있읍니까?

한 설교자는 설교를 하다가 가슴을 찢으면서 이렇게 외쳤읍니다.
"그렇다! 현대인의 가장 무서운 죄는 **무관심**이다."

교회는 출석하는데 아직도 이 무관심의 범죄를 거듭하고 있는 사람들이
우리 주변에 얼마나 많은지요? 하늘과 땅 사이에 매달려 가시관을 쓰
시고 옆구리에 피와 물을 쏟으시기까지 나를 사랑하신 이 사랑의 초청
이 진실일진대 어떻게 냉담한 자세로 있을 수 있다는 말입니까?

잃은 양의 비유

누가복음 15 : 1~7

"모든 세리와 죄인들이 말씀을 들으러 가까이 나아오니 바리새인과 서기관들이 원망하여 가로되 이 사람이 죄인을 영접하고 음식을 같이 먹는다 하더라 예수께서 저희에게 이 비유로 이르시되 너희 중에 어느 사람이 양 일백 마리가 있는데 그 중에 하나를 잃으면 아흔 아홉 마리를 들에 두고 그 잃은 것을 찾도록 찾아 다니지 아니하느냐 또 찾은즉 즐거워 어깨에 메고 집에 와서 그 벗과 이웃을 불러 모으고 말하되 나와 함께 즐기자 나의 잃은 양을 찾았노라 하리라 내가 너희에게 이르노니 이와 같이 죄인 하나가 회개하면 하늘에서는 회개할 것 없는 의인 아흔 아홉을 인하여 기뻐하는 것보다 더하리라"
— 누가복음 15 : 1~7.

잃은 양의 비유

영국의 런던을 방문하는 사람들이면 누구나 꼭 찾고 싶어하는 곳이 있
습니다. 그곳은 유명한 웨스트민스터(Westminster) 사원입니다.

오래 전에 이 사원을 방문했던 방문객들의 입에서부터 이런 흥미있는
일화가 우리에게 전해 내려 오고 있습니다. 방문객들이 이 유명한 교회
를 방문했을 때 그들을 인도해 주던 안내자가 있었습니다. 이 안내자는
사원에 대한 역사적인 내력과, 그리고 무덤에 묻혀 있는 지나간 세기의
찬란한 영웅들의 삶의 내용을 설명합니다. 또 현재 그 교회가 어떤 프
로그램을 어떻게 운영하고 있는가를 장황하게 설명하고 있었습니다. 이
러한 설명이 끝난 후에 안내자는 방문객들을 향해서 질문이 있느냐고
물었습니다.

이때 미국의 아이오아 주에서 이곳을 방문했던 어느 여신도 한 사람
이 안내자를 향해서 던진 질문이 있습니다. 이 질문이 유명한 일화로서
지금까지 남아 있습니다.
"선생님께서 이 웨스트민스터 사원에 관한 여러 가지 내용과 내력에 관
해서 훌륭한 설명을 해주신 것을 감사드립니다. 그런데 제가 질문을 한
가지만 하겠습니다. 최근에 이 사원을 통해서 구원받은 사람이 몇이나

됩니까?"
이 뜻밖의 질문 앞에 대답이 준비되어 있지 않았던 안내자는 당황할 수
밖에 없었읍니다.

그러나 이 일화는 오늘의 우리에게 대단히 중요하고도 심각한 문제를
제기하고 있읍니다. 오늘의 우리는 종교나 혹은 교회의 이름으로 수없
이 교회 안으로 발걸음을 옮깁니다. 그런 의미에서, 우리들 모임의 진
정한 목적과 의미와 내용은 무엇이며, 오늘 우리가 겉으로 드러내고 있
는 이 모든 형식과 현상은 그 내용과 어떤 관련이 되어져야 하는지 우
리는 되돌아보고 반성해야 할 필요가 있읍니다.

□ 배경

본문에서 주님께서는 잃어버린 한 마리의 양을 찾아나서는 목자의 이야
기를 시작하십니다. 이 말씀을, 이 비유를, 이 교훈을 주님께서 우리에
게 베풀어 주신 동기와 배경을 확인하는 데서부터 우리는 이 말씀을 묵
상해야 합니다.
본문은 이렇게 시작합니다.

"모든 세리와 죄인들이 말씀을 들으러 가까이 나아오니 바리새인과 서
기관들이 원망하여 가로되 이 사람이 죄인을 영접하고 음식을 같이 먹
는다 하더라 예수께서 저희에게 비유로 이르시되"(1-3 절).

세리들, 죄인들, 창기들 등 그 당시에 많은 사람들 앞에 관심과 초점을
모으지 못하고 소외되어 있었던 사람들을 상대하여 예수님은 그들과 더
불어서 깊은 영혼의 대화를 나누고 계십니다. 이 모습이 그 당시의 종
교인들에게 커다란 거스림이 되었다는 것을 우리는 본문의 장면을 통해
서 목격합니다. 이런 그들의 비난과 편견과 그들의 속심정을 꿰뚫어 보

신 예수께서 이 비유를 말씀하십니다. 그것은 한마디로 예수께서 이 땅에 찾아오신 진정한 목적과 내용이 무엇인가를 바리새인들과 예수 당신을 따르고 있었던 제자들에게 분명하게 확인시키기 위해서였읍니다. 우리는 그러한 예수님의 의도에서부터 잃어버린 양을 찾아나서는 목자의 이야기가 시작되고 있다는 것을 주목해서 보아야 합니다.

그 당시의 대표적인 종교를 우리는 바리새인의 종교라고 말할 수가 있읍니다. 한마디로 바리새인의 종교는 외적인 현상과 형식에만 몰두하고 있었던 종교였읍니다. 그들은 일 주일에 한 번씩 안식일에 회당을 찾아왔읍니다. 또한 그들은 십일조를 잘 냈읍니다. 그리고 종교적인 관습과 의례적인 규례를 따라서 불쌍한 사람을 구제하였읍니다. 그 당시에 바리새인들은 종교적인 형식에 있어서는 하나도 나무랄 데가 없는 완벽한 모본을 보이고 있었던 사람들입니다.

그러나 그럼에도 불구하고 본문에서 그들이 예수님을 비난하는 장면을 접하면서 우리는 그들이 가장 중요한 종교의 내용을 상실하고 있다는 사실 앞에 눈을 떠야 합니다. 즉, 회당에 그들이 모이는 목적은 무엇입니까? 그들이 헌금을 드리는 목적은 무엇입니까? 그들이 장엄하고도 정중한 표정으로 예배당에 드나들며 하나님을 찬양하는 가장 중요한 동기는 무엇입니까?

이것은 우리에게 더 깊은 의미의 이런 질문을 제기하고 있읍니다.
"도대체 기독교의 내용은 무엇인가?"
"그리스도인을 향한 멧세지는 도대체 무엇인가?"
"교회가 교회된 그 진정한 목적과 이유는 도대체 무엇인가?"
만일 누가 저에게 이런 질문을 한다면 저는 한마디로 기독교의 포괄적인 내용을 이렇게 정리할 수가 있을 것입니다.
"하나님이 잃어버린 인간을 찾아오셨읍니다. 이 하나님의 관심과 의도를 따라서 잃어버린 영혼을 찾아 그들을 구원하고 잘 양육하여서 그들 또한 하나님의 기대와 관심을 알고 하나님의 뜻을 따라 잃어버린 영혼을 찾음으로 하나님을 기쁘시게 하는 것이 한마디로 기독교인 것입니다."

그런데 본문의 바리새인들은 장엄한 형식에 몰두하다 보니 그들과 같이 예배를 드릴 수 있는 사람과 드릴 수 없는 사람을 구별하기 시작했읍니다. 그래서 심지어 어느 날 우리는 바리새인의 입술에서 이런 기도가 하나님 앞에 드려지는 장면을 성경에서 목격하게 됩니다.
"하나님, 우리는 일 주일에 한 번씩 모여서 이렇게 예배를 드립니다. 우리는 우리 소득의 십일조를 드립니다. 나는 간음하지 않았읍니다. 나는 살인하지 않았읍니다. 나는 저 살인하고 간음하는 이 시대의 많은 사람들과는 근본적으로 다릅니다."
그들은 형식에 몰두한 채 그들의 형식에 참여하는 사람들과 참여하지 않는 사람을 구별합니다. 그들은 그들에게 있어서 가장 중요한 내용을 상실하고 있었읍니다. 다시 말하면 잃어버린 영혼을 향한 하나님의 관심과 애정을 상실하고 있다는 그 당시의 바리새 종교의 모순을 우리는 이 말씀 앞에서 먼저 발견해야만 합니다.
이야기를 더 쉽게 풀어서 설명하겠읍니다.

저희 교회는 오후 5 시 30 분에 저녁 예배가 시작됩니다. 저녁 예배가 끝나면 6 시 30 분에 제직회의가 있읍니다. 저녁 5 시 30 분에 예배를 드릴 것을 기대하고 교인들이 교회에 나옵니다. 그런데 다른 사람은 다 보이는데 이 동원 목사가 보이지 않는다고 가정을 해봅시다. 그래서 당황한 나머지 전도사님께서 즉흥적인 설교를 하십니다.
드디어 저녁 예배가 끝났읍니다. 제직 중의 어느 분이 다른 모임에 참석하지 못했어도 제직회의만은 참여하겠다는 결심을 하고 저녁 집회가 끝난 후에 그대로 남아 있었읍니다. 그런데 여전히 이 동원 목사는 나타나지 않습니다. 약간은 짜증스럽기도 하고 불쾌한 심정도 있었을 것입니다.

나중에 전갈이 들려옵니다. 사연인즉, 그 날 오후에 이 동원 목사가 어느 집을 방문해서 어느 분과 더불어 영혼 구원 문제에 관한 상담을 하게 되었읍니다. 그 사람에게 예수 그리스도가 누구인가를 소개하고 그와 더불어 복음의 멧세지를 나누다가 이야기가 너무 깊어지고 깊어지다 보니 저녁 예배에 나올 수가 없었고 그리고 제직회의에도 참여할 수가 없었다는 사연입니다.

만일 당신이 이 전갈을 받았다면 당신은 이 상황에서 어떤 반응을 보이겠읍니까? 예배 시간을 지키지 못했읍니다. 그리고 제직회의를 진행할 수도 없었읍니다. 그래서 당신은 짜증스러운 심정을 가졌을 것입니다. 그러나 이러한 상황에 접했을 때 당신에게는 오히려 그러한 심정보다 더 커다란 다른 관심이 내 마음 속에 있는가를 물으셔야 합니다. 다시 말하면 왜, 무엇 때문에 우리는 저녁 예배에 모여야만 하는가에 대한 물음입니다. 엄격하게 말하면 그것은 하나의 형식입니다. 제직회의에 왜 참석하셨읍니까? 그것도 엄격하게 말하면 형식입니다. 우리가 제직회의에 참여하는 목적은 무엇입니까? 교회의 여러 가지 일상적인 살림을 경영하고 의논하고 토론하는 일을 왜 하십니까? 그 목적은 복음을 전하기 위해서입니다. 이 모든 교회의 제도적인 형식들이 제대로 운영됨으로 말미암아 예수 그리스도의 복음이 더 많은 사람들에게 더 효과적으로 전파되는 것입니다. 성도들의 살아 있는 믿음을 통해서 믿지 않는 많은 이웃들에게 예수 그리스도의 구속의 복음이 더욱더 전파되도록 하는 것입니다. 그렇다면, 그 목적을 수행하기 위해서 제직회의에 참석할 수가 없었다면 우리는 더 기뻐해야 합니다. 왜냐하면 그것이 목적이기 때문입니다.

오늘날 우리는 많은 경우에 있어서 목적을 상실하고 형식에 몰두하고 있는 자신의 모습을 발견할 수 있읍니다. 그것이 바리새인의 과오였읍니다. 우리가 회의를 하는 것, 사업상 모임을 갖는 것 등 이 모든 것은 하나의 형식입니다. 이 형식 속에 복음이라는 내용을 담아서 주님께서 사랑하시는 영혼들을 찾아내야 합니다. 그래서 그들로 하여금 하나님을 알게 하고 하나님과 올바른 관계를 맺도록 도와야 합니다. 그들의 영혼이 구원받아 하나님을 사랑하는 자녀들로서 성장할 수 있도록 도와야 합니다.

바로 이것이 교회에서 이루어지는 모든 사역의 진정한 관심이 되어 있는지 우리는 이 질문을 본문의 말씀 앞에서 물어야 합니다.

자, 돌아오는 토요일과 주일에 성가대가 음악회를 하게 될 것입니다. 그래서 성가대는 음악회 준비를 위하여 많은 수고를 하고 있읍니다. 그러나 성가대를 한다는 것도 엄격하게 말하면 하나의 형식입니다. 우리는 성가대에서 열심히 연습하는 대원 모두에게 다시 이런 질문을 던집니다.

"왜 하십니까?"

1년 중 내가 성가대에 참여할 기회가 별로 없었는데 오래간만에 주어진 이번 기회에 노래를 부를 수 있어서 하십니까? 우리가 성가대를 한다는 것, 음악회를 한다는 것이 많은 경우에 프로그램을 위한 프로그램으로 끝나는 경우들이 많습니다. 우리는 이러한 일상적인 프로그램이 진행되고 있을 때보다 더 중요한 질문으로 다시 돌아와야 합니다.

"우리는 왜 모이고 있는가?"

"참으로 나는 하나님 앞에 드리는 이 찬양을 통해서 주님께 영광을 돌릴 뿐만 아니라 이 찬양에 담겨 있는 하나님의 구원의 멧세지, 이 거룩한 사랑의 멧세지가 누군가의 가슴을 열고 예수 그리스도에 대한 진지한 관심을 갖게 하는 계기가 되어 그들에게 하나님의 사랑을 전달하기 원하는 열망과 동기와 관심 때문에 나는 이 자리에 서서 하나님을 찬양하고 있는가?"

만일 이 동기가 결핍되어 있다면 우리는 본문을 대하면서 바리새인을 비난할 만한 자격이 저와 당신에게는 없다는 사실을 알아야 합니다.

예수께서는 왜 오셨읍니까? 아니 바리새 종교가 지향하고 있는 궁극적인 목적과 내용은 무엇이어야 합니까? 그것은 하나님의 사랑을 전하는 것입니다. 그리고 하나님의 관심과 기대를 이루는 것입니다. 그것은 바로 잃어버린 한 영혼에 대한 관심입니다.

내 손에 돈이 들어오기 시작할 때 우리는 인간을 "가진 자"와 "가지지 못한 자"로 나누기 시작합니다. 내게 어떤 지식이 축적되면서 우리는 사람들을 "지식이 있는 사람"과 "지식이 없는 사람"으로 나눌 수가 있읍니다. 그러나 성경은 인간을 그렇게 나누지 않습니다. 성경은 인간을 두 가지 형식으로만 나누고 있읍니다. "하나님을 아는 사람"과 "하나님을 알지 못하는 사람"입니다. 즉, 하나님을 발견한 사람과 아직도 잃어버린 자리에 놓여 있는 사람입니다. 그리고 잃어버린 사람을 향한 하나님의 관심과 애정이 오늘 당신과 저를 통해서 나타나기를 원하신다는 것, 바로 이 관심 때문에 예수님의 이 유명한 비유가 시작되고 있다는 배경을 놓치지 마십시오.

그러면 우리 주변에서 참으로 관심을 가지고 찾아야 할 그 영혼을 어떻게 찾아나서야 하는지요? 우리는 이 중요한 교훈을 우리의 목자되신 주님에게서 배우기를 원합니다.

본문은 바리새인의 왜곡된 견해를 부정하기 위해서 주어졌을 뿐 아니라, 또한 목자되신 그리스도를 따르고 있는 그분의 제자들이 그리스도께서 찾아나서는 영혼들을 어떻게 찾아나설 수가 있는지, 즉 잃어버린 영혼에 대한 우리들의 진정한 태도와 자세를 주님에게서 바르게 배울 수 있도록 꾸며졌다는 점을 놓치지 마십시오.

□ 목자의 관심

여기 잃어버린 한 마리의 양을 찾아나서는 목자의 드라마가 있읍니다. 이 드라마는 관심에서부터 시작됩니다. 잃어버린 영혼에 대한 우리들의 접근은 그들을 향한 우리의 관심에서부터 시작되어야 합니다.

묻습니다. 도대체 당신은 주변에서 옷깃을 스치고 지나가는 이 많은 사람들에게 얼마나 관심을 갖고 계십니까? 인간을 거절하고는 도무지 기독교라는 종교는 성립할 수가 없습니다. 인간 없이 개인적으로 자기와 하나님 사이의 관계를 정립하려는 종교도 없지않아 있습니다. 그러나 유독 기독교의 신앙만은 인간 없이는 절대로 성립할 수가 없습니다.

인간을 사랑하는 하나님의 애정이 어느 날 하나님으로 하여금 인간이 되게 하셨습니다. 하나님이 육신이 되신 것입니다. 그리고 그분은 인간을 찾아나서기 시작했습니다. 우리가 잃어버린 영혼을 향한 관심을 우리 속에서 성경적으로 정립하기 위해서는 하나님의 관점에서 잃어버린 영혼을 바라볼 수 있는 안목이 열려야만 합니다. 다시 말하면 목자의 관점에서 양을 보아야 한다는 것입니다. 우리는 내 곁을 스쳐 지나가는 수많은 사람들을 바라보는 저마다의 관점이 있습니다. 그러나 정말 하나님의 관점에서 그리고 예수 그리스도의 관점에서 내가 만나는 모든 사람들을 바라볼 수 있는 안목이 있으신지요?

성경은 인간을 어떻게 가르칩니까? 성경이 인간을 묘사한 모든 묘사 중 가장 탁월한 묘사는 인간을 양에 비유한 것이 아닌지요?

"우리는 다 양과 같아서 그릇 행하여 각기 제 길로 갔거늘…"

양은 모든 짐승들 가운데서 가장 방향 감각이 무딘 동물입니다. 당신이 집에서 기르고 있는 개나 고양이나 말들을 집 밖에다 놓아 보십시오. 그들은 반드시 제 집을 찾아올 것입니다. 그러나 유독 집을 잃는 동물이 바로 양입니다. 방향이 없습니다. 어디를 향해서 가고 있는지도 모릅니다.

우리 곁을 스치고 지나가는 수많은 사람들, 내가 만나는 모든 사람들, 그들을 한번 하나님의 관점에서 바라보십시오. 그들이 어디를 향해서 가고 있읍니까? 드라이브를 하고 내 옆을 스쳐 지나가는 저 많은 사람들, 그들 중에 상당수가 자기가 어디를 향해서 가고 있는지도 모른 채 방향 없이 걸어가고 있는 잃어버려진 이웃들인 것입니다. 그들의 모습이 당신의 눈에 들어옵니까?
"우리는 다 양과 같아서 그릇 행하여 각기 제 길로 갔거늘."

또한 양은 모든 동물들 가운데 가장 자구책이 없는 동물입니다. 짐승마다 자기를 방어할 수 있는 방법이 있고 무기가 있읍니다. 자연의 색상과 자기의 몸 색깔을 비슷하게 변신시켜 스스로를 숨기는 동물도 있읍니다. 아니 자기 몸의 한 부분을 날카로운 무기로 사용해서 몸을 보호하는 동물들도 있읍니다. 그러나 외부의 침범 앞에 무기력하게 노출되어 있는 인간의 모습을 보십시오.

인간을 지배하는 감정 가운데서 가장 깊고 근원적인 감정은 두려움입니다. 우리는 무엇인가 두려워하고 있읍니다. 이 수많은 두려움, 설명할 수 없는, 정의되지 않는 두려움, 확인할 수 없는 두려움 때문에 계속 쫓기면서 내 곁을 지나가고 있는 수많은 사람들, 이들을 향한 하나님의 애정이, 이 목자의 모습으로 나타난 주님의 사랑이 이렇게 두려움 속에 삶의 길을 걸어가고 있는 양들을 찾아나서게 된 것입니다.

이 목자의 모습을 보십시오. 두려워하고 있는 이웃들의 그 아픔의 소리가 내 주변에서 들려오는지요? 양은 스스로 자기 양식의 문제를 해결할 수가 없읍니다. 그래서 목자는 더 양에 대한 이 애절한 관심을 포기할 수가 없었을 것입니다. 자기 문제를 해결할 수가 없읍니다. 자기의 가장 절실한 욕구를 해결하지 못합니다. 의식주야 해결할 수 있었겠지요. 그러나 내게 정말 무엇이 필요한지, 하나님의 형상대로 지으심을 받은 내 정신과 내 의식의 세계는 과연 있어야 할 것으로 채워져 있는지 알지 못합니다.

무엇인가 가장 중요한 것이 잃어버려진 채 삶을 살고 있다는 이 설명할 수 없는 공허감! 이것 때문에 쫓기고 있는 이웃들의 얼굴을 당신은 발견하고 계신지요?

목자의 관점에서 양을 바라본 순간, 하나님의 관점에서 내 주변에서 스치고 지나가는 이웃들을 발견한 그 순간 우리는 새삼스럽게 그 날 그 날 만났던 이웃들을 새로운 관심을 갖고 바라보기 시작합니다. 다시 말하면 자기가 서야 할 진정한 궤도에서 탈선한 인간을 잃어버린 사람으로서 바라보기 시작한다는 사실입니다. 나는 전에 없었던 새로운 관심으로 그 영혼을 바라보기 시작합니다. 과연 우리는 이 관심을 갖고 내 주변의 이웃들을 바라보고 계신지요? 그러나 성경에 나타난 이 목자는 관심만 갖고 있지는 않았읍니다.

□ 목자의 추적

이제 목자의 관심이 잃어버린 양을 찾아가는 추적의 행동으로 나타나고 있는 것을 주목해 보시기 바랍니다. 이 추적은 분명한 대상을 설정하는 것으로 시작됩니다. 지금 목자는 양을 찾습니다. 아무 양이나 찾는 것이 아니라 잃어버린 그 양을 찾습니다. 자기의 양을 찾습니다. 옛날 팔레스틴에는 사람들이 참으로 가난했기 때문에 자기 양을 소유하는 사람이 그렇게 많지는 않았읍니다. 그래서 공동으로 양을 구입해서 한 동네에서 공동으로 양들을 기르는 경우들이 허다했읍니다. 좀 여유가 있는 사람들만이 자기 양을 기르고 있었읍니다.

아마도 본문에 나타난 목자는 여유가 있어서 자기 양을 기르고 있는 목차였는지도 모릅니다. 그런데 이 사람이 양을 잃어버렸읍니다. 만일 이 목자가 단순히 숫자에만 관심이 있는 사람이라면, 그는 팔레스틴의 들에 나가서 얼마든지 길을 잃고 방황하는 미아 같은 양떼들을 허다하게 발견할 수가 있었던 그 당시의 상황에서 아무 양이나 주워다가 100마리의 숫자를 채우는 일이 어려운 일은 아니었을 것입니다. 그러나 목자가 찾고 있는 것은 아무 양이 아니라 그 양입니다. 잃어버린 그 양입니다. 자기가 알고 있었던 양입니다.

이 팔레스틴에서 이스라엘 사람들은 양을 이름을 붙여서 부르고 있었다는 사실을 아십니까? 우리가 개에 이름을 붙여서 부르는 것처럼 그들은 양에게도 이름을 붙입니다. 그래서 요한복음 10장에서 우리가 잘 아는 대로 목자가 그 양의 이름을 안다고 선언했던 것을 볼 수 있읍니다. 아무나 찾는 것이 아닙니다. 그 사람을 찾습니다.

성경에 나타난 하나님은 우리 모든 사람들을 하나의 커다란 덩어리로 취급하지 않으십니다. 하나님은 **한 개인**을 찾으십니다. 다른 누구와도 대치될 수 없는 당신입니다. 내가 잃어버린 양과 비슷한 양을 찾아서 숫자를 채우는 것으로 목자는 만족할 수가 없읍니다. 자식을 잃어버린 어느 부모에게 찾아가서 물어 보십시오.
"아들 하나만 있으면 되지 않습니까? 고아원에서 아이를 데려다가 키워 보시죠."
아무 아이나 기른다는 것으로써 아들을 잃어버린 어버이의 마음이 위로될 수 있다고 생각하십니까? 아닙니다. 잃어버린 그 양, 잃어버린 그 아들을 찾지 않고는 절대로 마음이 놓이지 않고, 마음이 평안할 수가 없고, 마음이 위로받을 수 없는 것이 어버이의 심정입니다.

하나님의 대상은 당신입니다. 구체적인 개인인 바로 당신입니다. 구체적인 내 주변의 한 이웃입니다. 하나님께서는 바로 그 사람에게 내가 관심을 갖고 주님의 사랑으로 접근하기를 기대하십니다. 그 추적의 대상을 설정하십시오. 이 해가 지나가기 전에 하나님의 사랑과 관심을 가지고 복음을 전하기를 원하는 그 구체적인 대상을 설정하십시오.

복음서에서 예수님의 이야기를 읽다가 커다란 감동을 주는 것 하나가 있읍니다. 그것은 예수님이 사람들 하나 하나를 진정한 개인으로 접근하신다는 사실입니다.

여리고를 지나가다가 어떤 사람이 높은 사회적인 권력과 지위에도 불구하고 삶에 대한 해결되지 않은 응어리를 품고 괴로워하면서 뽕나무에 올라가 나사렛 예수가 지나가시는 현장을 지켜보고 있었읍니다. 그가 나사렛 예수의 이름을 부르기 전에, 그가 자기의 문제를 해결하기 위해서 예수님 앞에 찾아오기 전에 먼저 그의 필요를 아시고 이 사람을 바라보시면서 부르시던 주님의 음성이 들리십니까?

"삭개오야."

예수께서 돌아가신 후에 아직 부활의 소식을 듣지 못하고 주님의 시체에 몰약을 발라드리려고 주님이 묻혀 있는 동산을 찾아온 여인의 이야기를 성경에서 보십니까? 어슴푸레한 새벽 미명에 한 사람이 자기를 향해서 다가오는데 여인은 그를 동산지기로 생각했읍니다. 그런데 뜻밖에도 여인을 부르는 음성이 예수님의 음성이지 않습니까?

"마리아야."

그분은 이름을 부르며 나를 찾아오십니다. 그렇습니다. 우리가 이웃에 있는 한 영혼에게 전도할 때 이런 주님의 모본을 따라서 그 이름을 불러가면서 그리스도의 복음을 전하는 노력이 당신과 저의 삶 속에 나타나고 있는지요? 이 절실한 추적을 보십시오. 다른 무엇으로도 대치될 수 없는 바로 그 사람, 바로 그 영혼, 하나님이 사랑하시는 바로 그 이웃, 바로 그 형제를 향해서 찾아나서는 주님의 절실한 열망과 애정을 본문 앞에서 확인하십시오. 목자는 이 추적을 성공적으로 수행하기 위해서 어떤 난관이라도 극복할 준비가 되어 있었읍니다.

누군가가 이렇게 말했을지도 모릅니다.

"그 길에는 벼랑과 험악한 바위가 너무 많소."

우리는 목자의 음성을 들어볼 수가 있읍니다.

"그래도 나는 포기할 수가 없소."

그래서 그 당시에 아무도 가기를 꺼려했던 사마리아 길을, 그 길을 통과하는 유대인들을 사회에서 매장시켰기 때문에 아무도 선택하지 않았던 그 길을 걸어가시면서 잃어버린 사마리아의 한 영혼을 찾아나섰던 주님의 애정과 열망을 성경에서 보십니까? 어떠한 난관이라도 그 사람을 주님 앞으로 인도해야만 했기에, 하나님의 사랑을 알게 해주어야 하겠기에 모든 난관을 뚫고 그 영혼의 깊은 곳을 꿰뚫고 들어가 하나님의 사랑의 심장을 전달하는 이 추적의 관심! 이 관심이 저와 당신에게 있는지요?

이 목자는 잃어버린 양을 찾기 위해서 아마 자기의 일꾼들을 풀어서 광야를 조사할 수도 있었을 것입니다. 그러나 우리가 본문을 읽으면서 참으로 감격할 만한 사실이 있습니다. 그것은 목자가 스스로 양을 찾아나섰다는 사실입니다.

하나님이 인간을 어떻게 찾으셨습니까? 구약성경에 보면 하나님의 멧세지를 인간에게 전달하기 위해서 선지자들을 보내십니다. 예언자들을 보내십니다. 그리고 수많은 종교적인 스승을 세워서 그들을 통해서 하나님의 멧세지와 하나님의 소리를 전파하셨습니다. 신약에서 우리는 사도들을 보내어서 주님의 멧세지를 전달하시는 하나님의 모습을 볼 수가 있습니다. 선교사를 보내서 계속적으로 지금도 복음을 전하시는 하나님의 모습을 볼 수가 있습니다. 목사를 세우시고 수많은 세기의 증인들을 세워서 그들을 보내시면서 그들을 통해서 하나님을 전하시고, 하나님을 알게 하시고, 하나님의 사랑을 전하시는 모습을 볼 수가 있습니다.

그러나 이렇게 일꾼을 보내신 것으로 만족하지 않으시는 하나님이 마침내 친히 역사의 현장 속에 스스로 뛰어들어 직접 나를 찾기로 결심하셨습니다. 이 선언이 나타난 성경의 절정이 "말씀이 육신이 되었다"는 것입니다. "그가 친히" 팔레스틴 거리를 걸으시면서 피부로 사람들을 접한 예수님! 그분이 직접 찾아오신 것입니다. 일꾼을 보낸 것으로 만족하지 않으십니다. 목사의 설교로 만족하지 않으십니다. 하나님은 두드리십니다. 예수께서, 성령께서 친히 사람들의 마음을 두드리시며 그

들의 영혼에 감동을 주시면서 그들을 찾고 계시는 하나님의 직접적인
찾음의 사역을 우리는 이 말씀을 통해서 확인할 수가 있읍니다. 그 찾
음 때문에 저와 당신이 하나님의 사랑을 발견했다면 오늘 저와 당신은
어떻게 이웃을 향해서 이 복음을 전하고 계신지요? 그들을 위해서 기
도하십시오. 아니 그들에게 말씀을 더 잘 가르칠 수 있는 사람들의 도
움을 얻어서 그들에게 복음을 전하십시오. 편지를 쓰십시오. 좋은 책을
소개하십시오. 그러나 그것만으로 우리의 마음은 해갈될 수 없읍니다.
주께서 나를 직접 찾아오셨는데 나도 이제 직접 가야 합니다. 내가 직
접 가서 내 입술을 열어, 내 심장을 열어 나에게 전달되어진 하나님의
사랑, 내가 깨달은 이 하나님의 은혜, 나를 향하신 하나님의 놀라운 구
원, 이것들을 직접 전하기 위해서 이제 나도 내 몸으로 사랑하는 이웃
들을 찾아가셔야 합니다. 이 목자는 양을 한 번만 찾다가 포기한 것이
아닙니다.

　본문은 이렇게 기록하고 있읍니다.
"그 잃은 것을 찾도록 찾아다니지 아니하겠느냐."
이 계속적인 찾음! 이것은 오늘 저와 당신의 전도 방법과는 얼마나 다
릅니까? 우리는 주변의 어떤 사람들에게 이렇게 말합니다.
"선생님, 교회에 한번 나와 보시죠. 예수 믿으세요."
그러나 그들에게서 반응이 없읍니다. 그럴 때 우리는 할 수 없다고 포
기합니다. 하나님이 저와 당신에게 그렇게 전도하지 않으신 것을 감사
합시다. 주께서 나를 포기하지 아니하시고 또 한 번 기회를 주시고 또
주시고 누군가를 통해서 깨우쳐 주시고, 그래서 마침내 어느 날 내가
하나님의 거룩한 진리 앞에서 예수께서 내 구세주라는 사실을 깨닫고
그리스도를 믿음으로 하나님의 자녀가 되게 하신 하나님의 사랑이 그렇
게 나를 찾아왔다면, 우리는 어떻게 찾고 있는지요? 우리 주변의 사랑
하는 이웃들을 어떻게 찾고 계십니까? 찾도록 찾아야 합니다. 그가 어
느 날 내가 깨달은 이 놀라운 하나님을 아버지로 입술로 부르는 그 현

장을 목격하기 위해서 예수님을 자신의 구세주라고 부르는 그 현장을 마침내 보고 싶어서, 그가 예수를 알 때까지 그가 성경을 깨달을 때까지, 그가 구원의 복음을 참으로 이해할 때까지, 그가 예수 그리스도를 구주와 주님으로 영접할 때까지 계속적으로 찾는 이 끈질긴 찾음, 노력! 이것이 양을 향한 목자의 추적이었읍니다.

□ 잃은 양의 발견

이 추적이 마침내 발견을 낳았읍니다. 우리는 본문을 통해서 그 발견의 장면을 봅니다. 목자는 마침내 잃어버렸던 양을 구출했읍니다. 아마도 추위와 굶주림 속에서 죽기 직전에 목자가 양을 구출했을지 모릅니다.
   그러나 본문을 잘 보면 이 목자는 양을 구출했다는 사실만으로 양에 대한 관심이 끝나지 않는다는 사실을 발견하게 됩니다. 목자는 양을 찾은 다음에 어떻게 합니까?
"또 찾은즉 즐거워 어깨에 메고 집에 돌아와."
보십시오. 찾은 것으로 만족하지 않았읍니다. 그가 교회에 나왔다는 사실, 그가 예수를 믿기로 결심했다는 사실, 그가 신앙을 갖게 되었다는 그 사실만으로 만족하지 않았읍니다. 마침내 어깨에 메고 집에 돌아오는 이 목자의 모습! 우리가 하나님 앞에 서는 그 날까지 나를 구원하신 다음에도 나를 끊임없이 인도하시는 하나님의 사랑을 여기에서 발견하십니까? 그분은 나를 구원하셨을 뿐만이 아닙니다. 그분은 그분의 어깨 위에 나를 메셨읍니다.

   본문에서 "어깨"라는 말은 복수로 씌어진 말입니다. 다시 말하면 이 목자는 양을 자기의 한 어깨에 걸쳐 멘 것이 아니라 양쪽 어깨에 메고 있었던 것입니다. 이 목자의 어깨 위에서 양은 얼마나 오래간만에 안식을 누릴 수가 있었겠읍니까? 그 굶주림, 그 피곤함, 그 상처를 스쳐지나가면서 목자의 어깨 위에서 살며시 잠들어 가며 그 평안과 안식과 기

뻠을 누리고 있는 양의 모습을 연상해 보십시오. 이렇게 그 양을 걸쳐
메고 "이제 나는 너를 놓지 않을 거야"라고 외치는 이 음성을 들으십니
까? 내가 예수를 만나는 순간, 예수 그리스도를 구주와 주님으로 영접
하는 순간 당신은 이 음성을 들으셨는지요?
"내가 너에게 영생을 주노니 영원히 멸망치 아니할 터이요 또 너희를
주신 아버지는 만유보다 크시매 아무도 아버지의 손에서 빼앗아 갈 자
가 없느니라."

우리의 안전을 지키시고 그리고 하나님 앞에 도착하는 그 날까지, 우
리의 마지막 귀향의 날까지 인생의 여정에서 성령님을 통해서 구체적으
로 날마다의 삶의 걸음을 인도하시며, 사랑하시고, 돌보시는 이 끊임없
는 하나님의 손길! 당신은 전도한 다음에 그가 주님 앞에 자랑스럽게
서서 하나님 나라를 향해서 스스로 걸어갈 수 있을 때까지 관심을 가지
고 그를 돌보고 있는지요?
우리는 전도에 대해 피상적인 고정 관념을 갖고 있습니다.
"예배당에 한번 나오시지요."
전도란 생명을 찾아 기르는 것입니다. 이것은 얼마나 절실한 주님의 교
훈입니까? 그리고 끊임없이 계속적인 목자의 관심이 바로 우리 주변의
한 영혼을 향한 우리의 관심이기를 저와 당신에게 부탁하시는 하나님의
모습을 이 말씀 앞에서 발견하십니까?

본문에 보면 가장 기뻐한 것은 누구입니까? **목자**에게 아주 놀라운
기쁨을 가져다 주었습니다. 사실 누가 제일 기뻐해야 합니까? 양입니
다. 자기가 잃어버려졌으므로 양 자신이 더 기뻐해야 합니다. 그런데
가장 기뻐한 것은 양이 아니라 목자였습니다.
내가 예수를 발견했을 때, 내가 하나님의 사랑을 깨달았을 때 제일
기뻐해야 할 사람은 누구입니까? 나입니다. 그런데 내가 아니라 하나
님이 더 기뻐하십니다.

전도해 보면 그때 비로소 이것이 실감나실 것입니다. 어떤 사람에게 찾아가서 그에게 성경을 펼쳐서 예수 그리스도의 사랑과 구원의 복음을 말씀해 보십시오. "아! 그런가요. 나도 예수를 믿어야지요"라고 결심을 했습니다. 누가 제일 기쁩니까? 상대방보다 내가 더 기쁩니다.

사실 양은 자기가 얼마나 위험했었는가를 스스로는 잘 모를지도 모릅니다. 왜 이렇게 목자가 기뻐합니까? 목자야말로 그 양의 위기를 양이 스스로 아는 것 이상으로 완전히 알고 있었기 때문이 아닐까요? 양은 모릅니다. 거기서 자기가 죽을 뻔한 위기를 스스로는 깨닫지 못했을지도 모릅니다. 그러나 목자는 압니다. 그는 이 광야를 압니다. 그는 팔레스틴의 험준한 계곡을 압니다. 그는 팔레스틴의 협곡에서 아무런 양식을 구할 수 없음을 알고 있었습니다.

하나님은 아십니다. 예수를 믿지 않는 것이 얼마나 위험한 것인가를 나는 몰라도 그분은 아십니다. 그리스도를 알지 못하고 살아가는 이 삶이 얼마나 무의미하고 얼마나 절망인가를, 내가 모르는 그 이상의 깊이를 하나님은 아십니다. 내가 신앙을 갖지 못하고 죽었을 때 나를 기다리고 지옥의 참상과 저주가 얼마나 심각한 것인가를 나는 모릅니다. 그러나 하나님은 아십니다. 그래서 한 영혼이 구원받을 때 진실로 기뻐하는 이는 우리가 아니라 하나님이신 것입니다. 우리의 목자이신 하나님이 기뻐하십니다. 전도는 하나님을 기쁘시게 합니다.

우리는 신앙 문답을 할 때 이런 질문을 자주 합니다. 그리고 이렇게 대답합니다.

"하나님을 기쁘시게 하는 것 그것이 삶을 사는 인간의 최고 특권인 것을 고백합니다."

묻습니다. 무엇으로 하나님을 기쁘시게 하겠습니까?

하나님이 세상을 이처럼 사랑하사 독생자 예수 그리스도를 내게 주셨습니다. 그리고 예수님을 통해서 나와 당신을 찾아오신 하나님은 똑같은 일로 지금도 기뻐하시기를 원하십니다. 그리고 이 거룩한 목적을 위해서 저와 당신을 사용하기를 원하십니다.

내가 모든 인류를 구원할 수는 없습니다. 내가 미칠 수 있는 삶의 범주 안에서 내 마음 속에 부담을 주시고 "저 사람을 찾으라"고 말씀하십니다. 팔레스틴의 들을 향해서 나서던 목자의 뒤를 따라서 나도 내 삶의 장에서 주님께서 부담을 주시면서 그를 찾으라고 요구하시는 어떤 그 양! 내 마음 속에 감동을 주시는 어떤 영혼이 있을 것입니다. 그는 내 친구일 수가 있습니다. 그는 내 친척일 수가 있고 아직도 그리스도를 알지 못하는 내 가족일 수도 있습니다. 주님께서 내 마음 속에 감동을 주시는 그 영혼을 위해서 이 해가 저물기 전에 열정과 관심을 가지고 그를 찾아나서지 않겠습니까? 만일 이 삶이 없다면 우리는 성경의 가장 중요한 주제를 잃어버리고 살아가는 그리스도인인 것입니다. 우리는 내용이 없이 형식에 몰두하고 있는 바리새인들의 모습을 되풀이하게 될 것입니다.

묻습니다.

당신의 관심은 어디에 있읍니까?

잃은 드라크마의 비유

누가복음 15 : 8~10

"어느 여자가 열 드라크마가 있는데 하나를 잃으면 등불을 켜고 집을 쓸며 찾도록 부지런히 찾지 아니하겠느냐 또 찾은즉 벗과 이웃을 불러 모으고 말하되 나와 함께 즐기자 잃은 드라크마를 찾았노라 하리라 내가 너희에게 이르노니 이와 같이 죄인 하나가 회개하면 하나님의 사자들 앞에 기쁨이 되느니라"

— 누가복음 15 : 8~10.

잃은 드라크마의 비유

우리에게 너무도 익숙히 알려져 있는 누가복음 15장에는 세 가지의 비유가 연속적으로 기록되어 있읍니다.

3절 이하 7절까지는 잃어버린 한 마리의 양을 찾아나서는 어떤 목자의 이야기가 기록되어 있읍니다.

또한 8절 이하 10절까지는 열 개의 드라크마 가운데 잃어버린 하나의 드라크마를 찾고 있는 어떤 여인의 모습이 기록되어 있읍니다.

그 다음 11절 이하 24절까지는 떠나간 아들이 돌아오기를 애타게 기다리는 어떤 아버지의 모습이 나타나 있읍니다.

이 세 비유는 모두가 하나의 공통점을 지니고 있읍니다. 그것은 잃은 것을 찾고 있으며, 마침내 그 잃은 것이 발견되었다는 사실입니다.

그러나 이 세 비유는 꼭같은 진리를 강조하기 위해서 재차 반복하기 위한 목적으로만 기록된 것은 아닙니다. 여기에서 좀더 깊숙이 세 비유를 관찰해 보면 각기 다른 독특성과 특색을 갖고 등장하고 있는 것을 볼 수가 있읍니다. 이 세 비유는 잃어버린 영혼을 찾고 계신 하나님의 드라마를 각각 보완적으로 우리에게 제시하고 있다는 사실을 발견하게 될 것입니다.

앞 장에서 우리는 어떤 목자가 잃어버린 양을 찾고 있는 모습을 생각해 보았습니다. 이제 두번째 비유를 살펴보겠습니다.

□ 상실의 동기

잃어버린 양의 경우 이 양은 자기의 의도적인 선택에 의해서 길을 잃어버린 것과 반대로, 드라크마의 경우에는 자기 의사와 전혀 상관없이 그는 잃어버려진 자리에 던지움을 당하고 있었습니다. 이 사실에서 우리는 첫번째 차이점을 발견할 필요가 있습니다. 그렇습니다. 양은 자기의 선택에 의해서 목자를 떠나갔습니다. 마치 우리 중에 많은 사람들이 자기 스스로 의도적인 선택에 의해서 하나님을 떠나가는 것과 같습니다. 스스로 하나님을 거절합니다. 성경을 거절합니다. 주의 진리를 거절합니다. 주의 멧세지를 거절합니다. 자신의 선택과 결단에 의해서 하나님을 떠나가는 사람의 모습을 우리는 주변에서 얼마든지 많이 목격할 수 있습니다. 이들 가운데 적극적인 무신론자들을 발견할 수가 있습니다. 의도적으로 진리와 복음을 거절하고 있는 사람들을 얼마든지 주변에서 볼 수가 있습니다.

그 다음에 이 자의적 행동과 상관없이 잃어버려져 있는 자리에서 삶을 시작하고 있는 이웃들도 많이 있습니다.

앞 장에서 저는 본문의 배경을 말씀드렸습니다. 예수께서는 세리와 죄인들과 어울리셨습니다. 그들에게 진리를 설명하셨습니다. 또한 그들과 예수께서 식탁을 나누는 장면을 보고 바리새인과 서기관들이 예수님을 공격했던 사실을 이미 말씀드렸습니다. 이 세리와 창기 등 그 당시 사회에서 혜택받지 못하고 삶을 살고 있던 많은 얼굴들을 보십시오. 그들은 자신의 의도적 선택보다는 운명적 삶의 상황이 불행한 가운데서 삶을 시작하게 되었을지도 모릅니다. 이들의 얼굴을 통해서 이들의 삶과 유사한 오늘의 이웃들을 예수께서 염두에 두시고 본문의 말씀을 진행하고 계셨는지도 모릅니다. 좀더 깊숙이 이 말씀을 적용시켜 보겠읍니다.

우리는 죄를 범함으로 죄인이 됩니다. 그것이 사실입니다. 그러나 또 한편 죄인으로 태어남으로써 죄를 범한다는 이 동시의 진리를 우리는 본문의 말씀을 통해서 이해할 수가 있게 됩니다. 어떤 면에서 우리는 우리의 의도적 선택과 상관없이 어쩔 수 없이 나를 죄 가운데 몰아 넣고 있는 내 모습을 보게 됩니다. 또한 내 속에서 내가 원하지 않는 강한 충동을 발견할 수가 있읍니다.

이런 차원에서 우리는 바울의 고백을 이해하게 됩니다.

"오호라 나는 곤고한 자로다 누가 나를 이 사망의 몸에서 건져 내랴."

선을 원함은 내게 있지만 행함이 없는 나! 다시 말하면 내 의도와 상관없이 나를 억누르고 그리고 나를 잘못된 방향으로 가게 하는 끈질긴 내 속의 부조리를 발견할 수가 있읍니다. 나는 본질적으로 하나님 앞에서 죄인으로 태어난다는 진리를 우리는 수긍하지 않을 수가 없읍니다.

그러나 이 두 비유에서 또 하나의 차이를 발견해 보십시오.

□ 상실의 범위

목자가 양을 잃어버렸읍니다. 저 먼 들에서 방황하고 있는 한 마리 양의 이미지를 첫번째의 비유에서 발견합니다. 그러나 두번째 비유에서 여인이 은전을 잃어버린 경우는 어떻습니까? 이 여인은 은전을 집 안에서 잃어버렸읍니다. 먼 곳에만 잃어버린 사람들이 있는 것은 아닙니다. 우리와 아주 가까운 곳에서 우리는 잃어버린 사람들의 얼굴을 발견할 수가 있읍니다.

남침례 교단은 선교를 강조하기 위해서 선교의 프로그램을 강력하게 추진하기 위한 두 개의 조직을 갖고 있읍니다. 하나는 해외 선교를 추진하고 있는 단체이며 또 하나는 국내 선교를 하는 단체입니다.

우리는 땅 끝까지 복음을 전하라는 주님의 명령에 순종했읍니다. 그래서 주의 말씀을 가지고 아프리카로 남아메리카로 선교사를 보냈읍니다. 잃어버린 영혼을 찾기 위해서 그들을 위해서 기도하며 우리는 도움을 이 시간도 전개하고 있읍니다. 그러나 기억하십시오. 잃어버린 영혼들은 저 먼 곳에만 있는 것이 아닙니다. 스리랑카와 아프리카에만 있는 것이 아닙니다. 내 근처에, 내 가족 가운데, 내 일터에, 나와 가장 가까운 자리에 주의 복음이 누구보다도 필요한 사람들이 있읍니다. 구원받아야 할 필요가 무엇보다 절실한 하나님의 사랑의 대상이 바로 내 주변에서 서성거리고 있다는 이 사실을 놓치지 마십시오. 아니 교회당에 출석하고 있는 우리 가운데에는 아직까지도 잃어버린 사람들이 있을 수 있다는 사실 앞에 우리는 놀라야 합니다.

여러 해 전에 저는 수원에 살고 있었읍니다. 그때 저를 사랑해 주신 교회 권사님 한 분이 병원에 치료차 입원하셨읍니다. 아무래도 오래 사시지 못할 것 같은 생각이 들어서 저는 병원으로 권사님을 방문했읍니다. 인간의 영혼이 세상을 떠날 때 무엇보다 중요한 것은 구원받는 일입니다. 저는 이 사실을 확인하지 않고는 발걸음을 돌릴 수가 없었읍니다. 이 분은 물론 평생을 교회에 출석하신 권사님입니다. 그러나 저의 마음으로부터 이 질문을 던지지 않고는 견딜 수 없는 어떤 마음 속의 움직임이 있었읍니다. 그래서 저는 여러 가지 이야기를 권사님과 나누다가 질문을 던졌읍니다.

"권사님, 이 세상을 떠나가신다면 하나님 앞에 서실 확신이 있으십니까?"

뜻밖에도 이 권사님은 『확신이라뇨? 목사님, 전 자신이 없어요.』라고 대답합니다. 저는 권사님에게 다시 되물었읍니다.

"권사님, 혹시 요한복음 3 장 16 절을 아신다면 암송해 보시겠읍니까?"

이 권사님은 암송을 시작합니다.

『하나님이 세상을 이처럼 사랑하사 독생자를 주셨으니 이는 저를 믿는 자마다 멸망치 않고 영생을 얻게 하려 하심이라.』

"네, 하나님은 세상을 사랑하셨읍니다. 그렇다면 이 세상 가운데에는 권사님이 포함되었다는 사실을 믿으시는지요?"

『네, 그거야 믿죠.』

"그러면 이렇게 천천히 읽어 보세요. '하나님이 나를 이처럼 사랑하사 독생자 예수 그리스도를 주셨으니 이는 예수 그리스도를 믿는 자마다 멸망치 않고 영생을 얻게 하려 하심이라'고요. 권사님, 이 말씀이 누구의 약속입니까?"

『예수님의 약속이지요.』

"이 약속이 진실인 것을 믿으시나요?"

『믿지요.』

"그러면, 이 약속에 의해서 권사님이 참으로 예수 그리스도를 신뢰하신다면 멸망치 않고 어떻게 될까요?"

『영생을…』

여기까지 대화를 하다가 갑자기 권사님은 이렇게 외칩니다.

『멸망하지 않네요! 그렇다면 목사님, 나는 천국가는 거죠?』

이 당연한 구절, 우리에게 너무도 익숙한 성경 구절을 우리들 누구나가 암송을 합니다. 그러나 이 구절에 담긴 멧세지가 마지막 순간까지 그 권사님의 멧세지가 되지 못한 비극을 보십시오. 설교는 듣지만 그 설교의 멧세지가 나와는 상관이 없읍니다. 이것이 내 머리 속에 들어오기는 했지만, 아직까지도 이 멧세지가 내 것으로 다가오지 못한 사람들이 있읍니다. 교회에 출석은 합니다. 아니 오랫동안 교회 생활은 했지만 아직까지도 성경의 가장 중요한 진리 앞에 그 영혼의 문이 열리지 않은 사람! 십자가 앞에 그의 영혼이 깨어진 감격이 없는 사람! 아니 예수 그리스도를 향해서 나의 주 나의 하나님이라는 고백이 아직까지도 내 영혼의 깊은 곳에서 생겨나지 못하고 있는 사람들이 얼마나 많이 있는지요?

우리가 늘 부르는 찬송 가운데 "내 주를 가까이 하려 함은"이라는 찬송이 있읍니다. 이 찬송을 부를 때마다 주님 앞에 가까이 나온다는 것은 참으로 중요합니다. 그러나 가까이만 나오면 뭐합니까? 가까이 나아오지만 아직 주님을 붙들지 못한다면, 교회에 출석은 하지만, 찬송을 부르지만, 기도를 하지만, 헌금을 하지만, 설교를 듣지만, 예수 그리스도가 나의 구주라는 고백이 되어 있지 않다면 아무 의미가 없읍니다.

"여호와는 나의 목자시니."

하나님이 참으로 당신의 독사입니까?

그분이 참으로 당신의 구주이며 주님이신지요?

교회에 출석하면서 아직까지도 잃어버린 영혼들은 없읍니까? 예수께서 하나의 비유로 만족하시지 않고 두번째 드라마를 시작하신 이유는 여기에 있읍니다. 잃어버린 영혼은 먼 곳에만 있지 않습니다. 바로 당신이 잃어버린 영혼일 수가 있읍니다. 교회에 출석했던 그 많은 세월에도 불구하고 아직까지도 구원의 문제를 해결하지 못한 사람들이 있읍니다. 나는 참으로 구원받았는가? 이 질문 앞에 고민도 하지 않고 교회에 출석하고 있는 현대 교인들의 모습을 보십시오.

몇 해 전 미국의 대통령 선거를 둘러싸고 "거듭남"에 대한 논쟁이 일어났읍니다. 지미 카터는 공개적으로 자기는 거듭났다고 고백했읍니다. 포드도 고백했읍니다. 포드 아들이 말하기를 자기도 거듭났다고 고백합니다.

이런 질문을 당신 자신에게 적용시켜 본 일이 있으신지요? 나는 거듭났는가? 내 영혼이 성경의 근원적인 멧세지 앞에 부딪쳐서 십자가 앞에서 무릎을 꿇고 예수 그리스도를 나의 구주 나의 주님으로 받아들인 체험이 아직까지도 없는 사람들을 위해서 예수께서는 이 두번째 비유를 시작하시는 것입니다.

자, 이제 우리는 다시 본문으로 돌아오겠습니다.

□ 상실됨을 자각하지 못함

본문을 통해서 잃어버린 나를 찾고 있는 하나님의 놀라운 사랑을 확인하시기 바랍니다. 이 드라크마는 잃어버려진 자리에 놓여 있었읍니다. 그러나 두번째의 비유에서 잃어버렸다는 사실을 강조할 때 또 하나의 독특성을 가지고 드러나고 있는 사실이 있읍니다. 잘 들어보십시오. 이 드라크마는 잃어버려졌지만 사실 잃어버려졌다는 사실을 깨닫지 못하고 있었다는 비극입니다.

그러나 알았읍니다. 양은 들에서 방황하면서 아마도 자기 목자의 이름을 있는 힘을 다해서 불렀을 것입니다. 그는 그 상처를 견디지 못하여 자기의 집이 어디에 있는지 목놓아 찾고 있었을 것입니다.

그러나 은전의 경우는 다릅니다. 이 은전은 잃어버려졌으면서도 자기가 잃어버려졌다는 사실조차 깨닫지 못하고 있었다는 것이 비극입니다. 아마도 집 마루 어느 구석에 떨어져 있는 이 은전은 자기 여주인의 지갑 속에 있는 것보다도 그 마루 밑 먼지 속에 묻혀 있는 것이 당연한 삶의 자리라고 생각하면서 그 자리에 그냥 그대로 머물러 있었을지도 모릅니다.

이것이 인간 존재의 비극입니다. 내가 구원받지 못한 자리에 있으면서도 그 사실을 깨닫지도 못하고 있는 사람들!

아니 내게 필요가 있다는 사실, 내게는 하나님이 필요하고, 내게는 예수 그리스도가 필요하고, 내게는 중생이 필요하고, 내게는 거듭남이 필요하다는 이 영적인 이유조차 깨닫지 못하고 있는 오늘의 교인들의 비극!

초대교회의 오순절의 광장에서 터진 가장 격렬한 인상적인 질문은 이 것이었읍니다.

"우리가 어찌 할꼬."

그들에게는 이 고민이 있었읍니다. 그런데 우리는 고민하지도 않습니다. 그저 일 주일에 한 번 교회에 나와서 좋은 찬송과 좋은 말씀을 듣고 돌아가면 그만입니다. 이것이 당신의 기독교입니까?

경건한 철학자 파스칼은 세상에 살고 있는 모든 인간은 두 부류로 구별될 수 있다고 말합니다. 우리는 인간을 나누는 여러 가지의 방법과 수단과 측정 도구를 갖고 있읍니다. 그러나 이 경건한 철학자는 다음과 같이 정의했읍니다.

"오늘 지구상에 모든 인간은 두 종류로만 구별된다. 하나는 자기가 죄인이면서도 죄인인 것을 깨닫지 못하고 있는 죄인이다. 또 하나는 자기가 죄인인 이 사실을 깨닫고 있는 죄인이다. 전자는 희망이 없는 죄인이고, 후자는 희망이 있는 죄인이다."

인간은 이 두 가지로만 구별됩니다.

두번째 비유에서 나타난 비극은 이러합니다. 그는 마땅히 있어야 할 자리에 있지 못했읍니다. 그는 하나님과 먼 자리에 있었읍니다. 그는 예수 그리스도를 알지 못했읍니다. 그의 영혼은 잃어버린 자리에 놓여 있었읍니다. 그는 자기가 방황하고 있으면서도 그 방황을 당연한 것으로 오해하고 있었읍니다. 이 무서운 착각! 이것이 드라크마의 비극입니다. 그렇습니다. 이제 당신의 삶의 자리를 다시 한번 이 말씀 앞에서 확인하십시오. 묻습니다. 당신은 어디에 계십니까?

□ 잊혀지지 않음

본문의 비유에서 드라크마는 잃어버려져 있으나 잊혀지지는 않았읍니다. 이 사실이 다행스러운 것입니다. 잃어버려져 있기는 했지만 잊혀지

지는 않았읍니다. 본문에 나타난 이 여인은 열 개의 드라크마를 소유하
고 있었읍니다. 그 중 하나를 잃어버렸읍니다. 그런데 여인은 이 드라
크마를 잊지 않았읍니다. 잃어버렸으나 잊혀지지는 않은 이 다행스러
움! 그렇습니다. 우리는 잃어버려진 자리에 놓여 있었읍니다. 그러나
놀라운 사실은 누군가가 우리를 잊지 않았다는 것입니다. 그는 잊지 않
고 나를 찾고 있었읍니다. 이것이 하나님의 사랑입니다.

　들어 보십시오. 이 하나님의 사랑이 내포된 하나님의 선언을 들어 보
시기 바랍니다. 이사야 50 장 15 절에서 주님께서 말씀하십니다.

　　"여인이 어찌 그 젖먹는 자식을 잊겠으며 자기 태에서 난 아들을 긍휼
　　히 여기지 않겠느냐 그들은 혹시 잊을지라도 나는 너를 잊지 아니할
　　것이라."

자기의 자식을 잊어 버리는 어머니가 어디에 있읍니까? 그러나 어머니
가 자식을 잊어도 나는 너를 잊을 수 없다는 이 선언이 하나님의 심정
입니다. 이것이 하나님의 사랑입니다. 그래서 우리를 향하신 이 하나님의
다가오심이 시작되었다는 것을 이 말씀은 우리에게 보여 주고 있읍니
다.

□ 찾음의 상황

첫번째 비유보다 훨씬 더 구체적으로 묘사되고 있는 찾음의 본질을 본
문을 통해서 묵상해 보십시오. 본문에서 이 여자는 등불을 켜고 찾습니
다. 왜 등불이 필요합니까? 내가 어두운 곳에 있기 때문입니다. 오늘
내 삶의 자리가 어둠이라는 이 사실을 보십니까? 그래서 우리에게는
빛이 필요했읍니다.

　예수는 세상의 빛이십니다. 이것을 막연한 형이상학(形而上學)적인
진리라는 선언으로 이해하지는 마십시오. 그분은 구체적으로 빛이십니

다. 그분은 내 개인의 빛이십니다. 요한복음의 기자인 사도 요한은 이렇게 말합니다.

"참 빛 곧 각 사람에게 와서 비추는 빛이 있었나니"(요 1:9).

그분은 당신의 빛이십니다. 그래서 당신을 향해서 다가오십니다. 나를 찾으십니다. 참 빛되신 그분은 당신의 빛으로 이 어두움 속을 밝히십니다. 사망의 그늘 속에서 빛을 알지 못하고 방황하고 있었던 나! 죄 가운데 방황하고 있는 나를 찾아오신 주님의 모습을 우리는 이 말씀 앞에서 발견해야 합니다.

여인이 드라크마를 찾기 위해서 빗자루로 쓸고 있는 모습을 본문은 보여 줍니다.
"어느 여자가 열 드라크마가 있는데 하나를 잃으면 등불을 켜고 집을 쓸며 찾도록 부지런히 찾지 아니하겠느냐."
먼지를 일으키며 찾습니다. 여러 가지 수단과 방법을 다 동원해서라도 잃어버린 은전을 찾지 않고는 견딜 수 없는 이 여인의 심정을 보십시오. 드라크마를 찾기 위해서 마디마디 자기 손길의 때를 묻히며 어두운 구석 먼지 속을 찾고 있는 여인의 손가락을 보십시오.
어두움 속에 있는 세상을 향해서 다가오는 하나님의 사랑이 바로 크리스마스의 멧세지입니다. 하나님이 육신이 되어 우리 가운데 찾아오셨습니다. 이 어두움 속에, 이 먼지 속에, 이 삶의 부조리 속에, 내 절망 속에 그분이 뛰어들어와 나를 찾으십니다. **그분은 오늘 이 순간에도 당신을 찾으십니다.** 이것이 본문의 멧세지입니다.

잃어버린 드라크마 앞에는 정관사 하나가 강조되고 있읍니다. 우리말 성경에는 기록되어 있지 않지만 영어 성경의 본문 9 절을 보면 잃어버린 **그 드라크마**(the piece)라고 기록되어 있는 것을 보게 됩니다.

앞 장에서도 목자는 잃어버린 "바로 그 양"을 찾고 있었다는 사실을 강
조했읍니다. 다른 것의 대치로 만족하지 못합니다. 숫자를 채우는 것으
로 만족하지 못합니다. 목자는 잃어버린 그 양을 찾고 있었읍니다. 두
번째 비유에서도 여인은 다른 아무것이나 찾고 있는 것이 아니었읍니
다. 여인은 잃어버린 "그 드라크마"를 찾고 있었읍니다. 특별한 의미가
담겨 있는 바로 그 드라크마를 찾고 있었다는 사실을 보셔야 합니다.

　결혼하기 전에 저는 무척 가난했었읍니다. 제 아내도 가난한 가정에
서 자라났읍니다. 둘이 결혼할 것을 생각하면서 서로 예물을 교환해야
할 터인데 아무것도 가진 것이 없었읍니다. 그래서 저는 늘 제 아내가
실망하지 않도록 이런 이야기를 했읍니다.
"내가 당신에게 풀 꽃반지를 주어도 만족하지?"
그러나 실상 풀 꽃반지를 줄 수 없었읍니다. 미국에 와서 몇 년 공부하
면서 학교에서 화장실 청소를 하면서 약간의 돈을 모았읍니다. 귀국해
서 결혼할 때 제가 생각하기로는 괜찮다고 생각되는 예물을 아내에게
주었읍니다. 어떤 분의 도움이 있기도 했지만, 그 예물은 아내에 대
한 저의 정성과 애정의 표현이었읍니다. 저는 이 설교를 준비하면서 처
음으로 그 반지가 시가로 얼마나 되는가를 계산해 보았읍니다. 계산해
보니 약 육만 원 정도가 됩니다. 지금은 그때보다 형편이 나아져서 이
것보다 나은 것을 주고받을 수도 있읍니다. 그러나 우리는 이 반지를 끼
고 무덤에 들어갈 작정입니다. 왜냐하면 이 반지가 우리에게 사랑의 계
약을 성취하는 가장 귀한 의미가 들어 있는 반지이기 때문입니다.

　제가 이 말씀을 드리는 이유가 있읍니다. 본문에 나타난 드라크마에
대한 애정이 이렇게 강조된 배경은 이러합니다. 그 당시의 유대인들이
결혼을 하게 되면 신랑이 신부에게 목걸이 하나를 선물합니다. 그 목걸
이가 바로 드라크마를 연결시켜서 만든 목걸이였읍니다. 열 개의 드라
크마를 줄에 꿰어 연결시켜서 목걸이를 만드는 것입니다. 그런데 그 중

에 하나를 잃어버린 것입니다. 의미가 있는 것입니다. 사랑의 대상입니다. 이 드라크마로 만든 목걸이는 **계약**이 들어 있습니다. 그러므로 절대로 잊을 수가 없습니다.

옳습니다. 당신과 내가 창조되었을 때 아니 창세기 이전부터 당신과 저를 향한 사랑의 놀라운 계약 아래 하나님은 우리를 만드셨습니다. 잊을 수 없는 대상이 바로 나입니다. 다른 누구로도 대치될 수가 없습니다. 하나님은 **개인적으로** 당신을 사랑하시며 당신에게 다가오십니다. 바로 그 드라크마, 바로 그 당신을 하나님이 찾고 계십니다. 이 사실이 본문의 비유를 통해서 우리에게 다가오고 있는 하나님의 멧세지입니다.

찾았습니다. 드디어 잃어버린 이 드라크마가 발견되었습니다. 여인의 터지는 감회 속에서 외쳐진 이 멧세지를 들어 보십시오.
"또 찾은즉 벗과 이웃을 불러 모으고 말하되 나와 함께 즐기자 잃은 드라크마를 찾았노라."
이 말씀에서 "찾았노라"는 말이 아주 유명한 말입니다. 이 단어는 희랍어로 『유레카』라고 합니다. 이 단어와 상관되는 일화가 하나 있습니다.

유명한 아르키메데스가 주전 3세기에 시라큐스의 공중 목욕탕에서 『아르키메데스의 원리』를 발견했습니다. 이 진리를 발견하고 그는 너무도 기뻐서 거리를 뛰쳐나갔습니다. 그리고 외쳤던 고백이 바로 『유레카』라는 단어입니다. "찾았다. 나는 찾았다는 말입니다."

여기에 잃어버린 드라크마를 찾은 여인의 감격이 나타납니다.
"잃어버린 드라크마를 찾았노라!"

그렇습니다. 잃어버린 한 영혼이 주님 앞에 돌아오는 그 순간 터지는 멧세지가 있습니다. 하나님이 말씀하십니다.
"나는 찾았다."
내 잃어버린 자식을 찾았다!
내 잃어버린 영혼을 찾았다!
여기 찾음에 대한 감격의 멧세지를 확인하십시오.

그런데 본문의 비유가 첫번째 비유와는 조금 다른 것을 하나 첨부하겠습니다. 찾았을 때의 기쁨을 회고하는 장면을 10절의 말씀에서 보십시오.
"내가 너희에게 이르노니 이와 같이 죄인 하나가 회개하면 하나님의 사자들 앞에 기쁨이 되느니라."

첫번째 비유에서는 목자가 양을 찾았을 때 막연히 "하늘의 기쁨"이라고 기록되었습니다. 그러나 두번째 비유인 본문에서는 보다 구체적인 기쁨이 지적되고 있습니다. 하나님의 사자들 앞에 기쁨이 된다는 이 말씀은 어떤 의미로 기록되었습니까? "하나님의 사자들"은 천사를 말합니다. 잃어버린 죄인 하나가 돌아왔을 때, 어느 사람이 예수믿고 하나님의 사람을 찾았을 때 천사가 먼저 기뻐합니다.

왜 그럴까요? 우리는 그 이유를 베드로전서 1장에서 찾을 수가 있읍니다. 8절 이하의 말씀을 보겠읍니다.

"예수를 너희가 보지 못하였으나 사랑하는도다 이제도 보지 못하나 믿고 말할 수 없는 영광스러운 즐거움으로 기뻐하니 믿음의 결국 곧 영혼의 구원을 받음이라 이 구원에 대하여는 너희에게 임할 은혜를 예언하던 선지자들이 연구하고 부지런히 살펴서 자기 속에 계신 그리스도의 영이 그 받으실 고난과 후에 얻으실 영광을 미리 증거하여 어느 시 어떠한 때를 지시하시는지 상고하니라"(8-11절).

믿음의 가장 중요한 결과는, 믿음의 가장 위대한 사건은, 믿음의 가장 중요한 초점은 영혼이 구원을 받은 것이라고 말씀은 기록하고 있읍니다. 이 구원의 확신이 없이 교회에 나오는 것은 모두가 헛일입니다. 이 말씀 앞에서 당신의 대답은 무엇입니까? 이렇게 말씀하실 수 있읍니까?

"하나님, 나를 구원하신 것을 감사합니다."
이것은 신앙 생활의 출발점입니다. 이것은 신앙 생활의 가장 중요한 동기입니다.

이 구원의 복음은 구약의 선지자들을 통해서 우리에게 전파되었다고 말씀은 기록하고 있습니다. 그들은 이 진리를 연구하다가 성령의 감동하심을 받아 예수를 통해서 우리에게 다가오시는 구원의 멧세지를 선포했습니다. 계속되는 12절의 말씀을 보겠습니다.

"이 섬긴 바가 자기를 위한 것이 아니요 너희를 위한 것임이 계시로 알게 되었으니 이것은 하늘로부터 보내신 성령을 힘입어 복음을 전하는 자들로 이제 너희에게 고한 것이요 천사들도 살펴보기를 원하는 것이니라."

복음을 전하는 사람들이 이 구원의 소식을 우리에게 전했읍니다. 그런데 이 말씀 마지막에 천사들도 살펴보기를 원한다고 기록되어 있읍니다. 왜 이 말씀이 첨부되었을까요? 천사들은 하나님의 보좌를 옹위하고 있읍니다. 그들은 하나님의 심부름꾼들입니다. 하나님의 참신한 일꾼들입니다. 그래서 천사들은 누구보다 더 하나님의 마음을 압니다. 당신도 어느 분의 심부름을 하고 그를 섬기다 보면 그의 마음을 알게 될 것입니다. 천사들은 하나님의 마음을 압니다. 천사들은 우리 하나님이 무엇을 가장 기뻐하시는가를 압니다. 하나님이 무엇을 가장 기뻐하실까요? 하나님의 최대의 기쁨은 무엇입니까? 그것은 잃어버린 영혼이 구원받는 것입니다.

천사들은 지구를 지켜보고 있읍니다. 우리 중에 어떤 사람이 누군가를 만나서 성경을 펼쳐 놓고 하나님의 사랑을 그에게 이야기합니다. 복음을 전했읍니다. 그 사람이 복음을 통해서 진리를 깨달았읍니다. "자,

예수 믿고 그 예수를 구주로 영접하고 이제 하나님을 믿어야지"라고 생각합니다. 그리고 하나님 앞에 돌아오는 바로 그 순간 천사들이 기뻐합니다. 천사들은 하나님의 심정을 알기 때문입니다.
"우리 하나님이 얼마나 기뻐하실까?"
하나님의 가장 커다란 기쁨의 사건이 일어날 장면을 보고 천사들이 기뻐하며 외칩니다.
"찾았다, 우리 하나님이 기뻐하실 거야."
천사들의 이 기쁨이 하늘의 거리에 영광스러운 희열과 기쁨을 가져다 주고 있는 위대한 광경을 지켜보십시오.

당신은 이 하나님의 기쁨을 아십니까? 그리고 당신도 이 하나님의 기쁨 속에 동참해서 잃어버린 영혼을 찾는 기쁨을 함께 누리고 계시는 지요? 잃어버린 어떤 사람에게 복음을 전하여 그가 예수 그리스도를 믿는 그 순간 "찾았구나" 하는 기쁨이 당신의 마음 속에서 탄생하는 그런 순간이 있었는지요? 이것이 없다면 당신은 아직까지 그리스도인으로서의 위대한 기쁨을 경험하지 못한 것입니다.

□ 여자가 찾음

잃어버린 인간을 찾고 있는 하나님의 이미지가 왜 여자로 묘사되고 있는가에 대해서 주목해 볼 필요가 있습니다. 본문에서 하나님은 목자로 나타나십니다. 하나님은 아버지 모습으로 나타나기도 합니다. 그러나 이 두번째 드라크마 비유에서는 여자를 통해서 자신의 모습을 나타내셨읍니다.

저는 이 본문을 대할 때마다 본문을 가장 잘 이해할 수 있는 사람이 바로 저일 것이라고 생각합니다. 저는 무엇이고 간에 잃어버리는 데 소질이 있읍니다. 그래서 제 아내와 평상시에 능담 비슷하게 이러한 이야기를 합니다.
"여보, 내가 죽을 때 이런 유언을 할 거요. 「이제는 더 이상 찾지 않아도 되오.」"
잃어버리는 일은 제 직업이고, 찾는 것은 제 아내의 직업입니다. 저는
잃어버려도 그것을 개의치 않습니다. 그런데 어떤 것을 잃어버리더라도
제 아내는 그것을 찾는 일을 포기하지 않습니다. 바로 여인의 섬세한
마음을 통해서 잃어버린 우리들을 절대로 놓치지 않으시는 하나님의 사
랑을 보십시오. 이 사실이 본문의 멧세지에서 가장 중요합니다. 하나님
이 선언하십니다.
"나는 너를 그대로 포기할 수 없다."
그래서 먼지를 일으키며 삶의 좌절과 불안과 절망의 상황의 한복판에서
하나님은 뛰어 들어오십니다. 그리고 그분은 지금도 당신과 나를 찾고
계십니다. 그리고 우리 주변의 이웃을 찾고 계십니다.

찾음의 기쁨을 아십니까? 이 발견됨의 감격을 아십니까? 시간이 흘
러가고 있습니다. 그러나 우리에게 주어진 시간이 다 가기 전에, 아직
까지 우리 가운데는 교회에 출석하면서도 내 영혼이 구원받은 기쁨을
알지 못하는 분들이 계시지는 않은지요? 그렇다면 누군가를 찾아 보십
시오. 누구라도 좋습니다. 그대로 지나가지는 마십시오. 아니 성경이
말하는 구원의 교리가 도대체 무엇입니까? 예수 그리스도를 확실히 깨
닫고 그분을 영접하십시오. 그렇게 할 때, 우리가 교회를 그냥 출석하
는 것 이상의 기쁨을 얻게 될 것입니다. 큰 감격이 있습니다. 하나님은
당신으로 인하여 기쁨 얻기를 원하십니다. 내가 구원받을 때, 내가 기
뻐한 것 이상으로 주님이 이 기쁨을 누리고 싶어하십니다. 그래서 그분
은 당신을 찾으십니다. 아직까지도 이 구원의 확신이 없는 분이 있다면
이 순간 예수 그리스도를 당신의 구주와 주님으로 초청하시기 바랍니
다. 이 드라크마는 자기가 한 일이 아무것도 없습니다. 여주인이 잃어
버린 드라크마를 향해 손끝을 대었을 때 그 손길을 거절만 하지 않은
것뿐입니다. 거절만 하지 마십시오. 받아들이십시오. 예수 그리스도의
사랑을 받아들이는 그 순간, 하나님의 구원의 위대한 계획을 받아들이

는 그 순간, 당신은 찾음받은 기쁨을 누리게 될 것입니다. 하나님을 아버지로 알게 된 기쁨 속에서 삶을 살아가게 될 것입니다.

구원받은 사실을 인하여 당신의 마음 속에 기쁨이 있읍니까? 그렇다면 내 주변에서 그 기뻐하실 기쁨을 바라보며 이웃들을 찾아나서고 계시는지요?

지금도 이 아버지의 음성은 우리를 향해서 들려옵니다.

"돌아와야 해."

탕자의 비유

누가복음 15 : 11~24

"또 가라사대 어떤 사람이 두 아들이 있는데 그 둘째가 아비에게 말하되 아버지여 재산 중에서 내게 돌아올 분깃을 내게 주소서 하는지라 아비가 그 살림을 각각 나눠 주었더니 그 후 며칠이 못되어 둘째 아들이 재물을 다 모아가지고 먼 나라에 가 거기서 허랑방탕하여 그 재산을 허비하더니 다 없이한 후 그 나라에 크게 흉년이 들어 저가 비로소 궁핍한지라 가서 그 나라 백성 중 하나에게 붙여 사니 그가 저를 들로 보내어 돼지를 치게 하였는데 저가 돼지 먹는 쥐엄 열매로 배를 채우고자 하되 주는 자가 없는지라 이에 스스로 돌이켜 가로되 내 아버지에게는 양식이 풍족한 품군이 얼마나 많은고 나는 여기서 주려 죽는구나 내가 일어나 아버지께 가서 이르기를 아버지여 내가 하늘과 아버지께 죄를 얻었사오니 지금부터는 아버지의 아들이라 일컬음을 감당치 못하겠나이다 나를 품군의 하나로 보소서 하리라 하고 이에 일어나서 아버지께로 돌아가니라 아직도 상거가 먼데 아버지가 저를 보고 측은히 여겨 달려가 목을 안고 입을 맞추니 아들이 가로되 아버지여 내가 하늘과 아버지께 죄를 얻었사오니 지금부터는 아버지의 아들이라 일컬음을 감당치 못하겠나이다 하나 아버지는 종들에게 이르되 제일 좋은 옷을 내어다가 입히고 손에 가락지를 끼우고 발에 신을 신기라 그리고 살진 송아지를 끌어다가 잡으라 우리가 먹고 즐기자 이 내 아들은 죽었다가 다시 살아났으며 내가 잃었다가 다시 얻었노라 하니 저희가 즐거워하더라"
— 누가복음 15：11~24.

탕자의 비유

성 경에서 우리에게 가장 많이 알려진 이야기 가운데 하나가 바로 탕자
비유일 것입니다. 이 말씀을 묵상하면서 먼저 당신에게 경고를 드리
겠습니다. 우리가 성경에서 잘 아는 이런 이야기를 멧세지로 접할 때마다
우리 마음 속에서 즉각적으로 일어나는 반응은 이런 것입니다.
"알지, 알아."
때때로 이러한 우리의 태도가, 다시 말하면 선입견에 의한 가정이 성경 말
씀을 보다 깊이있게 묵상하는 일에 커다란 당해가 된다는 사실을 먼저 경
고로 말씀드리고 싶습니다.

아마도 저는 설교자로 부름을 받은 이후에 이 본문을 근거로 설교를 50
번도 더 했을 것입니다. 그러나 이 말씀을 묵상하기 위해서 새롭게 이
말씀을 대할 때마다 전에 전혀 보지 못했던 새로운 사실이 다시금 경이
롭게 다가오는 것을 발견하곤 했습니다. 이것이 성경의 매력이며 성경
의 깊이입니다.

□ 동기

우리는 누가복음 15 장에서 계속적으로 나타나는 세 가지 비유를 통해서 인간에게 찾아 오시는 **하나님의 사랑의 이야기**를 같이 접했읍니다. 아흔 아홉 마리의 양을 놓아 두고 잃어버린 한 마리의 양을 찾아나서는 목자의 이야기를 묵상했읍니다.

열 개의 은전 가운데서 잃어버린 하나의 드라크마를 찾고 있는 어떤 여인의 이야기도 묵상했읍니다.

그리고 세번째로 이 위대한 본문의 드라마가 시작됩니다. 이 드라마는 잃어버린 아들을 찾는 아버지의 이야기입니다.

주님께서는 왜 두 비유로 만족하지 않으시고 이 또 하나의 비유를 더 첨부해서 말씀하셨을까요? 이것은 단순한 반복적 강조법일까요? 즉, 인간을 찾는 하나님의 사랑의 이야기를 하기 위해서 세 번씩이나 거듭 강조하여 설명하기 위한 단순한 강조법이라고 생각하시는지요?

우리가 조심스럽게 좀더 깊이 이 비유를 접근해 보면 하나 하나의 비유마다 공통적인 진리가 있음을 보게 됩니다. 그러나 또 하나의 비유가 첨가되면서 보다 발전된, 그리고 보다 중요한 강조점을 단계적으로 첨부하시는 하나님의 의도를 깨닫게 됩니다.

첫번째 비유와 두번째 비유, 즉 잃은 양 비유와 잃은 드라크마 비유는 어떤 차이점이 있었읍니까? 잃어버린 양의 경우, 양은 의도적으로 양 자신의 의사에 의해서 목자를 떠났읍니다. 그러나 드라크마의 경우는 잃어버려진 자리에서 수동적으로 그의 모습이 드러나고 있읍니다.

어떤 사람은 의도적으로 주님을 떠납니다. 또 어떤 사람은 수동적으로 주님을 떠나 있는 자리에 선 자신의 모습을 문득 발견하게 됩니다.

그러나 여기에 세번째의 비유가 계속됩니다.

지금까지 우리가 생각했던 잃은 양 비유와 잃은 드라크마 비유와 이 세번째 비유에는 어떤 차이점이 있읍니까? 처음 두 비유에서 목자는 잃어버린 양을 찾습니다. 또한 여자는 잃어버린 은전을 찾습니다. 이 비유는 똑같이 잃어버린 죄인을 찾으시는 하나님의 모습을 우리에게 보여주었읍니다. 하나님께서 인간을 찾아오십니다. 자연히 우리는 이러한 비유를 접하면서 마음 속에 이런 질문이 생기게 됩니다.
"그러면 죄인은 가만히 있어도 좋은 것인가?"
하나님이 우리를 찾아오십니다. 하나님이 우리를 찾고 계십니다. 하나님의 사랑이 먼저 우리를 찾아오셨읍니다. 그런데 죄인은 무엇을 해야 합니까? 나를 향해 다가오시는 이 하나님의 사랑, 나를 찾고 계시는 이 하나님의 드라마 앞에서 당신과 제가 **해야 할 일**은 도대체 무엇입니까? 바로 이런 이유 때문에 세번째 비유가 첨가되었다는 사실을 놓치지 마시기 바랍니다.

하나님께서 당신의 마음을 감동시키시고, 하나님을 필요로 하며 하나님 앞으로 돌아와야 한다는 사실을 상기시켜 주실 때 우리가 해야 할 일은 무엇입니까? 앞의 두 비유와는 달리 이 세번째 비유는 **아들편에서의 결단**을 상당 부분 조명하고 있다는 사실을 주목하시기 바랍니다.
이 아들의 돌아옴을 통해서 성경이 우리에게 강조하고 있는 멧세지는 무엇입니까? 단적으로 말하자면 그것은 새로운 출발의 가능성입니다.
본문에서 아버지를 떠난 탕자의 모습은 인간이 하나님과의 관계에서 가질 수 있는 최악의 상황을 보여 줍니다. 먼 나라에 가서 모든 것을 낭비했읍니다. 이제는 그 누구도 그리고 그 무엇도 믿을 수 없는 절망 속에 빠졌던 탕자, 이 사람을 보십시오. 한마디로 이 사람은 희망이 없는 사람일 수밖에 없읍니다. 요즘의 우리 말로 하면 희망이 절벽인 예가 바로 이 탕자의 경우일 것입니다.

☐ 배경

본문의 핵심을 이해하기 위해서 서론적인 배경 앞에 관심을 돌려 보시기를 부탁합니다. 누가복음 15 장 1 절을 보겠습니다.

 "모든 세리와 죄인들이 말씀을 들으러 가까이 나아오니."

이 말씀에서 죄인들이란 아마도 창기를 지적했을 가능성이 상당히 짙습니다. 세리와 창기들이 예수님 앞으로 가까이 나아와 예수님이 그들과 더불어 대화를 나누고 계십니다. 이 광경을 보고 제일 못마땅하게 생각한 무리들이 있습니다. 2 절을 보겠습니다.

 "바리새인과 서기관들이 원망하여 가로되 이 사람이 죄인을 영접하고
 음식을 같이 먹는다 하더라."

예수님 당시에 세리와 창기들은 완전히 버림을 받았던 사람들이었습니다. 한마디로 희망이 없었던 사람들입니다. 이 희망이 없는 사람들과 같이 있는 것조차 불쾌한 일로 여겼던 것이 당시의 사회 상황이었습니다. 그런데 주님이 그들을 상대하시고 대화를 나누신다는 것은 무엇을 말합니까? 그것은 주님께서는 포기하지 않으셨다는 말입니다. 주님은 포기하지 않으셨습니다. 사회가 내어 버리고 그 당시의 종교인들이 희망이 없다고, 새로운 가능성이 없다고 포기해 버린 이 사람들을 주님께서는 포기하지 않으셨다는 멧세지입니다.

 당신이 종종 주변의 믿지 않는 사람들에게 교회에 나오라고 전도해 보면 흔히 이런 반응을 접하게 될 것입니다.
"전요, 교회에 나가는 아무개를 도저히 이해할 수가 없어요. 그 사람 교회에 나가면서 그럴 수가 있습니까?"

당신은 이런 이야기를 많이 듣지 않습니까?

저는 그런 이야기를 들을 때마다 그분들에게 다시 말씀드리는 이야기가 있읍니다.『선생님, 바로 그 분을 위해서 교회가 있어야 한다고 생각되지 않는지요?』라고요.

물론 그 분이 우리가 기대하는 것만큼 변화되지 않는 것이 사실입니다. 교회에 드나들면서도 그 삶의 모습과 인격의 모습이, 그리고 그 신앙의 모습이 조금의 발전이나 성장이 없다는 것도 사실입니다. 그 사실이 우리를 안타깝게 만듭니다. 그러나 우리가 그 사람을 교회당에 들어오지 못하도록 문을 막지 않는 이유가 무엇입니까? 그것은 이 세상을 향해서 이렇게 선언하는 멧세지 때문입니다.

"나는 너를 포기하지 않는다."

하나님의 사랑은 어느 날 반드시 그 사람을 변화시키실 것입니다. 그리고 우리는 하나님의 놀라운 구원이 그 사람에게 임하는 것을 보고야 말 것입니다. 우리는 포기하지 않았읍니다!

얼마 전에 제 둘째 아들인 범이가 큰 실수 한 가지를 범했읍니다. 범이가 잘못하고 있는 광경을 보고 큰 아들인 황이가 큰 소리로 이렇게 말합니다.

"아빠는 더 이상 너를 사랑하지 않을 거야."

그리고 큰 아들이 저를 바라보면서 또 이렇게 말합니다.

"아빠! 이제 아빠는 범이를 사랑하지 않지요?"

저는 두 아들 모두를 제 앞으로 불러 모으고 이런 이야기를 했읍니다.『범이야, 네가 잘못한 것을 아빠는 알아. 황이야 범이야, 잘 들어봐. 범이가 잘못했지만 아빠는 범이를 사랑해. 범이가 잘할 때 아빠는 기뻐하면서 사랑하고 범이가 잘못할 때는 아빠가 슬퍼하면서 사랑해.』

이 이야기를 제 아들들이 얼마나 알아들었는지는 모르겠읍니다. 아마 이 이야기를 참으로 이해할 때까지는 앞으로 상당한 시간이 더 필요할지 모르겠읍니다.

우리가 잘할 때 하나님께서는 기뻐하시면서 우리를 사랑하십니다. 그러나 우리가 하나님과 상관없는 자리에, 그리고 하나님을 반역한 자리에, 또한 하나님을 떠나서 방황하는 자리에 있을 때에 우리를 사랑하시기 위해서 슬퍼하시면서 다가오시는 그 하나님의 얼굴을 바라보십니까? 주님은 포기하지 않으십니다.

여기에서부터 이 위대한 세번째 드라마가 시작됩니다. 주님이 이들을 상대하고 계신다는 사실 자체가 이들에게는 희망입니다. 그런데 바리새인들에게는 그것이 납득이 되지 않았읍니다. 그것이 바로 우리 주변의 세상 사람들이 "저 형편없는 사람이 왜 교회에 출석하는가"라고 의심스러워하는 경우와 일치합니다. 그것이 교회가 그들을 수용하고 있다는 사실이 세상 사람들에게는 납득되지 않는 이유인 것입니다. 성경의 옛 이야기가 지금 우리의 시대에서도 똑같이 반복되고 있다는 사실을 당신은 어떻게 생각하시는지요?

하나님은 그들을 아직도 사랑하십니다. 여기에서부터 죄인을 찾아오시는 하나님의 이야기는 색다른 강조점을 가지고 저와 당신을 향해서 다가오고 있는 것입니다.

얼마 전 유대인들의 이야기를 모아 놓은 책을 읽은 적이 있었읍니다. 이 책은 사실이 아닌 우화적인 이야기를 담은 책입니다. 그러나 어떤 중요한 진리를 가르치기 위해서 예화들을 모아 놓았읍니다. 이 책에는 아주 흥미있는 이야기가 기록되어 있었읍니다.

하나님께서 우주를 창조하시기 직전에 먼저 천사들을 창조하시고 그 다음에 천사들과 대화를 나누시는 내용이 기록되어 있읍니다.

처음에 하나님께서 한 천사를 부르십니다. 이 천사의 이름은 「의의 천사」입니다. 그리고 하나님께서 이렇게 말씀하십니다.

"내가 세상을 창조하고 그 세상에서 가장 으뜸되는 피조물로 인간을 창조하려고 하는데 어떻게 생각하느냐?"

의의 천사가 대답합니다.

『하나님, 인간을 창조하지 마십시오. 그 인간들은 온갖 불의로 이 세상을 더럽힐 것입니다.』

하나님께서 두번째 천사를 부르십니다. 이 천사의 이름은 「거룩의 천사」입니다. 거룩의 천사에게 하나님께서 물으십니다.

"내가 인간을 창조하려고 하는데 그대는 어떻게 생각하느냐?"

거룩의 천사가 대답합니다.

『하나님, 인간을 창조하셔서는 안 됩니다. 그 인간들은 이 세상을 더러움으로 가득 채워 놓고 말 것입니다.』

이번에는 세번째 천사를 부르십니다. 이 천사의 이름은 「빛의 천사」입니다.

"내가 인간을 창조하려고 하는데 그대는 어떻게 생각하느냐?』

빛의 천사가 대답합니다.

『하나님, 절대로 인간을 창조하셔서는 안 됩니다. 인간들은 이 세상을 어두움으로 만들고야 말 것입니다.』

하나님께서 네번째 천사를 부르십니다. 이 천사의 이름은 「긍휼의 천사」입니다. 같은 질문을 하나님께서 던지십니다.

"내가 인간을 창조하려고 하는데 그대는 어떻게 생각하느냐?"

긍휼의 천사가 대답합니다.

『하나님, 인간을 창조하셔야 합니다. 하나님께서 인간을 창조하시면 이 세상은 불의하고 더러워지고 어두움 속에 잠길지 모릅니다. 그러나 하나님, 이 불의와 더러움과 어두움 속에 있는 인간들에게 나는 기어이 그들을 사랑하시는 하나님의 사랑을 이야기할 것입니다. 그리고 그들이 새로워지고 하나님께서 기대하시는 사람들이 되도록 그들을 하나님 앞으로 인도할 것입니다.』

우리는 이 이야기에서 하나님의 사랑과 긍휼을 접합니다. 그렇습니다. 하나님은 아직 나를 포기하지 않으셨습니다. 아직 내가 사랑하는 이웃을 포기하지 않으셨습니다. 내가 도저히 상대를 하고 싶지 않은 그 사람을 포기하지 않으시고 그를 향해서 다가오십니다. 아니 그를 기다리면서 그에게 또 한 번의 기회를 주십니다.

□ 탕자의 회개

그런데 이 세번째 비유가 앞의 비유와 다르게 강조하고 있는 사실이 있
읍니다. 그것은 무엇입니까? 하나님께서 죄인을 찾으실 때 그 죄인의
마음 속에 감동을 주십니다. 그리고 하나님께 돌아와야 한다는 사실을
말씀하십니다. 이때에 죄인인 인간들은 이 하나님의 사랑에 어떻게 반
응하여 돌아와야 하는 것일까요? 다시 말하면 어떻게 회개해야 합니
까?

**첫째로, 회개는 자기 자신에 대한 정직한 직면에서부터 시작됩니
다.**
본문에서 가장 중요한 구절은 17절의 말씀입니다. 17절은 "이에 스
스로 돌이켜"라는 말씀으로 시작됩니다. 영어 성경에 보면「he came
to himself」로 기록되어 있읍니다. 이 말씀은 상당히 흥미롭습니다. 이
말은 "자기 자신에게로 돌아왔다"는 뜻입니다. 그는 아버지께로 돌아오
기 전에 먼저 자기 자신에게로 돌아왔읍니다.
인간이 하나님을 떠날 때 또한 자신을 떠난다는 사실을 아십니까?
하나님을 상실하는 것이 자아 상실의 시작이라는 사실을 아십니까? 내
의식 속에서 하나님을 추방할 때, 내 의식 속에서 하나님을 지워 버릴
때 우리는 스스로를 망각한다는 사실을 아시는지요? 그래서 우리는 자
기 자신의 모습을 보지 못하고 인생을 살아갑니다.

맨 처음 인간이 회개하도록 하나님은 우리에게 눈을 주십니다. 우리
는 그 눈으로 자기 자신을 바라보기 시작합니다. "회개한다"는 말은 자
기 자신을 참으로 바라보는 일에서부터 시작됩니다. 인간의 비극과 오
늘을 살아가고 있는 죄인의 비극은 자기 자신을 보지 못하는 맹목성에

있읍니다.

옛날 라오디게아라는 도시에 살고 있었던 사람들을 향해서 성경은 이런 멧세지를 기록했읍니다.

"내가 너를 권하노니 내게서 불로 연단한 금을 사서 부요하게 하고 흰 옷을 사서 입어 벌거벗은 수치를 보이지 않게 하고 안약을 사서 눈에 발라 보게 하라"(계 3:18).

하나님께서 우리의 마음을 흔들어 우리 안에서 새로운 역사를 시작하실 때 하나님은 맨 처음 우리의 눈을 뜨게 해주십니다. 그럴 때 나는 열려진 눈을 가지고 처음으로 자기 자신을 바라보기 시작합니다.

무엇이 탕자의 눈을 열었읍니까? 하나님께서 탕자의 눈을 열기 위해서 먼저 흉년과 궁핍이라는 환경을 사용하신 것을 볼 수가 있읍니다. 그의 주머니가 흥청거릴 때, 주변의 친구들과 함께 몰려다닐 때, 장사가 한창 잘되고 있을 때 그는 자신을 잊어 버리고 살았읍니다. 그러나 모든 것이 없어지기 시작했읍니다. 주머니가 텅 비기 시작했읍니다. 그는 오래간만에 이 모든 것이 없어져 가는 상황 속에서 자기 자신의 모습을 바라보기 시작했읍니다.

내 주머니에는 돈이 들어 있읍니다. 내 머리 속에는 많은 지식이 들어 있읍니다. 그러나 그 사실 때문에 내가 하나님을 필요로 하지 않는다면 내가 무엇을 가지고 있다는 사실이 실은 나를 향한 하나님의 저주라는 사실을 아십니까? 내가 지식을 갖고 있고 내가 권력을 갖고 있다는 것도 사실은 하나님의 저주인 것입니다. 내게 무엇이 없다는 사실 때문에 오히려 자신의 모습을 정직하게 대면할 수 있는 기회가 온다면 그 없다는 것은 오히려 축복일 수도 있다는 사실을 이 말씀 앞에서 발견하십시오.

하나님께서 탕자에게 자신을 볼 수 있는 눈을 주시기 위해서 또 하나의 상황을 사용하셨습니다. 그것은 고독입니다.

우리가 많은 사람들의 틈에 묻혀 살아갈 때, 내 주변에서 맞장구를 쳐주며 같이 웃어 줄 사람들이 있을 때에 나는 자신을 바라보는 일에 눈을 감고 살아갑니다. 그러나 내 주머니가 비면서, 내 주변의 친구들이 하나 둘 나를 떠나기 시작합니다. 나와 함께 술잔을 들어 줄 친구들이 내 앞에 더 이상 존재하지 않습니다. 마음에 없는 웃음을 웃어 주면서 맞장구를 쳐주던 친구들도 내 주변에서 없어져 가기 시작합니다. 내 주변에 돌아다니던, 의미 없는 가면을 쓴 배우들이 내가 서 있는 삶의 무대에서 다 퇴장해 버린 어느 날, 몹시도 고독하던 어느 석양에 나는 처음으로 내 자신의 벌거벗은 모습을 바라보게 됩니다. 그리고 이런 질문을 던지기 시작합니다.

"나는 누구일까 나는 어디로 가고 있는 것일까?"

이 고독은 인간에게 있어서 얼마나 유익한 교사입니까? 하나님은 탕자를 고독한 순간에 몰아 넣으셨습니다. 그리고 고독한 시간을 통해서 정면으로 자기 자신을 바라보며 그의 실존에 관한 가장 중요한 질문을 묻도록 역사하셨습니다. 이 모습을 바라보시기 바랍니다. 회개는 자기 자신에 대한 정직한 대면에서부터 시작됩니다.

둘째로, 탕자의 회개는 아버지께 돌아가는 것이 유일한 해결책이라는 것을 생각하는 데서부터 시작되었습니다.

자신의 모습을 본 순간 탕자는 오래간만에 아버지를 생각하기 시작했습니다. 아버지는 탕자가 현재의 자기 문제를 해결할 수 있는 여러 가지 가능성 중의 한 가능성이 아니었습니다. 탕자에게 있어서 이 순간 아버지는 자기의 마지막 소망이었습니다. 탕자에게 있어서 자기의 벌거벗은 모습을 발견한 이 순간 그의 아버지는 마지막 잎새 같은 최후의 희망이었습니다.

전에 그는 오랫동안 언제나 자기 자신이 자신의 구세주라고 생각해

왔었읍니다. 그리고 물질이 자기의 생명줄이라고 생각해 왔읍니다. 아
니, 언제나 자기를 도와 주고 자기를 치켜세워 주는 친구들이 자기의
구세주라고 생각했을지도 모릅니다. 그러나 지금 이 모든 것이 사라진
들판 위에서 그는 이제 자기가 의지할 수 있는 단 하나의 최후의 소망
은 하나님이라는 사실을 생각하기 시작합니다.

바로 이 시점에 도달했을 때 인간의 마음 속에서부터 시편의 멧세지
가 나의 것으로 다가오기 시작합니다.
"하나님만이 나의 반석, 하나님만이 나의 요새, 예수님만이 나의 구
주！"
이 위대한 멧세지가 중요한 의미를 가지는 멧세지로 저와 당신을 향해
서 다가오기 시작하는 것입니다.
탕자가 지금까지 생각했던 것 가운데서 가장 위대한 생각은 바로 이
것입니다.
"내게는 아버지가 필요하다."
탕자의 머리 속에 스치고 지나갔던 그 많은 사고들 가운데서, 그 많은
생각의 실마리 속에서 그가 지금 가지고 있는 생각이 가장 중요한 의미
를 지닌 생각이었읍니다.
그러나 회개는 생각만으로는 되지 않습니다. 탕자가 계속해서 생각만
하고 있었다면 문제의 해결은 없었을 것입니다.

수 년 전에 서울 거리에서 십 년만에 우연히 한 친구를 만났읍니다.
저는 대학에 다니던 시절에 예수님을 영접하고 마음 속에 큰 기쁨과 감
격이 있었읍니다. 그래서 제가 사랑하는 친구를 만나 간절히 전도를 했
었읍니다. 그런데 그때마다 이 친구는 언제나 "생각해 보고"라는 대답
만 했읍니다. 그러다가 한 10 년 동안 소식 없이 지내던 어느 날 거리
에서 우연히 그 친구를 만나게 된 것입니다.
같이 다방에 들어가서 여러 가지 대화를 나누었읍니다. 그러나 그 친

구를 향한 내 마음의 커다란 관심은 그가 예수님을 믿는가 안 믿는가라는 사실뿐이었습니다. 그래서 단도직입적으로 10년 전에 물었던 그 질문을 다시 물었습니다. 그 친구의 대답은 아직도 생각하고 있다는 것입니다.

불행한 사실은 우리 중에 어떤 사람은 끊임없이 생각만 하고 있다는 것입니다. 탕자는 생각했습니다. 생각하는 것은 중요합니다. 매우 중요한 출발입니다. 중요한 전환점입니다. 그러나 탕자는 생각만 한 것이 아니라 마침내 그 생각을 가지고 아버지 앞으로 돌아가는 결단을 시작합니다. 본문은 "이에 일어나서"라고 기록되어 있습니다.

우리 주위에는 "이제 내가 하나님 앞에 돌아가서 믿음 생활을 제대로 해야지"라고 생각만 하는 사람이 있습니다. 그래서 생각하고 가지만, 예배가 끝나자마자 하나님과 전혀 상관없는 옛날의 그 자리로 다시 돌아가는 얼굴들이 우리 주변에 얼마나 많은지요? 생각은 중요합니다. 그러나 기억하십시오. 생각만으로 우리는 변화되지 않습니다.

탕자의 위대한 회개는 이러합니다. 이제 그는 생각을 결단으로 옮기기 시작합니다. 그는 일어났습니다. 그리고 귀향의 위대한 결단을 하고 아버지의 집을 향해서 돌아가는 그 일을 본격적으로 시작합니다.

그가 이 결단을 내리기 위해서 먼저 돼지 우리에 대한 미련을 청산할 필요가 있었습니다. 그는 전에 돼지 우리 속에서 쥐엄 열매를 먹으면서도 그것을 즐겼던 시절이 있었습니다.

어느 날 내 입에 집어 넣은 이 열매가 쓰디쓴 환멸을 가져다 준 그 순간 우리는 이 인정을 끊게 됩니다. 전에 내가 즐기던 이 모든 것, 그것 때문에 하나님을 떠났던 그 끈끈한 정을 끊는 결단이 없이는 우리는 결코 일어서지 못합니다. 많은 사람들이 아직까지도 교회당이라는 종교적 분위기 안에 안심합니다. 그러나 이 세상을 향한 끈끈한 인정을 끊지 못해서 아버지 앞에 돌아오는 결단을 내리지 못하고 있는 얼굴들을 보십시오. 당신이 그 중의 한 사람일지도 모릅니다.

그러나 탕자는 단호하게 이 결단을 통해서 아버지 앞에 돌아왔읍니다.

탕자가 아버지를 향해서 부르짖는 고백을 들어 보십시오.

"아버지여 하늘과 아버지께 내가 죄를 얻었사오니."

그는 전에 아버지를 떠날 수밖에 없었던 자기의 삶의 상태를 구차하게 변명하려고 하지 않았읍니다. 회개는 변명이 아닙니다. 변명은 인간을 변화시키지 못합니다.

우리는 하나님 앞에 때때로 많은 자복을 하지만, 그 기도하는 시간이 끝나자마자 옛날의 그 자리로 다시 돌아갑니다. 그 수렁 속으로 다시 돌아가는 이유는 회개를 변명 정도로밖에는 생각하지 않았기 때문입니다.

그러나 탕자가 자신을 합리화하려고 하지 않았읍니다. 그는 자기의 문제를 도덕적인 실수나 운명의 장난이라고 생각하지 않았읍니다. 이 담대한 고백을 들어 보십시오.

"하늘과 아버지께 제가 죄를 얻었사오니."

탕자는 분명하고 확실하게 하나님의 눈을 통해서 자기의 삶의 상태를 바라보았읍니다. 그리고 자기 영혼의 벌거벗음과 곤고하고 가련한 모습을 솔직하게 인정했읍니다.

저는 본문을 묵상하면서 종종 이런 생각을 해봅니다. 만일 탕자가 먼 나라에서 돌아오기 전에 주변 친구들에게 자신이 돌아가야 옳을 것인가를 의논했더라면 어떤 결과를 가져왔을까 하고 말입니다. 아마 그의 친구들은 이렇게 말했을 것입니다.

"돌아가도 소용이 없어. 너희 아버지가 절대로 받아 주시지 않을 거야.

아니 이제 와서 돌아서면 뭐하나?"

그러나 신앙의 결단은 때때로 가장 고독한 결단일 수가 있읍니다. 당신의 남편과 혹 아내와 이야기하지 못할 사연일 수도 있읍니다. 주변 사람들이 내가 돌아가는 그 사연을 이해하지 않아도 좋습니다. 아니, 하나님 앞으로 돌아가는 모습을 보고 손가락질을 하고 나를 규탄한다고 할지라도 상관없읍니다. 다만 내가 아버지 앞에 돌아가는 이 길만이 내 삶의 마지막 남은 가능성임을 깨닫고 돌아온 아들에게 있어서 이 결단은 고독하지만 얼마나 중요한 결단이었는지 다시 한번 생각해 보시기 바랍니다.

그렇습니다. 그는 이 분명한 행동에의 결단을 통해서 아버지 앞에 뚜벅뚜벅 걸어 나옵니다.

세째로, 회개의 결과

아들의 돌아옴은 자신에게 어떤 결과를 가져다 주었읍니까? 그 결과를 우리는 한 문장으로 이렇게 요약해 볼 수가 있읍니다.

"돌아올 때 그는 온전히 과거를 떠날 수가 있었고, 새로운 현재를 선물로 받을 수가 있었으며, 새로운 미래에 대한 가능성을 보장받을 수가 있었읍니다."

그는 먼저 온전히 과거를 떠날 수가 있었읍니다. 그 과거를 어떻게 떠날 수가 있었읍니까? 자기를 완전히 용서하신 아버지의 사랑을 체험함으로 인해서 그는 비로소 과거를 떠날 수가 있었던 것입니다.

우리가 과거를 정리하는 일에 대하여 세상이 우리에게 가르쳐 주는 방법은 이런 것입니다. 세상은 두 가지로 우리에게 충고를 할 것입니다.

하나는 "그게 왜 죄야? 그거 가지고 괴로워할 필요는 없어"라는 충고입니다. 즉 우리 가치관의 기준에 대해 세상적인 방법을 적용시킵니다.

세상은 우리에게 또 하나의 방법으로 "그냥 잊어"라고 말합니다. 그러나 당신이 아직도 과거를 잊지 못하고 있는 이유는 무엇입니까? 밤마다 다시 나를 향해서 되돌아오는 이 괴롭힘, 이 죄책의 이유는 도대체 무엇입니까? 그것은 아직도 당신이 완전하게 과거를 잊지 못하고 있다는 사실을 증명하는 것이 아닐른지요?

하나님께서 우리로 하여금 과거를 떠나게 하실 때 그분은 완전히 우리의 과거를 용서하십니다. 그리고 우리를 떠나게 하십니다. 망각이 아닙니다. 이것은 용서입니다.

이렇게 생각하지는 맙시다.

"아들이 아버지 앞에 돌아왔으므로 아버지가 용서하셨겠지."

아닙니다. 이미 아버지는 용서해 놓으셨읍니다. 이미 용서해 놓고 기다리고 있었읍니다. 돌아온 아들에게 "이렇게 이렇게 네 잘못을 고쳐!"라고 야단친 것이 아닙니다. 조건 없이 아들을 용서했읍니다. 그리고 담담한 심정으로 돌아오는 아들을 바라보고 있는 아버지의 모습을 본문을 통해서 똑똑히 주목해 보십시오.

용서는 받아 주는 것입니다. 진정한 용서는 따지는 것이 아닙니다. 있는 모습 그대로 받아 주는 것입니다. 그 아버지의 모습을 보십시오.

"아직도 상거가 먼데 아버지가 보고…"

아버지가 먼저 아들을 보았읍니다. 남루한 옷차림으로 돌아오는 아들의 모습을, 아니 그 이전에 아버지를 떠나서 굶주림과 허무함의 들에서 방황하고 있는 그 모습을 아버지는 먼저 보신 것입니다. 옳습니다. 스펄전(Charles Spurgeon)의 말처럼 주님의 자비와 긍휼의 눈은 회개의 눈보다 훨씬 더 빨랐읍니다. 아버지가 보고 측은히 여긴 것은 당연히 불쌍히 여기는 것이 아니었읍니다. 이것은 함께 아파하는 고통입니다. 아니 아들이 가슴앓이를 하고 있었을 때에 이 아버지는 더욱 아파하고

있었읍니다. 아들이 자신의 가슴을 한번 쥐어박고 찢고 있었을 때에 두
번 세 번 스스로의 가슴을 찢으면서 아파하시는 하나님의 아픔을 이 말
씀에서 보십니까?

그리고 아버지는 아들에게 달려갔읍니다.

스펄젼은 이렇게 말합니다.

"행여나 아버지가 나를 받아 주실까? 무겁고 천근 같은 걸음으로 한
걸음을 옮겨 놓을 때 아버지는 열 걸음을 달렸을 것입니다."

아들이 한 발을 옮겨 놓았을 때 열 걸음을 옮기시던 아버지의 사랑!
이 드라마에 나타난 아버지의 모습을 통해서 오늘 당신을 향해서 다가
오시는 하나님 아버지의 사랑을 다시 한번 확인하시기 바랍니다.

아버지의 용서는 말뿐이 아니었읍니다. 그는 말만으로 용서하신 것이
아니라 아들의 과거를 무조건 용서하셨읍니다. 있는 모습 그대로 나를
받아 주시는 하나님의 조건 없는 사랑의 모습을 당신은 이 현장에서 발
견하십니까?

"제일 좋은 옷을 입히라 손에는 가락지를 끼우라 발에는 신을 신기
라."

로마서와 갈라디아서를 읽어 보면, 우리가 주님 앞에 나아와 예수 그리
스도를 믿는 순간 하나님께서 우리에게 행하시는 가장 놀라운 선언을
볼 수 있읍니다. 그것은 우리를 의롭다 하신다는 선언입니다. "의롭다
하신다"는 말의 뜻은 무엇입니까?

미국의 남북 전쟁에서 북부의 승리가 거의 확실시되었을 때였읍니다.
이때 아브라함 링컨은 어느 참모에게 이런 질문을 받았읍니다.

"전쟁이 끝나면 저 남부 사람들을 당신은 어떻게 대하시겠오?"

그때 링컨은 다음과 같은 대답을 했다고 합니다.

『나는 전쟁이 일어나기 전의 상태 그대로 그들을 다룰 것이오.』

이 아들이 돌아왔을 때 아들을 맞아 주시는 아버지의 모습을 보면 아
버지가 아들을 어떻게 반기고 있다고 생각하십니까? 한 유명한 설교가
는 "이 아들이 한 번도 죄를 범하지 않은 것처럼 지금 아버지는 이 아
들을 맞아 주시고 있다"고 말했읍니다. 바로 이것이 의롭다는 말의 뜻
입니다.

내가 한 번도 죄를 범한 적이 없는 것처럼 그렇게 나를 받아 주시는
이 하나님의 파격적인 사랑! 그분은 나를 과거에서 떠나게 하실 뿐 아
니라 이제는 이 누더기를 벗겨 주셨읍니다. 그리고 나에게 가장 좋은
옷을 입혀 주십니다.

"손에는 가락지를 끼우라."

이것은 새로운 언약입니다.

"발에는 신발을 신기라."

이것은 새로운 출발의 첫걸음을 뜻합니다.

성경에 나타난 먼 나라에 있는 탕자보다 더 커다란 비극은 무엇입니
까? 그것은 교회 안에 있는 탕자들입니다. 주일마다 교회에 출석하지
만 하나님과의 관계가 분명히 설정되지 않는 사람들!

혹 당신이 그 중의 한 사람이라면 당신을 부르시는 하나님의 음성이
들리시는지요? 하나님은 이 탕자를 통해서 잃어버린 죄인을 찾기 위해
서 아버지의 모습으로 우리를 향해서 다가오시며 부르십니다.

먼 나라에 있었을 때에 이 아들은 벌써 아버지의 음성을 들었을 것입
니다.

"돌아와야 해. 돌아와야 해!"

자기의 입에 넣는 그 쥐엄 열매에 쓰디쓴 환멸을 느낄 때마다 그는 그
음성을 듣고 있었을 것입니다.

해가 지는 석양녘에 자기를 향해서 말씀하시는 그 아버지의 음성이 얼
마나 절실하게 들렸겠읍니까?

그가 갈 곳을 알지 못하고 정처없이 들에서 방황하고 있었을 때에 그는

지나치는 바람결을 통해서 아버지의 음성을 듣고 있었을 것입니다.

당신은 이 음성을 들으셨읍니까? 그리고 참으로 돌아오셨읍니까? 당신은 지금 어디에 서 계십니까? 시간이 흘러갑니다. 해는 기울어 갑니다. 그런데 아직도 아버지 앞에 돌아가지 못한 사람들이 있읍니다. 내게 하나님이 필요하다는 이 절실한 필요를 아직도 분명히 깨닫지 못했읍니다. 그래서 주님 앞에 돌아와 주님과 올바른 관계를 맺고 살아가는 이 삶의 감격을 누리지 못하고 있읍니다.

이 아버지의 음성은 하나님을 거절하고 살아가고 있는 사람들을 향한 초청입니다. 그러나 또한 이미 신자이지만 주님에게서 멀어져 간 사람들인 바로 당신을 향해서 들려 주시는 주님의 음성일 수도 있읍니다. 허무를 확인하는 시간마다 영혼의 깊은 곳으로부터 들려오는 이 음성을 들으십니까?

"돌아와! 돌아와! 돌아와!"

먼 곳에서부터 나를 향해서 돌아오라고 말씀하시는 이 하나님의 음성 앞에서 당신의 응답은 무엇입니까? 주님과의 사이에 분명하고 확실한 관계가 아직 맺어지지 않은 분이 있다면 속히 돌아오시기 바랍니다. 이 순간이 그 시간일 수가 있읍니다. 이 시간을 그냥 그대로 보내시렵니까? 아니면 당신을 이미 용서하시고 기다리시는 아버지 앞에 돌아와 걸친 누더기를 벗고 하나님이 주시는 새 옷을 입으시겠읍니까?

묻습니다. 당신의 응답은 무엇입니까?

집안의 탕자 비유

누가복음 15 : 25~32

"맏아들은 밭에 있다가 돌아와 집에 가까왔을 때에 풍류와 춤추는 소리를 듣고 한 종을 불러 이 무슨 일인가 물은대 대답하되 당신의 동생이 돌아왔으매 당신의 아버지가 그의 건강한 몸을 다시 맞아들이게 됨을 인하여 살진 송아지를 잡았나이다 하니 저가 노하여 들어가기를 즐겨 아니하거늘 아버지가 나와서 권한대 아버지께 대답하여 가로되 내가 여러 해 아버지를 섬겨 명을 어김이 없거늘 내게는 염소 새끼라도 주어 나와 내 벗으로 즐기게 하신 일이 없더니 아버지의 살림을 창기와 함께 먹어버린 이 아들이 돌아오매 이를 위하여 살진 송아지를 잡으셨나이다 아버지가 이르되 애 너는 항상 나와 함께 있으니 내 것이 다 네 것이로되 이 네 동생은 죽었다가 살았으며 내가 잃었다가 얻었기로 우리가 즐거워하고 기뻐하는 것이 마땅하다 하니라"

— 누가복음 15 : 25~32.

집 안의 탕자 비유

누가복음 15 장 11 절부터 24 절까지 기록된 「탕자의 이야기」는 그리스도인이 아닌 사람들도 누구나 잘 알고 있는 유명한 이야기입니다. 이 탕자의 귀향 사건에 이어서 본문에는 그 후의 이야기가 기록되어 있습니다. 이를테면, 탕자의 속편으로서 탕자가 집에 돌아온 후에 발생한 일입니다. 단언하면, 돌아온 탕자는 아버지께로부터는 환영을 받았지만 형님으로부터 거절당했습니다.

□ 맏아들의 분노

이 이야기는 파티(party)로 시작됩니다. 아버지를 떠나서 허랑방탕하다가 모든 재산을 탕진한 후에 돌아온 아들을 맞아서 아버지는 귀향 축하 환영파티를 열었읍니다. 그때 농장에 나갔던 맏아들이 돌아옵니다. 돌아오다 그는 요란스런 풍류 소리가 자기 집에서 나는 것을 들었읍니다.

그는 종들에게 "이 어인 연고뇨?"하고 물었읍니다.

그러자 종이 『당신의 동생이 건강한 몸으로 귀향을 하였으므로, 주인께서 살진 소를 잡고 온 동리 사람들을 초청하여 축하연을 베풀었나이다』라고 대답하였읍니다.

이때 맏아들의 반응이 본문에 기록되어 있읍니다.

"저가 노하여 들어가기를 즐겨 아니하거늘"(28 절).

왜 노하였는지 잘 모르겠으나, 노하며 집에 들어가기를 거절한 것이 맏아들의 반응입니다. 둘째 아들이 들어오니 큰 아들이 집을 나갑니다. 여기서 제 2 의 탕자를 볼 수 있읍니다.

이제 그가 분노한 이유를 봅시다.

"내가 여러 해 아버지를 섬겨 명을 어김이 없거늘 내게는 염소새끼라도 주어 나와 내 벗으로 즐기게 하신 일이 없더니 아버지의 살림을 창기와 함께 먹어 버린 이 아들이 돌아오매 이를 위하여 살진 송아지를 잡으셨나이다"(29-30).

맏아들이 화를 낸 이유는 논리정연합니다. 표면에 드러난 이 맏아들의 발언에서 비판할 만한 것을 찾아 볼 수 없읍니다. 그러나 표출된 맏아들의 선언 배후에는 불의가 있읍니다. 우리도 공감할 맏아들의 정당한 선언 속에는 돌이킬 수 없는 중대한 과오가 있었던 것입니다.

□ 맏아들의 과오

첫째, 아버지의 마음을 이해하지 못했읍니다.
우리는 둘째 아들이 아버지의 심정을 몰랐다고 탓합니다. 분가(分家)의 때를 기다리지 못하고 서둘러 자주와 독립을 요구하여 먼 나라로 떠나 갔던 둘째 아들이 어리석게 생각됩니다. 그러면 맏아들은 아버지의 심정을 알았읍니까?

본문을 미루어 보아 맏아들이 아버지의 심정을 몰랐던 뚜렷한 증거를 찾아 볼 수 있습니다. 둘째 아들이 집을 나간 후에 아버지의 고통은 얼마나 컸겠습니까? 그러나 맏아들은 아버지의 아픔을 전혀 이해하지 못했습니다. 또한 둘째 아들이 돌아옴으로써 아버지의 모든 애정을 빼앗기는 것으로 생각했던 것 같습니다. "아버지가 이르되 얘 너는 항상 나와 함께 있으니 내 것이 다 네 것이로되"(31절)라고, 아버지가 맏아들을 설득하였습니다. 아버지는 사랑하는 아들을 위하여 모든 계획을 미리 다 세워 놓았습니다. 그런데 이런 아버지의 계획을 외면하였던 맏아들의 과오를 볼 수 있습니다.

한편 둘째 아들이 돌아왔을 때 아버지는 얼마나 기뻐했습니까? 그러나 아버지의 커다란 기쁨을 맏아들은 외면했습니다. 그는 자기를 향한 아버지의 애정이 둘째 아들에게로 옮겨가는 것으로 판단하였을지 모릅니다. 아마 아버지는 두 사람을 함께 사랑할 수 없는 분으로 생각했을 것입니다. 이것은 근본적으로 아버지의 사랑에 무지한 마음입니다.

둘째, 아버지의 가장 중요한 명령을 거스리고도 잘 지키고 있다고 생각하였읍니다.
맏아들은 아버지께 "내가 여러 해 아버지를 섬겨서 명을 어김이 없거늘"이라고 말했습니다. 그러나 그는 아버지의 가장 중대한 명령을 어기고 있습니다.

이 말씀을 잘 이해하도록 15장 1,2절을 보면, "모든 세리와 죄인들이 말씀을 들으러 가까이 나아오니 바리새인과 서기관들이 원망하여 가로되 이 사람이 죄인을 영접하고 음식을 같이 먹는다 하더라"고 기록되어 있습니다. 여기 두 부류, 즉 세리와 죄인들, 그리고 바리새인과 서기관들이 있습니다. 이 두 종류의 사람들에 대한 이야기가 있은 후에 탕자의 비유가 소개됩니다. 예수님은 죄인들을 영접하고 계십니다. 창기와 세리를 영접하셨읍니다.

돌아온 둘째 아들은 바로 이 세리들과 창기들을 비유한 것임에 틀림이 없읍니다. 그런데 돌아온 창기와 세리들을 영접하고 그들과 교제를 나누는 예수님을 향하여 가장 날카로운 비판의 화살을 던졌던 사람들은 바리새인들과 율법주의자들이었읍니다. 소위 정의에 대하여 민감한 의식을 갖고 있었던 사람들입니다.

"우리는 의로운 사람이다."

"우리는 의를 행하는 사람이다."

"우리는 간음하지 않았다. 살인하지 않았다."

자신들이 의로우며 세리와 창기들과는 근본적으로 다른 인간들이라는 것이 율법주의자들과 바리새인들의 자부심이었읍니다.

예수님은 이 사람들이야말로 이 이야기 속에 등장하는 맏아들인 것을 비유로써 보여 주십니다. 맏아들이 "아버지, 저는 아버지의 명령을 절대로 범한 일이 없읍니다"라고 한 말은 바로 바리새인들의 소리입니다. 그들은 "우리는 율법을 지켰읍니다"라고 말했읍니다.

묻습니다. 율법 가운데 가장 크고 첫째되는 계명은 무엇입니까? 하나님을 사랑하고 네 이웃을 네 몸과 같이 사랑하라는 것입니다. 사랑은 율법의 완성입니다. 주님께서 말씀하신 가장 중대한 첫째 계명은 사랑입니다. 하나님의 계명을 철저히 이행한다고 주장하였던 바리새인들은 실상은 하나님의 가장 중요한 계명인 사랑을 **외면**하고 있읍니다.

"새 계명을 너희에게 주노니 서로 사랑하라 내가 너희를 사랑한 것 같이 너희도 서로 사랑하라 너희가 서로 사랑하면 이로써 모든 사람이 너희가 내 제자인 줄 알리라"(요 13:34-35).

율법을 지킨다고 하면서, 하나님의 명령에 순종한다고 하면서, 계명 중에 가장 중요한 사랑의 계명을 어기는 바리새인들의 모습은 어쩌면 우리의 모습은 아닐른지요? 우리는 의(義)를 논하고 핏대를 올리며 정의를 말합니다.

묻습니다. 당신은 이웃을 사랑하십니까?

맏아들의 중대한 과오는 아버지의 모든 계명을 순종한다고 생각하였지만 가장 중요한 계명을 거스른 것입니다. 아버지가 아들에게 가장 부탁하고 싶었던 것은 무엇일까요? 그것은 다음과 같은 말일 것입니다. "네가 내 뜻대로 사는 것 모두 좋다. 성실히 일해 온 것도 찬양한다. 그러나 이 모든 것보다 네 동생을 사랑해다오."

세째, 의무감에 사로잡힌 소극적인 봉사를 하였읍니다.
"여러 해 아버지를 섬겨 명을 어김이 없거늘 내게는 염소 새끼라도 주어 나와 내 벗으로 즐기게 하신 일이 없더니", 이것이 열심히 일해 온 이유입니다. 대단히 치사합니다.

"나는 아버지를 위해서 이렇게 열심히 일했는데 염소 새끼 한 마리 잡아서 친구들을 대접한 일이 없더니, 탕자 녀석이 돌아오니 살진 송아지를 잡다니 도대체 웬말입니까?"

이 고백은 단순히 그가 의무감에 얽매여 봉사하였음을 증명합니다. 그는 아버지를 향한 사랑 때문에 일한 것이 아닙니다. 성숙한 맏아들로서의 자각 때문이 아닙니다. 그는 유치한 보상심리, 즉 열심히 일하면 알아 줄 것이라는 생각 때문에 열심히 일했읍니다. 그런데 알아 줌이 없다고 생각한 맏아들은 분노를 터뜨렸읍니다. 이 사실은 맏아들이 다분히 당위의 사슬에 얽매여 의무감에서 봉사하였음을 알려 줍니다.

당신은 무엇 때문에 봉사하십니까?

네째, 특권을 즐기면서 책임을 망각하였읍니다.
맏아들은 상속자의 특권이 있읍니다. 또 그는 아버지를 제외하고 제일 어른 노릇을 하고 싶은 마음이 있었을 것입니다. 맏아들은 그 특권을 즐길 수 있는 권리가 있읍니다. 그러나 그에게는 동시에 책임이 있읍니다.

둘째 아들이 집을 나갔을 때, 이 아들을 찾는 책임은 아버지뿐 아니라 맏아들에게도 있습니다. 그것이 아버지 혼자만의 책임이라고 간주하고 방관해서는 안 되는 것입니다. 아버지를 사랑하는 사람이라면, 가정을 책임질 줄 아는 맏아들이라면, 이것이 아버지의 책임이며 또한 자신의 책임이라는 신성한 자각이 있어야 했습니다. 또한 동생이 돌아왔을 때 환영하는 것도 아버지 혼자서의 일이 아닙니다. 그 가정의 맏아들로서 그는 당연히 동생을 환영할 책임이 있습니다.

본문에 재미있는 이야기가 있습니다. 맏아들이 자기 동생을 어떻게 불렀는지 잘 주목해 보십시오.

"아버지의 살림을 창기와 함께 먹어버린 **이 아들이**"(30절).

여기서 이 아들이란 원문에 보면 "당신의 아들"입니다. 한 번도 맏아들의 입에서 그의 동생을 자기의 동생이라고 인정하고 고백한 단어가 없습니다. 즉 이 사람은 동생을 아버지의 아들일 수는 있다고 생각했습니다.

반면에 아버지는 맏아들에게 그 동생을 이렇게 간주하라고 하십니다.

"네 동생은 죽었다가 다시 살았으며 잃었다가 다시 얻은 것이 아니냐."

아버지의 세계와 맏아들의 세계는 너무 다른 의식 속에서 갈등을 빚고 있습니다.

자기의 특권을 즐길 줄은 알았지만 그 책임을 다하지 못하는 이 사람의 무능함은, 때때로 교회에 오래 출석한 우리 교인들의 병폐이기도 합니다. 오래 믿었다는 사실을 자부하고 그 특권을 누리기를 원하면서도 마땅히 해야 할 책임을 회피하는 신자들의 모습을 볼 수 있습니다. 당신은 그 특권을 주장하고 누리기에 앞서서 책임을 다하고 있습니까?

잃은 동생을 찾는 것이 아버지 홀로의 책임이라고 말할 수 있겠습니까? 당신도 성장하였습니다. 당신도 그 만큼 믿었으면 잃어버린 영혼에 대한 책임을 자각하고 아버지와 함께 들에 나가서 동생을 찾아야 하지 않을까요? 그리고 이 동생이 돌아왔을 때 누구보다도 이 동생을 환영하는 잔치를 당신이 계획해야 옳지 않겠습니까?

다섯째, 이웃의 죄를 과대 선전하였습니다.
"아버지의 살림을 창기와 함께 먹어버린 자식", 이것이 동생에 대한 맏아들의 생각입니다. 그러나 이는 부분적으로는 진리이지만 전체적으로는 과정입니다. 이 말을 12절의 말씀과 비교하여 보십시오.

"그 둘째가 아비에게 말하되 아버지여 재산 중에서 내게 돌아올 분깃을 내게 주소서."

둘째 아들은 장남에게 주어야 할 것을 다 주시고 차남을 위하여 준비된 자신의 몫만 달라고 하였습니다. 둘째 아들의 요구는 지나친 것이 아닙니다. 그런데 맏아들이 자기 동생을 비난하면서 "아버지의 살림을 몽땅 먹어 버린 자식"이라고 과장하였습니다. 이웃의 잘못을 좀더 과장하려는 심리가 맏아들의 마음 속에 있었습니다. 또한 아버지의 살림을 창기와 함께 먹어 버렸다는 말도 부분적으로는 사실일 수가 있습니다. 그러나 사실이 아닐 수도 있습니다.

탕자의 이야기를 읽어 보면 창기라는 말이 나오지 않습니다. 물론 허랑방탕하였다는 이야기는 나옵니다. 그러므로 창기와 함께 그의 재산을 낭비할 수도 있지만 그렇지 않을 수도 있습니다. 그러나 그것이 사실이라고 간주합시다. 그렇다고 하필이면 그것을 강조할 필요가 있습니까? 이웃이 땅을 사면 배가 아픈 그 심리가 이 형의 마음 속에서 여지없이 발동하고 있음을 확인할 수 있읍니다.

여섯째, 궁극적인 가치보다 순간적인 보상을 탐했읍니다.

맏아들에게 있어서 염소 새끼는 궁극적으로 자기가 상속자가 된다는 권리보다 더 소중했읍니다. 앞서도 말했지만 그가 아버지를 섬기고 아버지를 위하여 일한 동기가 지극히 유치하기 짝이 없읍니다. 장차 아버지가 자기에게 장자로서의 모든 권리를 넘길 것을 준비한 사실보다도 눈앞의 염소 새끼가 훨씬 더 중요하게 인식되었읍니다. 이것을 우스운 이야기라고 생각하지 마십시오. 이 인간의 뼈아픈 드라마는 인류의 역사를 통해서 여전히 계속되고 있읍니다.

에서의 과오는 무엇입니까? 팥죽 한 그릇 때문에 장자의 권리를 포기했던 에서의 오류를 어떻게 생각하십니까? 지금도 많은 사람들이 눈앞의 쾌락 때문에, 명예 때문에, 그보다 더 위대한 가치를 포기하는 일이 많습니다.

아간의 금덩이와 외투를 보고 하나님의 말씀을 저버렸읍니다. 민족의 패망보다도 눈앞에 있는 금덩이와 외투가 훨씬 더 중요하게 인식되었기 때문입니다.

궁극적인 가치와 보람보다도, 아버지가 준비한 그 영광스러운 계획보다도, 당장 눈앞의 염소 새끼를 더 소중하게 여겼던 맏아들의 과오는 바로 현대인의 과오입니다. 그리고 오늘을 사는 많은 교인들의 과오일 수도 있읍니다.

일곱째, 잔치의 의미를 몰랐읍니다.

"이 네 동생은 죽었다가 살았으며 내가 잃었다가 얻었기로 우리가 즐
거워하고 기뻐하는 것이 마땅하다"(32 절).

아버지가 왜 잔치를 열었을까요? 물론 아들이 돌아왔으니까 열었읍니

다. 아들을 격려하기 위해서 열었읍니다. 아들을 격려하기 위해서 열었다고 생각할 수도 있읍니다. 그러나 이 모든 것은 피상적인 관찰입니다. 더 큰 이유는 아버지가 좋아서 연 것입니다. 아들이 돌아왔을 때, 돌아온 아들보다 더 기뻐한 것은 아버지 자신입니다. 탕자가 이해할 수도 없는 커다란 기쁨을 아버지 자신은 누리고 있었읍니다. 그래서 잔치를 열었읍니다. 그러나 맏아들은 이 잔치의 의미를 몰랐읍니다.

마지막은, 철저한 이기심입니다.

그는 아버지가 동생을 위해서 돈을 쓰면 자기에게 돌아올 몫이 없어진다고 생각하였을 것입니다. 때로는 이런 심리가 하나님의 백성들의 마음 속에 많이 작용합니다. 그래서 전도하다가 그 사람이 구원받고 축복받으면 은근히 화가 납니다. 예수 믿는 사람들이 전도하면서 사실은 상대가 믿지 않았으면 하는 마음도 있을 수 있읍니다.

요나가 그런 생각을 가졌읍니다. 그가 니느웨 성에 가서 복음을 전하자 사람들이 회개하고 돌아왔읍니다. 그러자 하나님이 심판을 중지하고 오히려 축복하셨읍니다. 이를 본 요나의 마음이 변하기 시작합니다. 그는 더 이상 전도를 못하겠다고 하였읍니다. 사람들은 은근히 남이 망하기를 바랍니다. 이런 인간의 부패한 마음을 충족시키기 위해서 사람들은 그 이기심 때문에 전도를 포기합니다.

바울 사도는 핍박을 많이 받았는데, 이방인이 아닌 유대인들에게 제일 많은 핍박을 받았읍니다. 이방인에게 복음을 전했기 때문입니다.

선교의 책임을 망각하는 것은 영적인 이기심입니다. 맏아들의 마음 속에 바로 이러한 이기심의 범죄가 있었읍니다. 다시 말하면 그는 근본적으로 자기 동생에 대한 형제 의식이 결핍되어 있었읍니다.

당신은 교회 바깥에 그리스도 밖에 있는 사람들에게 형제 의식을 갖고 있읍니까? 물론 그들은 아직 하나님의 자녀가 되지 않았으므로 형제라고 부를 수가 없읍니다. 그렇지만 그들이 예수 그리스도를 믿으면 우리의 형제가 되는 것이 아닙니까? 그렇다면 그 미래의 가능성을 보고 그들에게 형제애적인 사랑을 베풀어야 할 것입니다. 그리고 그 사랑으로 그들에게 접근해야 합니다. 성경은 "너희가 형제를 사랑하면 사망에서부터 생명으로 옮긴 줄을 알거니와"라고 말합니다.

□ 맏아들이 직면한 위기

맏아들에게는 몇 가지 중요한 위기가 있었읍니다. 무엇보다 그는 아버지의 사랑을 영원히 잃어버릴 뻔하였읍니다. 성경에 나타난 아버지는 속이 넓은 분이었읍니다. 예수님이 묘사하신 이 아버지는 바로 하늘에 계신 하나님 아버지의 모습입니다. 맏아들이 노하여 들어가기를 즐겨하지 않았을 때 아버지가 나갔읍니다. 이것이 부모의 심정입니다. 아버지께서는 투정하는 아들에게 그의 생각이 어떻게 잘못되었는가를 타일러 주었읍니다. 이 아버지의 대화 속에 하늘에 계신 우리 아버지의 속성을 알 수 있읍니다.

31절에는 아버지가 "애" 즉 "나의 소자야", "내 아들아"라고 말씀합니다. 참 사랑스러운 억양이 담긴 언어입니다.

"애 너는 항상 나와 함께 있으니 내 것이 다 네 것이로되."

부드럽고 자상한 모습으로 다가오시는 아버지의 사랑을 통해서 하나님의 위대한 사랑을 봅니다.

만일 아들이 잘못된 태도를 견제하는 아버지였다면 이 맏아들은 아버지의 사랑을 잃을 뻔하였읍니다. 그리고 형제의 사랑도 잃어버린 것입니다. 만약 이렇게 투정하는 형의 이야기를 동생이 들었다면 동생은 형을 어떻게 생각했을까요?

그보다도 맏아들에게 중대한 손실이 있읍니다. 그는 스스로 누릴 수 있는 권리를 포기하였읍니다. 상상해 보십시오. 잔치가 벌어지고 풍악 소리가 들려옵니다. 수많은 동네 사람들이 돌아온 아들로 인하여 기뻐 합니다. 그런데 집 안에 들어오지 못하고 문 밖에서 소리를 지르며 어 둠 속을 배회하고 있는 이 맏아들의 얼굴을 주목하여 보십시오.

그가 마음을 바꾸었다면 그 자신이 얼마나 기뻐할 수 있었겠어요? 그가 마음을 바꿀 수만 있었다면 돌아온 자기의 동생을 잃어 그 아버지 와 함께 동네 사람들과 함께 춤을 추며 기뻐할 수 있었을텐데 그 기쁨 을 포기하였으니 자기 손해입니다. 결과적으로 맏아들은 자기의 추한 인간성만 드러냈읍니다. 마을 사람들은 그를 어떻게 생각하였을까요?

맏아들은 누구입니까? 물론 본문에서 맏아들은 **바리새인들**과 **서기 관들**입니다. 그러나 이 바리새인들의 얼굴은 **먼저 믿은 성도들**의 얼굴 일 수 있읍니다. 그리스도의 복음에 응답하고 하나님께로 돌아오는 사 람들을 사랑으로 영접하지 못하는 얼굴들입니다.

아버지와 함께 들을 헤매이면서 잃어버린 동생을 찾아 인도해야 할 형의 책임을 다하지 못한 맏아들의 이그러진 모습은 마치 오늘날 선교 의 책임을 다하지 못한 성도들의 이기적인 얼굴일 수 있읍니다.

맏아들인 당신은 특권만을 주장하지 말고 책임을 다하십시오. 아버지 가 말씀하기 전에 당신이 먼저 잃어버린 동생을 찾아나서기 바랍니다. 그 동생이 돌아올 때 먼저 파티를 열고 기뻐하십시오. 대접을 받으려고 하기 전에 당신이 먼저 책임을 이행하여 삶의 보람과 기쁨을 누리십시 오. 당신은 맏아들입니다. 이제 성숙했읍니다. 아버지의 심정을 알아야 합니다. 아버지의 짐을 덜어 주어야 합니다. 그렇지 않으면 집안의 탕 자가 됩니다.

때로는 집 안의 탕자가 집 밖의 탕자보다 훨씬 추할 수 있읍니다. 하 나님을 알지 못하는 사람들을 향해서 화살을 퍼붓습니다. 그들의 비참 을 말합니다. 그러나 그리스도 안에 살면서도 복음의 참 의미와 감격을 알지 못하고 대접받기만 원하는 우리의 추한 모습은 발견하지 못합니다.

스잔 에르쯔는 『탕자의 마음』이라는 유명한 소설을 썼습니다. 그 소설의 이야기는 마치 본문을 해석한 것 같습니다. 이 소설에 나오는 아우는 육체적으로는 아버지를 떠나 먼 곳에서 방황을 하고 있지만 마음 한 구석은 항상 집에 와 있었습니다. 그러나 형은 몸은 집에 있지만 마음은 항상 밖에서 방황하고 있었습니다. 이 두 사람 중 누가 더 탕자입니까?

당신은 집안의 탕자는 아닌지요?

본문의 맏아들의 추한 모습과는 다른 얼굴을 소개합니다.

로마서 8장 29절에 보면, 하나님은 **예수 그리스도**를 많은 형제 중에서 맏아들이 되게 하셨다고 말씀합니다. 예수님은 하나님의 맏아들로 그분을 믿는 사람들의 맏형이 되셨습니다. 예수님은 자비로운 형님으로 책임을 다하는 형님이 되시길 원합니다. 때문에 그분은 우리를 사랑한 나머지 피흘려 죽으심으로 우리를 구원하셨습니다. 얼마나 놀라운 형님입니까?

성경은 예수님께서 우리를 형제라 부르시기를 부끄러워 아니하셨다고 말합니다(히 2:11 참조). 그분은 처음으로 하나님을 아버지라 부르셨습니다. 그리고 또한 우리는 예수님 때문에 하나님을 아버지라고 부를 수 있게 되었습니다. 본문의 맏아들과는 얼마나 다릅니까?

그 맏아들이 잃어버린 동생을 찾고 있습니다.

십자가에서 피흘려 돌아가신 그분의 사랑이 잃어버린 영혼들에게 돌아오라고 촉구합니다.

집 안의 탕자나 집 밖의 탕자나 모두 아버지의 품으로 돌아오라고 초청하십니다.

이제는 당신이 돌아가야 할 순간입니다.

불의한 청지기의 비유

누가복음 16 : 1~13

"또한 제자들에게 이르시되 어떤 부자에게 청지기가 있는데 그가 주인의 소유를 허비한다는 말이 그 주인에게 들린지라 주인이 저를 불러 가로되 내가 네게 대하여 들은 이 말이 어찜이뇨 네 보던 일을 셈하라 청지기 사무를 계속하지 못하리라 하니 청지기가 속으로 이르되 주인이 내 직분을 빼앗으니 내가 무엇을 할꼬 땅을 파자니 힘이 없고 빌어 먹자니 부끄럽구나 내가 할 일을 알았도다 이렇게 하면 직분을 빼앗긴 후에 저희가 나를 자기 집으로 영접하리라 하고 주인에게 빚진 자를 낱낱이 불러다가 먼저 온 자에게 이르되 네가 내 주인에게 얼마나 졌느뇨 말하되 기름 백 말이니이다 가로되 여기 네 증서를 가지고 빨리 앉아 오십이라 쓰라 하고 또 다른이에게 이르되 너는 얼마나 졌느뇨 가로되 밀 백석이니이다 이르되 여기 네 증서를 가지고 팔십이라 쓰라 하였는지라 주인이 이 옳지 않은 청지기가 일을 지혜있게 하였으므로 칭찬하였으니 이 세대의 아들들이 자기 시대에 있어서는 빛의 아들들보다 더 지혜로움이니라 내가 너희에게 말하노니 불의의 재물로 친구를 사귀라 그리하면 없어질 때에 저희가 영원한 처소로 너희를 영접하리라 지극히 작은 것에 충성된 자는 큰 것에도 충성되고 지극히 작은 것에 불의한 자는 큰 것에도 불의하니라 너희가 만일 불의한 재물에 충성치 아니하면 누가 참된 것으로 너희에게 맡기겠느냐 너희가 만일 남의 것에 충성치 아니하면 누가 너희의 것을 너희에게 주겠느냐 집 하인이 두 주인을 섬길 수 없나니 혹 이를 미워하고 저를 사랑하거나 혹 이를 중히 여기고 저를 경히 여길 것임이니라 너희가 하나님과 재물을 겸하여 섬길 수 없느니라"
— 누가복음 16 : 1∼13.

불의한 청지기의 비유

그리스도인의 인생관과 물질관을 잘 보여 주는 유명한 비유 중의 하나가 본문의 말씀입니다. 아마도 본문을 읽으면서 이런 생각을 하시는 분들도 계실 것입니다.

"참 성경에는 괴상한 이야기도 많다. 전혀 납득할 수가 없는 일이다."

그래서 본문에 대해서 당황해 하는 분들이 계시리라고 생각합니다. 이 이야기는 참으로 고민스러운 말씀입니다. 이것은 성경을 좋아하고 많이 읽는 분들도 이해하기 어렵다고 생각하는 사건입니다.

□ 예화

본문의 이야기를 제가 현대판으로 각색을 해보겠읍니다.

우리 교포 중의 한 사람이 버지니아에 정착하여 농사를 짓고 크게 성공했읍니다. 기름 농사와 밀 농사를 하였던 것입니다. 그분은 또 주변에 있는 많은 교포들에게 사업을 하도록 경영 자금을 빌려 주기도 했읍니다. 그런데 이 분은 미국에 와서 출세를 하고 부자가 되었지만, 늘 고국에 대한 향수를 떨치지 못하고 한국에 가서 살아야 하겠다는 생각을

합니다. 그러면서 그가 한국에 돌아가면 이 농장 일을 맡아 볼 사람이
있어야 하므로 어떤 청년 하나를 구하게 되었읍니다. 아주 똑똑해 보이
고 진실해 보이는 청년입니다. 그래서 이 농장을 청년에게 맡기기로 결
심하고 그는 이렇게 말합니다.
"이 농장을 자네에게 맡기니 잘 관리해 주기 바라네, 자네만 믿네."
그리고 이 분은 한국으로 떠났읍니다.

그런데 한국으로 떠난 후 주인에게 소식이 없읍니다. 젊은 청년은 농
장 관리인이 되어서 처음에는 열심히 농사를 지었읍니다. 그러나 주인
이 소식이 전혀 없으므로 이제 자기 마음대로 이렇게도 해보고 저렇게
도 해보다가 수중에 돈이 많이 들어오므로 농사를 짓기보다는 그 돈을
가지고 노는 일에 더 열중하기 시작했읍니다. 그렇게 1년, 2년, 5년
이 지나도 한국에 가 있는 주인은 이따금씩 보내는 편지 외에는 소식이
없읍니다. 그래서 청년은 "아무래도 우리 주인이 미국에 다시 오는 것
을 포기한 모양이다"라고 생각합니다. 그리고 그는 자기가 관리하게 된
그 많은 농장과 돈을 자기 마음대로 쓰면서 참 재미있게 하루하루를 살
았읍니다.

그런데 어느 날 청천벽력 같은 전화가 한국에서 걸려왔읍니다. 주인
이 다시 미국으로 돌아오기로 결심하고는 그동안 농장을 어떻게 경영했
는지 모든 것을 보고할 준비를 하라는 것입니다. 그런데 사실 주인이
그렇게 갑자기 오게 된 데는 주인의 귀에 이상한 소문이 들려왔기 때문
입니다. 청년이 농장 일은 안 하고 돈을 마음대로 낭비하고 있다는 소
문이 한국까지 전해진 까닭입니다. 그래서 주인은 아무래도 안 되겠다
고 생각하고 급히 가겠다는 소식을 전하게 된 것입니다.
난리가 났읍니다. 주인의 돈을 엉망진창으로 써놓고 낭비했기 때문입
니다. 재무조사를 받게 되면 쫓겨나는 것은 물론 징역살이를 하게 될지
도 모르는 난처한 지경임을 청년은 즉각적으로 깨달았읍니다. 그래서

가만히 보니 이제 쫓겨나면 마땅히 갈 데도 없고, 자신을 돌봐 줄 사람
도 없고, 큰일입니다.

그런데 청년의 머리 속에 한 가지 꾀가 생각났습니다. 자기 주인에게
빚을 진 사람이 주변에 많이 있는 것을 기억했습니다. 그 중에 두 사람
에게 먼저 전화를 걸어서 만나자고 했습니다. 주인에게 만 불을 빚진
사람에게 청년은 이렇게 말합니다.

"여보게, 내가 자네 빚을 오천 불로 탕감해 주겠네. 만 불을 다 갚을 필
요가 없으니 오천 불만 갚게. 이 증서에다 오천 불이라고 쓰고 오천 불
만 빨리 가져 오게."

자신의 빚이 만 불인데 오천 불로 탕감해 준다니 얼마나 좋았을까요?
그래서 그 사람은 오천 불을 가져 왔습니다. 이 청년이 이렇게 하는 속
셈이 있습니다. 이렇게 하면 이 사람은 청년에게 큰 은혜를 입은 것이
므로 자기가 주인에게 쫓겨나면 그가 의리를 생각해서 자기를 잘 돌봐
주지 않겠냐는 생각에서 취한 행동이었습니다. 또 한 사람도 만 불의
빚이 있습니다. 그 사람에게는 팔천 불만 갚으라고 말합니다. 그리고
자신이 어려워질 때 나중에 돌봐 줄 것을 부탁합니다. 이 사람은 빚을
깎아 준다는 사실이 너무 기뻐서 문제 없다고 말합니다.

자, 이제 주인이 돌아왔습니다. 돌아와서 가만히 보니 가관입니다.
농장의 형편이나 또 자기 채무자들에 대한 여러 가지 정리를 해놓은 것
을 보니 참 가관입니다. 그러나 주인이 뜨 한편으로 생각해 보니, 자기
가 쫓겨나면 어떻게 될 것인가를 생각해서 빚 정리를 해놓은 것을 보니
어떤 의미에서는 이 청년이 똑똑하다는 생각도 듭니다.

□ 불의한 청지기

자, 이제까지는 각색한 이야기이며, 이제 본문으로 돌아옵시다. 8 절을
보겠습니다.

"주인이 이 옳지 않은 청지기가 일을 지혜있게 하였으므로 칭찬하였으
니 이 세대의 아들들이 자기 시대에 있어서는 빛의 아들들보다 더 지
혜로움이니라."

아직도 납득이 안 되십니까? 이 말씀을 보면서 우리는 즉각적으로 이
런 질문을 하게 됩니다.
"주님께서 이 부정직한 청지기의 행동을 과연 옹호하신 것인가?"
그런 것은 아닙니다. 8절에서 그가 일을 지혜롭게 했다고 칭찬한 사람
은 누구입니까? 이 이야기 속에서 말한 분은 주인이지 주님은 아닙니
다. 그 점을 분명히 알아야만 합니다. 주인조차도 청지기가 옳지 않은
행동을 하고 있는 그 자체를 잘 알고 있었읍니다. 그러나 주인은 청지
기가 자기의 눈을 속여가면서 옳지 않은 일 한 것을 칭찬한 것이 아니
라 다만 그의 **지혜**를 칭찬했다는 사실을 기억해 두십시오.
    어떤 지혜입니까? 자기가 쫓겨나게 되면 미래를 대비하기 위해서 현
재를 준비한 지혜입니다. 물론 이 이야기 속에 나타나는 청지기식의 이
런 지혜입니다. 그래서 8절 하반절에 보면 성경은 이렇게 말씀합니다.

"이 세대의 아들들이(이 세상 사람들이) 자기 시대에 있어서는(이 세
상에서 삶을 사는 일에 있어서는) 빛의 아들들(하나님의 자녀들)보다
더 지혜로우니라."

    사실 예수 믿는 사람들이 얼마나 멍청하게 인생을 살아가고 있읍니
까? 어떤 면에서 보면 이 세상 사람들이 훨씬 더 지혜롭게 인생을 살
아가고 있는 모습을 주변에서 얼마든지 바라볼 수가 있다는 이야기입니
다.

    사실 예수님 당시에는 주인의 재산을 그런 식으로 이용하는 청지기들

이 많이 있었읍니다. 특별히 바리새인들 가은데 그런 자들이 많았읍니다. 그래서 본문이 끝나는 다음 구절인 14절에 보면 "바리새인들은 돈을 좋아하는 자라"는 말씀이 기록되어 있읍니다. 그 당시에 그런 부정적인 상거래와 또 부정직한 방법으로 주인의 재산을 잘못 이용하는 청지기들이 많이 있었을 뿐만이 아니라 사회가 불안하기 짝이 없었읍니다. 이 불안정한 사회는 사람들로 하여금 경제 문제에 있어서 도덕적으로 부정직하게 만들었을 것입니다. 그래서 내가 살고 있는 세상이나 사회가 불안정하다는 사실 때문에 사람들은 수단과 방법을 가리지 않고 내일의 생존을 위해서 재물을 획득하는 일에 아주 광분하고 있었던 것입니다. "내일을 위하여", 이것이 그들의 표어였고 자기 합리화의 선전용 철학이었읍니다. 그러나 예수님은 사람들이 내일을 위해서 여러 가지 자기 생존을 위한 준비를 하면서도 더 중요한 준비는 하지 않는 모습이 주님의 눈앞에 비친 것입니다.

본문이 어떻게 시작됩니까? 1절은 "또한 제자들에게 이르시되"라는 말씀으로 시작합니다. 그러므로 이 말씀은 제자들에게 주신 것이라는 사실을 잊지 마십시오. 그러니까 이 이야기의 바탕에 깔려 있는 예수님의 의도는 이런 것입니다.

"제자들아, 이 세상에 소위 똑똑한 사람들이 내일을 위해서 오늘을 지혜롭게 준비하고 있는 것을 잘 보아라. 영원한 가치가 없는 내일을 위해서 저들도 수단 방법을 가리지 않고 준비하고 있는데, 너희들은 무엇을 하고 있느냐? 너희들은 미래를 위해서 무엇을 준비하고 있느냐? 비록 옳지 않은 청지기가 옳지 않은 방법으로 미래를 준비했지만 준비했다는 그 사실만은 우리가 높이 평가해야 한다. 저 불의한 청지기에게서 너희는 지혜를 배우라."

이것이 분문의 핵심입니다.

□ 청지기의 지혜

그러면 우리가 이 불의한 청지기에게서 배워야 할 지혜는 무엇입니까? 불의한 청지기는 어떻게 해서 그의 지혜로움을 나타냈습니까? 그것은 자기에게 위기가 다가왔기 때문입니다. 어떤 위기입니까? 주인이 돌아와서 결산을 하자고 하는 것입니다. 그 위기를 통해서 그는 자신이 앞으로 어떻게 살 것인가를 생각하기 시작했고, 그 결과 그는 대단히 중요한 세 가지 사실을 발견했습니다.

첫째, 주인을 기억했습니다.

그는 자기에게 주인이 있다는 사실을 발견했습니다. 앞 부분에서 제가 각색한 이야기로 돌아가 생각해 보시기 바랍니다.

자기의 주인이 한국으로 건너간 후에 이제 미국에 돌아올 생각을 포기한 모양이라고 생각하고 청년은 주인의 존재를 까마득하게 잊어 버리고 살았습니다. 주인이 있다는 사실은 알았습니다. 그러나 주인이 이 청년에게 있어서는 이제 있으나마나한 존재, 아주 의미 없는 존재가 되고 말았습니다. 그러다가 주인이 계산을 하자고 말하자마자 그때서야 비로소 "아이고, 나에게도 주인이 있었구나"라는 사실을 다시 깨닫기 시작한 것입니다.

이 이야기를 대하면서 아직도 우습다고 생각하십니까? 묻겠습니다. 당신에게는 주인이 있습니까? 우리들의 주인은 하나님이십니다. 그리스도인들은 다 이런 고백을 하기에 주저하지 않을 것입니다.
"우리의 주인은 하나님이십니다."
그러나 문제는 내 주인이 하나님이라는 것을 깨닫고 하루 하루 하나님을 의식하면서 살아가고 있느냐는 것입니다.

우리가 『휴매니즘』(humanism) 이라고 할 때 이것을 아주 좋은 것으로 생각합니다. 그러나 오늘날 복음주의적 신학자들은 이 세대의 가장 무서운 이단적 사상을 『세속적인 휴매니즘』이라고 말합니다. 세속적인 휴매니즘이 왜 나쁩니까? 세속적인 휴매니즘은 우리에게 무엇을 가르치고 있습니까? 내 인생의 주인은 "나"라고 가르칩니다. 그것이 세상이 가르치고 있는 철학입니다. 당신은 이 철학을 받아들일 수가 있습니까? 소위 그리스도인이라고 하면서 내 인생의 주인이 나라고 생각하고 있다면 그것은 무서운 착각입니다. 무서운 오류입니다. 우리들의 주인은 내가 아닙니다. 하나님이십니다. 그런데 우리는 하나님이 주인이라는 것을 망각하고 내 마음대로 인생을 살아가는 일은 없는지요?

우리 주변에는 소위 『무신론자』(無神論者)들이 존재합니다. 이는 하나님이 안 계신다고 믿는 사람들을 일컫는 말입니다. 이런 사상을 무신론이라고 합니다. 그런데 무신론 가운데 『실천적 무신론』이 있습니다. 실천적 무신론이 무엇입니까? 실천적 무신론자란 하나님이 안 계신다라고 믿는 사람을 말하지 않습니다. 하나님이 계신다고 믿지만 그들의 삶은 하나님이 안 계신 것처럼 살고 있는 사람을 말합니다. 이것이 실천적 무신론자들입니다.

그렇다면 묻겠읍니다. 오늘 우리의 교회 안에는 이런 실천적 무신론자들이 없는지요? "하나님은 계시겠지, 아니 계실거야"라는 사실을 내 머리로는 수긍합니다. 그러나 내 삶은 하나님과 전혀 상관이 없읍니다. 바울은 디도서 1장 16절에서 이런 이야기를 했읍니다.

"저희가 하나님을 시인하나 행위로는 부인하니…"

하나님이 없는 것처럼 하나님을 부정하는 태도로 삶을 삽니다. 내 관념 속에, 이론 속에서, 기도할 때만 종교적이고 형식적인 언어로 "주여"라는 말을 하지만 하나님과는 전혀 상관없이 날마다의 삶을 살아갑니다.

그러나 이들에게도 **결산의 날**이 온다는 사실을 기억하십시오. 그들의 주인되신 창조주 하나님 앞에 서야 할 날이 온다는 사실을 말입니다. 그때 우리는 이를 갈며, 슬피 울며 "아 ! 내 인생의 주인이 있었구나"라는 사실을 비로소 깨닫게 될 것입니다.

본문에 나타난 이 사람은 참으로 나쁜 사람입니다. 그러나 그는 뒤늦게나마 자기에게 주인이 있다는 사실을 발견했읍니다. 그런데 오늘날 그것조차도 발견하지 못하고 살아가는 사람들이 얼마나 많습니까?

성경은 이렇게 말씀합니다.

"우리가 다 반드시 그리스도의 심판대 앞에 드러나 각각 선악간에 그 몸으로 행한 것을 따라 받으려 함이라"(고후 5:10).

심판의 날이 찾아옵니다. 결산의 날이 찾아옵니다. 그 날 당신은 당신의 주인 앞에 서야 합니다.

우리가 기도할 때 차라리 이렇게 바꾸어서 기도합시다. "주여"라고 말하지 말고 "주인님"이라고 합시다. 그리고 그 기도를 할 때마다 "참으로 하나님이 나의 주인이신가 ?" 하고 자신에게 물어야 합니다. 나는 주인되신 하나님을 의식하며, 하나님과 의논하며, 하나님을 내 삶의 중심에 모시고 있는지 스스로 물어 보십시오. 이 청지기는 나쁜 사람이지만, 그리고 늦게 발견했지만 그가 지혜롭게 발견한 것이 있습니다. 그것은 자기에게 주인이 있었다는 사실입니다.

둘째, 자신이 청지기임을 기억했읍니다.

그는 자신이 청지기에 불과하다는 사실을 발견했읍니다. 주인이 있다는 사실을 아는 한 내가 주인이 될 수는 없읍니다. 그렇다면 나는 청지기라는 사실을 발견한 것입니다. 주인을 깨닫는 그 순간, 주인을 발견하는 순간 상대적으로 청지기에 불과하다는 사실을 발견합니다. 당신이 가진 모든 것은 당신의 것이 아닙니다. 그런데 우리는 자기 것이라고 생각합니다. 그래서 내 마음대로 할 수 있다고 생각합니다. 교회에서 헌금에 대한 설교를 들으면서 당신은 어떤 느낌을 가지십니까? 혹 이렇게 말하고 싶은 분이 계실지 모르겠습니다.

"내 재산 가지고 내 마음대로 하는데 뭘 그렇게 잔소리가 많소."

이렇게 말을 하는 사람의 의식 구조 속에는 "재물은 내 것이다"라는 생각이 들어 있습니다.

한 신학자는, 오늘날 사단이 현대인을 파괴하기 위해서 사용하는 가장 무서운 사고 방식은 "자아 신화(自我 神話)의 망상"이라고 지적했읍니다. 이것은 내가 하나님이라는 생각입니다.

당신은 "내가 언제 하나님이라고 말을 했읍니까? 나는 그런 이야기를 한 적이 없읍니다"라고 말할지 모릅니다. 그렇지만 내 인생, 내 재산, 내 지식, 내가 가지고 있는 모든 것을 내 마음대로 할 수 있다고 생각한다면 자기가 하나님이라고 말하는 것과 무엇이 다릅니까? 우리가 피조물이라는 사실, 하나님만이 창조주이시고 나는 그분 앞에 피조물에 불과하며 내가 가진 모든 것은 하나님이 맡겨 주신 것이라는 사실을 아십니까? 목숨도 맡겨 주시고, 내 식구들도 맡겨 주시고, 시간도 맡겨 주신 것입니다.

누가복음 12 장에 보면 아주 비극적인 이야기가 기록되어 있읍니다. 어리석은 부자의 이야기입니다. 이 사람은 농사가 잘 되어 가는 것을 보고 이번 가을에 추수가 아주 풍성하리라고 생각했읍니다. 현재 가지고 있는 곡간으로는 이 모든 것을 다 넣을 수가 없읍니다. 그래서 이 사람은 곡간을 넓히는 개조 작업을 착수했읍니다. 이 사람의 예감은 들어맞았읍니다. 아주 놀랍게 풍성한 수확을 거두어 들였읍니다. 그리고 넓혀 놓은 곡간마다 가득 가득히 곡식을 쌓아 놓았읍니다. 그리고 그날 밤 독백처럼 자기 자신에게 이런 말을 합니다.

"내 영혼아 여러 해 쓸 물건을 많이 쌓아 두었으니 평안히 쉬고 먹고 마시고 즐거워하자"(19 절).

그 날 밤 그에게 누가 나타났읍니까? 하나님이 나타나셨읍니다. 그리고 말씀하십니다. "어리석은 자여…"(20절)라고 말입니다.

이 사람이 왜 어리석은 사람입니까? 오늘날 이런 사람이 살았다고 합시다. 농사가 잘 되는 것을 보면서 곡간을 넓히는 일까지 착수했던 사람! 얼마나 앞을 내다보는 통찰력을 가진 사람입니까? 남들이 잠자고 있는 깊은 밤에도 자기의 사업을 성공시키기 위한 연구에 골몰합니다. 앞을 내다보고 부지런히 사업 계획을 추진합니다. 뜻대로 되었읍니다. 이런 사람이 우리 시대에 살고 있다면 그는 성공한 사업가로 모든 사람의 선망과 관심을 모을 수 있는 사람이 아닐른지요?
그런데 하나님은 말씀하십니다.

"어리석은 자여 오늘 밤에 네 영혼을 도로 찾으리니 그러면 네 한 것이 뉘 것이 되겠느냐"(20절).

그때 비로소 소스라치게 놀라며 이 사람이 깨닫는 것이 무엇입니까? 그것은 내 목숨이 내 것이 아니라는 것입니다. 우리가 건강할 때는 자신만만합니다. 우리가 병석에 누워서 사형 선고를 받자 그때서야 "이 목숨이 내 것이 아니로구나"라고 비로소 깨닫습니다. 그러나 너무 늦게 깨달은 사람들이 많습니다. 소크라테스의 "네 자신을 알라"는 말은 참으로 진리입니다. 내가 창조주가 아닙니다. 나는 피조물입니다. 나는 청지기입니다. 그 사실을 알아야 합니다. 늦게나마 이 사람은 그 사실을 발견했읍니다.

세째, 자신의 실패를 기억했읍니다.
그는 청지기로서 지금까지 관리하는 일에 실패하고 있었다는 사실을 발견했읍니다. 주인이 오면 큰 일이 납니다. 그러나 그보다 더 큰 일은 이제 쫓겨나면 앞길이 막막하다는 사실입니다. 나를 도와 줄 수 있는 친구 하나 사귀어 두지 못했읍니다. 이 사람은 재물을 얼마나 무가치하게 낭비하고 있었는지 모릅니다. 그러나 그것을 그는 늦게 발견했읍니다.

　예수님은 이 말씀을 하시면서 재물에 대한 그리스도인의 청지기적 책임을 강조하시는 것으로 이 이야기에 대한 결론이 맺어집니다. 맡은 자들에게 구할 것은 충성이라고 성경은 말씀합니다. 우리는 주님께서 우리에게 맡겨 주신 것들을 어떻게 관리하며 살아가고 있는지요?

　예수님은 이 이야기의 끝 부분에서 이런 재미있는 말씀을 하십니다.

　"내가 너희에게 말하노니 불의의 재물로 친구를 사귀라"(9절).

그것은 그 당시의 경제적인 유통 구조가 얼마나 불의하게 형성되고 있었는지를 보여 줍니다. 그 당시의 재물은 불의한 재물이었읍니다. 오늘날도 어느 정도까지는 그것이 진실일 것입니다. 그러나 예수님은 얼마나 현실적입니까? 그 재물은 다 불의한 것이니까 그 재물을 등지고 살라고 말씀하시지 않습니다. 우리에게는 여전히 물질이 필요합니다. 사람들은 물질 때문에 괴로워하며 고생하고 고민하며 살고 있다는 사실을 예수님은 분명히 아셨읍니다. 문제는 재물을 등지는 것이 아니라 그것을 어떻게 관리하며 살아가고 있느냐는 것입니다. 당신은 그것으로 친구를 사귀십니까? 만일 그것으로 친구를 사귀며 보람있고 아름다운 일에 그것을 투자하며 살아간다면 당신의 친구들은 어느 날 영원한 처소에서 당신을 기쁨으로 맞이하게 될 것입니다.

　당신이 하나님의 사업에 재물을 사용하는 것에 우선권을 두고 구제와 선교를 위해 헌금을 했읍니다. 그리고 어느 날 당신이 하나님 나라에 도착했읍니다. 어떤 사람이 막 뛰어나옵니다. 얼굴이 까만 친구인데 아프리카에서 온 친구입니다. 이 친구가 달려오더니 이렇게 말합니다.

"형제여, 감사를 드리오."

『아, 나는 당신을 모릅니다. 어디에서 오셨읍니까?』

"당신이 아프리카 선교를 위해서 헌금한 일이 있었죠?"

『네, 있었읍니다.』

"저는 케냐에서 살던 사람인데, 당신이 보내 준 그 헌금으로 어떤 선교사님이 내가 살고 있는 마을까지 찾아와서 예수 그리스도의 복음을 전해 주셨고, 나는 그때 예수 그리스도를 믿게 되었읍니다. 그래서 당신에게 감사하러 뛰어왔읍니다."

영원한 처소에서 이런 친구들이 당신을 맞이하게 될 것을 생각해 보십시오.

이 이야기는 마태복음 25 장에 있는 이야기와도 맥이 통하는 이야기입니다. 최후의 심판 때 주님께서 사람들을 불러 놓고 이런 질문을 하십니다.

"너희들은 내가 주릴 때에 내게 먹을 것을 주었느냐? 내가 목마를 때에 마시게 하였느냐? 내가 나그네되었을 때 나를 영접하였느냐? 내가 벗을 때에 옷입혔느냐? 내가 병들었을 때와 옥에 갇혔을 때 나를 돌아보았느냐?"(마 25:42-43 참조).

사람들이 말합니다.

『선생님, 선생님이 언제 옥에 갇혔고 언제 헐벗고, 언제 배고파하셨읍니까?』(44 절 참조).

예수님께서 말씀하십니다.

"너희가 지극히 작은 자 하나에게 한 것이 내게 한 것이다"(45 절 참조).

오늘 당신은 주님께서 맡겨 주신 재물을 가지고 얼마나 이웃들의 고난에 동참하며, 그리고 하나님의 복음의 선교와 구제의 사역을 위해서 투자하며 하나님의 영광을 위해서 살아가고 계신지요? 이것에 충성할 수 있는 사람, 이것을 잘 관리할 수 있는 사람은 하나님이 주시는 보다 참된 것들도 잘 관리하여 주님 앞에 영광스러운 삶을 살아가게 될 것입니다. 본문의 이야기는 바로 그것을 교훈하기 위한 이야기입니다.

주님은 본문을 통해서 20세기를 살고 있는 오늘의 그리스도인들에게 이렇게 질문을 하고 계십니다.

"너는 청지기로서의 삶을 어떻게 살고 있는가? 내가 너에게 맡긴 물질을 하나님의 영광을 위해서 사용하고 있느냐?"

위대한 성가(聖歌)를 많이 작곡했던 조셉 하이든(Joseph Hyden)을 기억하십니까? 하이든은 훌륭한 음악들을 얼마나 많이 작곡했읍니까? 하루는 어떤 사람이 하이든에게 이렇게 물었읍니다.

"당신은 그 놀라운 음악을 작곡하는 영감을 어디에서 얻습니까?"

하이든이 대답합니다.

『나는 기도할 때마다 이런 기도를 드립니다. '하나님, 하나님이 내 삶의 주인이십니다. 하나님이 내게 지혜를 주셔서 내가 아름다운 음악을 작곡하게 되면 이것은 하나님의 영광을 위해서 작곡한 것이며 하나님의 영광을 위해서 이 음악을 주님 앞에 드릴 것입니다'하고요.』

그가 작곡한 곡 가운데 유명한 곡이 있읍니다. 그것은 "천지 창조"입니다. 성경의 창세기와 존 밀톤(John Milton)의 『실락원』에 근거해서 그는 이 위대한 "천지 창조"를 작곡했읍니다.

이 곡이 비엔나에서 공연하게 되던 날입니다. 그때 하이든은 몸이 몹시 아팠읍니다. 그래서 이 위대한 곡이 공연될 때 그는 환자로서 뒤에 앉아 있게 되었읍니다. 그 날 지휘를 하던 지휘자는 정말 놀랍게 이 음악을 하나님 앞에서 지휘했읍니다. 연주가 끝났을 때 수많은 사람들이 일어서서 지휘자에게 박수를 보냈읍니다. 그때 지휘자는 청중들의 박수를 중단시키면서 뒷자석 발코니에 앉아 있는 하이든을 가리킵니다. 그리고 이렇게 말합니다.

"저 사람입니다. 저 분이 이 놀랍고 아름다운 음악을 작곡했읍니다."

사람들이 다시 고개를 돌려서 하이든을 바라보며 일제히 일어나 박수를 치기 시작했읍니다. 하이든이 갑자기 청중들을 중단시키면서 말합니다.
『아니오.』
그는 하늘을 가리키면서 이런 유명한 이야기를 합니다.
『나는 아무것도 아닙니다. 그분이 모든 것입니다. 이 모든 것은 하늘로부터 온 것입니다. 주님께서 나에게 지혜를 주셨읍니다. 그분께만 영광을 돌리십시오.』

어느 그리스도인 문학가는 이런 말을 했읍니다.
"만일 당신이 돈을 주인으로 섬긴다면 그 돈은 악마가 되어 당신을 지배하게 될 것이다."
물질은 종으로 사용될 때 가치가 있지, 물질이 주인이 되기 시작하면 우리의 삶은 파괴되기 시작합니다. 물질만이 아니라 하나님께서 내게 허락하신 모든 것이 다 그렇습니다. 당신은 이 모든 것을 허락하신 하나님의 영광을 위해서 당신의 삶과 모든 것을 사용하고 있는지요? 하나님이 당신들에게 삶을 주셨읍니다. 목숨을 주셨읍니다. 자녀들도 주셨읍니다. 귀한 것들을 맡기셨읍니다. 물질도 맡기셨읍니다. 당신은 그 모든 것을 하나님의 영광을 위해서 사용하고 계십니까? 이 불의한 청지기에게서 배우시기 바랍니다.

부자와 거지 나사로의 비유

누가복음 16 : 19~31

"한 부자가 있어 자색 옷과 고운 베옷을 입고 날마다 호화로이 연락하는데 나사로라 이름한 한 거지가 헌데를 앓으며 그 부자의 대문에 누워 부자의 상에서 떨어지는 것으로 배불리려 하매 심지어 개들이 와서 그 헌데를 핥더라 이에 그 거지가 죽어 천사들에게 받들려 아브라함의 품에 들어가고 부자도 죽어 장사되매 저가 음부에서 고통 중에 눈을 들어 멀리 아브라함과 그의 품에 있는 나사로를 보고 불러 가로되 아버지 아브라함이여 나를 긍휼히 여기사 나사로를 보내어 그 손가락 끝에 물을 찍어 내 혀를 서늘하게 하소서 내가 이 불꽃 가운데서 고민하나이다 아브라함이 가로되 얘 너는 살았을 때에 네 좋은 것을 받았고 나사로는 고난을 받았으니 이것을 기억하라 이제 저는 여기서 위로를 받고 너는 고민을 받느니라 이뿐 아니라 너희와 우리 사이에 큰 구렁이 끼어 있어 여기서 너희에게 건너가고자 하되 할 수 없고 거기서 우리에게 건너올 수도 없게 하였느니라 가로되 그러면 구하노니 아버지여 나사로를 내 아버지의 집에 보내소서 내 형제 다섯이 있으니 저희에게 증거하게 하여 저희로 이 고통받는 곳에 오지 않게 하소서 아브라함이 가로되 저희에게 모세와 선지자들이 있으니 그들에게 들을지니라 가로되 그렇지 아니하니이다 아버지 아브라함이여 만일 죽은 자에게서 저희에게 가는 자가 있으면 회개하리이다 가로되 모세와 선지자들에게 듣지 아니하면 비록 죽은 자 가운데서 살아나는 자가 있을지라도 권함을 받지 아니하리라 하였다 하시니라"

— 누가복음 16 : 19∼31.

부자와 거지 나사로의 비유

존 뉴톤(John Newton) 목사님은 82세를 일기로 세상을 떠났는데, 그가 임종 직전에 이런 말을 하였읍니다.

"내가 천국에 들어갈 때 세 가지 경이로운 일을 경험할 것이다. 첫째는 예상하지 못했던 사람들을 천국에서 만나게 될 일과, 둘째로 놀라운 사실은 내가 예상했던 사람들이 거기에 없다는 사실과, 세째는 내 자신이 그곳에 있다는 사실을 알고 깜짝 놀랄 것이다."

천국은 신비로운 곳으로 하나님 백성들의 고향입니다. 반면에 지옥은 처참한 곳으로 영혼의 파멸 장소입니다.

이 천국과 지옥은 성경이 가르치는 엄숙한 주제입니다. 그럼에도 불구하고 이 제목은 현대에서 사라진 설교 제목들 가운데 하나입니다. 연극과 코메디 그리고 문학 작품이나 농담 중에 우리는 천국과 지옥에 관한 이야기를 듣습니다. 그러나 교회에서 천국과 지옥에 관한 설교를 들은 것이 언제입니까?

그러나 지나간 교회사를 통해서 보면 하나님께서 놀라운 부흥을 주실 때, 사람들의 마음을 깨우치고 영혼에 경각심을 주어 새롭게 한 것은 천국과 지옥에 관한 하나님의 멧세지였읍니다. 그런데 어찌된 이유인지 이 설교는 현대에서 사라져 가고 있읍니다. 그것은 세 가지 이유 때문입니다.

첫째로, 설교자들이 천국과 지옥에 관한 설교를 하면 무식한 설교가라는 인식을 받는다는 강박 관념을 갖기 때문입니다.

둘째로, 이것은 적극적인 설교가 아니며, 특별히 지옥을 설교할 때는 더욱 그러하기 때문입니다. 그러므로 얼마든지 긍정적인 멧세지가 많은데 왜 부정적인 지옥의 파멸에 대한 멧세지를 말하느냐는 것입니다. 그것은 적극적인 철학을 강조하는 현대의 철학과 맞지 않기 때문입니다.

세째로, 이것은 대단히 인기 없는 설교로서 많은 사람들이 이런 설교를 좋아하지 않기 때문입니다.

그런데 저는 오늘 대단히 무식하고 부정적이며 인기 없는 말씀을 증거하려고 합니다. 이는 무식하고 부정적이며 인기 없는 설교를 통해서 영혼을 구원하는 것이, 유식하고 적극적이며 인기 많은 설교를 통해서 영혼을 구원하지 못하는 것보다 훨씬 낫다고 확신하기 때문입니다.

□ 천국과 지옥의 실재성

본문은, "한 부자가 있어"라고 시작합니다. 이 구절은 많은 사람들에게 소위『부자와 거지 나사로 비유』로 일컬어지고 있습니다. 그러나 이 말씀은 비유가 아닐 수도 있습니다. 누가 비유라고 했읍니까? 성경에 비유라는 암시가 있을 때는 그것을 비유로 해석할 권리가 우리에게 있읍니다. 실상 성경은 이것을 비유라고 말씀하지 않습니다. 이것은 얼마든지 사실일 수가 있습니다. 저는 마음을 다하여 말합니다. 예수님께서는 틀림없이 실제로 있었던 한 사람의 역사적 사실을 통해서 천국과 지옥의 엄숙한 멧세지를 선포하려고 시도하신 것일 수 있습니다.

저는 본문을 통하여 천국과 지옥이 어떤 곳인가 말씀드리기에 앞서서 천국과 지옥은 반드시 있어야겠다는 것을 말씀드리고 싶습니다. 거기 나사로의 참상과 그와 반대로 부자의 호의호식하는 불공평함을 당신은 어떻게 느끼십니까? 저는 이 부자가 일 년에 한두 번 잔치를 벌였다면 시비를 걸지 않겠읍니다. 성경을 보니 그는 날마다 호화로이 연락(宴樂)하였다고 기록되었읍니다. 지옥은 이런 사람들을 위해서 있어야 합니다.

이 부자의 문전에는 헌데를 앓으면서 가까스로 그의 생명을 연장시키는 거지 나사로가 있었읍니다. 그는 육신이 자유롭지 못해서 누운 채로 개들이 그의 헌데를 핥는 비참한 인생의 막바지에서 고통스런 삶을 살고 있었읍니다. 이런 사람을 위해서 천국은 있어야만 합니다.

유명한 철학자 임마누엘 칸트(Immanuel Kant)는 이렇게 말했읍니다.
"천국과 지옥은 있어야만 한다. 있다 없다 하는 사실을 시비하기에 앞서서 이것은 반드시 있어야만 한다. 이 세상의 부조리를 볼 때마다, 불공평을 바라볼 때마다, 즉 잘되어야 할 사람이 잘못되고 잘못되어야 마땅한 사람들이 오히려 잘되는 부조리 때문에 천국과 지옥은 반드시 있어야 한다."

□ 천국의 성격

그러면 천국과 지옥은 어떤 곳입니까?

첫째, 죽은 후에 즉시 가는 곳입니다.
이 말씀은 소위 『인터벌(interval)의 신학』을 허락하지 않습니다. 천국과 지옥은 우리가 죽은 후에 한참 있다 가는 곳이 아닙니다. 22절에 보면, "이에 거지가 죽어 천사들에게 받들려 아브라함의 품에 들어가고 부자도 죽어 장사되매 저가 음부에서 고통 중에…"라고 했읍니다. 거지도 부자도 다 죽었읍니다. 아마 한 날에 똑같이 죽었을지도 모릅니다.

거지에게 이 죽음은 얼마나 큰 해방이었을까요? 그 지긋지긋한 고통스런 세월을 살아 왔던 거지에게 있어서 죽음은 그렇게 두렵지 않았을 것입니다. 어떤 의미에서 생각하면, 거지에게 있어서 죽음은 해방입니다. 고통에서의 해방, 절망에서의 해방, 가난에서 그리고 비인격적인 대우에서의 해방입니다. 그러나 부자는 얼마나 죽기 힘들었을까요? 그러나 죽음은 똑같이 왔읍니다. 죽음의 순간만은 양자에게 공평하였읍니다.

성경에 보니 부자는 장사되었다고 기록되었는데 거지에겐 없읍니다. 이 거지의 주변에는 장사지내 줄 변변한 인물조차 없었읍니다. 지금 같으면 서울 시청 청소부들이 나사로의 시체를 치웠을 것입니다. 그런데 부자는 잘 장사되었읍니다. 이 장삿날 도시는 얼마나 떠들썩했을까요? 아마 그 도시가 생긴 이래 최대의 장사가 진행되었을 것입니다. 이 부자는 죽기 전에 자기 장례의 절차와 무덤과 그리고 장례에 관한 일체를 완벽하게 준비해 두었을 것입니다.

그러나 이 화려한 장례식과 쓸쓸하게 치워진 거지의 시체의 사건 배후에는 **엄청난 사건**이 진행되고 있읍니다. 부자와 거지의 영혼이 그 육체를 떠나가는 그 순간 너무 대조적인 사건이 벌어지고 있었읍니다.

부자의 장례식에는 수많은 사람들이 법석댔지만 거지의 장례식에는 아무도 찾아오는 사람이 없었읍니다. 그러나 마지막 거지의 영혼이 육체를 떠나는 순간 거기에 천사가 임재하였읍니다. 『나사로』라는 이름의 뜻은 "하나님의 도우심"입니다. 거지 나사로는 고독하였읍니다. 그는 고통스런 삶을 살았읍니다. 그러나 그는 결코 불행했던 사람만은 아닙니다. 그는 하나님을 알았기에, 고통스런 삶 가운데 하나님의 인도하심이 있었고, 천사들이 그의 평생을 인도하였을 것입니다. 이 천사들은 나사로가 지상의 삶을 떠나는 순간에 그 영혼을 받들어 아브라함의 품 속으로 올려갑니다.

천사에 관해서 성경은 "천사들은 부리는 영으로서 구원얻은 후사들을 위하여 섬기라고 보내심이 아니뇨"(히 1:14)라고 가르칩니다. 천사들은 성도를 섬기기 위해서 온 것입니다. 이 천사가 성도를 섬기는 아름다운 장면을 보십시오. 그 영혼을 받들어 아브라함, 이삭, 야곱 등 믿음의 조상이 있는 영광스런 하늘나라로 인도해 가는 장면을 보십시오. 그들은 죽은 후에 즉시로 한 사람은 아브라함의 품에, 다른 한 사람은 음부의 고통 속에 빠졌읍니다.

어떤 신학자들은 이 음부와 지옥이 어떻게 다르며, 아브라함의 품과 천국이 어떻게 다른가를 시비하기 위해 평생을 보내는 사람도 있읍니다. 그러나 여기 두 개의 명백한 사실이 있읍니다. 이 음부는 본질적으로 지옥으로 통하는 것이며, 아브라함의 품은 본질적으로 천국의 상황과 통한다는 사실을 아무도 부인할 수가 없읍니다. 그들은 죽은 후 곧 한 사람은 영광 가운데 있고, 한 사람은 고통 가운데 던지움을 받았읍니다.

어떤 사람들은 믿지 않은 영혼은 죽은 후에 귀신이 되어 떠돌아 다닌다고 하는데, 성경은 그렇게 가르치지 않습니다. 지옥은 죽은 후에 즉시로 가는 곳입니다.

둘째, 의식이 살아 있는 곳입니다.

사람이 죽으면 영원히 잠든다고 가르치는 사람이 있읍니다. 여호와 증인과 무신론자들은 사람이 죽으면 영혼이 아주 없어진다는 영혼멸절설을 가르치기도 합니다.

그러나 성경은 천국과 지옥은 의식이 살아 있는 곳이라고 말합니다. 아브라함과 나사로와 부자는 서로 알아볼 수 있었읍니다. 지옥에 가서도 이 부자는 나사로를 자기의 종으로 부리려 하였읍니다.

"나사로를 보내어 그 손가락 끝에 물을 찍어 내 혀를 서늘하게 하소서"(24절).

분명한 사실은, 천국과 지옥은 의식이 살아 있는 장소라는 것입니다. 한 사람은 하나님의 축복 가운데서 영원한 안식을 체험하고 있고, 반면에 또 다른 한 사람은 끝없는 고통의 의식 속에서 괴로움을 당하고 있읍니다.

셋째, 두 세계는 분명하고 확실한 대조를 이루고 있읍니다.
천국과 지옥은 분명한 하나의 대조를 보이고 있읍니다.

> "아브라함이 가로되 애 너는 살았을 때에 네 좋은 것을 받았고 나사로는 고난을 받았으니 이것을 기억하라 이제 저는 여기서 위로를 받고 너는 고민을 받느니라"(25 절).

여기 두 개의 단어가 뚜렷한 대조를 형성합니다. 그것은 **위로**와 **고민**이란 단어입니다.

천국은 위로의 장소입니다. 성경은 요한계시록 21 장에서, "거기는 눈물이 없으며 고통이 없으며 질병이나 죽음이 없고 다시는 상처가 없는 곳"이 새 하늘과 새 땅의 천국이라고 묘사합니다. 위로의 나라, 그곳은 천국입니다.

반면에 지옥은 고민이 지배하는 나라입니다. 성경에 지옥이 묘사될 때마다 세 가지 개념이 등장합니다. 하나는 "불꽃"이며, 하나는 "어둠"이고, 또 하나는 "귀신들"입니다. 지옥은 어떤 곳입니까? 그곳은 불이 타고 있는 장소입니다. 이사야 33 장 14 절은 "시온의 죄인들이 두려워하며 경건치 아니한 자들이 떨며 이르기를 우리 중에 누가 영영히 타는 것과 함께 거하리요"라고 하였으며, 요한계시록 14 장 10 절에는 "그도 하나님의 진노의 포도주를 마시리니 그 진노의 잔에 섞인 것이 부은 포도주라 거룩한 천사들 앞과 어린 양 앞에서 불과 유황으로 고난을 받으리니"라고 하였읍니다.

부자는 나사로의 손가락 끝에 물을 찍어 혀를 서늘하게 해달라고 호소하였읍니다.

여호와 증인들은 지옥이 실재하는 장소가 아니라 하나의 상징이라고 말합니다. 왜냐하면 성경에서 지옥을 뜻하는 단어가『게헨나』인데, 『게헨나』는 힌놈의 골짜기로서, 예루살렘 동남편에 실재하는 골짜기를 말하는 것이므로 지옥이란 장소가 실재하는 것이 아니고 하나의 상징이라고 합니다. 그렇다면 그것을 상징이라고 합시다. 만일 그것이 상징이라면 그 실재는 얼마나 더 무서운 장소이겠읍니까?

구약 시대에 보면 본래 힌놈의 골짜기에서 이스라엘 사람들이 우상신에게 자기 어린아이들을 불태워 바침으로써 가정의 재앙을 막는 습관이 있었읍니다. 사랑하는 자식이 타는 냄새와 불꽃이 하늘을 향해서 치솟는 힌놈의 골짜기! 그 이후에 사람들은 쓰레기를 갖다 버립니다. 추한 것들을 버렸읍니다. 그러므로 예루살렘 시민들이 힌놈의 골짜기를 바라볼 때마다 거기는 언제나 붉은 연기가 하늘을 향해 뿜어오르고 있었읍니다.

주님은 그 골짜기야말로 지옥을 설명하기에 가장 합당한 곳임을 아셨읍니다. 그래서 그 골짜기를 가리키면서 불과 유황으로 타는 지옥을 설교하십니다. 그것이 상징이라면 그 실재는 얼마나 무서운 장소이겠읍니까?

어느 군목이 전쟁에 나가기 직전에 병사들을 앞에 놓고, 어쩌면 그 시간이 그들의 마지막일른지 모른다는 심각한 생각으로 천국과 지옥에 관해서 설교를 하였읍니다. 그리고 예수를 믿음으로 구원받는 것을 증거하였읍니다. 그는 무식하였지만 진실한 설교가였읍니다.

그 설교를 듣고 대위 한 사람이 목사님을 놀리기 시작합니다. 대단히 지성적인 대위가 무식한 설교가를 향해서 "그러면 그 지옥 불에서 우리는 불고기가 되겠는가?"라고 질문을 합니다.

그러자 이 설교자가 명답을 했읍니다.

『대위님! 그 문제에 관해서 그렇게 염려할 필요가 없읍니다. 대위님이 직접 체험하시게 될 테니까요.』

성경은 지옥이 불타고 있는 장소라고 가르칩니다. 부자가 얼마나 덥고 고통스러웠으면 호소하였겠읍니까? 그러나 그의 요구는 응답되지 않았읍니다. 그것은 이미 때가 늦은 요구였기 때문입니다.

또한 지옥은 어둠의 장소입니다. 마태복음 25 장 30 절에는 "이 무익한 종을 바깥 어두운 데로 내어쫓으라 거기서 슬피 울며 이를 갊이 있으리라"고 했읍니다. 천국과 지옥은 커다란 대조를 이룹니다.

네째, 서로 왕래할 수 없는 곳입니다.

"이뿐 아니라 너희와 우리 사이에 큰 구렁이 끼어 있어 여기서 너희에게 건너가고자 하되 할 수 없고 거기서 우리에게 건너 올 수도 없게 하였느니라"(26 절).

죽은 후에 제 2 의 기회가 있을 수 없읍니다. 죽은 후에 죽은 사람을 위해 기도하면 그들이 다시 천국에 갈 수 있다는 제 2 의 기회를 가르치는 모든 교리들을 이 말씀은 명백히 거절합니다. 기회는 살아 있을 때 유일한 것입니다.

□ 부자가 지옥에 간 이유

부자는 왜 지옥에 갔읍니까? 부자였기 때문에 지옥에 간 것이 아닙니다. 부유한 것 그 자체가 죄악은 아닙니다. 그러나 부유함 때문에 **영적 무관심**의 죄를 범하였읍니다. 아마 부자는 지옥에서 하나님께 이렇게 항변하였을 것입니다.

"하나님, 저는 그렇게 나쁜 사람이 아닙니다. 보십시오. 적어도 저는 나사로를 우리 집에서 추방하지는 않았읍니다. 저는 아무것도 하지 않았읍니다. 나사로를 죽이지도 않았고, 이웃을 간음하지도 않았읍니다. 무엇이 잘못입니까?"

언젠가 어느 집사님이 제게 전도지를 갖고 왔읍니다.
"목사님, 이 전도지를 보십시오. 희한한 전도지가 있읍니다."
전도지를 받아 보니 「지옥을 가기 위해서 내가 무엇을 해야 하는가」라는 제목이 붙어 있었읍니다.
그 집사님은 "그 뒤를 보십시오"라고 했읍니다. 거기에는 별 내용이 씌어 있지 않고 "아무것도 없다"라고 큰 글씨만 씌어 있었읍니다. 지옥을 가기 위해서는 아무것도 할 일이 없고 가만히 있으면 저절로 간다는 것입니다. 예수를 믿는 결단이 없다면, 죄에서 돌이켜 하나님께로 오는 사건이 없이 가만히 있기만 하고 있으면 지옥은 저절로 가게 됩니다. 오늘날 얼마나 많은 사람들이 영적인 무관심 속에서 지옥을 향해 걷고 있읍니까?

흥미있는 사실은, 철저한 무관심 속에서도 사람들이 간간히 지옥이란 단어를 떠올리는 것입니다. 왜 사람들이 지옥이란 단어를 완전히 떠나지 못할까요?
유명한 기독교 심리학자는 "그것은 마음 깊은 곳에 어쩌면 내가 지옥에 갈지도 모른다는 무의식과 잠재의식의 공포가 그 영혼을 지배하고 있기 때문이다"라고 말했읍니다.
플라톤은 "누가 감옥이 없기를 제일 바라겠는가? 그것은 거기에 가야 할 사람들이다"라고 하였읍니다. 그렇습니다. 누가 지옥이 없기를 제일 바랍니까? 철저한 무관심 속에서도 우리의 의식 밑바닥에 남아 있는 이 지옥의 개념은 우리의 영혼을 붙들고 괴롭히고 있읍니다.
그 관심을 망각하고 지워 버리고 영적인 무관심에 빠졌던 부자는 마침내 영원한 지옥의 형벌을 직면하지 않을 수 없었읍니다.

그러면 여기서, 부자가 지옥에 간 두 가지 이유를 살펴봅시다.

첫째, 회개하지 않았기 때문입니다.

"아버지 아브라함이여 만일 죽은 자에게서 저희에게 가는 자가 있으면
회개하리이다"(30 절).

부자는 자기가 회개하지 않아서 그곳에 갔다는 사실을 알았읍니다. 회
개는 방향 전환을 의미합니다. 당신의 생애 속에 하나님을 향한 방향
전환이 있었읍니까? 마르틴 루터는 "내가 천국에 도달하는 그 날, 나
는 천국 문에서 하나의 현판을 볼 수 있을 것이다. 그 현판에는「오직
회개한 자」라고 씌어 있을 것이다"라고 말하였읍니다.

당신은 죄로부터 돌이켜 참으로 하나님 앞에 나오셨읍니까?

둘째, 생명책에 그의 이름이 기록되지 않았기 때문입니다.

흥미있는 사실이 있읍니다. 거지 이름이 무엇입니까? 나사로입니다.
그러면 부자의 이름은 무엇입니까? 없읍니다. 성경에 부자의 이름이
기록되지 않았읍니다. 다시 질문합니다. 이 땅에 살 때에는 누구의 이
름이 났겠읍니까? 틀림없이 부자의 이름이었을 것입니다. 누가 이 거
지의 이름에 관심을 가졌읍니까? 아마 이 거지의 상처를 핥아 먹던 개
들을 빼놓고는 아무도 이 거지를 알지 못하였을 것입니다.

부자가 죽었을 때 그의 이름을 듣고 많은 사람들이 몰려올 정도로 그
장례식은 호상이었읍니다. 그의 이름은 쟁쟁하였읍니다. 그는 그의 이
름을 만들었고, 그 이름을 내기 위해서 그의 인생을 투자하여 왔읍니
다. 자신의 이름을 높이고 증진시키는 것이 그의 생애의 모든 관심이었
읍니다. 그러나 마지막 날에 그는 기억되지 못하였읍니다.

그러나 나사로!(그 이름의 뜻은『하나님은 나의 도움』이란 의미가

있읍니다) 그 이름을 아무도 알지 못하였읍니다. 하지만 나사로의 이름
은 주님의 마음 속에 기억되고 있었읍니다. 주님은 "누구든지 생명책에
기록되지 못한 자를 불못에 던지우더라"(계 20:15)라고 말씀하였읍니
다.

당신의 이름은 생명책에 기록되어 있읍니까?

□ **부자의 청**

마지막으로 부자가 지옥에서 부탁한 두 가지 청에 대하여 생각해 보겠
읍니다. 부자는 지옥에서도 청탁이 통하는 줄로 착각하고 있었읍니다.

"내 형제 다섯이 있으니 저희에게 증거하게 하여 저희로 이 고통을 받
는 곳에 오지 않게 하소서"(28절).

전도를 해보면 이렇게 말하는 사람이 있읍니다.
"우리 부모님이 믿지 않다가 돌아가셨으므로 의리상 나 혼자 예수 믿고
천국갈 수 있겠읍니까?"
이는 설득력있고 인간적인 발언입니다. 그런데 부자는 그의 사랑하는
형제들이 자기가 고통받는 곳에 오지 않게 해달라고 간청합니다. 혹시
당신의 부모님이 믿지 않고 죽었다면 그들을 불러내 보십시오. 그들은
말할 것입니다. "이 고통 받는 곳에 너희들만은 오지 않아야 한다"고 말
입니다.

또 한 가지 부탁은, "아버지 아브라함이여 만일 죽은 자에게서 저희
에게 가는 자가 있으면 회개하리이다" 하는 것입니다. 죽은 자가 살아
나서 전도를 하면 사람들이 다 복음을 들을까요? 그런 기적이 없기 때
문에 여러 사람이 믿지 않는 것일까요?

그러면 아브라함을 통해 들려온 주님의 말씀을 봅시다.

"모세와 선지자들에게 듣지 아니하면 비록 죽은 자 가운데서 살아나는
자가 있을지라도 권함을 받지 아니하리라."

나사로란 똑같은 이름을 가진 동명이인이 요한복음 12 장에 있는데,
그는 죽었다가 살아났읍니다. 나사로를 본 유대인들은 이 사실을 은폐
하기 위하여 예수를 죽이려는 엄청난 음모를 시작합니다. 죽은 사람이
살았어도 유대인들은 회개하지 않았읍니다. 기적이 없어서 사람들이 회
개하지 않습니까? 과학적이고 합리적인 지성적 증거가 불충분해서 믿
지 못합니까? 성경은 말씀하기를, 죽은 자가 살아나서 복음을 증거해
도 마음이 강퍅하다면 당신은 하나님의 목소리를 거절하며 복음을 배척
할 것이라고 말씀하십니다. 성경은 마지막 증언이고 유일한 증언입니
다. 이 증언을 거절하는 사람에게 다른 희망은 없읍니다.

"가로되 그러면 구하노니"(27 절).

이는 일종의 기도라고 볼 수 있읍니다. 그는 뒤늦게 지옥에서 응답될
수 없는 기도를 하고 있읍니다. 생전의 기도였더라면 얼마나 좋았을까
요! 지옥의 심연 속에서 그는 비로소 **기도의 중요성**을 알았읍니다.
28 절에 그는 **전도의 중요성**도 깨닫습니다.

"내 형제 다섯이 있으니 저희에게 증거하여 저희로 이 고통 받는 곳에
오지 않게 하소서."

아마도 이 부자는 나사로에게 이렇게 말하고 싶었을 것입니다.
"나사로야! 왜 나에게 천국과 지옥에 대한 비밀을 말해 주지 않았느
냐? 이것이 사실이며 진실이며 영원한 우리의 운명이라고 알려 주지
않았느냐?"
뒤늦게 이 부자는 **회개의 중요성**을 깨달았을 것입니다. 30 절에 그

는 회개하지 않았음을 후회합니다. 이 복음 앞에 당신의 응답은 무엇입
니까? 예레미야 선지자는 눈물을 흘리며 외쳐도 마음을 열지 않는 이
스라엘 백성들을 향해서 이렇게 외쳤읍니다.

"추수할 때가 지나고 여름이 다하였으나 우리는 구원을 얻지 못한다
하는도다"(렘 8:20).

당신은 구원을 받았읍니까?

불의한 재판관의 비유

누가복음 18 : 1~8

"항상 기도하고 낙망치 말아야 될 것을 저희에게 비유로 하여 가라사대 어떤 도시에 하나님을 두려워 아니하고 사람을 무시하는 한 재판관이 있는데 그 도시에 한 과부가 있어 자주 그에게 가서 내 원수에 대한 나의 원한을 풀어 주소서 하되 그가 얼마 동안 듣지 아니하다가 후에 속으로 생각하되 내가 하나님을 두려워 아니하고 사람을 무시하나 이 과부가 나를 번거롭게 하니 내가 그 원한을 풀어 주리라 그렇지 않으면 늘 와서 나를 괴롭게 하리라 하였느니라 주께서 또 가라사대 불의한 재판관의 말한 것을 들으라 하물며 하나님께서 그 밤낮 부르짖는 택하신 자들의 원한을 풀어 주지 아니하시겠느냐 저희에게 오래 참으시겠느냐 내가 너희에게 이르노니 속히 그 원한을 풀어 주시리라 그러나 인자가 올 때에 세상에서 믿음을 보겠느냐 하시니라"

— 누가복음 18 : 1~8.

불의한 재판관의 비유

『비』유』란 유사한 사건을 통해서 진리를 인식시키는 것을 의미합니다. 그러나 종종 이 비유가 정반대의 사건을 통해서 상대적으로 진리를 깨닫게 하는 방법을 취할 수도 있습니다. 예를 들면, 평화스럽다는 현상을 설명하기 위해서 "평화란 잔잔한 호수와도 같습니다"라고 비유할 수가 있습니다. 그러나 이 평화의 의미를 좀더 인상적으로 부각시키기 위해서 "평화란 전쟁터의 분위기와 정반대의 상황을 뜻합니다"라고 이야기할 수도 있습니다. 본문에 나타난 비유는 두번째 접근 방법을 취하고 있습니다.

☐ 재판관

본문에는 한 재판관이 등장합니다. 이 재판관은 좋은 재판관이 아닙니다. 성경에 보면 불의한 재판관이라고 기록되어 있습니다. 그는 하나님도 안 믿고 사람도 무시하는 재판관이라고 기록되어 있습니다. 그런데 억울한 사정에 처해 있는 과부가 계속해서 이 재판관을 찾아가서 자기의 사정을 호소하고 또 호소합니다. 그랬더니 마침내 이 재판관은 여인

의 사정을 들어 주지 않으면 계속 와서 이렇게 자기를 괴롭히겠거니 생
각하고 그것을 견디다 못해 과부의 사정을 들어 주었읍니다.

이 비유를 말씀하시면서 예수께서 말씀하십니다.

"불의한 재판관의 말한 것을 들으라 하물며 하나님께서 그 밤낮 부르
짖는 택하신 자들의 원한을 풀어 주지 아니하시겠느냐"(6-7 절).

재판관을 하나님께 비유한 것입니다.

그러나 이 불의한 재판관은 의로우신 하나님과 대조를 이루고 있읍니
다. 사람을 무시하는 이 재판관은 사람을 존중하는 하나님과 대조를 이
루고 있읍니다. 성경은 하나님을 얼마나 의롭고 공평하신 분으로 소개
하고 있읍니까? 정의가 강물처럼 흐르기를 원하시는 하나님, 그러나
성경에 나타난 이 재판관은 사람을 무시했읍니다. 반면에 성경에 나타
난 우리 하나님은 얼마나 사람을 사랑하십니까? 온 세상 천하보다도
한 영혼의 가치를 더욱 존귀하게 여기시는 하나님, 그래서 성경은 하나
님을 사랑이라고 선포합니다. 그런데 사람을 무시하는 이 재판관도 과
부의 사정을 들어 주었는데, 사람을 사랑하시고 독생자까지 아낌 없이
주신 하나님께서 우리가 그분 앞에 나와서 기도할 때 어떻게 우리의 기
도를 멸시하실 수가 있겠읍니까?

□ 과부

재판관의 이미지에서부터 이 과부의 이미지로 관심의 초점을 옮겨 보시
기 바랍니다. 이 과부를 통해서 주님은 누구의 무슨 이야기를 하시려는
것입니까?

예수님 당시에 과부는 가장 불쌍하고 가장 무력한 인간을 대표하고
있었던 계층입니다. 『과부』란 말은 거의 "저주"라는 말과 동일 명사로

통하고 있었던 그러한 때였읍니다.

그 당시에 과부가 된 사람들은 재혼이 불가능했읍니다. 그리고 과부가 되면 그의 삶에 대한 아무런 사회적 보장이 주어지지 않았읍니다. 오직 두 가지만 가능했읍니다. 하나는 친정으로 돌아갈 수가 있었읍니다. 그런데 그냥 돌아가지 못합니다. 성경이 기록되던 그 당시의 여인들은 거의 상품에 불과했읍니다. 그러니까 결혼할 때 여자를 데려오려면 돈을 주고 사오는 것입니다. 그래서 남편을 잃어버린 다음에 친정으로 다시 돌아가기 위해서는 전에 시댁 측에서 친정에 주었던 그 돈을 다시 갚아야 했읍니다. 그런 다음에야 비로소 친정으로 다시 돌아갈 수가 있었던 것입니다. 그렇지 않으면, 죽은 남편의 집에 머물러 있을 수가 있읍니다. 그런데 머물러 있는 조건이 꼭 한 가지입니다. 이제 그녀는 그 가정에서 종으로 살아야 합니다. 그러니까 아내의 입장에서 하루 아침에 종으로 전락해 버리는 여인의 운명을 상상해 보십시오.

그 당시 여인의 운명이란 문자 그대로 사고파는 상품과 같았읍니다. 그래서 가장 비극적인 상태, 가장 곤란한 상태, 가장 고독한 상태를 비유할 때 흔히 과부의 삶의 상황과 견주어지고 있었던 것입니다.

그래서 예레미야애가 1 장 1 절에서는 황폐한 예루살렘 성, 무너진 예루살렘 성, 고독한 예루살렘 성을 묘사합니다.

"슬프다 이 성이여 본래는 거민이 많더니 이제는 어찌 그리 적막히 앉았는고 본래는 열국 중에 크던 자가 이제는 과부 같고…"

예수님은 과부의 눈물과 한을 아셨읍니다. 이해하셨읍니다. 예수님의 사랑과 애정의 주요 대상은 바로 이런 과부들이었읍니다. 예수께서 가장 신랄한 공격을 던진 대상은 바리새인이었읍니다. 예수께서 이렇게 바리새인을 공격한 이유 중에 하나는 "저들이 과부의 가산을 삼키고 있다"는 것이었읍니다. 그 고독하고 연약한 과부의 가산마저 삼키고 있다니! 이것이 우리 예수님을 분노에 끌게 했던 것임을 성경에서 볼 수 있읍니다.

우리는 예수께서 어느 날 한 과부의 아들이 죽었을 때 이 아들을 다시 살리신 장면을 성경에서 봅니다. 이것을 단순히 하나님의 기적, 성경의 많고 많은 기적 중의 하나로만 간단히 처리하고 넘어가지 마십시오. 과부가 자기 아들마저 잃어버렸다는 것은 얼마나 커다란 비극입니까? 이 큰 비극을 바라보시면서 그대로 지나칠 수 없는 주님의 큰 사랑이 이 큰 기적을 낳았다는 이런 관점에서 이 기적을 바라볼 필요가 있읍니다.

어느 날 예루살렘 성전에서 이 가난한 과부가 자기의 전 생활비에 해당하는 두 렙돈을 헌금함 속에 집어 넣는 광경을 보시면서 감격해 하시고 그 장면을 성경에 기록했던 예수님의 마음을 통해서 과부에 대한 주님의 남다른 애정을 엿볼 수 있읍니다.

그러나 예수님은 과부의 한, 과부의 고통, 과부의 눈물뿐만이 아니라 동일한 고통, 동일한 고독, 동일한 눈물이 예수님을 따르는 제자들에게도 있는 것을 보셨읍니다. 예수를 믿고 사는 우리에게 이 세상에서의 고통과 한과 눈물에 있어서는 예외가 없읍니다. 이 사실을 긍정합시다.

본문에서 "과부의 원한"이라는 낱말이 몇 번씩 반복되고 있는 것을 봅니다. 그런데 이 "원한"이라는 말이 참 번역하기가 힘든 말입니다. 그래서 희랍어 성경에서 이 말을 번역할 때 성경을 번역하는 사람들이 애를 먹습니다. 영어로 번역되기가 제일 힘듭니다. 참 번역하기가 어렵습니다. 그래서 아예 그냥 본문의 내용과 거리가 먼「justice」라는 전혀 다른 의미의 단어로 번역했읍니다. 그런데 저는 이 단어에 관해서 가장 번역이 잘된 성경이 한글 성경이라고 봅니다. 한글 성경은 "원한(怨恨)이라는 낱말로 번역했읍니다. 우리는 "한"(恨) 하면 설명하지 않아도 압니다. "한"이라는 낱말을 다시 영어로 번역해 보시기 바랍니다. 어떻게 번역할 수가 있읍니까? 어떤 영문 학자가 "한"을 번역하려고 애를 썼읍니다. 여러 가지 단어를 사용해 보았읍니다. 그런데 다 마땅하지가 않습니다. 나중에 드디어 단어 하나를 발견했읍니다. 그래서 번역하기를 「HAN」이라고 했답니다. 번역이 불가능하다는 이야기일 것입니다.

우리 한국인들은 "한"하면 압니다. 왜 그렇습니까? 한 많은 민족이기 때문입니다. 이 낱말은 한 순간의 사건 때문이 아니라 쌓이고 쌓인 어떤 것들이 내 가슴 속에 계속 얹히고 얹혀서 내 가슴을 억누르며 아프게 만들며, 마침내 이것을 떨어 버리지 않으면 폭발할 수밖에 없는 그 마지막 폭발 직전의 고통과 오열을 뜻합니다. 이런 심정을 대표하고 있는 단어가 바로 "한"입니다. 인생을 살다 보면 한이 쌓여 갑니다. 그래서 어디엔가 찾아가서 누군가를 붙들고 한풀이를 하고 싶어합니다. 우리는 옛날부터 무당을 불러 놓고 한풀이를 하는 습성 속에서 인생의 고통과 절망을 순화시키면서 살아 온 민족입니다.

□ 교훈

본문은 그리스도인들에게 이 한에 대한 위대한 대답을 주고 있습니다. 그 대답이 무엇입니까? **기도**입니다. 본문의 비유는 이런 교훈을 가르치기 위해서 시작된 것이라고 본문의 첫 구절이 우리에게 선포합니다.

"항상 기도하고 낙망치 말아야 될 것을 저희에게 비유로 하여 가라사대"(1절).

이렇게 시작된 본문에서 우리는 기도에 대한 정의를 얻습니다. 기도란 도대체 무엇입니까? 당신은 왜 기도하십니까? 포기하지 않았기 때문에 기도합니다. 잘 생각해 보시기 바랍니다. 포기하지 않았기 때문에 기도하고 계신 것이 아닙니까? 우리가 포기했다면 기도할 필요도 없는 것입니다. 우리는 포기하지 않았기 때문에 기도합니다. 저는 본문의 내용에 근거해서 기도에 대한 새로운 정의를 만들었습니다. 그것은 피조물인 인간이 하나님을 향해서 "하나님, 나는 포기할 수 없습니다" 하고 포기할 수 없다는 인간 선언을 하는 것입니다. 그리고 하나님은 이 선언을 한 사람들의 한을 반드시 풀어 주신다는 이야기입니다. 그리고 버티고 서서 날마다 살아가는 것을 말합니다. 그것이 믿음이라는 이야기입니다.

한국 교회에 이 기도에 대한 가장 커다란 오해가 있습니다. 많은 경우에 우리는 기도를 단순하게 생각합니다. 우리는 기도를 "요술 방망이"처럼 생각합니다. 즉 "도깨비 방망이"입니다. 돈 나와라 뚝딱 하면 돈이 나옵니다. 우리가 이 방망이를 휘둘기만 하면 내 모든 소원이 성취되는 것! 우리는 단순히 기도를 그렇게만 이해합니다. 기도에 그런 측면이 없다는 것은 아닙니다. 그러나 그것이 기도의 전부입니까?. 그렇지 않습니다.

어떤 사람들은 기도를 이렇게 오해하기도 합니다. 마치 우리가 잡아당기는 정도에 따라 응답받는 것으로 생각합니다. 잡아당기면 쏟아져나옵니다. 복덩이가 쏟아져 나옵니다. 마치 우리가 기도하기만 하면 모든 소원이 풀어지는 것처럼 생각할 수가 있습니다. 이렇게만 기도를 정의한다면 이런 기도는 그리스도인들에게 대단히 유해할 수가 있습니다. 그런 식으로 삶을 산다면, 그런 식으로 기도하며 산다면 우리는 얼마나 요행 속에 인생을 걸고 살아가는 기회주의적인 삶을 사는 것일까요?

제가 어떤 교우의 사업체를 방문하기 위해서 차를 운전하다가 도로가 막힌 일이 있었습니다. 경찰이 서 있습니다. 그래서 옆으로 돌아갑니다. 그런데 돌아가는 그 길을 제가 잘 모릅니다. 그래서 한참 가다 보니 돌아가는 길이 한 군데가 있습니다. 모든 차들이 다 그 길로 갑니다. 그래서 이리로 돌아가면 틀림없이 큰 길과 만날 것이라고 생각하며 그 길로 갔읍니다. 그런데 이상한 데로 점점 들어갑니다. 나올 데가 없읍니다. 차를 돌릴 데가 없어 한 길로만 가는데 돈을 1불씩 내라고 합니다. 점점 이상해 집니다. 할 수 없이 1불을 냈읍니다. 가보니까 경마장입니다. 이제 약속한 시간은 지났고 1불을 냈고 그대로 갈 수는 없어서 그냥 경마장을 들어갔읍니다. 그래서 제 생전에 팔자에도 없는 경마장이라는 곳을 들어갔읍니다.

들어가서는 깜짝 놀랐읍니다. 대낮에 웬 사람들이 그렇게 많은지요? 꽉 찼읍니다. 그런데 그 분들을 가만히 보면서 한 가지 느낀 것이 있읍니다. 한 분도 정상적인 사람이 없는 것 같읍니다. 눈이 이상합니다. 햄버거를 먹으면서 입을 헤 벌리고 앉아 있다가 시간이 되면 나가서 말들이 한 번 돌 때 소리를 지르다가 한숨을 푹 쉬고 들어와서는 또 아이스크림을 먹습니다.

기도하다가 맞으면 아 하고 탄성을 지릅니다. 안 맞으면 한숨을 내쉽니다. 그것이 기도입니까? 하나님은 우리의 기도가 보다 차원 높은 기도가 되도록 하기 위해서 때때로 우리의 아픔과 고통을 보시면서도 그 고통의 해결을 유보하십니다. 우리의 고통과 아픔을 같이 아파하시면서 기다리십니다. 그런데 하나님이 잠시 기다리고 계시는 그 침묵의 기간을 우리는 견디지 못합니다. 그래서 원망합니다. 불평합니다. 짜증을 냅니다.

이 과부가 왜 과부가 되었는지 성경에는 그 대답이 없읍니다. 그러므로 그 답을 묻지 마십시오. 그것은 모릅니다. 그러나 이것만은 분명합니다. 하나님은 과부를 사랑하십니다. 그리고 과부가 눈물을 흘릴 때 하나님도 같이 눈물을 흘리십니다. 연약한 자들 편에 서서 그들을 돕지 않고는 견딜 수 없어 하시는 하나님이십니다. 그래서 과부와 나그네를 향한 가르침이 성경에 그렇게도 풍성한 사실을 볼 수 있읍니다.

저는 이런 책을 읽으면서 큰 감동을 받았읍니다. 한국의 성도님들에게 큰 감동을 안겨 준 책입니다. 송 명희라는 소녀가 지은 시집입니다. 그녀는 태어날 때부터 뇌성마비 환자입니다. 국민학교 근처에도 가본 일이 없읍니다. 수족을 전혀 움직일 수 없고, 앉아 있어도 계속 몸을 떨면서 있어야만 하는 그런 자매입니다. 이 자매가 예수 그리스도를 주님으로 영접하고는 인생이 바뀌었읍니다. 이 소녀의 마음 속에 찬송과 시가 생겨나기 시작했읍니다. 그래서 그녀가 예수 그리스도를 영접한 다음에 380 편의 시를 지었으며, 구약성경을 6 번을 통독하고, 신약을 22 번을 통독했읍니다. 우리는 이 소녀 앞에서 부끄러워해야 합니다. 이 소녀의 대표적인 시를 저는 책 뒤에 기록해 놓았읍니다. 그 시는 이러합니다.

> "얼마나 아프실까 주님의 몸과 마음은
> 사람들을 위하여 십자가에 달려 제물이 되실 때
> 얼마나 아프실까 하나님의 가슴은
> 독생자 주셨건만 사람들 부족하다고 원망할 때."

이 소녀의 입에서 이런 찬송의 시가 나왔읍니다.
제가 읽은 시 가운데 또 이런 시가 있읍니다. 『내가 행복한 이유』라는 시입니다.

> "내가 행복한 이유는 내게 재물이 많은 이유가 아니오.
> 주께서 분깃되신 이유 때문에,
> 내가 행복한 이유는 내게 친구가 많은 이유가 아니오.
> 주께서 친구되신 이유 때문에,
> 내가 행복한 이유는 내게 영광이 많은 이유가 아니오.
> 주께서 기쁨되신 이유 때문에."

우리는 잠시 하늘이 침묵을 지키고 있는 그 시간을 견디지 못하고 하나님에게서 등을 돌립니다.

주님께서 이 어두움의 시간, 이 침묵의 시간, 이 기다림의 시간을 우리에게 허락하시는 이유는 도대체 무엇입니까? 많은 이유가 있을 것입니다.

첫째, 인내의 덕을 가르치기 위해서입니다.

성경에서 하나님이 어떤 하나님이신가를 묘사할 때 많이 묘사되고 있는 하나님의 속성이 "오래 참으시는 하나님"입니다. 주변에서 참지 못하는 분들을 보셨습니까? 자기 화를 폭발시킬 때의 얼굴이 얼마나 추하게 보입니까? 하나님은 이 위대한 인격적인 특징인 오래 참음, 이 하나님의 덕, 하나님의 속성, 이것을 내 속에 심으시기 위해서 잠시 동안의 침묵의 진통을 허락하시고 나를 지켜 보십니다. 때때로 하나님께서는 나를 낮추시고 겸허하게 하시려고 기다리게 하십니다. 나와 같이 아픔을 느끼시면서 나와 함께 기다리십니다. 우리는 갑작스러운 진통이나 어둠이나 역경에 처할 때 비로소 인간성의 한계를 실감합니다. 그리고 그 순간 비로소 내가 하나님 앞에서 피조물에 불과하다는 사실을 발견합니다. 그리고 우리는 낮아집니다. 이 발견이야말로 이 겸허야말로 얼마나 중요한 인간 수업입니까? 바로 그 수업을 위해서 하나님은 기도하게 하시고 나를 지켜보십니다.

둘째, 주변의 이웃들을 이해할 수 있도록 하기 위함입니다.

이 세상에서 가장 놀라운 기도 응답을 받고 살다 간 사람이 있다면 그분은 아마도 예수님이 아니겠습니까? 그런데 예수님처럼 고통스럽게 사신 분이 또 어디에 있습니까? 그분은 얼마나 많은 고통과 고독과 눈물과 아픔과 찔림을 당하셨습니까? 그러기에 그분은 저와 당신을 이해하십니다. 그래서 히브리서 기자는 이렇게 말합니다.

"우리에게 있는 대제사장은 우리 연약함을 체휼하지 아니하는 자가 아
니요 모든 일에 우리와 한결같이 시험을 받은 자로되"(히 4:15).

**셋째, 내가 지금 주님 앞에 구하는 그 이기적인 목적을 이타적 목
적으로 바꾸시기 위해서입니다.**
무슨 이야기입니까?

하루는 제가 집에 들어가니까, 며칠 안 있으면 제 큰 아들 황이의 생
일인데 그 동생인 범이가 형의 생일에 아빠가 형에게 무엇인가를 사줄
것을 저도 아니까 자기도 마음에 있어 이렇게 이야기합니다.
"아빠, 형아 생일에 나에게도 선물 사주나?"
그래서 대답을 안 하고 그냥 들어갔습니다. 계단을 계속 올라갔더니 막
쫓아오면서 계속 어떤 선물을 요구합니다. 그런데 범이가 요구하는 그
변형 로보트가 없다면야 그거 하나 사줄 아량이 없겠습니까? 그러나
범이에게는 이미 그것이 있습니다. 있는데 또 사달라고 하는 것입니다.
그래서 그냥 지나갔습니다. 자꾸 쫓아옵니다. 그러나 제가 대답을 안
했습니다. 한참 후에 범이가 제 뒤에 와서 저를 꼭 끌어안더니 "아빠!
그림책은 사주지?"라고 말합니다.

혹시 기도하시다가 기도의 내용이 바뀌신 경험이 있으십니까? 어떤
문제를 위해서 기도하다가 중간에 기도의 내용이 바뀝니다. 때때로 내
기도의 목적이 너무 이기적이고 정욕에 따른 것일 때 하나님께서는 내
가 기도하는 가운데 기도의 내용을 바꾸도록 하십니다.

우리가 교회 생활을 하다 보면 때때로 바람직하지 못한 인간 관계의
위기를 경험할 수도 있습니다. 목사와 집사 사이에도 그런 일이 가능합
니다.
전에 제 속을 조금 썩여 주시던 집사님 한 분이 계셨습니다. 제 마음

이 참으로 아팠읍니다. 그래서 그 분을 위해서 30일 기도를 작정했읍
니다. 매일 새벽에 나와서 새벽 기도를 그렇게 하기 싫어하던 제가 그
집사님을 위해서 30일을 작정하고 기도했읍니다. "하나님, 그 집사를
한번 혼내 주십시오"라는 그런 기도는 안 했읍니다. 겉으로는 "하나님,
그 집사의 마음을 좀 바꾸어 주십시오"라고 기도했읍니다. 그러면서 하
나님이 내 기도에 어떻게 응답하셔서 과연 저 집사의 모습이 어떻게 바
뀌어 지는가를 확인하기 위해서 저는 주일마다 그 집사님의 모습을 눈
여겨 보기 시작했읍니다. 여전히 그 분의 얼굴은 험상궂은 얼굴 그대로
입니다. 저를 향한 태도가 조금도 변하지 않았읍니다. 그분을 바라볼
때마다 여전히 제 가슴은 떨립니다. 그러나 저는 그 기도를 계속했읍니
다. 그런데 한 3주간쯤 지나서 갑자기 제 기도의 내용이 변하고 있는
것을 발견했읍니다. 제가 그것을 의도하지 않았는데 기도하다가 제 마
음 속에 어느새 이런 기도가 흐르고 있었읍니다.
"하나님, 그 집사님을 사랑하지 못했던 저를 용서해 주십시오."
어느 날 새벽 저는 울면서 이렇게 기도하고 있었읍니다.
"하나님, 저를 변화시켜 주십시오. 제가 잘못했읍니다."
그 후 주일에 그 분을 보니 그렇게 달라질 수가 없었읍니다. 누가 달라
졌는지는 모르지만 하여간 달라졌읍니다.
　그래서 하나님은 우리를 기다리게 하실 수도 있읍니다.

□ 결론

본문의 가장 중요한 절정은 7절과 8절 말씀입니다. 그 부분을 눈여겨
보십시오.

"이 과부가 나를 번거롭게 하니 내가 그 원한을 풀어 주리라 그렇지
않으면 늘 와서 나를 괴롭게 하리라 하였느니라 주께서 또 가라사대
불의한 재판관의 말한 것을 들으라 하물며 하나님께서 그 밤낮 부르짖

는 택하신 자들의 원한을 풀어 주지 아니하시겠느냐 저희에게 오래 참으시겠느냐 내가 너희에게 이르노니 속히 그 원한을 풀어 주시리라 그러나 인자가 올 때에 세상에서 믿음을 보겠느냐 하시니라"(5-8 절).

무슨 이야기입니까? 그분은 저와 당신의 한을 풀어 주실 것입니다. 그분은 저와 당신의 기도를 마침내 응답하실 것입니다. 그분은 마침내 저와 당신의 눈물을 씻겨 주실 것입니다. 그분은 마침내 우리의 모든 한풀이를 해주실 것입니다. 그러나 그분이 역사하시기 위해서 내 삶의 현장에 나타나시는 그 날, 그분이 나에게서 믿음을 보실 수가 있겠는지요?

구약 시대의 이스라엘 백성들은 메시야를 기다려 왔읍니다. 구약에 나타난 가장 중요한 대망은 메시야가 오시는 것을 기다리는 것입니다. 다 기다렸읍니다. 이스라엘 백성이라면 다 믿었고 다 기다렸읍니다. 그런데 안 오십니다. 그래서 예수님이 오실 때쯤 해서는 아무도 안 믿게 되었읍니다. 그런데 다 안 믿은 것은 아닙니다. 그 중에 몇 사람이 믿었읍니다.

누가복음 2 장을 읽어 보면 시므온이라는 사람이 등장합니다. 그는 경건하고 의로운 사람이었읍니다. 그는 늘 이렇게 기도하고 있었읍니다.

"하나님 저는 이대로 죽을 수가 없읍니다. 찾아오시는 그 그리스도를 보지 못한다면 저는 죽을 수가 없읍니다."

그렇게 기도하다 보니 어느 날 성전에 어떤 아기가 들어옵니다. 예수님이었읍니다. 메시야였읍니다. 그는 벅찬 자기 기도의 응답을 받고 그 아기를 끌어안고 노래를 부릅니다. 그 노래 가운데 이런 내용이 있읍니다.

"주재여 이제는 말씀하신 대로 종을 평안히 놓아 주시는도다"(눅

2:29).

무슨 이야기입니까? 이제 메시야를 보았으므로 죽어도 여한이 없다는 이야기입니다.

우리는 일단 기도해 보려는 노력은 해봅니다. 한 번은 해봅니다. 두 번도 해봅니다. 그러나 응답이 없으면 "안 돼, 이제 기도는 관두자"라는 반응을 보입니다. 그런데 당신은 아십니까? 그때 주님께서 내 삶의 현장에 나타나신다는 사실을! 내가 절망했을 때, 내가 포기했을 때, 그 순간 주께서 나타나십니다. 그리고 역사하십니다. 그런데 문제는 내가 주님을 믿고 있지 않았다는 것입니다.

기도가 응답된다는 것은 확실합니다. 주님께서 내 고통의 문제를 해결해 주신다는 것도 확실합니다. 주님께서 내 한을 풀어 주신다는 것도 확실합니다. 주님께서 내 기도를 더 거룩하게 성화시킨다는 것도 확실합니다. 그런데 불확실한 것이 있습니다. 그것은 내가 하나님을 믿지 못하고 있다는 것입니다. 내가 하나님을 신뢰하지 못하고 있습니다. 그것이 바로 우리의 문제입니다.

본문의 말씀은 이렇게 도전합니다. 이 비유를 통해서 하나님은 이렇게 교훈하시는 것입니다.
"지금 하나님의 응답이 지연되고 있음에도 불구하고 그래서 나를 둘러싼 상황이 어둡고 그래서 나는 아직까지도 가슴앓이를 계속하고 있으며 눈물을 계속 흘리고 있음에도 불구하고 하나님은 마침내 내 기도를 응답하실 것이라는 사실을 믿으시겠습니까?"
이것이 성경이 우리에게 주는 도전입니다. 그래서 본문의 맨 처음 구절은 "항상 기도하고"로 시작했습니다. 그렇습니다. 기도에 대한 응답의 소리가 들려오지 않는 암담한 상황 가운데에서도 항상 기도하고 낙망치 말아야 합니다. 낙망한다는 것은 주저앉아 버린다는 말입니다. 주저앉으면 앞으로 갈 수가 없읍니다. 기도하는 사람만이 앞으로 갑니다. 왜 그렇습니까? 그는 포기하지 않았기 때문입니다. 포기한 후에는 낙망할 것밖에 없읍니다.

그러나 이제 우리가 이 순간에서 돌아설 수는 없지 않습니까? 이만큼 땀을 흘리고, 이만큼 고생하고, 이만큼 애를 쓰고, 이만큼 투자하고, 이만큼 삶을 살아 왔는데 여기서 중단해 버릴 수는 없지 않습니까?

미국의 유명한 여류 비행사 가운데서 아멜리아 할트라는 여자 비행사가 있었다고 합니다. 이 여인은 대서양 횡단에 처음으로 성공을 했읍니다. 비행기를 타고 바다 한복판을 건너가고 있을 때 엔진 고장이 일어났읍니다. 그럼에도 불구하고 이 여인은 용케 그 위기를 모면하고 항공 운행에 성공할 수가 있었읍니다. 그녀가 대서양 횡단에 성공하고 돌아와서 보스톤에서 기자 회견을 가졌을 때였읍니다. 기자들이 이렇게 물었읍니다.

"당신은 엔진이 고장났을 때 그 위급하고 어려운 순간을 어떻게 견딜 수가 있었읍니까?"

이때 그녀는 이런 유명한 이야기를 했읍니다.

『그것은 간단한 사실입니다. 그 위기를 넘길 수 있었던 것은 제가 바다 위 한복판에 있었기 때문입니다.』

아니 그것이 무슨 이야기냐고 기자들이 반문하자 그녀는 다시 말합니다.

『저는 그때 벌써 반을 넘어왔읍니다. 그런데 어떻게 돌아갈 수가 있겠읍니까? 그리고 떨어지면 죽을테고, 그 당시 제가 할 수 있었던 것은 앞으로 가는 것밖엔 없었읍니다.』

기도한다는 것은 앞으로 가는 것을 말합니다. 이제는 앞으로 갈 수밖에 없지 않습니까? 앞으로 가시겠읍니까? 나를 둘러싸고 있는 상황이 모두 막혔지만 앞으로 갈 길이 열려 있읍니다. 그것은 하나님을 의지하고 앞으로 가는 것입니다.

어떤 고통받는 그리스도인은 이런 시를 썼읍니다.

"한 걸음이 당신을 그리 멀리 데려다 주는 것은 아니어도
당신은 계속 걸어야 합니다.
한 마디 말로 당신 자신을 다 설명하는 것은 아니어도
당신은 계속 말해야 합니다.
한 인치가 당신을 크게 자라게 하는 것은 아니어도
당신은 계속 자라가야 합니다.
하나의 행동이 모든 것을 이루어 놓는 것은 아니어도
당신은 계속 행해야 합니다."

저는 이 시에 한 줄을 덧붙이고 싶읍니다.

"단 한 번의 기도가 모든 것을 다 해결하는 것은 아니어도
당신은 계속 기도하셔야 합니다.
그것은 절망을 극복하는 희망이기 때문입니다."

묻습니다. 당신은 앞으로 가시겠읍니까?

바리새인과 세리의
기도 비유

누가복음 18 : 9~14

"또 자기를 의롭다고 믿고 다른 사람을 멸시하는 자들에게 이 비유로 말씀하시되 두 사람이 기도하러 성전에 올라가니 하나는 바리새인이요 하나는 세리라 바리새인은 서서 따로 기도하여 가로되 하나님이여 나는 다른 사람들 곧 토색 불의 간음을 하는 자들과 같지 아니하고 이 세리와도 같지 아니함을 감사하나이다 나는 이레에 두 번씩 금식하고 또 소득의 십일조를 드리나이다 하고 세리는 멀리 서서 감히 눈을 들어 하늘을 우러러 보지도 못하고 다만 가슴을 치며 가로되 하나님이여 불쌍히 여기옵소서 나는 죄인이로소이다 하였느니라 내가 너희에게 이르노니 이 사람이 저보다 의롭다 하심을 받고 이에 내려 갔느니라 무릇 자기를 높이는 자는 낮아지고 자기를 낮추는 자는 높아지리라 하시니라"

— 누가복음 18：9~14.

바리새인과 세리의 기도 비유

기도한다는 것은 가장 깊은 의미에서 그리스도인이 누릴 수 있는 하나님과의 경험적인 관계라고 말할 수 있습니다. 당신은 기도하는 가운데 속시원한 기도의 응답을 받지 못해 안타까웠던 적이 있으신지요? "정말 하나님은 내 기도에 응답하시는 걸까?"라는 의문이 우리의 마음을 괴롭힐 때 한걸음 더 나가서 기도를 응답하지 아니하시는 하나님을 생각하며 "하나님은 정말 살아계실까?"라는 의심으로까지 번질 수 있습니다.

이따금씩 우리 주변에서 기도 응답을 받고 간증하는 이야기를 듣습니다. 그때에 반사적으로 우리는 이런 생각을 할 수가 있습니다.

"나도 저 사람 못지않게 열심히 교회에 출석했고, 헌금을 냈고, 교회의 모든 프로그램이나, 행사에 참여했고, 저 사람보다 내가 못한 것이 없는데, 내가 살인을 했나? 아니면 간음을 한 적이 있는가? 내가 무엇이 잘못됐단 말인가?"

이런 생각을 하면서도 한편으로 당신의 마음 깊은 곳에서 나와 하나님 사이의 관계에서 확신이 없다면 주님께서 말씀하신 이 바리새인과 세리 비유는 당신을 위한 것입니다.

□ 배경

이 18 장 9 절 이하의 말씀은 18 장 1 절에서 8 절까지의 내용 다음에 나오는 말씀입니다. 제가 이런 문맥을 강조하는 이유가 있읍니다. 주님 께서 바리새인과 세리에 관한 비유를 말씀하시게 된 배경을 이야기하기 위해서는 그 앞에 선행하는 18 장 1 절 이하 8 절의 말씀을 먼저 이해 하실 필요가 있기 때문입니다.

18 장은 이렇게 시작하고 있읍니다.

"항상 기도하고 낙망치 말아야 될 것을 저희에게 비유로 하여 가라사
대"(1 절).

여기서 예수께서는 항상 기도하고 낙망치 말아야 될 일의 중요성을 어 떤 비유를 통해서 가르쳐 주시고 있읍니까?

"어떤 도시에 하나님을 두려워 아니하고 사람을 무시하는 한 재판관이
있는데 그 도시에 한 과부가 있어 자주 그에게 가서 내 원수에 대한
나의 원한을 풀어 주소서 하되"(18:1-3).

이 재판관은 선한 재판관이나 명성이 높은 좋은 재판관이 아니었음에도 불구하고, 자기의 억울한 소원을 풀어 달라고 호소하는 과부의 문제를 해결해 주었읍니다. 이 이야기 끝에서 주님께서는 "하물며 하나님께서 그 밤낮 부르짖는 택하신 자들의 원한을 풀어 주지 아니하시겠느냐"고 말씀하십니다. 다시 말하면 누가복음 18 장에 나오는 첫번째 비유는 "택함받은 신자들의 계속적인 기도를 주께서는 반드시 들어 주신다"는 약속의 비유입니다.

그러나 이 말씀을 듣자마자 다시 우리의 마음 속에서 이런 질문이 생

길 수가 있읍니다. 나는 이 과부 못지않게 마음 속에 피맺힌 원한과 기도의 제목을 부둥켜 안고 주님께 기도했읍니다. 호소도 했읍니다. 부르짖었읍니다. 내 마음을 토했읍니다. 하나님 앞에 매달렸읍니다. 하지만 아직까지도 내 기도는 응답되지 않았읍니다. 무엇이 잘못됐다는 말입니까? 도대체 나에게 무엇이 잘못되었기에 그분은 아직도 내 기도를 응답하지 않으시는 것입니까?

이런 생각을 하는 분들이 있다면, 본문의 비유는 바로 그러한 분들을 위한 것입니다.

□ 대상과 그 허상

이 비유는 예수님께서 어떤 대상을 향해서 말씀하신 것입니까? 9절은 이렇게 시작합니다.

> "또 자기를 의롭다고 믿고 다른 사람을 멸시하는 자들에게 이 비유로 말씀하시되."

그 대상이 어떤 사람들입니까? 다시 한번 들어 보시기 바랍니다. "자기를 의롭다고 믿고"라는 말에서 의롭지도 못하면서 스스로를 의롭다고 믿은, 자기 주제 파악이 안 된 사람임을 알 수 있읍니다. 전혀 의롭지도 않으면서 자신을 의롭다고 믿고 이웃을 멸시하는 사람들에게 이 비유를 가르치신 것입니다.

자, 이 사람의 문제는 무엇입니까? 자기를 의롭다고 믿었다는 것은 자기의 죄 문제를 깨닫지 못했다는 이야기입니다. 이 사람은 아직도 하나님 앞에서 자기의 범죄의 심각성을 참으로 깨달은 경험이 없는 사람입니다. 그리고 이 사람은 이웃과의 바른 관계가 설정되지 않은 사람입니다.

이 두 가지 문제는 **하나님과 나 사이의 올바른 관계**라는 문제와 가장 깊은 의미에서 직결되어 있습니다. 당신이 하나님과 올바른 관계를 맺지 못했을 때, 나와 하나님 사이에 성경이 기대하는 그 올바른 관계가 이루어지지 않았을 때에 우리는 자신의 죄문제를 깨닫지 못하게 됩니다. 그리고 이웃과의 바른 관계가 되어질 수 없습니다. 내가 이웃과 바른 관계를 맺지 못했다는 것은 하나님과의 바른 관계가 없다는 이야기입니다. 하나님과의 올바른 관계를 맺은 사람마다 이웃과의 바른 관계를 추구할 수밖에 없기 때문입니다. 나와 하나님 사이에 올바른 관계를 맺지 못하면서도 하나님은 내 기도를 들으신다고 생각하고 기도를 되풀이하는 바리새인의 모습을 통해서 주님께서는 오늘날 우리의 얼굴을 조명하고 계시는지도 모릅니다.

이 바리새인은 본문을 통해서 말씀하신 주님의 진정한 의도와 정신에 의하면, 그리스도인이 아닙니다. 이 사람은 교회에 출석합니다. 헌금 생활도 합니다. 교회의 갖가지 행사에도 참여합니다. 그러나 아직 그리스도인이 아닙니다. 그러면서도 자기 자신을 그리스도인으로 착각하고 있습니다. 이 착각은 한걸음 더 나아가서 하나님이 내 기도를 전혀 듣고 계시지 않음에도 불구하고 들으실 것이라고 생각합니다. 이 착각의 원인은 무엇입니까? 본문에 보면 이 원인이 두 가지로 기록되어 있습니다.

첫째, 도덕적인 행동에 근거해서 판단했습니다.
11절에 보면 이 바리새인이 기도를 시작합니다.

"바리새인은 서서 따로 기도하여 가로되 하나님이여 나는 다른 사람들 곧 토색 불의 간음을 하는 자들과 같지 아니하고 이 세리와도 같지 아니함을 감사하나이다."

그들은 자기가 도덕적으로 무엇을 하지 않았다는 사실 때문에 자신이 하나님 앞에서 그리스도인일 것이라고 생각합니다.

하나님, 저는 토색질을 한 일이 없습니다.

하나님, 저는 도적질을 한 일이 없습니다.

하나님, 저는 불의를 범한 일이 없습니다.

하나님, 저는 간음한 일도 없습니다.

그는 자기가 어떤 도덕적인 계명을 범하지 않았다는 소극적인 이유에서 자신이 그리스도인이라고 생각합니다.

둘째, 종교적인 행동에 근거해서 판단했습니다.

또 한 가지 이유는, 종교적으로 무엇을 하고 있기 때문에 그것을 근거로 해서 자기가 그리스도인일 것이라고 생각합니다. 12절에 보면 "나는 이레에 두 번씩 금식하고 또 소득의 십일조를 드리나이다"라고 기록되어 있습니다. 그 당시에 하나님을 경외하는 마음이 있는 사람이면 누구든지 일 년에 한 번씩, 속죄일이 되면 해야만 했었습니다. 이것은 모든 이스라엘 국민의 종교적 의무였습니다. 그 중의 아주 열심 있는 어떤 사람이 생각하기를, 일 년에 한 번 가지고는 부족하니 자기는 일 주일에 한 번 하겠다고 결심합니다. 이 사람은 열심이 있는 사람입니다. 그런데 또 어떤 사람은 열심이 특심한지라 생각하기를, 자기는 일 주일에 한 번 가지고는 부족하니 일 주일에 두 번 금식을 하겠다고 합니다. 자, 이제 나는 일 주일에 두 번 금식을 하고 거기다가 소득의 십일조를 빠지지 않고 매달 바치고 있으니 이만하면 훌륭한 그리스도인이 아닌가 하고 생각합니다.

그러나 오해하지는 마십시오. 그리스도인은 마땅히 토색을 말아야 합니다. 불의를 말아야 합니다. 간음을 말아야 합니다. 그러나 내가 어떤 도덕적인 계명을 범하지 않았으며, 무엇을 하지 않았다는 사실 때문에 그리스도인이란 말입니까? 저는 당신이 금식에 대해 훌륭한 교훈을 받으시기 바랍니다. 그리고 소득의 십일조를 바치는 삶에 있어서 성실할 수 있기를 바랍니다. 그러나 내가 금식을 한다, 내가 소득의 십일조를 드린다, 내가 종교적인 어떤 행사와 의식에 참여하고 있다는 단순한 사실이 당신과 저를 그리스도인으로 만드는 것일까요? 내가 도덕적으로 무엇을 안 했다는 사실, 그리고 종교적으로 어떤 것을 하고 있다는 사실 때문에 그것이 당신을 그리스도인으로 만든다고 생각하지는 않으시는지요? 이 모든 것은 다 귀한 일입니다. 우리는 토색을 말아야 합니다. 불의를 말아야 합니다. 살인을 말아야 합니다. 간음을 말아야 합니다. 그리고 금식의 교훈도 배워야 합니다. 소득의 십일조를 내는 것도 배워야 합니다. 그러나 그것이 기독교의 멧세지의 전부입니까? 내가 중대한 범죄를 저지르지 않고, 살인하지 않고, 간음하지 않고, 일 주일에 한 번씩 교회에 나오고, 그리고 기분내키면 헌금을 하고, 그리고 교회 행사에 참여하는 이것이 기독교의 전부일까요? 그것으로 충분하지 못하다면 그러면 무엇이 잘못된 것입니까?

□ 바리새인의 기도

예수께서 말씀하신 이 비유 가운데 드러나는 바리새인의 잘못은 도대체 무엇입니까? 이 바리새인에게 정말로 필요한 것은 무엇입니까? 예수께서는 그것을 세리의 기도와 대단히 극적인 비교를 하시면서 설명하십니다. 사실 여기 등장하는 세리는 바리새인보다 더 규탄받을 만한 어두운 그늘에서 삶을 살고 있었습니다. 그럼에도 불구하고 이 세리의 삶의 어떤 부분은 바리새인보다 더 탁월해서 그 때문에 세리가 오히려 바리새인보다 더 훌륭한 그리스도인이 될 가능성이 있다는 사실을 주님께서는 본문을 통해서 지적하고 싶어하십니다.

이 바리새인은 무엇이 잘못되었읍니까? 우리는 몇 가지 중대한 지적을 살펴보겠읍니다.

첫째, 바리새인의 기도 속에는 자기만 있었지 하나님이 없었읍니

다.

이 바리새인이 기도하는 모습을 지켜보십시오. 11절에서 "바리새인은 서서 따로 기도하여 가로되 하나님이여"라고 말합니다. 그는 기도할 때 하나님을 먼저 부르지 않았읍니까? 이만하면 바리새인의 의식 속에 기도 속에 어떻게 하나님이 없다고 말할 수가 있읍니까? 그러나 "하나님이여"라고 부른 것에서 끝내지는 마십시오. 이 세상에서는 의미 없는 용어가 얼마든지 있을 수 있읍니다. 우리는 마음에 없으면서 의미 없이 얼마든지 종교적인 용어를 내뱉을 수가 있읍니다. 이것만 가지고 이 사람은 틀림없이 그리스도인일 것이라는 속단을 하지는 마십시오.

다음 이야기를 봅시다.

"하나님이여 **나는** 다른 사람들 곧 토색 불의 간음을 하는 자들과 같지 아니하고 이 세리와도 같지 아니함을 감사하나이다 **나는** 이레에 두 번씩 금식하고 또 소득의 십일조를 드리나이다"(11-13절).

이 바리새인의 기도 속에서 어떤 단어가 강조되고 있읍니까? 하나님입니까? 나입니까? 자기라는 "나"입니다. "하나님이여"라는 말은 기도 속에서 일단 하나님을 인용해야 속이 편하니까 한 마디 한 것뿐입니다. 가만히 들어 보면 이 바리새인의 기도는 기도가 아닙니다. 그것은 자기 업적의 제시라고 말하는 것이 옳습니다. "하나님, 나는 얼마나 잘난 사람인지 아십니까? 나는 저 그늘진 곳에서 인생을 사는 사람들과 다릅니다. 나는 토색하지 않았읍니다. 나는 불의하지 않습니다. 나는 간음하지 않습니다. 나는 그들과 다릅니다. 그리고 하나님, 나는 이 교회를 위해서 중대한 공헌을 했읍니다. 나는 십일조를 했읍니다. 금식도 했읍니다. 모든 행사에도 빠지지 않았읍니다"라는 바리새인의 기도는 기도라기보다는 차라리 자기 만족의 확인이었다는 사실이 이 본문의 말씀을 통해서 당신에게 전달되지 않습니까?

　그의 기도에는 창(窓)이 없었읍니다. 창이 있는 기도는 시선이 자기로부터 다른 것을 향해서 던져집니다. 진정한 기도의 창 앞에서 우리는 하나님을 바라보기 시작합니다. 나를 창조하신 하나님, 이 우주를 창조하시고 내 삶을 섭리하시는 거룩하신 하나님을 바라보게 됩니다. 그러나 어떤 사람의 기도에는 창이 없고 거울만 있읍니다. 그 거울 속에는 자기 자신의 모습만 나타날 따름입니다. 그는 기도 속에서 단순히 자신을 의식할 따름입니다. 이런 사람의 경우 그 기도는 성경적인 기도일 수는 없읍니다. 그것은 자기 확인의 수단에 불과합니다. 그것은 차라리 독백인 것입니다.

　그리스도인의 기도와 이방인의 기도는 어떻게 다릅니까? 불교의 참선(參禪)과 기독교의 기도는 어떻게 다릅니까? 그것은 같지 않습니다. 다릅니다. 그것을 같다고 당신은 무엇인가 중대한 것을 오해하고 있는 것입니다. 불교의 선이나 이방 종교의 명상은 주로 그 초점이 자기 자신에게 맞춰집니다. 내 속에 있는 불성(佛性)을 일깨운다고 말합니다. 내 속에 있는 신념에 불을 붙이기를 원한다고 말합니다. 그러나 기도는 자기 자신 속에서 일어나는 작업만은 아닙니다. 기도는 내 밖에 있는 절대자이신 하나님을 자신과 연결시키는 것입니다. 기독교 신앙의 대전제는 피조물인 나와 창조주 하나님과의 그 관계 속에 있읍니다. 그러므로 독백이 아닙니다. 그리스도인의 기도는 피조물인 내가 창조주 하나님을 필요로 하는 데서부터 시작되는 것입니다. 이 전제를 무너뜨리면 기도는 넋두리에 불과합니다. 그리고 자기 마음 속에서 일어나는 어떤 생각이나 욕구, 소원이나 바램을 노출시키는 단순한 자기 과시에 불과합니다.
　소크라테스(Socrates)는 자기 자신에게 기도를 드렸던 사람들 중의 한 사람입니다. 그는 자기 양심을 향해서 외쳤읍니다. 그의 기도는 하나님을 향해서 드려진 것이 아닙니다.

오래 전에 미국 보스톤에서 어떤 전도 집회가 열렸는데, 대표 기도를 할 분으로 그 도시에서 가장 명성이 높은 훌륭한 학자 한 분에게 기도 부탁을 했습니다. 그는 그 집회에서 얼마나 멋지고 아름다운 그리고 놀라운 수식어를 가지고 잘 했는지 알 수가 없습니다. 그러나 신앙이 있는 사람들은 그 날 그 분의 기도를 들으면서 그의 기도 속에는 하나님이 안 계신다는 사실을 느끼고 있었습니다. 그 이튿날 아침 어떤 기독교 신문 기자는 이 사람의 기도에 대해 이렇게 평가하는 글을 썼습니다.
"이 위대한 학자의 기도는 아마도 보스톤 시가 창설된 이래로 보스톤 청중에게 바쳐진 가장 웅변적이며 가장 지성적인 기도였다."
그 기도가 누구에게 바쳐졌다고요? 보스톤의 청중에게 바쳐진 기도였습니다.

때때로 자신에게 기도를 바치고 있지는 않은지요? 아니, 주변 사람들을 의식한 나머지 그들에게 기도하지는 않는지요? 하나님을 떠나서 정신적인 영역 속을 방황하고 있는 것은 아닌지요? 기도를 못하는 이유는 무엇입니까? "기도해 보십시오"라는 말에 어떤 분은 자꾸 기도를 사양합니다. 혹시 그것이 자기 자신에 대한 지나친 의식 때문이라면 당신은 이 바리새인의 영역을 벗어나지 못하고 있다는 사실을 생각해 본적이 있으신지요? 아니, 기도함에도 불구하고 응답이 없다면 그것도역시 내 기도가 단순한 자기 의식의 영역을 벗어나지 못했기 때문이라는 것을 이 말씀 앞에서 발견하시지 못했나요?
옳습니다. 이 바리새인의 의식, 바리새인의 기도 속에는 자기만 있었지 사실 하나님이 없었습니다. 하나님이 인용되고는 있었지만, 이따금씩 필요시에는 하나님을 호칭하고 있었지만, 그러나 그 하나님이 그의 기도의 숨결 속에 숨쉬고 있지 않았으며, 그의 기도를 들으시는 분명한

대상이 아니었읍니다. 그러므로 이 바리새인의 기도는 하나님과의 사이
에 분명한 관계가 성립되어 있지 못한 단순한 자기 독백에 불과했다는
사실을 본문을 통해서 발견할 수 있읍니다.

**둘째, 바리새인들은 하나님을 보지 못했고 따라서 자기 자신의 진
정한 모습도 볼 수 없었읍니다.**
유명한 개혁자 칼빈(John Calvin)은 인간이 가져야 할 가장 중요한
지식을 이렇게 정의했읍니다.
"첫째는 하나님께 대한 지식이며, 둘째는 자기 자신에 대한 지식이다.
그런데 전자의 경험이 없으면 후자는 절대로 불가능하다."
다시 말하면, 우리는 하나님을 알지 못하고서는 자기 자신을 알 수 없
다는 말입니다.
본문의 바리새인의 기도 속에는 참회가 없읍니다. 고백이 없읍니다.
자기의 죄인됨에 대한 처절한 부딪침이 없읍니다. 그는 계속해서 자기
를 내세우며 자기를 자랑하고 있읍니다. 나는 소득의 십일조를 드렸으
며, 나는 금식을 했으며, 나는 저 사람들과 다르다고 말합니다.
이 사람이 자기 자신의 모습을 발견하지 못한 이유가 어디에 있읍니
까? 그는 하나님을 본 적이 없기 때문입니다. 당신은 하나님을 만날
일이 있으십니까? 참으로 하나님을 경험한 일이 있으십니까?

웃시아 왕이 죽던 해에 성전에 들어간 이사야의 모습을 성경은 어떻
게 묘사합니까? 말로만 듣던 하나님을 직접 만나는 그 날이 찾아왔읍
니다. 하나님의 거룩한 보좌를 옹위하고 있던 스랍들이 하나님의 거룩
하심을 찬양하고 있읍니다.
"거룩하다. 거룩하다. 거룩하다."
거룩하신 하나님을 만나는 그 순간 하나님 앞에서 엎드려지며 이사야의
입술에서 맨 처음 터져나온 고백은 무엇입니까?

"화로다 나여 망하게 되었도다"(6:5).

그가 거룩하신 하나님을 만나자마자 상대적으로 불결하며, 추하고, 더러운 자신의 모습을 발견하기 시작합니다.

어느 여름 디베랴의 바닷가에서 그물을 내려 고기를 잡고 있었던 베드로의 모습을 성경에서 보십니까? 그 날따라 그는 고기를 잡지 못했읍니다. 밤을 지새워 노력을 했지만 고기를 잡은 것이 없읍니다. 이때 자기 앞에 어떤 낯선 사람이 다가옵니다. 그는 어부 출신이 아니었읍니다. 그는 목수 출신이었읍니다. 이 낯선 사나이는 베드로에게 이렇게 외칩니다.

"깊은 데로 가서 그물을 내려 고기를 잡으라"(눅 5:4).

이 항거할 수 없는 위력 앞에 그는 굴복하면서 깊은 곳에 그물을 던졌읍니다. 그물 안에 찢어지도록 많은 고기가 걸렸읍니다. 그 다음 그의 고백이 무엇입니까? "아 ! 굉장하네요. 언제 고기잡이를 배우셨나요?"라고 하지 않았읍니다. "주여, 나를 떠나소서. 나는 죄인입니다"라고 고백했읍니다. 이 논리의 맥을 이탈한 갑자기 터져나온 고백은 웬말입니까? 그는 자기 앞에 서 있는 낯선 분에게서 하나님을 보기 시작했읍니다. 고기떼의 방향을 알고 계신 저 분, 한 번도 바다를 접촉해 본 일도 없이 바다를 아시는 저 분, 사람의 마음을 아시고 과거와 현재와 미래를 아시는 저 분은 분명 하나님이심을 알았읍니다. 예수님, 그분은 하나님이셨읍니다. 그분이 하나님이심을 깨닫자 내 모든 것을 하나도 숨길 수 없다는 사실 앞에서 그는 마침내 예수님의 무릎 앞에 엎드리면서 "주여 나를 떠나소서 나는 죄인이로소이 다"라고 외칩니다.

어떤 목사님이 어느 집회에서 죄가 얼마나 무거운 것이며, 우리를 억누르는 것인지에 대해서 설교를 했습니다. 예배가 끝난 다음에 어떤 청년이 목사님에게 찾아와서 "목사님, 죄의 무게가 얼마나 됩니까? 저는 죄의 무게를 전혀 느끼지 않습니다. 죄의 무게가 50 키로그램입니까? 100 키로그램입니까?"라고 묻습니다.

이때 목사님은 청년에게 다시 이렇게 되물었읍니다.

『청년, 죽어 있는 송장 위에 100 키로그램의 짐을 얹어 놓아 보게. 그 시체가 그 무게를 느끼겠는가?』

"죽은 송장은 느낄 수가 없지요."

하나님과의 관계가 끊어져 있었을 때에, 내가 영적으로 무감각 상태에 있었을 때에 그래서 내가 죄인이라는 사실조차 깨닫지 못하는 것 그것이 현대인의 비극입니다.

"당신은 죄인입니다"라고 전도해 보십시오. 말로는 "네"라고 수긍합니다. 그러나 속으로는 "내가 왜 죄인이야? 너보다 더 죄인일 이유가 뭐냐?"고 반발할 것입니다.

제가 수원에 살 때 그곳에 있는 교도소에서 한 2 년간 규칙적으로 전도를 한 일이 있읍니다. 매주 목요일마다 교도소에 가서 전도를 해보았읍니다. 제가 2 년간 교도소를 출입하면서 얻은 결론은 "수원 교도소 안에는 죄수가 한 사람도 없다"는 것입니다. 사람마다 붙잡고 사연을 들어 보면 모두가 다 억울하게 들어온 분들입니다. 거기에는 죄수가 한 사람도 없읍니다. 죄수가 가장 많이 모여 있는 곳은 교도소가 아닙니다. 이것은 무슨 말입니까? 우리는 기도할 때 저마다 하나님 앞에 죄인됨을 고백합니다. 그런데 교도소에 있는 분들은 모두 자기가 죄인이 아니라고 말합니다. 그들에게는 죄인됨의 깨달음이 없었던 것입니다. 이 부딪침이 없었읍니다.

정말 거룩하신 하나님 앞에서 성령님의 지적하심을 통해서 "화로다.

나여 망하게 되었도다. 머리 끝부터 발바닥까지 성한 곳이 없구나. 주님! 나는 죄인입니다"라는 영혼의 고백을 하신 적이 있었는지요?

그런데 이 바리새인은 어떻게 말하고 있습니까? "저는 토색도 안 했고, 불의도 안 했고, 간음도 안 했으며 그래서 저는 저 세리와는 다른 사람입니다"라고 했습니다. 이 말은 상대 평가에 의해 나온 말이었습니다. 인간은 상대 평가를 통해서는 죄인됨의 고백에 도달할 수가 없습니다.

어떤 학생이 대학 입학시험에 합격하기 위해서는 80 점을 받아야 합니다. 그런데 40 점밖에 못 받았습니다. 그리고 이렇게 말합니다. "나는 30 점 받은 친구보다는 10 점이나 더 받았습니다"하고요. 그러나 그는 합격될 수가 없습니다.

죄인됨의 발견이란 주위 사람들보다 나는 조금 더 선한데, 나는 저 사람만큼 악하지는 않는데 하는 그런 상대적인 평가가 아니라 하나님의 얼굴 앞에 드러난 자신의 모습을 대하는 것입니다. 나를 창조하신 하나님께서 나에게 무엇을 기대하시는가 하는 질문은, 나는 나의 이웃보다 얼마나 더 선한가 하는 질문과 같지 않습니다. 당신은 하나님이 기대하시는 것만큼 선하십니까?

당신은 거룩하신 하나님께서 기대하시는 그 수준에 도달하셨습니까? "아니! 그 수준에 도달한 사람이 어디 있나요?"라고 묻는 사람들이 있을 것입니다. 그러나 성경은 말하기를 "모든 사람이 죄를 범하였으매 하나님의 영광에 이르지 못하더니…의인은 없나니 하나도 없으며…선을 행하는 자는 없나니 하나도 없도다"라고 말합니다. 그렇습니다. 하나님을 참으로 보지 못했기 때문에 자기 자신을 볼 수 없었던 이 바리새인의 비극은 오늘 당신의 비극일 수도 있습니다.

세째, 바리새인들은 하나님의 은혜와 자비의 필요성을 깨닫지 못했습니다.

그는 하나님도 보지 못했고, 자신도 발견하지 못했고, 따라서 한걸음
더 나아가 하나님의 은혜와 자비가 자기에게 필요하다는 사실도 깨닫지
못했읍니다. 죄인이라야 용서가 필요한 것이고, 용서의 필요성을 깨달
아야 용서하시는 구세주가 필요한 것입니다.

　내가 병들었다는 사실을 알아야 의사의 도움을 필요로 합니다. 그리
고 의사 앞에 가서 겸손히 자기의 옷을 벗습니다. 수치스럽고 부끄럽지
만 자기의 모습을 노출하고 "이것이 내 질병입니다. 나를 고쳐 주십시
오"라고 자기 몸을 맡길 때에만 의사의 치료를 받을 수 있는 것입니다.

　그러나 그 바리새인은 자기 자신을 발견하지 못한 관계로 자기가 하
나님 앞에 대단한 의인이나 되는 것처럼 착각했기 때문에 자기에게 하
나님의 은혜가 필요하다는 이 중요한 결론을 붙잡을 수가 없었읍니다.

　그러나 세리는 어떻습니까? 그는 남들에게 손가락질을 받고 있었기
때문에 누가 보아도 명백한 죄인이므로 그 사실은 그로 하여금 죄인임
을 발견하게 했고, 그래서 그는 마침내 하나님 앞에 나아가서 이렇게
부르짖을 수밖에 없었읍니다.

　"하나님이여 불쌍히 여기옵소서"(13 절).

이 사람이 죄를 지은 것은 잘한 일이 아닙니다. 그러나 이 세리의 삶
속에서 놓칠 수 없는 중요한 사실은 그는 이제 하나님의 은혜가, 하나
님의 자비가, 하나님의 용서가 필요하다는 사실을 깨달았다는 사실입니
다.

　한번은 유명한 전도자인 무디(D.L Moody)가 어느 도시에서 집회
를 하는데, 신문 기자들이 그를 중상모략하기 시작했읍니다. 그 다음
날 신문에 무디에 관한 온갖 허위 선전과 악 선전이 기재되었읍니다.
집회 담당자들이 펄펄 뛰며 이 사실을 어떻게 처리할 것인지를 의논합

니다. 그러나 정작 억울한 일을 당한 무디는 빙글빙글 웃고 있습니다.
"아니 화나지 않습니까? 사실도 아닌 것으로 비방하고 욕하는 저 사람
들한테 할 말이 없으십니까?"
이에 무디는 이러한 명언을 했습니다.
『내버려 두게나. 저 사람들이 몰라서 그렇지. 나는 신문에 난 것보다 훨
씬 더 악한 놈이야.』
　그 날 밤 무디는 그 집회에서 우리의 죄를 용서하시고 당신의 자비와
은혜의 보좌로 인도하시는 하나님의 은혜에 대해 설교했고, 자기를 중
상했던 사람들이 무릎을 꿇고 주님 앞에 나오는 놀라운 일을 그 날 밤
목격하게 되었습니다.

　오늘 우리는 정말 하나님의 은혜와 자비의 필요성을 깨닫고 있는지
요? 하나님의 도움이 필요하다는 사실을, 하나님의 용서가 필요하다는
사실을 나도 어떻게 할 수 없다는 것을 깨달으십니까? 하나님의 특별
하신 자비가 필요하며, 나를 새롭게 하는 하나님의 능력이 필요하다는
사실을 깨닫고 주님 앞에 엎드렸던 세리의 자세가 바리새인에게는 결핍
되어 있었던 것입니다.

　그 결핍은 한걸음 더 나가서 자기를 높이는 **교만**의 자리에 서게 만들
었습니다. "교만"을 어떻게 정의하면 옳겠습니까? 그것은 한마디로 말
하면 "하나님이 필요 없다"는 망상입니다. "나", "자기 자신"으로 가득
차 있고, 내 인생의 주인은 하나님이 아니라 나이며, 내 마음에서 일어
나는 의식이 내 삶의 전부라고 생각하는 이것이 바로 교만입니다. 하나
님을 들먹이면서도 사실은 하나님을 등지고 있고, 필요에 따라 하나님
을 말하기는 하지만, 이따금씩 하나님을 심심치 않게 화재의 대상에 오
르내리지만 그러나 하나님이 전혀 필요 없는 것처럼 사는 사람은 자신
이 피조물이라는 사실을 망각하고 있습니다. 그의 육체가 흙으로 지음
받았다는 사실을 망각하고 있습니다. 하나님이 오늘 밤 그의 영혼을 부

르시면 자신은 하나님 앞에 설 수밖에 없다는 사실을 망각하고 있읍니다. 깨어지기 쉬운 연약한 그릇과도 같은 존재라는 사실을 잊어 버리고 있읍니다. 그는 자기가 피조물이라는 사실을 망각하고 있읍니다. 이것이 교만입니다. 그래서 그는 "하나님이 없다"고 소리칩니다. 아니 하나님이 필요 없다고 소리칩니다.

그러나 세리는 자기의 부족함, 자기의 연약함을 발견했기 때문에 그는 주님 앞에 엎드립니다. 이것이 겸손입니다.

어떻게 겸손할 수가 있읍니까? 이렇게 묻는 제자에게 아시시의 성자 프렌시스(St. Francis)는 단순하게 이렇게 대답했읍니다.
"하나님을 한 번만 진실로 쳐다보게나. 그러면 인간은 교만할 수가 없오!"
하나님을 한 번만 쳐다보십시오. 이 우주를 창조하신 거룩하신 하나님! 나의 모든 삶을 심판하시고 그리고 그분 앞에 서서 내 모든 삶을 결산해야 하는 그 거룩한 분! 살아계신 그 하나님을 한 번만 바라보십시오. 그러면 당신과 저는 결코 교만할 수가 없읍니다. 그럼에도 불구하고 하나님을 대적하고 있는 바리새인의 의식이 오늘 내 속에서도 꿈틀거리고 있지 않은지 살펴보십시오. 잊지 마시기 바랍니다.
성경은 어떻게 말합니까?

"하나님이 교만한 자를 대적하시되 겸손한 자들에게는 은혜를 주시느니라"(벧전 5:5).

□ 회개의 기도와 용서

결론을 맺습니다. 응답받는 기도를 드리고 싶으십니까? 하나님과 바른 관계를 맺고 싶으십니까? 그러면 하나님을 바라보시기 바랍니다. 하나님을 똑바로 바라보십시오. 하나님의 **거룩하심**을 묵상하십시오. 그러면 상대적으로 당신은 자기 자신을 바라보게 될 것입니다. 그러면 자신이 하나님의 기대와 뜻을 벗어난 죄인이라는 사실을 발견하게 될 것입니다. 그 다음 당신은 절망하게 될 것입니다. 반드시 절망해야만 합니다. 자기 자신에게 절망해 본 체험이 없이는 예수 그리스도를 나의 주, 나의 하나님으로 고백할 수 없기 때문입니다.

그러나 계속 자신을 바라보고 절망하는 자리에만 있지는 마십시오. 만일 본문에 나타난 세리의 기도가 여기서 끝났다고 가정해 보십시오. 자기가 죄인이라는 사실을 깨닫는 것은 대단히 중요한 발견임에도 불구하고 여기서 끝났다면 그것은 절망입니다. 내가 죄인이라면 하나님의 심판을 면할 수가 없읍니다. 하나님의 진노를 피할 수가 없읍니다. 그리고 하나님의 거룩한 심판에서 살아 남을 길이 없읍니다. 이것은 절망입니다.

그러나 세리는 또 하나 놀라운 사실을 발견했읍니다. 하나님은 거룩하신 하나님일 뿐만 아니라 또한 그분은 자기를 **사랑**하신다는 사실을 발견했읍니다. 그래서 세리의 기도 중 가장 극치는 이 부분입니다.

"하나님이여 불쌍히 여기옵소서"(13 절).

내가 죄인임에도 불구하고, 내가 절망 속에 빠져 있는 사람임에도 불구하고 나는 하나님 앞에 기댈 것입니다. 왜냐하면 하나님의 사랑을 믿기 때문입니다. 하나님은 나를 용서하실 수가 있으며, 나를 치료하실 수가 있으며, 나를 새롭게 하실 수가 있다는 사실을 믿기 때문입니다. 주님, 저에게 은혜를 베푸시고 저에게 자비를 베푸셔서 저를 불쌍히 여겨 주십시오!

토레이 (R.A. Torrey) 목사님에게 어느 날 어떤 부인이 찾아와서 이렇게 말합니다.

"목사님, 저는 집회를 많이 참석하고 아무리 기도를 많이 해도 하나님의 은혜가 실감나지 않습니다. 구원받았다는 사실도 실감나지 않습니다. 왜 그럴까요?"

이 말을 듣고 토레이 목사님은 고민하고 있는 이 부인에게 중요한 기도를 가르쳤읍니다.

『부인, 오늘부터 돌아가셔서 다른 기도는 하지 마시고 이 한 가지 기도만 계속 하십시오. '하나님, 저 자신을 보여 주십시오'라고 한 주간만 계속 기도하시기 바랍니다.』

그래서 목사님의 충고를 따라 이 부인은 집에 돌아가 계속 이 기도를 했읍니다.

"하나님, 저 자신을 보여 주십시오. 내가 하나님 앞에서 어떤 사람인가를 보여 주십시오!"

이 기도를 계속 하던 부인은 마침내 자기 자신의 모습이 깨달아지기 시작했읍니다. 하나님 앞에서 자신의 추하고 불결하고 머리 끝에서부터 발바닥까지 성한 곳이 없는 모습을 발견합니다. 마침내 그녀는 자기의 죄악을 보고 어찌할 줄 몰랐읍니다. 그리고 죄악의 짐을 잔뜩 지고 절망에 빠진 모습으로 일 주일만에 토레이 목사님에게 찾아와서 "목사님, 이제는 죽어 버리고 싶습니다"라고 말합니다.

이때 목사님은 이 부인에게 말합니다.

『이제부터 '십자가를 보여 주십시오'라고 기도하기를 시작하십시오.』

이 부인은 돌아가서 두번째 기도를 시작합니다.

"십자가를 보여 주십시오."

그때 진실한 의미에서 그 십자가의 의미가 깨달아지기 시작했읍니다. 내가 내 죄 문제를 해결할 수 없고 나의 도덕적인 노력과 결단이 나를 죄에서 자유하게 못한다는 사실 앞에서 자기 자신에 관한 완전한 절망을 선언했을 때, 하나님이 나를 이처럼 사랑하사 독생자 예수 그리스도를 보내시고 그분이 십자가에서 나의 죄를 담당하시고 돌아가셔서 대가를 치르시고 보배로운 피를 통해서 내 죄가 용서함받는다는 사실이 깨달아지기 시작했읍니다.

자기 자신을 참으로 발견하지 못한 사람에게는 십자가도 보이지 않는다는 사실을 아십니까? 십자가는 목에 달고 다니는 장신구가 아닙니다. 이 십자가의 의미가, 나를 향하신 하나님의 사랑의 확증이 당신의 마음 속에 전달되고 있읍니까? "우리가 아직 죄인되었을 때에 그리스도께서 우리를 위하여 죽으심으로 하나님께서 우리에게 대한 자기의 사랑을 확증하셨느니라"(롬 5:8)는 이 사랑이 전달되고 있읍니까? 내가 죄인임에도 불구하고, 하나님의 저주와 진노를 피할 수 없음에도 불구하고, 그러나 하나님은 나를 사랑하시기 때문에 그 사랑을 의지하여 주님 앞에 엎드려 "하나님, 저를 불쌍히 여겨 주시옵소서"라고 세리처럼 외치는 사람들에게 십자가는 보입니다. 하나님이 보입니다. 예수님이 보입니다. 그는 진정으로 이렇게 말할 수가 있읍니다.
"예수님, 이제 예수님만 믿겠읍니다. 나에게는 아무런 공로가 없읍니다."
그 순간 주님께서는 이 사람의 죄를 용서하시고 이 사람을 의롭다 하십니다. 이것이 복음입니다. 이것이 기독교의 가장 중요한 멧세지입니다.
당신은 십자가에서 예수님을 붙들고 "나의 주 나의 구세주"라는 고백을 해보셨읍니까?

무디 목사님이 스코틀랜드를 여행하시면서 그곳에서 전도 집회를 하고 있었을 때였읍니다. 그 집회에 한 소녀가 참석했읍니다. 이 소녀는 영혼의 고민을 안고 있었읍니다. 내가 어떻게 구원받을 수가 있을지 아무리 생각해 보아도 자기는 구원받을 만한 자격이 없다는 생각 때문에 소녀의 마음은 괴로왔읍니다. 나는 배운 것도 없는데, 예쁘지도 않고, 명성도 없으며, 돈도 없고, 하나님이 보시기에 그렇게 깨끗하지도 않아서 구원받을 자격이 없다는 자격지심 속에서 괴로워하고 있던 이 소녀가 그 집회의 마지막 날 무디 목사님이 하나님의 사랑과 용서에 대해

설교하고 있었을 때였읍니다. 설교가 아직 끝나지도 않았은데, 소녀는
우뚝 서서 정면을 향해 달려 나오며 이렇게 외쳤읍니다.
"내 모습 이대로, 부족한 모습 이대로 하나님은 받아 주시지요?"
달려 나오는 소녀를 끌어 안으면서 무디 목사님은 "돌아온 탕자를 아버
지께서 그대로 받으신 것처럼 하나님께서는 자매를 받으시지요"라고 말
합니다.

　그 소녀가 눈물을 흘리면서 그 날 하나님이 자기를 받으시고 죄를 용서
하셨다는 해방감에서 주님 앞에 찬양과 감격의 기도를 올리고 있을 때
에 그 옆에서 이 광경을 보고 있던 성가대의 에리사 헤밀턴이라는 여자
가 붓을 들어서 작사를 하기 시작했읍니다. 그리고 그 옆에 서 있던,
무디 목사님과 평생을 음악 목사로 동역했던 생키가 작곡을 시작합니
다.

　　　　"나 주의 도움 받고자 주 예수님께 빕니다.
　　　　그 구원 허락하시사 날 받으옵소서.
　　　　큰 죄에 빠져 영 죽을 날 위해 피흘렸으니
　　　　주 형상대로 빚으사 날 받으옵소서.
　　　　내 힘과 결심 약하여 늘 깨어지기 쉬우니
　　　　주 이름으로 구원해 날 받으옵소서.

　　　　내 모습 이대로 주 받으옵소서
　　　　날 위해 돌아가신 주 날 받으옵소서."

므나의 비유

누가복음 19 : 11~27

"저희가 이 말씀을 듣고 있을 때에 비유를 더하여 말씀하시니 이는 자기가 예루살렘에 가까이 오셨고 저희는 하나님의 나라가 당장에 나타날 줄로 생각함이러라 가라사대 어떤 귀인이 왕위를 받아가지고 오려고 먼 나라로 갈 때에 그 종 열을 불러 은 열 므나를 주며 이르되 내가 돌아오기까지 장사하라 하니라 그런데 그 백성이 저를 미워하여 사자를 뒤로 보내어 가로되 우리는 이 사람이 우리의 왕됨을 원치 아니하노이다 하였더라 귀인이 왕위를 받아 가지고 돌아와서 은 준 종들의 각각 어떻게 장사한 것을 알고자 하여 저희를 부르니 그 첫째가 나아와 가로되 주여 주의 한 므나로 열 므나를 남겼나이다 주인이 이르되 잘하였다 착한 종이여 네가 지극히 작은 것에 충성하였으니 열 고을 권세를 차지하라 하고 그 둘째가 와서 가로되 주여 주의 한 므나로 다섯 므나를 만들었나이다 주인이 그에게도 이르되 너도 다섯 고을을 차지하라 하고 또 한 사람이 와서 가로되 주여 보소서 주의 한 므나가 여기 있나이다 내가 수건으로 싸 두었나이다 이는 당신이 엄한 사람인 것을 내가 무서워함이라 당신은 두지 않은 것을 취하고 심지 않은 것을 거두나이다 주인이 이르되 악한 종아 내가 네 말로 너를 판단하노니 너는 내가 두지 않은 것을 취하고 심지 않은 것을 거두는 엄한 사람인 줄을 알았느냐 그러면 어찌하여 내 은을 은행에 두지 아니하였느냐 그리하였으면 내가 와서 그 변리까지 찾았으리라 하고 곁에 섰는 자들에게 이르되 그 한 므나를 빼앗아 열 므나 있는 자에게 주라 하니 저희가 가로되 주여 저에게 이미 열 므나가 있나이다 주인이 가로되 내가 너희에게 말하노니 무릇 있는 자는 받겠고 없는 자는 그 있는 것도 빼앗기리라 그리고 나의 왕됨을 원치 아니하던 저 원수들을 이리로 끌어다가 내 앞에서 죽이라 하였느니라"
— 누가복음 19 : 11~27.

므나의 비유

예수께서 그 마지막 발걸음을 예루살렘을 향해 옮기는 도중에 있습니다. 이때 이미 예수님의 이름은 팔레스틴 전역에 알려지고 있었읍니다. 병자를 고치시고, 눈먼 자를 보게 하시며, 앉은뱅이를 일으켜 세우시고, 죽은 자를 살리시는 예수 그리스도에 대한 놀라운 이야기가 팔레스틴 전역에 퍼져 있었던 것입니다. 어떤 사람들은 그분을 가리켜 "기적의 사람"으로, 또 어떤 사람들은 "권세있는 교훈을 가르치는 이스라엘의 랍비"로 소문은 소문의 꼬리를 이어 계속 이어지면서 많은 사람들의 입술에서 "저 나사렛 예수는 우리가 기다려 왔던 메시야임에 틀림이 없다"는 이야기가 나오기 시작했읍니다. 그들은 다윗의 보좌를 계승하였고, 억압당하는 이스라엘을 로마의 권력에서 해방시키고 참된 자유와 기쁨을 줄 메시아에 대한 흥분된 기대를 걸고 있었읍니다. 자연히 예수님을 따르고 있는 제자들의 마음 속에는, 그분이 이 나라를 자기의 나라로 삼게 되면 우리들에게도 커다란 혜택이 주어지고 커다란 영광을 누리게 될 것이라는 생각들을 하고 있었을 때에 예수님의 이 유명한 비유가 시작됩니다.

본문은 이렇게 시작됩니다.

"저희가 이 말씀을 듣고 있을 때에 비유를 더하여 말씀하시니 이는 자기가 예루살렘에 가까이 오셨고 저희는 하나님의 나라가 당장에 나타날 줄로 생각함이러라"(11절).

□ 동기

주님께서 이 비유를 말씀하시게 된 동기를 우리는 뚜렷하게 이해할 수가 있읍니다. 우리는 본문에서 두 가지 동기를 살펴볼 수 있읍니다.

첫째, 당신의 죽으심을 알리기 위해서입니다.
예수님께서 온 우주를 통치하시는 왕으로 이 땅에 오시기 전에 먼저 하셔야 할 일이 있읍니다. 그것은 예수께서 이 세상을 떠나시는 일입니다. 십자가의 죽음을 통해서 죄값을 지불하고 인간을 구원하시는 구속의 십자가의 길을 그분은 먼저 걸으셔야 합니다. 이것을 제자들에게 가르칠 필요가 있었읍니다. 그들이 영광을 기대하기 전에, 축복을 기대하기 전에, 예수께서 십자가를 향해 걸어가시는 진정한 의미를 이해할 필요가 있었던 것입니다.

둘째, 예수께서 떠나시고 오실 때까지 제자들이 이 땅에서 무엇을 하며 어떻게 살아야 할지 가르치기 위해서입니다.
그래서 예수님의 열 므나 비유가 시작됩니다. 이 비유는 예수님 당시에 있었던 한 역사적 사례를 통해서 주님께서 말씀하시는 것입니다. 그 역사적 사건이란 무엇입니까?

그 당시 팔레스틴을 다스리는 유대의 왕이 되려면 당시에 전 세계를 지배하던 로마의 시이저 황제의 허락을 받아야만 했읍니다. 그래서 예수님 당시의 왕이었던 헤롯 대왕은 로마로 가서 로마의 마크 안토니 황제의 "왕이 되어도 좋다"는 허락을 받아 유대의 팔레스틴 왕으로 취임

했던 역사적 사례가 있었읍니다.

헤롯왕이 죽었읍니다. 그 후 헤롯의 아들이었던 아켈라오가 왕위를 계승할 입장에 놓여 있었읍니다. 그러나 이 사람은 먼저 로마의 시이저 황제의 명을 받지 않으면 안 되었기 때문에 먼 길을 떠나게 되었읍니다.

이 아켈라오가 왕위를 계승하기 위해서 로마로 간다는 소문이 퍼지자 팔레스틴의 수많은 사람들이 "아켈라오는 왕이 될 자격이 없다. 그의 인격은 믿을 만하지 못하다"라고 하며 봉기하기 시작했읍니다. 그래서 사람들은 오십 명을 그들의 대표로 로마에 파송해서 아켈라오가 왕이 되려는 것을 방해하는 운동을 벌였읍니다.

그러나 한편 유대땅에는 아켈라오를 지지하는 사람들의 운동도 무르익어 가고 있었읍니다. 로마로 찾아간 이 아켈라오는 로마의 황제에게 찾아가서 자기의 비죤을 피력합니다. 그리고 철저하게 로마의 황제에게 충성을 다할 것을 약속합니다. 드디어 로마 황제의 허락을 받았읍니다. 그는 왕위를 가지고 다시 자기의 고향인 팔레스틴으로 돌아옵니다. 돌아오자마자 제일 먼저 한 일은 자기를 반대했던 사람들을 처형하고, 자기를 지지했던 사람들에게 보상을 베풀었읍니다.

이 사건이 얼마 전에 일어났던 것입니다. 이 생생한 역사적 사건에서 주님께서는 이 비유를 가르치시기 시작합니다. 그리고 주님께서 이 위대한 교훈을 시작하십니다. "어떤 귀인이 왕위를 받아 가지고 오려고 먼 나라로 갈 때에"(12절)라는 말씀이 그 당시의 민중들에게 얼마나 잘 이해가 되겠읍니까? 얼마나 생생하게 이 비유의 배경을 이해했겠읍니까?

□ 므나 분배

드디어 귀인이 떠나가면서 종 열을 불러서 은 열 므나를 주며 이르되 한 므나씩 공평하게 나눈 다음에 귀인은 이렇게 말합니다.

"내가 돌아오기까지 장사하라"(13 절).

그리고 그는 떠나갔읍니다.

"그 백성이 저를 미워하여 사자를 뒤로 보내어 가로되 우리는 이 사람
이 우리의 왕됨을 원치 아니하노이다 하였더라 귀인이 왕위를 받아 가
지고 돌아와서 은 준 종들의 각각 어떻게 장사한 것을 알고자 하여 저
희를 부르니"(14-15 절).

그는 왕이 되어 돌아와서 보고를 받읍니다.
첫번째 사람이 나와서 보고하기를 "주여, 저는 주께서 주신 한 므나
로 열심히 장사해서 열 므나를 남겼읍니다"라고 하였읍니다.
두번째 사람이 나와서 가로되 "주여, 주의 한 므나로 저는 다섯 므나
를 만들었읍니다"라고 하였읍니다. 그래서 주인이 『잘했다 착한 종이
여, 네가 작은 것에 충성하였으니 너에게는 다섯 고을을 주마』라고 말
했읍니다.
그러나 드디어 인상깊은 한 사람이 왕 앞에 불리워 옵니다. 20 절에
보면 "또 한 사람이 와서 가로되 주여 보소서 주의 한 므나가 여기 있
나이다 내가 수건으로 싸서 이 한 므나를 땅 속에 잘 숨겨 두었다가 고
스란히 주인께 바치나이다"라고 했읍니다. 드디어 이 주인되신 왕이 대
노하는 광경을 우리는 읽게 됩니다.

우리는 이 비유를 읽자마자 또 하나의 비유를 생각하게 됩니다. 마태
복음 25 장에 기록된 『달란트의 비유』입니다. 성경을 피상적으로 읽으
시는 분들은 이 둘을 똑같은 비유로 생각할 것입니다. 그러나 이 두 비
유는 다릅니다. 여기서부터 본문은 출발해야만 합니다.

마태복음 25 장에 나타난 달란트의 비유는 역시 먼 길을 떠나면서 종 세 사람을 불러서 각각 다섯, 둘, 한 달란트를 맡기는 것으로 시작됩니 다. 본문의 비유와 어떻게 다릅니까? 세 사람의 종이 아니라 열 사람 이 등장합니다. 그 열 사람에게 마태복음 25 장의 종처럼 다르게 준 것 이 아니라 똑같이 한 므나씩 줍니다. 그것이 핵심입니다. 여기에서 한 므나라는 것은 큰 화폐 가치를 지닌 것은 아닙니다. 오늘날의 화폐로 환산하면 백만 원 정도입니다. 본 비유에서 열 사람이 똑같이 받았다 는 사실은 우리에게 어떤 교훈을 가르쳐 주십니까?

달란트 비유에서 달란트는 우리의 은사나 재능을 말합니다. 하나님께 서는 우리에게 **각기 다른** 재능을 주십니다. 우리는 다른 재능을 가지고 태어납니다. 우리가 예수를 믿고 중생하는 순간 하나님께서는 성령님을 통해서 그리스도인들에게 각기 다른 은사를 주십니다. 받은 재능이 다 르고 받은 은사가 다릅니다. 어떤 사람이 더 많이 받았는가 아니면 적 게 받았는가 하는 것이 중요한 것이 아니라, 주님께서는 많이 받은 사 람에게는 많은 것을 기대하시고 적게 받은 사람에게는 적은 것을 기대 하십니다. 나중에 심판대 앞에서 우리는 우리가 받은 것을 얼마나 성실 하게 관리했는지 우리의 인생에 대한 평가가 내려질 것입니다.

그러나 므나 비유에서는 **똑같이 받았다**는 사실을 강조합니다. 이것 은 우리 주님께서 모든 사람에게 똑같이 주신 것이 있음을 보여 줍니 다. 다르게 주신 것도 있지만 당신과 제게 꼭같이 주신 것, 그것은 무 엇입니까?

□ 므나의 참뜻

본문에서 똑같이 주시는 비유를 설명하면서 주님의 마음 속에는 어떤 생각이 있었을까요? 이제 당신의 생각을 옮겨서 주님께서 이 세상을 떠나기 직전에 마지막으로 제자들을 모아서 명령을 내리시는 장면을 보시기 바랍니다. 이 명령이 무엇입니까?

> "너희는 가서 모든 족속으로 제자를 삼아 아버지와 아들과 성령의 이
> 름으로 세례(침례)를 주고 내가 너희에게 분부한 모든 것을 가르쳐 지
> 키게 하라"(마 28:19-20).

이 명령은 누구를 향한 명령입니까? 목회자들을 위한 명령입니까? "복음을 전하라"는 이 명령은 모든 그리스도인들에게 하신 명령이라는 것을 기억해 두시기 바랍니다. 모든 시대의 모든 하나님의 사람들에게 주님께서 이 세상을 떠나시기 전에 "복음을 너희에게 맡긴다"는 중요한 부탁을 하셨읍니다.

그래서 바울은 그의 서신에서 "주께서 우리에게 복음 전할 부탁을 주셨으니"라는 고백을 계속합니다. 복음을 전할 부탁, 다시 말하자면 주님께서는 모든 그리스도인들에게 복음의 소식을 전하라는 명령을 성경을 통해서 말씀하시고 계십니다. 본문에서 나타난 주인은 길을 떠나면서 그들에게 이렇게 말합니다.

"내가 돌아올 때까지 장사하라."

이것은 모든 그리스도인들에게 주님께서 명하시는 부탁입니다.

이 명령 앞에 당신은 얼마나 성실한 자세로 삶을 살아가고 있읍니까? 얼마나 장사하셨읍니까? 복음은 나 혼자 간직하도록 되어 있는 것은 아닙니다. 복음은 복음의 성격상 "재생산"을 요구합니다. 이 복음이 더 많은 사람들에게 전파되어, 더 많은 사람들이 이 복음을 받아 이 복음의 재생산을 통해서 전 세계가 복음을 받을 때까지 결코 중단될 수 없는 복음의 행진이 성경에 나타난 복음의 성격인 것을 우리는 볼 수가 있읍니다.

이제 우리는 본문을 묵상하면서 본문의 가장 중요한 부분으로 들어갑시다.

□ 땅 속에 파묻은 종

본문에서 우리의 관심을 끄는 것은 어떤 장면입니까? 그것은 한 므나를 땅 속에 파묻었던 종입니다. 그는 왜 한 므나를 땅 속에 묻었읍니까? 그는 왜 다른 친구처럼 이자를 남기지 못했읍니까? 더 많은 것을 생산하지 못하고 주인에게 칭찬듣지 못한 원인이 어디에 있읍니까? 본문을 묵상하면서 이 종이 많은 것을 남기지 못한 이유를 몇 가지로 추적할 수가 있읍니다.

첫째, 그는 한 므나를 대수롭지 않게 생각했읍니다.

주인이 맡겨 주신 그 한 므나를 대수롭지 않게 생각했을지 모릅니다. 물론 성경에 그의 변명이 나옵니다. "저는 주인을 두려워했읍니다. 당신을 엄한 사람이라고 생각했읍니다. 당신은 두지 않은 것을 취하고 심지 않은 것을 거두는 분이라고 생각했읍니다. 제가 주인께서 주신 이 한 므나마저 장사한다고 하다가 자칫 잘못해서 잃어버리면 주인께 받을 책망이 두려워서 저는 이것을 땅 속에 잘 간직했다가 그대로 가지고 왔읍니다"라고 종은 말합니다. 그러나 이것을 우리는 변명이라고밖에는 말할 수가 없읍니다. 변명은 어디까지나 변명입니다.

지금 이 사람이 표면적으로 말하고 있는 변명의 배후에는 더 솔직한 다른 이유가 있을지도 모릅니다. 당신은 그 이유가 무엇이라고 생각하십니까? 그 첫째 이유는 대수롭지 않게 여긴 까닭입니다. 한 므나 자체가 화폐 가치로 따져서 별것이 아니니까 이 사람은 정말 별 것 아닌 것으로 생각했을지도 모릅니다.

물질주의적인 가치관이 팽배하고 있는 오늘 당신과 제가 살고 있는 시대 속에서 복음이란 정말 대수롭지 않은 것일지 모릅니다. 물질주의적인 가치관이 환영을 받는 오늘의 세대 속에서, "복음, 진리, 하나님의 말씀"은 당신에게 어느 만큼 의미를 갖고 있읍니까?

묻겠읍니다. 당신은 전도하십니까? 안 하십니까? 왜 안 하십니까? 당신에게 전해진 이 복음이 정말 어느 만큼 중요한 것이라고 생각하십니까? "진리를 알지니 진리가 너희를 자유케 하리라"는 이 하나님의 말씀의 진리가 내 영혼을 모든 죄악의 억압에서부터 해방하고 내 속에 삶의 의미와 기쁨과 능력을 주었다면 왜 이 복음을 전하지 않으시나요? 당신이 전도하지 않는 많은 이유가 있을 것입니다. 그러나 솔직하게 이야기합시다. 혹시 당신의 이유가 이 복음을 대수롭지 않게 생각하기 때문은 아닌지요? 복음이, 기독교의 거룩한 진리가 당신에게 주는 의미가 이 정도의 가치밖에는 안 되는지요?

둘째, 모험이나 희생에 대한 두려움 때문입니다.

내가 장사하려면 땀을 흘려야죠? 오늘 우리 주위에서 장사하시는 분들은 장사하는 것이 얼마나 어려운 일인지 뼈저리게 느끼실 것입니다. 마찬가지로 이 종은 "내가 이렇게 힘들게 땀을 흘릴 필요가 있겠는가? 그냥 가지고 있다가 주인이 오면 그대로 드리면 되지"라고 생각했을지 모릅니다. 이와 똑같은 의식 구조가 오늘 당신과 저의 마음 속에 작용하고 있지는 않은지요? 오늘의 우리는 모험을 두려워하고 있습니다. 지금까지 살아 온 삶의 흐름을 깨뜨리는 것이 두려워서 "그냥 그대로 살면 되지"하는 생각이 지배합니다.

묻겠읍니다. 당신은 전도하십니까? 안 하십니까? 왜 안 하십니까? 혹시 내가 어떤 사람에게 예수 믿으라고 했다가 "저 친구도 예수쟁이 됐구만" 하는 소리가 듣기 싫어서입니까? 아니면, 사람을 붙들고 예수 그리스도의 복음을 전하는 그 희생이, 땀흘림이 내 체면과 시간과 그리고 더 중요한 다른 관심을 빼앗는다는 이유 때문인가요? 왜 나를 구원하신 예수 그리스도의 영광스러운 진리와 복음을 전하는 일에 주저하고 계신가요? 만일 우리와 똑같은 생각을 옛날의 순교자들이 했었더라면, 그들은 어떻게 복음을 전하는 일을 위해서 순교의 장을 향해 찬양하며 기도하며 걸어갈 수가 있었을까요?

바울 사도의 이 고백을 어떻게 생각하십니까?

"내가 복음을 부끄러워하지 아니하노니 이 복음은 모든 믿는 자에게
구원을 주시는 하나님의 능력이 됨이라"(롬 1:16).

이 복음이 당장 현금을 만들어 내지 않을지라도, 예수를 믿는다는 사실
이 당장 내 사업을 축복하지 않을지라도 복음은 그것을 믿는 사람들에
게 구원을 줍니다. 하나님을 알게 합니다. 죽음 저 건너편의 확실한 소
망을 갖게 합니다. 지금 여기에서 삶의 진정한 의미를 갖게 해줍니다.
따라서 이 위대한 복음에 대해서 "나는 이 복음을 부끄러워하지 아니하
노니"라고 고백하는 바울 사도의 고백을 당신과 저는 얼마나 공감할 수
가 있습니까?

예수께서 사마리아인의 비유를 말씀하실 때의 여리고 길에서 강도맞
아 쓰러진 사람을 생각해 보십시오. 이제 그 곁을 제사장과 레위인이
지나갑니다. 이 제사장과 레위인을 너무 욕하지는 맙시다. 제사장과 레
위인이 여리고 길의 그 사람을 쓰러뜨린 것은 아니지 않습니까? 그 사
람에게 어떤 해를 준 것도 아닙니다. 그러나 이들이 강도만나 쓰러진
그 사람 곁을 왜 그냥 지나갔습니까? 이 쓰러진 사람을 돌보려면 시간
이 필요합니다. 자기의 시간을 할애해야만 합니다. 시간에 대한 희생이
있어야 합니다. 저를 돌봐야 합니다. 우리는 이 희생을 원하지 않습니
다. 현상 유지가 좋습니다. 그냥 지나가면 됩니다. 이것이 주께서 말씀
하신 본문에 나타난 비극인 것을 당신은 보십니까?

어떤 부자 청년 관원이 생각나시나요? 그 청년은 영생을 얻기 원했
읍니다. "선생님이여, 어떻게 하면 영생을 얻을 수가 있읍니까?"라는
청년의 질문에 주님께서는 『네가 가진 것을 다 팔아 가난한 사람에게

주라」고 하십니다. 이 청년은 어떤 사람들을 해롭게 한 사람은 아닙니다. 살인한 사람도 아닙니다. 간음한 사람도 아닙니다. 이 사람을 욕하시는 맙시다. 그러나 그는 자기의 것을 희생하기를 원하지 않았읍니다.

교회에 나오는 것에 관심이 있읍니다. 신앙을 갖는 것에 관심이 있읍니다. 혹시 천국이 있을 수도 있으니까 일 주일에 한 번쯤은 교회에 나와야지요. 그러나 그 이상은 안 됩니다. 내 시간을 더 이상 빼앗길 수는 없읍니다. 철저하게 자기의 희생을 거부하면서 주일 아침에 한 번 교회에 나오는 것으로 때우려는 현대 교인들의 심리 속에서 이 청년의 비극이 보이지 않습니까?

세째, 주인에 대한 몰이해 때문입니다.

그는 주인을 잘 몰랐읍니다. "이 한 므나를 잘못 관리해서 잃어버리게 되면 주인이 야단하겠지"라는 생각이 들었읍니다. 본문에 보면 그는 주인이 엄하고 대단히 굳은 사람이라고 생각해서 한 므나를 잃어버리면 주인이 크게 책망하실 것으로 생각했읍니다. 그것이 그가 장사하지 않은 이유입니다. 이것이 그가 활동하지 않은 이유입니다. 그가 봉사하지 않은 이유입니다. 그는 지금 무언가 중대한 오해를 하고 있음에 틀림없읍니다. 이 사람은 자기 주인이 매우 위대한 사랑의 주인이라는 사실을 몰랐읍니다.

당신은 사랑해 보셨읍니까? 사랑하는 사람 앞에서 당신은 내가 이 행동을 취하면 저 사람이 얼마나 기분나빠할 것인가 하는 생각에서 두려움과 공포에 사로잡혀서 시간을 보내게 됩니까? 이런 사람은 비정상적인 사랑을 하고 있는 사람입니다. 사랑하고 있는 사람의 마음 속에는 그 대상을 향해서 끊임없이 솟구치는 감정이 있읍니다. 그것은 상대를 좀더 기쁘게 해주려는 마음입니다.

성경은 누누이 계속해서 그리스도인의 삶의 중요한 동기는 하나님을 기쁘시게 하는 것이라고 강조합니다. 저와 당신은 왜 하나님을 기쁘시게 하기를 원합니까? 그것은 사랑하기 때문입니다. 주님을 사랑하기 때문에 있는 힘을 다해서 그분을 기쁘시게 하기를 원합니다. 그분이 원하는 일을 하고 싶어합니다. 그분이 원하는 갈을 하고 싶어합니다. 그분이 내게 부탁한 영광스러운 복음을 전하고 싶어합니다. 이것이 주님을 사랑하는 그리스도인들의 마음 속에서 맏박치고 있는 애정입니다.

왜 전도를 안 하십니까? 내가 돌아다니다가 더 비참한 모습으로 주님 앞에 서게 될 것이 두려워서입니까? 그리고 보면 한 므나를 땅 속에 묻어둔 이 사람의 이야기가 다른 사람의 이야기가 아니라 어쩌면 당신 가운데 어떤 분들의 이야기일지도 모릅니다. 그보다 더 중요한 지적을 할까요?

네째, 불신앙 때문입니다.
저는 성경에 나타난 이 주인공에게 이렇게 묻고 싶습니다.
"당신은 주인이 돌아온다는 사실을 믿었읍니까?"
같은 질문을 당신에게도 던집니다. 당신은 예수 그리스도의 재림의 약속을 믿습니까? 교회에 나오기 때문에 모두 하나님의 백성이지는 않습니다. 한 사람 한 사람에게 질문을 던지겠읍니다. 예수께서 역사 속에 다시 돌아오신다는 그 사실을 믿으십니까? 믿는다면 어떻게 살고 계십니까? 이 종이 자기의 주인이 돌아와서 결산을 한다는 사실을 믿었다면 이 사람의 삶은 달랐겠지요.

질문을 바꾸겠읍니다. 당신은 죽는다는 사실을 믿으십니까? 당신이 죽는 그 순간 주님 앞에 선다는 그 사실을 믿으십니까? 그리고 주님 앞에서 당신의 삶을 결산해야 한다는 사실을 믿으십니까? 그 사실을 참으로 믿는다면, 오늘 저와 당신은 이 순간 여기에서의 삶을 어떻게 살아야만 옳을까요?

십자가 상에서 마지막 순간에 회개하고 구원받은 사람을 기억하십니까? 저는 때때로 예수믿으라고 전도를 하다 보면 이렇게 말하는 사람을 봅니다.

"저는 바로 죽기 직전에 믿으렵니다."

왜 그런 생각을 하느냐고 물으면, 성경을 조금은 들어 본 사람들이 "왜 성경에도 있지 않습니까? 마지막 죽기 직전에 회개한 강도 말입니다. 나도 그렇게 하고 싶습니다"라고 대답합니다.

저는 천국에서 이 십자가 상에서 회개하고 구원받은 강도를 만난다면 그에게 이런 질문을 던지고 싶습니다.

"당신이 세상에서 살 때 가장 크게 후회했던 것은 무엇입니까?"

이 사람은 틀림없이 강도짓을 한 것이 후회된다고 말하지 않을 것입니다. 이 사람에게는 더 큰 후회가 있을 것입니다. 그는 저에게 이렇게 말할지 모릅니다.

『마지막 순간에 내가 주님을 불렀더니 나를 구원하신 그 주님의 은혜가 얼마나 감사한지요. 마지막 순간에 그분이 나의 구주이신 것을 알고 내 생명을 부탁했을 때 나를 구원해 주셨읍니다. 만 입이 있어도 할 말이 없고, 그분께 끊임없는 감사를 드리고 싶습니다. 그런데 형제여, 나에게 후회가 하나 있다면 주님을 섬길 시간이 없었다는 것이오. 나는 주님 앞에서 자랑할 게 없소. 해놓은 것이 없소. 그분의 은혜로 구원받기는 했지만 아무것도 내놓을 것이 없단 말이요.』

그렇습니다. 그에게는 주님을 위해서 땀을 흘린 삶의 기록이 없읍니다. 나를 구원하신 예수 그리스도를 위해서 내가 구체적으로 무엇을 했다는 보고서 한 장이 그의 손에는 없읍니다. 주님을 위해서 살아간 삶이 없었고, 봉사가 없었던 것이 십자가 상에서 마지막 순간에 구원받은 강도의 후회라는 사실을 생각해 보셨는지요?

오늘 당신은 어떻게 일생을 살고 있읍니까? 계속 흘러가는 시간, 이 마지막 최후의 순간을 바라보면서 내 삶을 어떻게 살아야 할지 그 결단 앞에서 오늘을 살고 계신지요?

최근 저는 미국 사람들이 75년 정도 이 땅에서 산다면 그 75년을 어떻게 살아 왔는가를 기록해 놓은 어떤 설교자의 글을 읽은 적이 있읍니다. "20 년은 잠자는 일에, 20 년은 일하는 데 사용하고, 7 년은 노는 데 사용하고, 6 년은 먹는 데 사용하고, 5 년간은 TV 를 보는 데 사용하고, 5년간은 내가 어떤 옷을 입을 것인가, 그래서 옷을 사는 쇼핑을 하는 데 시간을 보내고, 3년간은 누군가를 만나고 기다리는 일에 소모하고, 2 년 반은 화장실에서, 2 년 반은 잡념과 잡상을 위해서 그리고 일생 중 2 년은 커피를 마시는 데, 그리고 1 년간은 전화받는 일에, 기타 등등에 시간을 사용했다"는 기사를 보면서, 전 인생에서 가장 소중한 것이 무엇인지 되묻지 않을 수 없었읍니다.

오늘 당신과 저의 삶 가운데서 가장 우선 순위로 두는 것은 무엇입니까? 나를 구원하시고, 진리를 알게 하시고, 삶을 알게 하시고, 사랑을 알게 하신 하나님 앞에 서서 삶을 결산한다면, 당신은 당신의 삶의 가장 중요한 무엇을 주님 앞에 바쳤다고 보고하겠읍니까? 시간은 정말 얼마나 빨리 흘러가고 있읍니까? 당신의 전 인생을 아침 6 시부터 밤 12 시까지의 하루 일과에 비교할 수 있다면, 지금 당신의 삶은 몇 시쯤 되었읍니까?

그래서 어느 분이 우리의 인생을 아침 5 부터 저녁 12 시까지 나눠 보았읍니다. 당신 가정에 15 살된 자녀가 있다면 그 자녀는 아침 9 시 38 분을 지나가고 있는 것입니다. 20 세라면 10 시 51 분, 25 세라면 12 시 4 분, 30 세라면 1 시 17 분, 45 세라면 4 시 56 분, 50 세라면 6 시 8 분, 55 세라면 7 시 22 분, 60 세가 되면 저녁 8 시 34 분을 맞이하고 있는 것입니다. 당신이 65 세라면 9 시 47 분, 70 세라면 11 시, 70 세를 넘으셨다면 당신은 12 시에 가까와지고 있는 것입니다.

수 년 전 빌리 그래함(Billy Graham) 목사님이 쓰신, 전 세계에 큰 감동을 준 책이 있읍니다. 그 책은 『12 시 5 분 전』이라는 책입니다.

오늘 당신과 저의 삶은 어디까지 와 있는가 계산해 보십시오. 그리고 내 생애의 마지막 12시의 종이 울릴 때, 주님 앞에 서는 날, 당신과 저는 주님 앞에서 무엇을 결산할 수가 있을까요? 본문으로 다시 돌아가서 주님께서 우리에게 명하신 가장 중요한 부탁 앞에 어떻게 하겠다고 보고하시겠습니까?

인도에 가서 일한 선교사 가운데 유명한 와일더 박사라는 선교사가 계셨읍니다. 한번은 인도에 미군 해병부대가 도착한 일이 있읍니다. 그래서 인도에서 일하고 있는 선교사님들과 해군 장교들이 한 팀이 같이 식사를 나누게 되었읍니다. 그 중에 더러는 믿지 않는 군인도 있었읍니다. 어떤 장교 한 분이 여러 가지 이야기를 하다가 "아니, 선교사들이 여기까지 와서 일할 필요가 뭐가 있겠는가? 선교는 미국에서나 하면 되지, 이 인도인에게 기독교가 필요하겠는가"라고 말합니다.

이 소리를 들은 와일더 선교사님이 자리에서 일어나서 그 장교에게로 다가갔읍니다. 그리고 정중하게 이런 질문을 던졌읍니다.
『장교님, 당신의 사령관이 오늘 밤 당신에게 당신의 배를 가지고 당신의 소대를 이끌고 콘스탄티노플을 향해서 떠나라고 말하면 어떻게 하겠소?』
이 장교는 대답하기를 "명령이라면 가야죠"라고 했읍니다.
『장교님, 내 인생의 사령관이신 예수께서 명하시기를 가야 한다고 명하셨소. 나는 그래서 그 명령을 따라 이 자리에 와 있소』라고 말합니다.

주님께서 당신과 저에게 이 복음을 가지고 잃어버린 사람들을 찾아가라고 명하신다면 오늘 이 명령 앞에서 당신의 대답은 무엇입니까? 시간은 우리를 기다려 주지 않습니다. 그래서 성경은 우리에게 때를 구속하라고 말씀하십니다. 그런데 이 명령 앞에 저와 당신이 응답하지 못하는 이유가 무엇입니까? 본문에 나타난 이 사람들과 똑같은 변명을 계속 하고 있는 것은 아닌지요? 당신의 변명은 무엇입니까? 그것은 대

수롭지 않게 생각했기 때문입니다. 아니면 희생에 대한 두려움 때문에
그러는 것은 아닌지요? 쉴새없이 시간은 흘러가고 있읍니다. 당신은
어떻게 시간을 사용하고 계십니까?

런던에 세계적인 신학자이며 목회자이신 존 스타트(John Sttot) 목
사님이 계십니다. 이분이 수 년 전 **URBANA** 세계 선교대회에서 설교를
하시게 되었읍니다. 설교 중반에서 사람들이 계속해서 박수 갈채를 보냈
읍니다. 그때마다 존 스타트 목사님은 계속해서 시계를 보셨다고 합니
다. 나중에 너무 요란한 박수로 사람들이 자리에 앉지 않자, 앉아 달라
고 부탁을 하면서 이런 유명한 이야기를 하셨읍니다.
"앞으로 저에게 할당된 설교 시간은 2분밖에 남지 않았는데 제발 내
시간을 낭비하지 말아 주십시오."
자기에게 주어진 시간 앞에서 하나님이 내게 맡겨 주신 복음의 거룩
한 명령을 순종하기 위해서 자신의 여생을 주님 앞에 바친 이 거룩한
하나님의 사람이 안겨 준 감동은 지금도 계속되고 있읍니다.

당신의 마지막 순간이 찾아오고 있는 지금 하나님 앞에서 당신에게
주어진 삶을 어떻게 살고 계십니까?
대답하십시오!

요담나무들의 비유

사사기 9 : 7~21

"혹이 요담에게 그 일을 고하매 요담이 그리심산 꼭대기로 가서 서서 소리
를 높이 외쳐 그들에게 이르되 세겜 사람들아 나를 들으라 그리하여야 하나
님이 너희를 들으시리라 하루는 나무들이 나가서 기름을 부어 왕을 삼으려
하여 감람나무에게 이르되 너는 우리 왕이 되라 하매 감람나무가 그들에게
이르되 나의 기름은 하나님과 사람을 영화롭게 하나니 내가 어찌 그것을 버
리고 가서 나무들 위에 요동하리요 한지라 나무들이 또 무화과나무에게 이
르되 너는 와서 우리의 왕이 되라 하매 무화과나무가 그들에게 이르되 나의
단 것 나의 아름다운 실과를 내가 어찌 버리고 가서 나무들 위에 요동하리
요 한지라 나무들이 또 포도나무에게 이르되 너는 와서 우리의 왕이 되라
하매 포도나무가 그들에게 이르되 하나님과 사람을 기쁘게 하는 나의 새술
을 내가 어찌 버리고 가서 나무들 위에 요동하리요 한지라 이에 모든 나무
가 가시나무에게 이르되 너는 와서 우리의 왕이 되라 하매 가시나무가 나무
들에게 이르되 너희가 참으로 내게 기름을 부어 너희 왕을 삼겠거든 와서
내 그늘에 피하라 그리하지 아니하면 불이 가시나무에서 나와서 레바논의
백향목을 사를 것이니라 하였느니라 이제 너희가 아비멜렉을 세워 왕을 삼
았으니 너희 행한 것이 과연 진실하고 의로우냐 이것이 여룹바알과 그 집을
선대함이냐 이것이 그 행한 대로 그에게 보답함이냐 우리 아버지가 전에 죽
음을 무릅쓰고 너희를 위하여 싸워 미디안의 손에서 너희를 건져내었거늘
너희가 오늘날 일어나서 우리 아버지의 집을 쳐서 그 아들 칠십인을 한 반
석 위에서 죽이고 그 여종의 아들 아비멜렉이 너희 형제가 된다고 그를 세
워 세겜 사람의 왕을 삼았도다 만일 너희가 오늘날 여룹바알과 그 집을 대
접한 것이 진실과 의로움이면 너희가 아비멜렉을 인하여 즐길 것이요 아비
멜렉도 너희를 인하여 즐기려니와 그렇지 아니하면 아비멜렉에게서 불이
나와서 세겜 사람들과 밀로 족속을 사를 것이요 세겜 사람들과 밀로 족속에
게서도 불이 나와서 아비멜렉을 사를 것이니라 하고 요담이 그 형제 아비멜
렉을 두려워하여 달려 도망하여 브엘로 가서 거기 거하니라"
— 사사기 9 : 7~21.

요담나무들의 비유

□ 배경

본 문의 이야기는 사사시대를 배경으로 한 대단히 인상깊은 사건을 취급한 것으로, 성경에 나타난 위대한 풍자적 비유 가운데 하나입니다. 유명한 사사 기드온이라는 사람이 있었읍니다. 기드온은 미디안의 적으로부터 나라를 구출하는 데 혁명적인 공로를 세운 위대한 하나님의 사람이었읍니다. 그가 한 나라를 구출해 내자 전 국민의 시선과 관심은 이 한 사람 기드온에게 집중될 수밖에 없었읍니다. 기드온과 기드온 자손들의 모든 말과 행동은 문자 그대로 한 나라의 운명과 역사의 방향을 좌우할 만큼 중대한 영향력을 행사하고 있었읍니다. 그런데 기드온이 죽기 얼마 전에 사람들에게 유훈 같은 중요한 교훈을 남깁니다. 8장 22절을 보십시오.

"때에 이스라엘 사람들이 기드온에게 이르되 당신이 우리를 미디안의 손에서 구원하셨으니 당신과 당신의 아들과 당신의 손자가 우리를 다스리소서."

당신이 왕이 되시고 당신의 자손들이 계속해서 왕이 되어 나라를 통치
해 달라는 그들의 요구에 대한 기드온의 대답은 참으로 놀라운 대답이
아닐 수가 없읍니다.

> "기드온이 그들에게 이르되 내가 너희를 다스리지 아니하겠고 나의 아
> 들도 너희를 다스리지 아니할 것이요 여호와께서 너희를 다스리시리
> 라"(8:23).

왕을 하지 못해 애쓰는 사람들이 많은데, 온 백성의 신망과 인기를 한
몸에 입고 있는 기드온의 대답을 들어 보십시오. 그가 왜 이런 말을 하
겠읍니까? 자기가 세운 혁혁한 공로에도 불구하고 국가를 위해서 싸울
수 있었던 그의 모든 힘과 지혜와 용기와 능력의 원천이 하나님이었다
는 사실을 잘 알고 있었기 때문입니다. 자신이 한 것이 아니라 하나님
이 하셨으므로 주님께 영광을 돌려야 하며 하나님이 나라를 다스리시는
것이 마땅하다고 말합니다. 지금도 이런 왕이 많이 있으면 좋겠읍니다.

　그런데 기드온이 죽자 기드온의 서자 가운데 아비멜렉이라는 사람이
일어나 기드온의 위대한 유훈을 무시하고 자기가 왕이 되려는 야심을
꿈꾸었읍니다. 그리고 경쟁 상대자가 될 가능성이 있다고 생각되는 이
복 형제들, 즉 기드온의 자손들을 무려 70 명이나 죽이는 끔찍한 일을
저지릅니다. 그리고 자기가 친히 집권하여 왕자리에 오릅니다. 이때부
터 사사시대의 역사의 한복판에는 예고할 수 없었던 폭풍과 어두움이
이스라엘 민족사에 찾아들게 됩니다.

　그런데 기드온의 자손들이 아비멜렉의 손에 의해서 죽임을 당하는 그
때에 유일한 한 명의 생존자가 있었읍니다. 이 생존자의 이름이 바로
요담입니다. 요담은 그릇된 방법으로 왕이 되어 역사를 잘못된 방법으
로 이끌어 가고 있는 아비멜렉과 그리고 잘못된 역사의 모든 추종자들
에게 그들의 잘못됨을 깨우쳐 주기 위해서 인상깊은 한 우화적 교훈을

그들에게 베풀게 됩니다. 그는 폭력을 통해서 정권의 탈환을 시도한 것이 아니라 하나님의 멧세지를 통해서 국민의 어두워진 정신을 각성시키기 위해 이 홍미로운 이야기를 시작합니다.

□ 요담의 이야기

"하루는 나무들이 모였읍니다".
이렇게 요담의 이야기는 시작이 됩니다. 나무들은 그들 가운데서 왕을 뽑기로 작정했읍니다. 그래서 나무들은 먼저 감람나무를 찾아갔읍니다. 그리고 말합니다.
"감람나무여, 당신이 우리의 왕이 되어 주시오."
감람나무가 대답합니다.
『아닙니다. 나는 기름을 생산하는 역할을 하는 나무입니다. 나의 기름은 하나님과 사람을 영화롭게 하기 때문에 나에게는 왕의 일이 적합하지 않습니다.』
그래서 감람나무는 왕이 될 것을 거절했읍니다.
　나무들은 이번에는 무화과나무를 찾아갔읍니다.
"무화과나무여, 당신이 우리들의 왕이 되어 주시오."
무화과나무가 대답합니다.
『나는 단 것을 생산하고 아름다운 실과를 맺는 일을 하는데 내가 이 중요한 일을 제쳐 놓고 어찌 왕이 될 수가 있겠읍니까?』
　그래서 나무들은 이번에는 포도나무를 찾아갔읍니다.
"당신이 우리의 왕이 되어 주시오."
포도나무가 즉시로 대답합니다.
『하나님과 사람을 기쁘게 하는 술을 만들어 내는데, 내가 이 일을 버리고 어찌 가서 나무들 위에 요동을 하겠읍니까?』
　그래서 할 수 없이 나무들은 이번에는 가시나무를 찾아갑니다. 가시나무에게 왕이 되어 달라고 요청합니다. 그러니까 가시나무가 얼마나 좋아하는지 모릅니다.

『그래? 그렇다면 다 내 그늘 아래 피하라. 그리고 이제부터 내 지배를 받으라. 만일 내 지배를 거절하면 불이 나에게서 나와서 모든 나무들을 다 사르게 될 것이라. 이제부터 나의 모든 명령에 복종하라.』

이래서 가시나무가 왕이 된다는 이야기입니다.

참 흥미로운 이야기입니다. 이것은 그 날의 눈먼 지도자들과 잘못된 의식 속에 빠져 있는 모든 국민들의 의식을 교정시키기 위한 풍자적인 하나님의 가르침이었습니다.

역사는 반복됩니다. 이스라엘 역사의 한 페이지에 있던 이 어두웠던 역사가 오늘 우리 한국의 민족사에, 아니 세계 도처에서 반복되고 있다는 사실에 놀라지 않을 수가 없읍니다. 역사로부터 배우지 못하는 민족은 앞을 향해서 나갈 수가 없읍니다.

한 우스운 이야기를 하겠읍니다.

어느 날 어떤 학생이 성적이 형편없었기 때문에 아버지와 함께 담임 선생님에게 불려갔읍니다. 담임 선생님은 마침 역사를 가르치는 선생이었읍니다. 여러 가지 대화가 오고가다가 갑자기 아버지가 선생님에게 묻습니다.

"선생님, 선생님이 가르치시는 역사 과목 점수는 어떻습니까?"

그러자 담임 선생님이 아버지에게 되묻습니다.

『옛날에 아버님은 학교에 다닐 때 성적이 어떠하셨는지요?』

"저야 뭐 형편없었죠"라고 아버지가 대답합니다.

이때 선생님이 이런 이야기를 했읍니다.

『그렇습니다! 역사는 반복되는 것입니다.』

역사는 반복됩니다.

□ 상징

이야기의 핵심은 무엇입니까? 여기에 네 종류의 나무가 등장합니다. 감람나무, 무화과나무, 포도나무, 가시나무, 이 네 종류의 나무가 등장하지만 이것들을 우리가 두 그룹으로 나눌 수가 있읍니다. 감람나무, 무화과나무, 포도나무, 이 세 나무는 똑같은 철학과 똑같은 입장을 갖고 있었읍니다. 그래서 이 세 종류의 나무를 한 그룹 안으로 모아 놓도록 하겠읍니다. 그런데 이 세 종류의 나무와 전혀 다른 입장을 취하고 있었던 나무가 있읍니다. 바로 가시나무였읍니다.

이 감람나무, 무화과나무, 포도나무는 누구를 상징하고 있읍니까? 말할 것도 없이 기드온과 그의 아들들입니다. 하나님이 우리와 함께 하셔서 우리를 통해서 일을 하셨지만 그 영광을 우리가 받아서는 안 됩니다. 하나님께서 잠시 민족을 구출하기 위해서 이런 일을 하도록 하셨지만 왕으로 소명하지는 않으셨읍니다. 나는 내가 소명되지 않은 그 일을 할 수가 없읍니다. 그래서 왕직을 사양했던 겸손한 기드온과 그 아들들을 이 세 종류의 나무에 비교할 수가 있읍니다.

그러나 가시나무는 불의한 방법으로 집권하여 역사를 어둠 속에 몰아넣고 있었던 아비멜렉을 상징합니다.

□ 두 그룹의 나무의 차이점

이 두 그룹의 나무는 어떤 차이가 있읍니까? 우리는 이 두 그룹의 나무의 발언과 모습 속에 본질적인 몇 가지 차이점을 발견할 수가 있읍니다.

첫째, 하나님 중심의 삶과 자기 중심의 삶의 차이입니다.
먼저 무화과나무, 감람나무, 포도나무는 모두 하나님 중심, 그리고 이웃 중심의 삶을 추구하는 삶을 우리에게 보여 줍니다. 보십시오. 감람나무에게 왕이 되어 달라고 할 때에 감람나무는 어떻게 대답합니까? "나의 기름은 하나님과 사람을 영화롭게 합니다. 그러므로 이 일을 계속해야 합니다"라고 하지 않았읍니까? 이것이 감람나무의 삶의 목적이 었읍니다.

포도나무의 대답을 들어 보십시오. "하나님과 사람을 기쁘게 하는 나의 새술을 내가 어찌 버리고 다른 나무들 위에서 요동하겠읍니까? 나는 하나님과 사람을 기쁘시게 해야 합니다"라고 했읍니다. 이 세 종류의 나무의 삶에서 드러난 기드온의 인생관! 그것은 마땅히 하나님과 이웃을 자기 삶의 한복판에 놓고 하나님 중심적이고 이웃 중심적인 삶을 추구했던 겸손한 하나님의 사람들의 모습입니다.

반면에 가시나무로 대표되고 있는 아비멜렉은 철저하게 자기 중심적이고 이기적인 삶을 추구하는 사람의 모습을 우리에게 보여 주고 있읍니다. 이 가시나무의 대답을 들어 보십시오.

"가시나무가 나무들에게 이르되 너희가 참으로 내게 기름을 부어 너희 왕을 삼겠거든 와서 내 그늘에 피하라 그리하지 아니하면 불이 가시나무에서 나와서 레바논의 백향목을 사를 것이니라"(15 절).

여기에서 "자기"가 강조되고 있는 것을 보십시오. 내 그늘에, 이제부터 내 지배를 받으며, 내 명령을 받으며, 나를 높이며, 내 앞에 와서 무릎을 꿇으라고 합니다. 이 사람의 인생관은 철저하게 자기를 중심으로 형성되고 있는 것을 볼 수 있읍니다. 우리에게는 어떤 지도자가 필요합니까? 우리가 요구하는 하나님의 사람들은 역사 속에서 어떠한 사람들입니까? 참으로 하나님 중심으로 그리고 이웃 중심으로 삶을 살아가는 사람들은 도대체 어디에 있읍니까?

주님께서 무엇이 가장 커다란 계명이라고 젊은 청년과 율법사에게 깨우치셨읍니까? 마음을 다하여, 힘을 다하여, 뜻을 다하여, 정성을 다하여 주 너희 하나님을 사랑하고 네 이웃을 네 몸과 같이 사랑하라고 하셨읍니다. 하나님을 사랑하는 사람들의 삶에 있어서 하나님에 대한 사랑이 제일 먼저 와야 하고, 그 다음이 이웃에 대한 사랑이어야 하고, 제일 나중이 자기 자신이어야 합니다. 나를 창조하신 하나님을 영화롭게 하고, 나에게 맡겨 주신 사랑하는 이웃들을 섬기고 사랑하는 일에 커다란 관심을 가지며, 그리고 자기 자신에 대한 관심을 마지막에 놓는 순서, 이것이 본래 하나님이 인간을 창조하신 삶의 모습이었읍니다. 그러나 타락한 인간은 이 순서를 뒤집고 말았읍니다. 우리는 무엇을 가장 앞 자리에 내어 놓습니까? 나를 먼저 생각하고 그 다음은 혹시 시간이 있으면 이웃을 생각합니다. 그리고 내 모든 것을 다 하다가 늙어서 마음에 여유가 생기면 하나님을 의지할까 하고 생각합니다. 이래서 하나님은 제일 뒷자리로 밀려납니다.

이 세상의 문법은 언제나 일인칭이 나입니다. 그리고 이인칭이 당신입니다. 그리고 그분은 삼인칭인 맨 나중으로 밀려갑니다. 이것은 타락한 인간의 문법입니다. 성경적인 문법은 이 순서를 바꾸어야 합니다. 일인칭이 누구이어야 합니까? 우리의 일인칭은 하나님이십니다. 이인칭은 사랑하는 이웃들입니다. 그리고 삼인칭이 우리들 자신이어야 합니다.

우리는 종종 JOY라는 단어를 통해서 그리스도인의 참된 기쁨을 설명합니다. 우리는 이렇게 설명합니다. 처음 자인 J는 Jesus first 입니다. 예수님이 첫 자리에 와야 한다는 것입니다. 그 다음에는 O는 Others second 입니다. 다른 사람, 즉 이웃이 다음 자리에 와야 한다는 것입니다. 그리고 Y는 You third 입니다. 당신 자신이 맨 나중에 와야 한다는 것입니다.

그러나 우리는 이 순서를 얼마나 바꾸어 놓고 있습니까? 우리는 항상 내가 맨 가운데, 맨 앞자리에 나옵니다. 내 욕심, 내 야망, 내 생각을 벗어나지 못합니다. 이웃을 바라볼 창문을 갖고 있지 않습니다.

둘째, 자신을 아는 것과 모르는 것의 차이입니다

감람나무, 무화과나무, 포도나무는 자기를 아는 삶을 살아가는 인생관을 대표합니다. 그러나 가시나무는 자기를 모릅니다. 대답들을 들어 보십시오.

감람나무는 이렇게 말합니다.

"내가 한 일은 기름을 내놓는 일입니다 이 기름을 통해서 나는 하나님과 사람을 영화롭게 해야 합니다."

무화과 나무는 이렇게 대답합니다.

"나는 단 것과 아름다운 실과를 맺어야 합니다. 이것이 내가 할 일입니다."

포도나무의 대답을 들어 보십시오.

"나는 새술을 만들어 이것을 가지고 하나님과 사람을 기쁘게 해야 합니다."

그들은 자기들이 무엇을 해야 하는지 명확하게 알았읍니다. 자기를 압니다. 내 본분을 압니다. 다시 말하면 주제 파악을 하고 살 줄을 아는 사람입니다.

그러나 가시나무를 보십시오. 왕이 되어 달라고 하니까 즉시로 자기가 하겠다고 말합니다. 도무지 주제 파악이 안 됐읍니다. 자신을 몰랐던 왕 아비멜렉이 정권을 잡은 데서부터 이스라엘 역사에 암흑과 비극이 임했던 것을 우리는 보게 됩니다.

어떻습니까? 문제는 저와 당신은 어떤 삶을 살고 있느냐에 있읍니다. 우리는 자신을 압니까? 내가 서야 할 자리를 압니까? 그리고 무엇을 통해서 하나님 앞에 영광을 돌릴 수 있는지 그리고 보람된 삶을 창조할 수 있는지 명백하게 깨닫고 계신지요?

한국의 부모들이 자녀를 교육할 때 "너 이 다음에 커서 뭐가 될래?"

라는 질문을 많이 그리고 자주 합니다. 어느 나라의 부모나 마찬가지일
것입니다. 그러나 한국의 어린이들이 가진 꿈처럼 큰 꿈을 가진 어린이
들이 이 세상에는 없을 것입니다. 제가 자랄 때만 해도 아이들의 대부
분은 이런 질문을 받을 때 적어도 대통령이 아니면 장군이 되겠다는 대
답을 했읍니다.

　그런데 이런 식의 교육이 가져온 비극을 오늘 우리는 목격하고 있읍
니다. 다 대통령이 되려고 합니다. 그러면 누가 신하 노릇을 하겠읍니
까? 집의 한 모퉁이를 쓸고 있는 사람은 어디에 있읍니까? 우리 나라
의 한모퉁이, 보이지 않고 빛도 없이 이름도 없이 자기의 일을 감당하
며, 그 일을 통해서 자기의 사명과 본분을 다하는 이 조용한 다수는 어
디로 갔읍니까?

　중요한 것은 우리는 우리의 삶의 자리를 알고 있느냐는 것입니다. 내
가 서야 할 분명한 자리를 알고 계십니까? 내가 서야 할 자리를 망각
하고 서지 말아야 할 자리에 서기 시작할 때 다른 사람들에게 도움을
주기보다는 오히려 요동과 혼란을 끼치는 암적인 존재가 될 수 있다는
사실을 이 역사적 교훈 앞에서 배우십니까?

　감람나무, 무화과나무, 포도나무가 다 왕이 될 것을 거절하면서 그들
이 대답하는 말을 주목해서 보시기 바랍니다.

"나의 기름은 하나님과 사람을 영화롭게 하나니 내가 어찌 그것을 버리
고 나무들 위에 요동하리오."

그 다음에 무화과나무의 대답을 들어 보십시오.

"나의 단 것과 아름다운 실과를 내가 어찌 버리고 가서 다른 나무들 위
에 요동하리오."

　그렇습니다. 우리가 마땅히 서야 할 자리에 서지 못할 때, 자기의 본
분을 파악하지 못할 때, 내가 해야 할 사명을 깨닫지 못하고 다른 일들
을 하려고 할 때 우리는 어둠과 혼란을 자초할 수밖에 없읍니다. 우리
는 우리의 지도자들이 이런 교훈을 받을 수 있도록 기도해야 합니다.

아니 우리 자신이 이 교훈을 배우고 받을 수 있도록 이 말씀 앞에서 자신의 삶을 살펴야 합니다.

　제가 샌프란시스코에서 골든게이트 신학교를 잠시 방문한 적이 있읍니다. 그런데 그곳에서 공부하시는 한국 목사님 한 분과 그 학교에 관한 여러 가지 이야기를 하다가 이런 이야기를 듣게 되었읍니다. 남침례교단의 유명한 빌 헨드릭스라는 교수님이 계신데, 교단 전체에서 존경을 받는 대단한 학자이십니다. 침례교단의 지도자들이 그분을 이 골든게이트 신학교의 학장으로 모시기 위해서 그분에게 부탁을 했읍니다. 그런데 뜻밖에도 헨드릭스 박사께서 그 부탁을 거절하면서 이런 이야기를 했다고 합니다.

"저는 교장을 할 자격이 없읍니다. 저는 가르치는 교수의 은사를 받은 사람이지 다른 사람을 이끌 수 있는 그런 지도력이 저에게는 부족하다고 생각합니다. 제가 사람을 한 분 추천하겠읍니다. 제 제자 가운데에 폴랏트 박사라는 분이 계신데 이분은 이 일을 잘 감당할 수 있는 적임자라고 생각합니다."

그러면서 자기의 제자를 추천했다고 합니다. 그래서 이분의 추천을 참고해서 폴랏트 박사가 골든게이트 신학교의 학장이 되었답니다. 학장이 된 다음에 폴랏트 박사를 가르쳤던 스승인 헨드릭스 박사는 자기의 제자 밑에서 교수일을 하면서 신실하게 자기의 제자를 섬기면서 그 학교의 발전에 혁혁하게 기여했다는 간증을 들으면서 제 마음은 찡하고 울려왔읍니다.

　우리가 이런 삶을 배울 수가 있다면 한국의 역사는 얼마나 달라지겠읍니까? 내가 할 수 있는 일이 무엇이며, 내가 해야 할 일이 무엇이며, 내가 하지 말아야 할 일이 무엇이며, 내가 서야 할 자리가 어디인지 그것을 망각하는 데서부터 민족사의 어두움이 초래됩니다.

세째, 섬김과 지배욕의 차이입니다.

세 나무와 가시나무의 또 하나의 본질적인 차이는 어디에서 발견됩니까? 이 세 나무는 모두 다 섬김의 삶을 추구했습니다. 그들은 섬기는데서 보람을 얻고 있었습니다. 그들은 섬기는 데서 가치를 발견하려고했습니다. 그들은 그들의 은사를 알았고 그들의 사명을 알았습니다. 감람나무의 사명은 기름을 생산하는 것입니다. 그것을 통해서 하나님과사람을 영화롭게 해야 하는 것입니다. 무화과나무는 단 것과 아름다운실과를 맺어 그것을 통해서 사람들에게 기쁨을 선물해야 합니다. 포도나무는 새술을 만들어야 합니다. 그것이 포도나무의 사명이며 포도나무의 은사입니다. 다시 말하면 이 세 나무의 특질은 다 섬김에 있습니다.그들은 섬기는 데서 보람과 가치를 발견했습니다.

그러나 가시나무가 한 말을 들어 보십시오. 가시나무가 제일 먼저 한소리가 무엇입니까? "내 그늘 아래 와서 거하라"는 것이었습니다. 이말은 다시 말하면 다 와서 자기 앞에 무릎을 꿇라는 이야기입니다. 그의 마음 속에 언제나 도사리고 있었던 지배욕이 기회가 오자 발동하고있는 모습을 볼 수가 있습니다. 이 지배욕, 권력욕, 명예욕이 마침내 이나라를 어두움과 혼란 속으로 몰아 넣는 가장 중요한 원인이 된 것입니다.

어떻습니까? 오늘 당신은 어떤 종류의 삶을 추구하고 계십니까? 한국 역사의 비극은 우리가 섬기는 가치를 높이지 못한 데에 있지 않았나라는 생각을 종종 합니다. 우리는 지배하는 것, 명예를 얻는 것, 권력을얻는 것을 출세로 알았습니다. 섬기는 것, 남을 위해서 봉사하는 것의가치를 가르치는 데 실패한 민족사의 비극이 오늘도 그 어두움을 물리치지 못하고 있음을 우리는 보아야 합니다. 그래서 우리 한국에서는 전통적으로 최고의 효도를 어떤 것으로 보았습니까? 최고의 효도는 입신양명(立身揚名)이라고 어른들은 가르쳐 왔습니다. 입신양명이 무엇입니까? 이름을 내라는 것입니다. 그래서 명예를 얻는 것, 권력을 얻는 것, 그것이 가장 훌륭한 삶이라고 우리는 강조해 왔읍니다. 물론 좋은 의미로 이 말을 설명할 수도 있읍니다. 그러나 대체적으로 우리는 그렇게 이해해 왔읍니다. "남을 섬길 줄 아는 사람이 되어라. 삶의 보람은 남을 섬기는 데에 있는 거야"라고 자식들을 가르치기보다 "돈 벌어야 해 출세해야 해"라고 가르쳐 왔읍니다. 결국 그것이 가져온 민족사의 비극이 오늘 우리 민족이 어둠과 고통의 악순환을 벗어나지 못하는 가장 중요한 원인인 것을 발견합니다.

예수님의 삶의 가치는 얼마나 달랐읍니까? 높아지려는 사람마다 낮아지고, 섬기는 사람이 하늘나라에서는 커다란 사람이라고 말씀하셨읍니다. 이 섬김의 가치, 섬김의 보람, 이 섬김의 이유와 섬김의 정신을 주님은 얼마나 숭고하게 보셨읍니까? 지배욕을 벗어나 섬김의 가치와 보람을 배우지 못한다면 한국 민족과 한국 교회는 내일을 말한 자격이 없읍니다.

네째, 생산적인 삶과 파괴적인 삶의 차이입니다.
이 세 나무는 다 생산적 삶을 추구했읍니다. 그러나 가시나무는 파괴적인 삶을 추구하고 있었읍니다. 그는 우선 왕이 되기 위해서 70 명이라는 기드온의 후손들을 다 몰살시키고 말았읍니다. 이 아비멜렉을 가시나무로 상징한 것은 얼마나 적합합니까? 가시나무의 특기가 무엇입니까? 찌르는 재주밖에는 없읍니다. 이 가시나무로 대표되는 삶은 파괴하고, 중상하고, 모략하는 삶입니다. 이웃 사촌이 땅을 사면 배가 아프고, 다른 사람이 나보다 더 인정을 받으면 내 가슴이 왜 아파야 합니까?

이 가시나무와는 달리 감람나무, 무화과나무, 포도나무를 보십시오. "나는 기름을 만들어야 해. 그리고 하나님을 기쁘시게 하고 그리고 사람들을 기쁘게 해야 해."
"나는 아름다운 실과를 더 많이 맺어야 해."

"나는 마땅히 새술을 만들어 하나님과 사람을 기쁘게 해야 해."

우리는 얼마 만큼 이 생산적인 삶을 추구하고 있읍니까?

나는 이웃을 세워 주고 있는 사람입니까? 이웃을 헐뜯고 있는 사람입니까?

나는 역사를 세우고 있읍니까? 역사를 헐고 있읍니까?

나는 내 가정을 세우고 있읍니까? 아니면 감정을 헐고 있읍니까?

나는 파괴를 지향하고 있읍니까? 생산을 지향하고 있읍니까?

파괴의 배후에는 악마가 있다는 사실을 아십니까? 하나님은 창조하기를 원하십니다. 하나님은 세우시는 하나님이십니다. 그러나 악마는 파괴와 혼란을 우리에게 가져다 줍니다. 나는 어떤 삶을 추구하고 있는지 생각해 보십시오.

□ 가시나무의 최후

그는 부적당한 방법으로, 불의한 방법으로 한 나라의 정권을 쥐었을 뿐만 아니라 그런 삶에 대한 마지막 결과를 치르고 비참하게 무너져 가는 그의 최후를 성경에서 볼 수 있읍니다.

사사기 9장 53절은 이제 이 아비멜렉 왕의 마지막 임종의 장면을 보여 줍니다.

"한 여인이 맷돌 윗짝을 아비멜렉의 머리 위에 내려던져 그 두골을 깨뜨리니."

이 비참한 죽음을 보십시오. 그것도 떳떳하게 죽는 것이 아닙니다.

계속되는 말씀을 보십시오.

"아비멜렉이 자기의 병기 잡은 소년을 급히 불러 그에게 이르되 너는 칼을 빼어 나를 죽이라 사람들이 나를 가리켜 이르기를 그가 여인에게 죽었다 할까 하노라"(54 절).

죽을 때까지 유치한 남자의 자존심을 내세웠읍니다. 이렇게 해서 그는 비극적인 최후를 맞았읍니다.

□ 교훈

이 이야기를 하면서 요담은 아비멜렉에게 깨우침을, 아니 온 백성에게 그들이 지향해야 할 진정한 삶의 모습과 역사의 모습을 상기시켜 주고 있읍니다. 이 비유가 끝난 다음에 요담의 선언은 계속됩니다. 16 절을 보십시오.

"이제 너희가 아비멜렉을 세워 왕을 삼았으니 너희 행한 것이 과연 진실하고 의로우냐."

이 두 낱말에 주목하시기 바랍니다.
"진실하고 의로우냐?"
다시 말하면 거짓과 불의의 길을 걸어가고 있는 이들에게 **진실**과 **의**를 촉구하고 있는 요담의 멧세지가 하나님의 거룩한 영감을 통해서 울려퍼지고 있는 장면입니다.

오늘 우리의 역사는, 우리의 민족사는 진실과 의를 추구하고 있읍니까? 지도자만 비판하지 맙시다. 이 민족의 한 일원인 저와 당신은 어떻게 삶을 살고 있읍니까? 우리는 과연 진실과 의를 추구하는 감람나무처럼, 무화과나무처럼, 포도나무처럼 생산적인 삶을 그리고 섬김의 삶을 그리고 자신을 진정 아는 삶을, 하나님 중심과 이웃 중심의 삶을 살고 있읍니까?

이런 삶을 살았던 대표적인 한 인물을 소개하고 이 멧세지를 끝맺겠읍니다. 그는 누구입니까? 하나님 중심과 이웃 중심의 삶을 철저하게 추구했던 그 사람은 누구였읍니까? **예수님**입니다. 그분은 "나는 아버지를 떠나서는 아무것도 할 수 없노라"고 말씀하셨읍니다. 모든 일에 있어서 아버지 앞에 영광을 돌렸던 그분은 이웃 사랑 하기를 자기의 몸같이 하셨읍니다. 진실로 그분의 삶은 하나님 중심과 이웃 중심의 삶의 모본을 우리에게 보이셨읍니다. 예수님은 전능하신 하나님이셨음에도 불구하고 하나님의 아들로 이 땅에 오셨을 때 자신이 해야 할 일의 한계를 명확히 알고 계셨읍니다. 그분은 재림의 때에 대해 질문을 받고 그것은 인자도 몰라야 하는 것이라고 말씀하셨읍니다. 그분은 자신이 할 수 있는 것의 한계를 분명히 알고 살았던 삶의 아름다운 모본을 우리에게 보여 주시지 않았읍니까?

예수께서는 또 얼마나 철저하게 섬김의 삶을 사셨읍니까?

"인자가 온 것은 섬김을 받으려 함이 아니라 도리어 섬기려 하고 자기 목숨을 많은 사람의 대속물로 주려 함이니라"(마 20:28).

그분의 섬기는 삶의 극치는 십자가에서 자신의 목숨을 당신과 저를 위해서 내어 주신 데에 있읍니다. 이것은 우리를 향한 그분의 마지막 봉사였읍니다. 가장 위대한 봉사였읍니다. 그분께서 피를 흘리심으로, 목숨을 내어 놓으심으로 당신과 제가 그 피를 통해서 죄사함을 받고 구원을 받아 새로운 삶을 추구하게 되었읍니다. 그래서 그분의 삶은 지금도 열매를 맺고 있읍니다. 실로 예수님의 삶처럼 생산적인 삶이 어디에 있읍니까? 예수 그리스도처럼 인류 역사에 가장 깊은 정신사적 공헌을 남긴 삶이 도대체 어디에 있었읍니까? 그리스도가 오시자마자 역사는 그분을 중심으로 그리스도 이전과 이후로 나뉘었읍니다. 이 세상에 거룩한 삶을 추구했던 사람들 가운데서 예수 그리스도의 영향을 고백하지 않은 사람이 어디에 있읍니까? 그리스도 이 한 분만큼 가장 많은 사람들에게 가장 큰 영향을 끼치며 그들의 역사를 변화시켰던 사람이 어디에 있읍니까?

우리는 어떻게 그리스도의 삶을 살 수 있읍니까? 당신이 진지하게 그리스도의 발자취를 따라가기를 원한다면 당신 안에 거하시는 성령님을 통해서 날마다 계속적으로 삶을 그분 앞에 드리며 하나님의 능력을 구하십시오. 그러면 그리스도의 삶이 우리의 삶이 될 수 있다는 가능성 앞에 우리는 조국의 역사를 위해 그리고 자신을 위해 이 기도를 계속할 수가 있읍니다.

"하나님, 우리 조국에 이런 지도자를 일으켜 주시고, 우리가 또한 그런 삶을 먼저 추구하는 사람들이 될 수 있도록 도와 주십시오."

40여 년 전 우리 민족이 경험한 감격(광복절)은 과거의 것으로 족하지 않습니다. 이제부터 우리의 역사가 어떻게 달라질 것인지 그것이 중요합니다. 그 역사는 우리가 만드는 것입니다. 우리의 친구들이 만들고, 우리의 후손들이 만들고, 우리의 선배들이 만들고, 우리의 가족들이 만들어 갑니다. 그들에게 변화된 삶을 보이기 위해서 당신은 어떤 삶을 구하고 계십니까? 그리고 어떤 것을 위해서 기도하고 있읍니까? 이 가시나무의 교훈이, 그리고 이 감람나무와 무화과나무와 포도나무의 교훈이 우리 민족을 향한 하나님의 교훈이 되어 진실로 우리 모두가 그리스도의 삶을 추구하고, 그래서 위대한 부흥이 일어나기를 위해서 기도하시기 바랍니다.

망망한 바다 한가운데서 배 한척이
침몰하게 되었습니다.
모두들 구명 보우트에 옮겨 탔지만
한 사람이 보이지 않았습니다.
절박한 표정으로 안절부절하던 성난 무리 앞에
급히 달려 나온 그 선원이
꼭 쥐고 있던 손바닥을 펴 보이며 말했습니다.
"모두들 나침반을 잊고 나왔기에···"
분명, 나침반이 없었다면 끝없이 바다 위를
표류할 수 밖에 없을 것입니다.

생(生)의 바다를 항해하는 모든 이들을 위하여
우리는 그 나침반의 역할을 하고 싶습니다.
우리를 구원하신 아름다운 주님을
21세기 구명의 이기(利器)를 통하여
널리 전하고 싶습니다.

우리 나침반 가족은
구원의 복음과 진리의 말씀을 전하며
당신의 믿음 성장과 삶을, 가정을, 증거를,
그리고 당신의 세계를 돕고 싶습니다.

그리스도 안에서
우리는 당신을 진실로 사랑합니다.

*"하나님은 모든 사람이 구원을 받으며
진리를 아는 데 이르기를 원하시느니라."*
(디모데전서 2장 4절)

책번호 / 마 · 1154

비유로 말씀하시더라

발행소 ● 종 합 선 교 – 나 침 반 社
NACHIMBAN MINISTRIES
(등록 1980년 3월 18일 / 제 2-32호)
편집 겸 발행인 ● 김   용   호
ⓒ2000 KIM YONG-HO

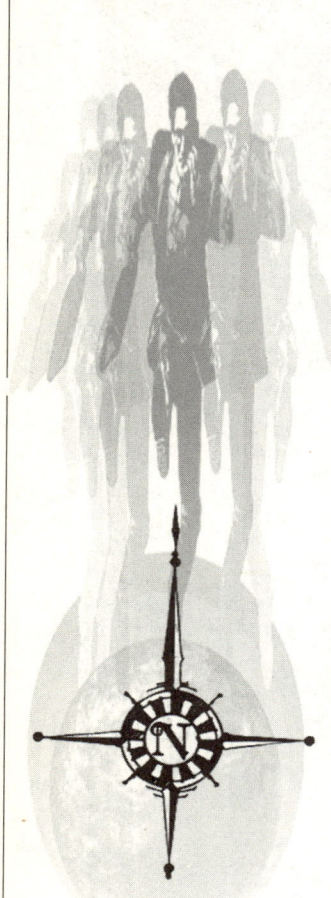

나침반社는
우리를 구원하신
아름다운 주님을
21세기 문명의
이기(利器)를 통하여 널리
전하고 싶습니다.

6

연락처

• 우편/ 110-616 서울 광화문 사서함 1641호
K.P.O. BOX 1641, SEOUL, 110-616, KOREA
• E-Mail navan@chollian.net
• 우체국대체구좌 / 010041-31-1201888
• 은행지로번호 / 각은행 99번 창구 3000366번
• 전화 / 본사사무용(02)2279-6321~3
서점주문용(02)2606-6012~4
• 팩스 / 본사사무용(02)2275-6003
서점주문용(02)2606-6016

지은이 / 이 동 원

제 1 판 발행 / 1988년 4월 20일
제 32 판 발행 / 2000년 10월

나침반 신간안내 / 전화사서함 (02)152 - 응답후 6322

기독교 종합정보 / PC 통신 천리안 · 하이텔 · 나우누리 · 유니텔 GO NIC

ISBN 89-318-1124-1

값은 뒷표지에 있습니다. • PRINTED IN KOREA